国家社科基金后期资助项目"中国新形态就业管理创新理论研究"（项目号：21FGLB021）研究的最终成果

中国新形态就业管理创新理论研究

张樨樨　著

南开大学出版社

天　津

图书在版编目(CIP)数据

中国新形态就业管理创新理论研究 / 张樨樨著. —
天津：南开大学出版社，2024.5.
ISBN 978-7-310-06577-6

Ⅰ.①中… Ⅱ.①张… Ⅲ.①就业－研究－中国
Ⅳ.①D669.2

中国国家版本馆 CIP 数据核字(2024)第 017219 号

中国新形态就业管理创新理论研究
ZHONGGUO XINXINGTAI JIUYE GUANLI CHUANGXIN LILUN YANJIU

南开大学出版社出版发行
出版人：刘文华
地址：天津市南开区卫津路 94 号　　邮政编码：300071
营销部电话：(022)23508339　营销部传真：(022)23508542
https://nkup.nankai.edu.cn

天津泰宇印务有限公司印刷　全国各地新华书店经销
2024 年 5 月第 1 版　　2024 年 5 月第 1 次印刷
238×165 毫米　16 开本　20.75 印张　2 插页　361 千字
定价：98.00 元

如遇图书印装质量问题，请与本社营销部联系调换，电话：(022)23508339

国家社科基金后期资助项目出版说明

后期资助项目是国家社科基金设立的一类重要项目，旨在鼓励广大社科研究者潜心治学，支持基础研究多出优秀成果。它是经过严格评审，从接近完成的科研成果中遴选立项的。为扩大后期资助项目的影响，更好地推动学术发展，促进成果转化，全国哲学社会科学工作办公室按照"统一设计、统一标识、统一版式、形成系列"的总体要求，组织出版国家社科基金后期资助项目成果。

全国哲学社会科学工作办公室

目　录

导　论

　　善建者，懂得把握方向，布局未来。新技术扩散与勃兴正在深刻影响并改变着我国劳动力市场的就业结构、工作任务和节能回报，导致就业人口产生两种"分化"：用工短缺和劳动力剩余并存，高收入劳动力群体快速增长和部分群体增收困难并存。数字经济、共享经济等新经济发展空间广阔，赋能中小微企业，已形成叠加效应、聚合效应与倍增效应。从数字化就业到情感劳动，从远程就业到共享员工，就业新形态与新模式快速成长，活力蓬勃。

　　在新冠疫情突发的背景下，新形态就业犹如一匹黑马，在劳动力市场中发挥了中流砥柱的关键作用，吸纳了大量农村劳动力、低技能劳动者、长期离开劳动力市场仍有劳动意愿者等就业困难群体，在特殊情境下演绎了中国就业神话。中国就业促进会会长张小建①指出，在抗疫复工复产中，新就业形态在 2020 年的保就业一战中脱颖而出，发挥了不可替代的关键作用。而在 2021 年新冠疫情防控步入常态化后，我国政府在顺应新形态就业发展的基础上继续进行了深入探索，确定了加强新就业形态劳动者权益保障的一系列政策措施，及时发现并解决矛盾问题，使其成为助力新形态就业平稳健康发展的总舵手。

　　新形态就业模式涌现是我国经济结构优化与增长动力转换的必然结果，也是追求更高就业质量的有力抓手。习总书记提出，新就业形态发展要顺势而为，补齐短板。传统就业模式带来的配置效率改善已开始式微，正逐步蜕变以适应新常态。去雇主化、平台化的新形态就业将生产要素更加高效地匹配重组，大幅度提高了全要素生产率，发展成为主流就业形态的趋势日益明显，其高亲民性与涵养力更有助于关注技能匮乏的弱势群体、完善技能培训体系、增强就业援助水平并健全社会安全网。可见，新形态

---

　　① 张小建. 跟进新就业形态的发展 研究法律政策制度的创新——在推进新就业形态创新发展研讨会上的小结[J]. 中国就业，2020（7）：4-6.

就业已成为我国重要且高效的劳动力蓄水池与稳定器，可切实为多次生育女性、残疾人、复员军人等特殊群体就业解难纾困，有助于稳就业存量，防止更多就业质量不高的劳动者下沉为失业群体，在精准滴灌的同时实现普惠就业。

一、章节安排

新技术与新经济的双重共振与重构引发了劳动力市场的变革狂潮。新形态就业崛起，不仅为劳动者提供了多种就业选择，也塑造着劳动世界的当下和未来，成为劳动力市场创新的力量源泉。在百年未有之大变局下，我国新形态就业管理理论与实践发展既有盛宴，也显危情。理论研究相对滞后，存在概念内涵要点不一致、外延边界不清晰、分类模糊、机理挖掘不深透、发展趋势不明晰、域外经验掌握不全面、模式提炼不到位等盲点与薄弱环节。实践发展推陈出新，新形态就业多个利益相关者主体在宏观及中微观层面的管理理念、技术与策略创新亟待全面铺开。鉴于此，本研究汇总归纳国内外新形态就业理论与模式（第一篇，包含第 1 章和第 2 章），对比分析域内外新形态就业发展经验（第二篇，包含第 3 章和第 4 章），通过探讨就业质量与就业风险的政府宏观管理（第三篇，包含第 5 章和第 6 章），围绕薪酬满意的新形态就业多方交互博弈（第四篇，即第 7 章），以及新形态就业融入的组织微观管理（第五篇，包含第 8 章和第 9 章）问题，有理有据地提出新形态就业发展对策建议（第六篇，包含第 10 章和第 11 章）。具体研究框架与技术路线参见图 I。

1. 文献回顾与理论追溯

运用文献聚合法，对新形态就业进行内涵重塑与外延界定，归纳新形态就业核心特征与主要类别；以新形态就业概念、特征、分类、效应、就业质量、就业环境、就业风险、强制性组织公民行为与离职意愿、易变性职业生涯态度与创新、利益相关者薪酬满意博弈等专题板块为索引，对国内外相关文献进行系统梳理；运用文献计量法对外文文献进行图谱分析，提炼国外研究焦点问题与最新进展；结合管理实践创新需要，梳理归纳相关理论，包括劳动力流动理论、劳动力市场分割理论、就业质量与风险相关理论、兼职创业相关理论、信号传递理论、自我决定理论、资源保存理论及工作要求-资源理论等，作为本研究的逻辑起点与理论基石。

2. 新形态就业模式提炼与应用效验

运用扎根理论与编码方法对新形态就业模式类型进行创新性提炼、开展模式构建，命名（微创业模式、资源共享模式、内容输出变现模式、线上劳务模式）与特征提炼；遴选国内外新形态就业典型案例进行深度剖析，构建案例集合，包括阿里电子商务、微商、滴滴出行、Airbnb、Up 主、猪八戒网、Upwork、抖音等，通过案例分析进行模式效验并解析就业效应，确保已构模式落地生根；关注新形态就业模式的渐进孵化过程，尝试应用场景创新；深度解析新形态就业模式与传统就业模式的融合演化规律，为形成错落有致、兼容并蓄的协同就业格局进行模式萃取与推广检验。

3. 我国新形态就业发展现状、机理与趋势

运用描述性统计分析，解析我国新经济发展现状并提炼主要特征；选取北京、上海、广州、深圳、杭州为新经济发展典型城市，提取发展经验；从新形态行业与就业者等方面定量解析我国新形态就业现状，从新经济发展、就业政策、就业结构及社会可持续发展等方面分析新形态就业综合影响；在厘清机遇与挑战基础上，分析新经济发展多边生态价值网络，运用系统论剖析我国新形态就业运行机理并绘制机理图；在分析新形态就业发展趋势的基础上，锚定就业政策着力点。

4. 域外新形态就业发展现状与经验借鉴

网络爬取并清洗整理国外新形态就业发展最新数据信息及政策文件，分析典型国家（美国、德国、澳大利亚、日本、印度）新形态就业的发展现状与阶段特征；运用对比分析法，比较样本国家新形态就业相关政策的优、劣势与可移植性，提炼可资借鉴的良性基因，实现域外先进经验的活学活用。

5. 新形态就业质量评价体系重构

聚焦目前就业质量不高的结构性矛盾，依据新形态就业现有统计口径与可获取的完备数据情况，梳理国内外新形态就业质量核心评价指标，"背对背"征询专家意见，进行多轮指标遴选，从就业环境、就业能力、就业状况及劳动关系四个维度构建三层指标体系，测算新形态就业质量评价指标的 AHP 权重。基于质量评价指标体系，对我国新形态就业质量进行科学系统评估，并从中凝练政策启示。

6. 新形态就业风险评估预警研究

运用文献计量方法，梳理国内外新形态就业主要风险点进行风险识别，从雇主风险与雇员风险两大主体视角细分风险类型；梳理国内外新形态就业风险评估指标，筛选适用性指标，构建我国新形态就业风险评估体系，测算指标熵权；运用模糊综合评判法，依据现实与潜在危害进行风险评估及预警，研判风险二级指标属于何种风险等级（红色-极重警、橙色-重警、黄色-中警、蓝色-轻警、绿色-无警）。结合风险评估预警结果，为我国新形态就业政策导向提供方向指引。

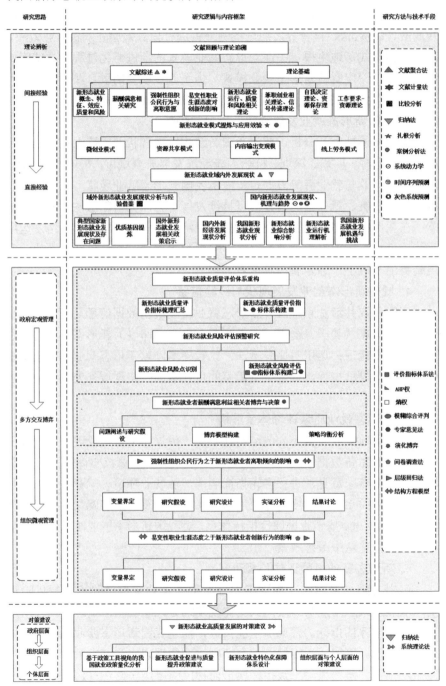

图 I 研究框架与技术路线

7. 新形态就业者薪酬满意利益相关者博弈与决策

薪酬满意度既是就业质量评价的核心指标之一，又与就业者离职倾向息息相关。从问卷调研结果可知，不同职业类型新形态就业者的薪酬满意度普遍偏低。基于演化博弈理论，通过构建政府、媒体、平台型企业及新形态就业者关于薪酬满意的四方演化博弈模型，利用复制动态方程对新形态就业薪酬满意四方利益相关者进行策略均衡分析；对平台型企业经营策略稳定性、媒体报道策略稳定性、新形态就业者接受策略稳定性、政府部门监管策略稳定性以及四方主体混合策略稳定性进行仿真分析，辨析各方利益交织点与博弈环节，探讨利益联动多方在扰动中的决策过程与最优机制。

8. 强制性组织公民行为之于新形态就业者离职倾向的影响

基于研究需求编制调研问卷，在预调研之后对问卷进行修正。问卷由强制性组织公民行为、离职倾向、角色负荷、易变性职业生涯态度、知识共享、工作激情及创新行为等多个量表构成，针对网约车司机、外卖员、网络主播、互联网医疗、共享住宿、线上教育培训等不同新形态职业类型，采用分层抽样及三阶段样本收集方式，正式发放问卷1050份，回收有效问卷888份。马克思认为，当"劳动异化"发生时，生产线、物质资本会对劳动者构成奴役。强制性组织公民行为亦对新形态就业者形成压力，导致职业黏性衰减，离职倾向增高。鉴于此，运用层级回归法分析强制性组织公民行为对新形态就业者离职倾向的影响,同时检验角色负荷的中介机制。

9. 易变性职业生涯态度之于新形态就业者创新行为的影响

新形态就业者并非处于基于长期契约所形成的固定组织中，传统单位制的管理思路亟待创新，第8—9章研究即落脚于此。新形态就业者的高离职意向与频繁职业变换行为容易导致易变性职业生涯态度，该种不稳定性对就业者创新行为具有显著影响。紧扣独具特色的职业生涯态度，引入高辨识度变量，运用层级回归法，辨析易变性职业生涯态度对新形态就业者创新行为的影响机制，检验工作激情与知识共享的中介与调节作用。

10. 就业政策梳理与量化分析

依据制度经济学由实践到政策的研究思路，运用政策分析工具对中华人民共和国成立以来的就业政策进行量化分析与现实匹配性评价，明晰政策着力点与契合性，提升就业专项资金活化率。第10章以我国主要的就业政策为研究对象，从政策工具、政策实践和政策导向等不同维度对其进行量化分析，梳理我国就业政策的发展特点与结构特征。在此基础上，总结明确现有政策的短板，找准未来就业政策的发力点，进而对现有政策筐中的零散政策与实施办法进行有针对性替换与补充，通过排列组合增强政策间联动性与体系化，推动新形态就业高质量发展。

11. 新形态就业促进与质量提升对策建议与保障措施

《实践论》指出，认识以实践为先导，经过实践得到了理论的认识，还须再回到实践中检验。第1—10章关于新形态就业的理论研究成果需要为新形态就业实践服务。第11章依据研究结论，针对新形态就业的发展现状与缺陷短板，从政府、组织和个体三个层面为推动我国新形态就业发展提供政策建议与保障措施。在此基础上，探索劳动与资本、技术再平衡的新社保制度及"监管沙箱"，为传统就业与新形态就业的协同发展、倍增乘数效应进行政策储备与集成创新，尝试构建特殊外部冲击下劳动力市场应急反应机制。

二、研究方法

本研究依托劳动经济学、人力资源管理、组织行为学、计量经济学、系统论等相关理论，综合运用多种定性与定量分析方法对新形态就业及关联变量进行理论分析与实证研究。

1. 文献聚合与计量法。不间断收集国内外文献资料，对文献进行筛选、分类与编号，运用文献计量法进行研究热点与焦点定位。从研究视角、内容、方法、结论等维度梳理文献并深度述评，动态把握新形态就业研究的前沿进展，探寻并定位前期研究的盲点与薄弱环节。

2. 理论模型与评价法。深度挖掘并推演新形态就业关联要素间的关系，绘制运行机理模型图；构建我国新形态就业质量与风险评价体系，测算指标AHP权和熵权，运用模糊综合评判评估风险等级。

3. 问卷调研与计量模型。遴选成熟量表编制调研问卷，获取一手数据。利用层级回归、结构方程模型分别探讨新形态就业者强制性组织公民行为、易变性职业生涯态度对离职意向和创新行为的影响机制。

4. 专家意见法与博弈论。审慎选择并组织专家对指标选取、风险点确定等关键环节发表意见，集思广益，多轮反馈，汇总专家意见服务模糊集变量确定等研究任务。构建演化博弈模型，探讨四方利益相关者薪酬满意度影响机制，引入复制动态方程解析薪酬满意度均衡策略。

5. 扎根分析与典型案例。运用扎根分析进行质性材料编码与信息提取，基于"范畴—主范畴—核心范畴"的逻辑框架提炼新形态就业模式与特征。遴选新形态就业典型案例，逐一进行模式的应用效验与场景重现，构建新形态就业案例库。

三、核心观点

长期关注就业领域发展新动向，在对国内外长时间轴文献与理论进行深透分析的基础上，形成关于新形态就业内涵、质量、潜力、保障、监管等方面的认识与理解。

1. 新形态就业发展是一场史无前例的就业生态变革

新形态就业是在新技术背景下产生的一种全新的就业形式与劳动交换方式，是技术范式转变的必然产物。新技术革命可能诱发边际规模报酬递增经济出现，在影响企业微观行为的同时，对就业岗位兼具替代与创造双向效应。就业岗位流失规模取决于人工智能等新技术引导传统产业变革的速度与程度，非自动化等高技术含量工作任务的需求相应增加。新职业产生与旧职业消失反映出新技术革命带给就业结构、工作任务和技能回报的深刻变化。我国新形态就业规模与发展阶段均处于世界前列，新形态就业作为就业生态变革的核心，融合创业与就业，增加创业型就业比重，呈现大数据技术驱动特点，便于精准掌握就业者工作动向，降低结构性错配概率，实现供需两侧高效匹配，减少摩擦性失业。

2. 新形态就业发展潜力突出，就业质量喜忧参半

在人口和劳动力总量趋于稳定甚至减少的条件下，我国劳动供给弹性趋于下降，继续挖掘劳动供给潜力的两条路径为：提高劳动参与率和增加劳动时间。劳动参与率相对于劳动时间对劳动供给的边际贡献更大，灵活就业参与方式降低了岗位获取门槛，与传统就业模式合纵连横，展现出强劲就业吸纳潜力。数字技术溢价导致不同技能与职业之间工资差距拉大，对人力资本要求偏高的新形态就业岗位获得的工资溢价更多。新形态就业对整个劳动力市场产生溢出效应，多元化满足了女性等就业群体的灵活就业需求，在时间灵活性与工作自主性等方面，质量优于传统就业。新形态就业机会更多分布于二、三、四线城市，可让更多年轻人在家乡附近工作，激发青年创业热情与企业家才能。新形态就业已成为结构性失业者的"稳定器"、摩擦性失业者的"蓄水池"、工作不饱和者的"充电宝"，能够带动就业质量显著提升。然而，与之相伴的是，部分新职业稳定性低、人员流动性高，导致岗位培训不足，不利于劳动技能积累，过度劳动现象有蔓延之势，社会对话机制发挥作用的空间较小。

3. 新形态就业者及家庭缺乏权益保护屏障

新形态就业对适应机器大工业时代的劳动关系、社会保障体系冲击巨大，突破了现有劳动关系与社会保障的边界。平台型非标准就业劳动者因不具有雇员身份,劳动者权益保护难以纳入劳动关系的调解范畴。平台型企业、人力资源服务机构缺乏主动维护劳动者权益的动力,多种就业形式共生发展的就业市场充斥着就业诈骗、虚假信息、信息不对称等杂质,有待净化。尽管在就业权、报酬权保障等方面取得了实质性进步,但处于灰色地带劳动者的相应权益,如工作时长、休息休假、工资报酬、社会保险等急需得到法律底线保护。应加快构建涵盖新形态就业者家庭的婴幼儿保健、学前及义务教育、职业安全保护等促进社会融入的公共服务体系,缓解制度供给不足。

4. 新形态就业监管需要变革思维与共治意识

新业态企业和新形态就业者的政策获得感严重不足,新形态就业监管机制设计务必高屋建瓴,确保避免错失弯道超车的重要机遇。平台型企业提供的产品服务本质上具有"准公共产品"属性且公共属性日益增强,可考虑将部分具有垄断性的平台作为公共事业部门进行监管创新。面对工作地点分散、利益分歧较大的劳动者群体,如何维护劳动者自由结社权利、提高集体谈判能力是劳动关系管理变革的重头戏。为避免蜂屯蚁聚、红紫乱朱,尝试以劳动者个体为"细胞",运用数字技术革新就业服务信息网络系统,探索建立政府、雇主、雇员、平台、行业组织等多主体协同共治机制。

四、学术创新

本选题新颖度较高,基于新形态就业相关理论滞后于发展实践现状,在梳理提炼新形态就业基本概念及核心范畴的基础上,聚焦就业管理实践焦点问题进行理论抽象、技术创新与政策评估,对数字商业模式发展所催生的新就业形态进行了全景式刻画,在相关研究中迈出了一大步。研究内容较为系统完备,包括新形态就业管理理论辨析、先验经验提炼、管理视角切换与方略拟定等核心模块,具有较高的理论创新价值与实践指导意义。核心创新点集中体现为基础理论重构升华、管理策略集成创新与保障政策协同耦合。

1. 国内外新形态就业发展呈现多元异质化特征,理论凝练明显滞后于实践演化,新形态就业理论串联与创新迫在眉睫。我国处于新经济与新形态就业实践发展的第一梯队,高活跃度、快速迭代的就业实践已成为滋养理论结晶的温床。本研究缜密梳理并采撷应用相关理论,在此基础上进行创新性概念界定、特征与模式提炼以及机理解析,厘清新形态就业的基底层理论元素,突出亮点为新形态就业模式形塑,为提升"中国就业模式"

国际影响力发声。

2. 新形态就业管理涉及多层次主体与多维度因素，通过清洗加工一手调研数据，从宏观管理、交互博弈及微观管理层面尝试创新。（1）宏观管理层面，树立新形态就业风险系统管理思维，综合考虑雇员、雇主、平台、监管者及其他系统性风险；创新性构建新形态就业质量与风险评价动态指标体系。后续研究中，拟增添反映劳动力供需双方动态变化的指标（如求人倍率），以及反映不平衡、不充分的结构性质量评价指标等；拟增添反映新技术、工作任务需求与劳动者技能差距及回报差异等风险评估维度。（2）聚焦"新形态就业者薪酬满意"这一棘手的多方交互问题，构建四方演化博弈模型，独创性刻画薪酬满意利益相关者均衡策略达成过程及最优决策机制。（3）首次关注新形态就业者离职倾向与创新行为等微观管理难题，引入该群体特有的管理创新现象（强制性组织公民行为、易变性职业生涯态度等），辨识角色负荷、工作激情、知识共享等要素的介导机制，避免中层塌陷与就业极化迹象进一步加深，激发创新活力。

3. 新形态就业者具有高度流动性及群体多样化特征，属性为"弱从属、无保障"。统筹考虑劳动关系分类治理，探索建立新的社会合约。在定量评价已有政策基础上，瞄准政策短板，细化勾勒中国特色的新形态就业政策体系与保障措施，渗透多方利益相关主体协同治理理念，力求包容度提升，审慎度犹在，将劳动者权益逐步矫正为"弱从属、弱保障"，密织新形态就业"安全网"。

五、学术价值

经检索发现，系统阐述新形态就业管理理论与实践的过去、现在与未来的学术著作尚无。本研究在新形态就业发展如火如荼且问题集中爆发的当下，学术首创价值凸显。本著作的出版将丰富我国就业领域的相关理论研究，为业界学者的后续深入研究提供理论铺垫与思路借鉴；在厘清我国新形态就业发展症结基础上，有助于提升政府就业管理决策的科学化水平。本研究亦是向世界讲好中国就业故事的有益尝试，希望读者们借此了解中国就业发展的最新走向与全新变化。本书主要创新点体现在，设计构建了新形态就业管理理论挖掘与实践解析的崭新框架（参见图I），其有益于丰富填充新形态就业理论体系，健全补足宏观及中微观管理方略。

1. 本研究在很大程度上弥补了新形态就业伴随新经济发展进行系统性变革的理论缺失，整合浇筑零散化、碎片化理论"零件"。第1—2章主要从前期研究成果的间接经验中，系统抽象出新形态就业概念、分类、特征、效应、模式等基础理论元素。第3—4章从国内外发展现状的直接经验中抽象出传承基因、运行机理、发展趋势等基础理论脉络，检验理论可行性，增强理论实用性，有力支撑镌刻中国烙印的就业管理理论体系。同时，通过对国内外发展现状的对比，我们可以更加深入地理解我国新形态就业的优势与短板。专著是为数不多的系统研究新形态就业管理的学术著作，理论拓荒意义突出。

2. 新形态就业管理实践主体既包括政府相关部门、平台、媒体及行业组织，也涵盖实际用人单位及劳动者。第5—9章的研究视阈涵盖政府宏观管理、多方交互博弈及组织微观管理层面，研究模块涵盖就业质量、风险、薪酬满意、职业生涯、离职倾向、创新行为等变量，内置微观主体心理意愿与行为变化。定量加工一手鲜活数据，为读者真实呈现我国新形态就业管理的"正在进行时"，于实践演化中凝练真知与管理创新思路。

3. 运用制度经济学理论与政策量化分析工具进行就业政策定量评估与现实匹配性分析，通过对比甄别新形态就业政策体系成熟度与偏离度。重点针对"隐蔽性雇佣""依赖性自雇""假性自雇"等问题密集涌现的就业形式，从政府、平台及用人企业、行业组织、意见领袖及劳动者等多主体视角，提升宏观管理政策的系统联动性，创新性填充中微观管理策略，做到"粗中有细"。在兼顾消费者需求、劳动者就业需求、新经济体盈利需求及政府监管需求基础上，强化普惠就业底蕴，为新形态就业长足稳健发展保驾护航。

六、难点与改进

1. 本研究所需数据具有多源异构性，包括年鉴数据、网络数据与调研数据等，数据获取及融合使用难度较大。灵活就业及新职业尚未纳入国家就业统计体系中，数据碎片化严重，权威机构的调研数据匮乏。在选用《中国劳动统计年鉴》《中国人口统计年鉴》等官方数据基础上，积累新经济行业年度数据，运用网络爬虫技术抓取零散数据。通过连续追踪调研，形成时间序列数据，提升预测分析精度。

2. 从域内外新形态就业发展的直接与间接经验中，提炼出新形态就业模式、管理经验、发展趋势、质量与风险评价指标等理念与工具，具体应用到不同行业及平台型企业，还存在适用性及注意事项有待进一步细化研究的问题。同时，实践是不断演进的，新形态就业会在未来出现何种新模式，需要后续研究继续探索。

七、研究展望

在研究过程中发现，新形态就业青年群体所占比例较高，也是就业风险较高、多问题交织的群体。2020 年受新冠疫情影响，16—24 岁的青年失业率达到 13%左右的高位。2021 年上半年，青年失业压力进一步增大，6 月失业率上升至 15.4%。①下一步将重点关注该群体的职业发展与就业保障问题，尝试进行职业生涯发展规划与个性化社保制度创新。为应对少子老龄化，国家已放开三孩生育，新形态就业模式对多次生育女性平衡生育、家庭与就业的关系更为友好，与三孩生育政策相配套的就业保障政策亦是本研究力图突破的瓶颈之一。后疫情时代，全球性失业大潮来袭。教科书中 20 世纪 30 年代"倒牛奶"一幕重现，这被视为经济萧条的重大信号。发达国家与发展中国家均难以独善其身，未来一段时间内，就业率将是全球经济体首保的重要指标，这一突发不可抗力使得我国新形态就业高质量创新发展的重要性愈发凸显，也更具示范效应，它无疑将成为全球就业发展历程中浓墨重彩的一笔。

伴随我国新形态就业萌芽与发展，书稿写作前后历时三年多，不断收集资料，凝聚思想，如今已完成大半，思想火花依然不断闪现，牵引我笔耕不辍。新形态就业类型各异，在新冠疫情的倒逼下顽强破土，鲜活案例此起彼伏，新模式、新职业不断涌现，同时伴随着中层塌陷、劳动异化、平台垄断、隐性风险涌现、职业认同与规划虚无等新问题。随着探索渐趋深入，研究兴趣愈发浓厚，党的二十大报告中关于新形态就业发展的方针纲要正引领学界聚焦研究、探索争鸣并砥砺前行。

---

① 数据来源：《张毅：上半年就业形势总体平稳》，https://baijiahao.baidu.com/s?id=1705399542838 193493&wfr=spider&for=pc。

第一篇　理论基石：新形态就业基础理论建构与模式凝练

[篇首语]蓬勃发展的新形态就业打破了传统的就业模式，也颠覆了社会整体的人力资源配置方式。就业容量大、进出门槛低、灵活性强的新形态就业模式在发挥"保就业""增收入"等积极作用的同时，也潜藏着就业者权益难以保障等一系列问题。理论是实践的先导，思想是行动的指南。新形态就业实践中涌现出的诸多问题需要学者们充分开展理论研究。令人担忧的是，我国新形态就业实践虽已领跑全球，但还缺乏有关该领域的系统性理论研究，现阶段新形态就业所包含的典型模式也尚未可知。鉴于此，笔者将在本篇中从"文献理论追溯"与"实践模式提炼"两种角度出发，将理论与实践相融合，完善新形态就业的研究框架，同时也为后续研究打好理论基石。第 1 章将通过文献聚合，梳理新形态就业的概念、特征、类型等专题模块的现有研究成果，并对相关经典理论进行归纳。第 2 章将以扎根理论为主要研究方法，提炼出新形态就业的"微创业""资源共享""内容输出变现"及"线上劳务"等典型模式，并针对不同模式进行案例效验。

第1章　文献综述与理论追溯

[**引入案例**] 新形态就业是一种怎样的新事物？它对我国社会经济发展具有哪些积极作用？本章以"好活科技"平台为引例①，揭开新形态就业的神秘面纱。

引入案例	好活科技：探索创新"零工经济"新模式

好活科技是一家新时代造就的灵活就业服务平台，借助先进的 AI、大数据等信息技术，为自由职业者提供实时就业信息。好活一方面为劳动者提供全方位的综合性服务，同时还依托其网络优势，根据灵活就业者自身现状与优势提供有针对性的岗位信息，帮助用工平台与灵活就业者实现快速、精准匹配。同时，平台还与金融等保障机构保持密切合作，为灵活就业者提供福利保障，构筑全方位的灵活就业体系，解决灵活就业者的后顾之忧。

1. 助力政府协同治理

好活平台与中国银行、中国建设银行等金融机构建立安全通道，采取有效措施保障在平台上注册的企业与个人用户的资金安全；运用区块链技术对平台上注册的灵活就业者个人信息、动态变化信息及数千家用工企业发布的实时用工需求信息等进行分布式存储，以加强信息安全保障。在助力政府协同治理方面，好活平台结合昆山市市场监督管理局工商登记数据，设置几十个核验维度（如营业执照、视频资料、合作协议等），确保平台注册用户的真实性和有效性，经过大数据分析加人工智能比对，平台未产生一例虚假注册，实现100%真实主体注册。

2. 为灵活就业者提供福利保障

相当一部分灵活就业者存在着社保不足的情况，好活依托自身数百万用户和上千家企业的真实数据，并与人力资源和社会保障局政府机构合作，切实推进新形态就业者的社保落实政策，凸显人文情怀，提升保障水平和保障覆盖面。通过就业保

---

① 资料来源：《中国共享经济发展报告（2021）》，http://www.sic.gov.cn/archiver/SIC/UpFile/Files/Default/20220222100305459566.pdf。

障平台与相关部门沟通，帮助灵活就业者在就业地更方便地纳税和缴纳社保，解决子女上学难问题。好活通过对平台近百万灵活就业者的调研，结合其所在新业态领域的特点，联合中国人民保险推出了"新就业形态人员职业伤害责任险"，针对"新个体"岗位风险特点给予有针对性的福利保障，帮助维护灵活就业者的基本权益。

3. 线上线下就业服务融合

当前好活平台与饿了么、天鹅到家、叮咚买菜等大型新经济平台合作，致力于打造灵活就业者就业服务基地。依托互联网和大数据技术，分析平台灵活就业人员属性，并根据其特点分配合适的工作，实现精准匹配；借助信息技术整合线上线下信息资源，实现跨平台匹配，拓宽招聘渠道，提高招聘效率，节省招聘成本；将培训范围由线下拓展到线上，借助出色的企业家、优秀职工为灵活就业者提供规范专业的岗前培训，帮助他们掌握灵活就业的相关技能，使好活成为灵活就业者快速上岗的"加速器"。

截至 2021 年 5 月，我国新形态就业等灵活就业规模已达 2 亿人，对稳就业、保就业发挥了重要作用。《中国灵活用工发展报告（2022）》蓝皮书指出，2021 年我国共有 61.14% 的企业使用过灵活用工，相较 2020 年上升约 5.46%，新形态就业在我国就业市场已初具规模。① "新就业形态"范畴是对我国经济新业态、新动能发展过程中涌现的新就业方式的一种特定称谓，指的是电子商务或在线平台等技术革新动员起来的劳动力所开展的获取酬劳的工作活动[1]。非正规就业比例高、社会保障水平偏低是我国劳动力市场的典型特征。我国新形态就业在吸纳就业者数量、就业类型多样化、覆盖人群范围等方面表现出色。其中，服务业就业吸纳能力远高于制造业，是新经济渗透发展的主战场。信息服务、科技服务、节能环保服务等新兴生产服务业随着数字技术进步获得广阔发展空间，养老机构、托儿所、家政等生活服务业也得到了蓬勃发展。人工智能发展改变了传统生产模式，在替代一部分简单重复型岗位的同时，有利于快速实现人岗匹配，提高生产效率。

学界使用不同术语来概括数字商业模式及新就业形态，如数字经济（digital economy）、共享经济（sharing economy）、零工经济（gig economy）及应需经济（on-demand economy）等。新冠疫情在一定程度上激活了"共享员工"等新身份、新模式，转变了企业用工思维，提升了就业韧性与活

---

① 数据来源：《中国灵活用工发展报告（2022）》，https://baijiahao.baidu.com/s?id=1720462733888 541808&wfr=spider&for=pc。

力，也催生出一大批新职业。2020 年 3 月 2 日，人力资源社会保障部与市场监督管理总局、统计局联合向社会发布了 16 项新职业。这是自 2015 年版《中华人民共和国职业分类大典》颁布以来发布的第二批新职业，主要诞生于新形态就业长足发展的沃土。这些新职业主要集中在新兴产业和现代服务业两个领域，包括智能制造工程技术人员、工业互联网工程技术人员、虚拟现实工程技术人员、连锁经营管理师、供应链管理师、网约配送员、人工智能训练师、电气电子产品环保检测员、全媒体运营师、健康照护师、呼吸治疗师、出生缺陷防控咨询师、康复辅助技术咨询师、无人机装调检修工、铁路综合维修工和装配式建筑施工员。这些新职业很大程度上属于新形态就业，其中比较典型的有呼吸治疗师、健康照护师、供应链管理师、网约配送员等，这些令人眼前一亮的崭新职业在抗击新冠疫情中发挥了重要作用。2020 年 5 月，人社部又发布了 10 项新增职业，互联网营销师（电商主播）等互联网新技术劳动者将持证上岗；2020 年 7 月 6 日，又新增区块链工程技术人员、城市管理网格员、互联网营销师等在内的 9 个新职业，这是第三批新增职业。同时发布的还有直播营销员、互联网信息审核员等 5 个工种，将公共卫生辅助服务员职业下的防疫员、消毒员和公共场所卫生管理员 3 个工种上升为职业。2021 年 3 月 18 日，人社部等三部门又新增了集成电路工程技术人员、企业合规师及公司金融顾问等 18 个新职业。值得注意的是，此次发布的新职业很多是从新行业中催生演化而来的。①

由此可见，相关部门对新职业的认定逐步推进，我国职业分类更加细密完善，种类数量不断增加。可以预见的是，传统的职业分类将被"新 360 行"逐渐取代。部分新就业形态的职业化已成为我国数字经济迭代升级进入深水区的重要标志之一。这些新职业均存在一定的从业人员规模，从业技能独立且符合社会发展方向，具有重要的产业引领作用。新职业频频"入圈"，不仅有利于就业人员加深职业认同并明晰职业生涯规划，也有助于监管规范化，为我国数字经济新业态的优化发展注入新动力。

随着新形态就业实践的蓬勃发展，国内外相关理论分析与实践应用成果相继产生。笔者尝试站在巨人肩膀上开展本研究工作，对浩如烟海的文献与理论成果进行了较为全面系统的梳理，甄选前期研究的精彩篇章，锁定研究力量薄弱环节，瞄准后续研究着力点。本章运用文献聚合法，对新

---

① 数据来源：中华人民共和国人力资源社会保障部官网，http://www.mohrss.gov.cn/SYrlzyhshbzb/dongtaixinwen/buneiyaowen/rsxw/202103/t20210318_411376.html。

形态就业进行内涵重塑与外延界定，逐一提炼新形态就业鲜明特征，归纳新形态就业的主要类别。以新形态就业概念、特征、分类、效应、就业质量、就业风险、强制性组织公民行为与离职意愿、易变性职业生涯态度与创新，以及利益相关者薪酬满意博弈等专题板块为索引，对国内外相关文献进行系统梳理，运用文献计量法对外文文献进行图谱分析，提炼国内外研究焦点问题与最新进展；以我国新形态就业特色化实践需求为导向，梳理归纳新形态就业相关经典理论，包括劳动力流动理论、劳动力市场分割理论、就业质量与风险相关理论、兼职创业相关理论、信号传递理论、自我决定理论、资源保存理论及工作要求-资源理论等，作为本研究理论创新的文献基础与理论积淀。

1.1　国内外文献综述

国内外学者针对新形态就业进行了富有见地的研究，采撷精华，本节分板块梳理如下。国内学界及政府公文中比较多的两种提法分别是"新就业形态"和"新形态就业"，两者基本通用。为了与传统就业形成对照并统一提法，本研究通篇贯穿"新形态就业"概念进行理论争鸣与实践探索。

1.1.1　核心概念界定

新形态就业的核心内涵是什么？新形态就业主要"新"在哪里？界定新形态就业相关的基本概念与理念是新形态就业研究的理论基石与逻辑起点。目前，学界对新形态就业内涵与外延缺乏较为权威的界定，内涵要点不一致，外延边界不清晰，仍需在就业实践发展中逐步聚合提炼。鉴于此，本研究运用文献聚合法，对新形态就业进行内涵重塑与外延界定。在此基础上，逐一提炼新形态就业的鲜明特征，使得概念内涵充分吸收新形态就业区别于传统就业的核心特征。梳理归纳新形态就业的主要类别，尤其是最新涌现的类别，例如雇佣分担、岗位分担、临时管理工作、基于信息和通信技术的移动工作、组合工作、众包就业、合作就业等，使得概念外延尽可能实现多种新类型的周全覆盖。

一、国内研究回顾

我国对新形态就业的研究起步较早。2015 年，在党的十八届五中全会公报中首次提出"新就业形态"概念，强调高度重视并大力支持新形态就业发展。共享经济、众包经济、零工经济的蓬勃发展引发了"平台就业"

"网络就业""家庭就业"等区别于传统雇佣的新就业形态，体现了新时代就业的新变化、新趋势[2]。新就业形态概念可以从生产力和生产关系两个角度加以理解。从生产力角度，新就业形态描述了新一轮工业革命带动的生产资料智能化、数字化、信息化条件下，通过劳动者与生产资料互动，实现虚拟与实体生产体系灵活协作的工作模式。从生产关系角度，新就业形态指伴随着互联网技术进步与大众消费升级出现的去雇主化、平台化的就业模式[3]。新形态就业区别于传统工业化和现代工厂制基础上的就业方式，开启了就业新篇章，借助互联网技术和大众消费升级实现去雇主化，借助信息技术升级进一步放大与延伸灵活性。目前，我国新形态就业大多集中于服务业，具有灵活性、自主性、共享性等特点[4]，辐射数字经济、智能经济、尾部经济、共享经济、零工经济、全时经济等领域[5]。

新形态就业之所以"新"，一方面体现在利用升级化技术手段开辟了全新就业领域；另一方面，新形态就业下就业方式和就业观念发生了翻天覆地的改变[6]。从发展历程看，新形态就业依托互联网技术，实现了虚拟与现实结合，但尚未转化为完全独立的就业形态。作为互联网覆盖的新就业模式，一般无需政府审核和批准，能够便捷地实现私人订制式雇佣。劳动关系模糊化、劳动合同短期化使新形态就业具备共享优势的同时也存在发展弊端[7]。有学者认为，新形态就业相对于传统就业而言，不过是老树发新芽，根基未变，实质是伴随着新经济、新产业、新业态，借助信息技术升级的灵活就业模式[8]。在工业经济向数字经济转型过程中，新形态就业有别于正式稳定就业和标准劳动关系的各类组织用工，呈现以下主要特征：组织方式平台化、劳动关系多样化、匹配形式多元化、就业方式弹性化、全职就业兼职化、零工就业全时化、劳动供给自主化等[9]。

关于新形态就业特点，郭荣丽和郭秀红（2017）认为，新形态就业区别于传统就业的特点主要包括互联网化、任务碎片化、工作弹性化、身份个人化等[10]。新形态就业突破了原有的行业边界与规则，实现了跨产业联合，是与互联网等高新技术融合产生的全新生产经营模式[11]。新形态就业是一种基于资源共享的分享经济，追求方便快捷、效率优先的同时具有高风险特质。目前，学界对新形态就业的大致共识为，随着互联网、物联网、增值网等的发展而产生的新形态就业是对传统就业模式的颠覆与革新，平台经济、共享经济、零工经济、众包经济均属此范畴[12, 13]。新形态就业打破了传统就业的束缚，从业模式更加灵活，正是这种灵活就业模式决定了其特征。工作模式由组织型、集中型与单一型向自主型、分布型与多元型转变[14]。

二、国外研究回顾

国外学者并未明确提出新形态就业概念，相关研究集中在非典型雇佣、分享经济、众包经济和零工经济下的灵活就业形态。学界使用多个术语描述这种就业模式或工作模式，大部分学者将之与共享经济相联系，也有学者称之为众包经济下的就业，还有学者从工作碎片化角度，将其称为零工经济就业模式[15]。在实践层面，国际劳工组织提出了"非正规就业"和"非标准就业"的非典型雇佣概念，从质量、标准、法律框架角度对非典型雇佣进行界定。相对于传统雇佣方式，非典型雇佣在工作地点、时间与数量方面具有潜在的不可预期性，呈现 4 个特征：临时性雇佣关系、非全日制就业、涉及多方雇佣关系、灵活性就业形式[16]。

共享经济是指通过在线平台促进各种形式交流，包括营利和非营利活动，这些活动旨在通过所谓的"共享"开放达到充分利用资源的目的。共享的第一个表现是平台社区的形成，共享经济性能通过平台构建的信任经济实现。共享的第二个表现是访问，共享经济需要通过网络来实现，受到实践中访问的时间、空间限制。共享的第三个表现是合作，共享经济通过劳动者共同努力生产某种商品来运作。数字技术意味着这种合作生产不必同时进行，也不必在同一地点进行[17, 18]。斯特凡诺（Stefano，2016）认为，共享经济由获取未充分利用的资产价值构成，让这些资产供社区在线使用，从而降低了对所有权的需求[19]。肖尔（Schor）等（2015）建议共享经济应由人与人之间的经济活动构成，由数字平台推动[20]。邦尼特（Bonnet）等（2010）主张从"共享"一词转向"合作"，将其视为更广泛的合作经济运动的一部分[21]。贝尔克（Belk，2014）认为，共享经济是多种新型经济的总称，这种笼统的定义状态也导致了名称激增，例如合作经济、零工经济、应需经济和众包经济等[22]。

豪（Howe）于 2006 年提出"crowdsourcing"一词，翻译为中文可近似理解为"众包工作"。相应的，"crowdworker"即为众包劳动者，主要指企业或个人将一部分工作外包给一定数量的从业人员，通过不同网络终端为企业或个人完成不同形式的任务[23]。布拉汉姆（Brabham，2008）认为，当一个组织使用数字平台利用人群作为外部资源为员工或承包商在内部执行任务做出贡献时，就会发生众包[24]。克勒曼（Kleemann）等（2008）提出，众包劳动力并不一定免费，但成本远低于传统就业成本，利润最大化是众包经济的关键动力[25]。利林（Lilien）等（2002）认为，众包经济下群体可以超越个体"专家"，外部劳动者可以成为更有效率的创新者，为内部问题解决带来新想法[26]。曼德尔和库塔雷利（Mandl & Curtarelli，2017）

认为，众包就业是组织任务外包的一种新形式，通常将任务外包给单个员工或大量"虚拟员工"。众包就业实质是社会技术工作体系，由一系列联系组织、个人、技术和工作活动的关系构成[27]。多恩（Doan）等（2011）认为，众包系统的成功致使新兴领域迅速发展，将会提供更通用的平台、更多应用程序和更多用户。众包系统将面临如何招聘贡献者、如何结合其他贡献及如何管理滥用行为等关键性挑战[28]。

伍兹（Utz，2016）认为，"零工"指短期参与活动。学者们注意到"零工"这一术语所隐含的非正式或短暂的就业类型指向[9]。零工经济是将供应商与消费者相匹配，以按需匹配为基础的市场集合。在基本模式中，零工劳动者与公司签订劳动合同，为客户提供服务。潜在客户通过智能设备在线申请服务，平台为客户和劳动者提供匹配便利，应需公司雇佣的供应商为客户提供所需服务并获得工作报酬[29]。低端新形态就业实质是一些微工作，通常包括远程完成小的数字任务，例如转录手写文本片段、对图像分类、对评论中表达的情感进行分类、对搜索引擎结果的相关性进行评级或视频剪辑等[30]。

通过文献梳理，新形态就业对于企业、政府、劳动者、研究者而言均是全新事物。整体而言，国内外相关理论研究均相对滞后，亟待与时俱进的全新研究成果出现。相较之下，我国新形态就业实践发展更为超前，国内的相关研究成果也集中涌现，但国内外针对新形态就业的内涵与外延均缺乏权威界定，有待深层次探索，而具体到新形态就业管理的概念则更为模糊。新形态就业与非正规就业、灵活就业存在千丝万缕的联系，呈现融合发展之势，但新形态就业与传统就业的关联与演化发展还需进一步探讨。新形态就业的细化分类应以新涌现的模式类型为基础，从而尝试管理理论创新。

三、新形态就业

新形态就业显著区别于传统就业形态，具有鲜明特征与辨识标志。传统就业下，劳动者的劳动地点与时间相对固定，与雇主签订劳动合同的概率较高，劳动者权益受到劳动合同法等法律法规保障。新形态就业中的雇主与雇员的熟悉度不高，二者之间存在第三方平台，平台集成海量资源，实现信息流、资源流互通，成为新形态就业供给与需求对接的纽带。新形态就业任务呈现碎片化特征，劳动者个人难以辨别任务全貌，需要不同分工的劳动者通力合作完成任务。可见，无论就业形式、驱动力还是运行机制，新形态就业均自成一派，辨识其内涵与特征需要依照实践发展脉络循序渐进。国际劳工组织把新就业形态纳入非标准就业的分类被广泛接受，但从劳动经济学科角度，"新形态就业"尚未有标准定义。

通过相关文献梳理，在充分吸取专家意见的基础上，笔者尝试将新形态就业的内涵界定如下：由数字经济等新经济发展孕育，以平台为依托、以信息交互为内核、去雇主化的全新就业形式，呈现灵活自由态，随之伴生包含多方利益相关者的新型劳动关系。随着平台商业模式创新及劳动者自主劳动供给意识的觉醒，新形态就业的外延层次逐渐丰富：宏观层面，是与新经济（共享经济、平台经济、数字经济等）相关联的就业模式；中观层面，是在互联网企业、平台型企业等新型组织中实现的灵活就业；微观层面，从事非传统就业的劳动者均属于新形态就业外延包络的主体。为新形态就业者大群体画像是一项较为繁复的工作，可将研究对象由小群体切换到个体，因此通过归纳提炼新形态就业模式尤为关键，亦能反哺概念内涵与外延。

我国新形态就业主要表现为"四新"。一是就业领域新。新就业形态大量出现在小微创业企业、电子商务、分享经济、社群经济等新经济和新业态中。二是技术手段新。新就业形态依托互联网、大数据、移动通信技术的发展，降低了就业服务交易成本，提高了劳动者与企业、消费者匹配效率，实现劳动供需快速对接，扩大了就业服务的时间与空间范围。三是组织方式新。新形态就业劳动者与组织的关系更松散、灵活，劳动者个体不再作为"单位人"来就业，而是通过信息技术、各类平台或与市场细分领域的连接，实现个人与工作机会的对接，去组织化特征明显。四是就业观念新。诸多劳动者不再追求"铁饭碗"式的稳定就业，而更愿意从事灵活性与自主程度高的工作。就业者对自我价值创造，兴趣、爱好的实现有更强诉求，对组织的依赖感下降[31]。新形态就业在信息技术支持下，协调客户与劳动者之间的关系，由互联网平台进行组织、调配、任务分配等活动，实现劳动者和消费者的直接对接。例如，新冠疫情期间外卖平台组织骑手送外卖，以及新涌现出的"共享员工"等灵活用工模式。

四、新形态就业管理

新形态就业体现出的"四新"特征带来了新的问题与挑战。对此，政府部门、公共服务组织及企事业单位需要开展与之相对应的就业管理活动，规避新形态就业的消极效应，发挥其推动社会主义现代化建设的积极效应，提高新形态就业者的幸福感。然而，目前针对新形态就业管理的理论研究严重不足，其概念缺乏相对完整的界定。基于此，笔者尝试从一般就业管理的概念出发，留存共性，凸显特性，对新形态就业管理的概念进行提炼。根据《现代劳动关系辞典》中的概念词条，就业管理是对就业进行组织、协调和监督的一系列活动，主要内容包括就业计划、就业方针、就业政策、就业制度、就业法规的制订与实施。在社会主义市场经济体系下，开展就业管理的主要目的是建立健全一整套科学完整的劳动就业制度、就业方针和就业管理体系，培育统一开放、竞争有序的人力资源市场，以完善的政策与服务保障劳动者就业质量，推动新职业向纵深发展，进而降低职业风险与失业危机，促进国民经济持续、稳定、健康发展。由此可见，就业管理概念同时涵盖了"就业体系""就业质量"及"就业风险"等多种内涵要素。而除了科学的制度与政策外，有效的就业管理同样离不开就业组织与公共服务机构的积极配合，因此有必要构建从"宏观调控"到"中微观治理"相贯彻统一的就业管理体系。

基于就业管理的相关文献，同时结合专家访谈意见，研究尝试将新形态就业管理的内涵界定如下：针对由数字经济等新经济形态发展孕育而生的新形态就业现象，构建科学完整的新形态就业制度、方针和法律体系，营造开放和谐、规范有序、公平合理的就业环境，着力解决引发就业风险的不平衡、不充分及不公正等就业问题，全方位提升新形态就业质量，同时培养新形态劳动者的积极就业观念，提升其职业幸福感与责任感，增进个体就业者职业稳定性，进而推动新经济形态持续健康发展的管理活动。值得注意的是，新形态就业虽属就业"蓝海"，但并非"无法之地"。习近平总书记在全国政协经济界联组会上指出，对待新形态就业，既要顺势而为，也要补齐法律短板，解决好"新就业形态"劳动者法律保障问题，同时保护好消费者合法权益。因此在当前环境下，新形态就业管理概念需要更加强调就业环境的管控与就业问题的治理，在为新形态就业发展提供沃土的同时，也要及时发现并解决其中的风险问题，以应对传统劳动关系管理中未曾关注的新挑战。

整体而言，我国新形态就业管理主要面临四项"新挑战"。一是就业环境新挑战。区别于传统就业形式，新形态就业多发生在数字经济、社群经济及知识经济等新兴行业领域。新形态就业环境中的移动互联和大数据等先进技术，为政府开展就业管理提供了技术支撑，但同时也对就业者的知识技能提出了更高要求，呼吁就业管理部门开展更符合时代发展的就业管理系统。二是就业观念新挑战。新形态就业者的就业观念发生变化，更多追求自由灵活的工作，而不再一味追求传统的"铁饭碗"，导致"自由工作者"群体不断增多。这在一定程度上提高了政府就业管理工作的难度，使其难以及时全面地掌握社会整体就业情况。三是就业风险新挑战。新形态就业管理需要有效解决就业者身心安全缺乏保护、劳动收入不够稳定、社保权益难以保障等问题。四是劳动关系新挑战。新形态就业模式打破了传统的组织模式，就业者可以与多个平台签署劳动合同，社会劳动关系更加复杂，这无疑提高了政府把握就业市场脉搏的难度。

新就业形式带来了新的管理实践与治理问题，也激发了新的理论研究成果。针对劳动者权益保障、平台协同治理、和谐劳动关系及就业人员流动等前所未有的就业管理难题，国内学界从不同视角进行了探索性研究。以劳动关系转型问题为例，在新的就业背景下，资本全球性流动加剧了劳动力对资本的依赖[32]，而在此过程中，数字平台等新兴技术的融合更是强化了劳动雇佣者对就业者及其劳动过程的控制，诱发产生了"去劳动关系化"和"再劳动关系化"新现象[33]，增加了劳务纠纷与就业不稳定性，为劳动关系管理带来了新的挑战。整体而言，相关领域学者多从某一视角对新形态就业管理问题进行研究，提出了就业保护法律体系完善、公益法律机构建设及公会服务强化等诸多可行策略[34]。然而，新形态就业管理涵盖哪些问题，具体应对策略如何，如何促进新就业形态的长足发展，目前还缺乏规范性概念和整合性结论，需要学者们开展进一步研究。

国外学者同样进行了广泛探索并提出了新的管理理念与应对策略，可具体分为两个层面。在社会整体层面，劳动权利保护和现代劳动关系问题成为重要的研究主题[35]。相关文献指出，在互联网经济和平台经济时代，针对用工关系的法律法规更需平衡灵活性与安全性，应积极制定减弱雇佣方经营风险与雇员方劳动风险的制度安排[36]。微观组织方面的研究同样丰富，相关研究集中探讨了劳动者工作幸福感[37]等心理问题，劳动者建言[38]等行为问题，以及劳动者隐私保护[39]等新形态就业者的劳动权益问题。

结合核心概念，新形态就业是涵盖就业风险、就业质量、就业权益及劳动者心理行为等内涵的多维度系统性复杂问题。基于此，本课题研究核心章节（第三篇至第五篇）逻辑框架安排如下。首先，从政府宏观管理角度，针对新形态就业的质量与风险进行评估，从宏观层面把握我国新形态就业的发展脉搏。其次，针对新形态劳动者就业权益，选取其中较为突出的薪酬满意度问题，从多方交互博弈视角，开展新形态就业利益相关者博弈研究，综合考量各利益相关方的理性选择，明晰互动决策过程及均衡实现机制。最后，从组织微观管理角度，开展新形态就业融入的人力管理研究。而针对微观管理的问题选定，研究团队兼顾"量"与"质"维度，从就业者稳定性和就业者创造力两个方面，选定了新形态就业者离职倾向和创新行为作为研究主题。

1.1.2　新形态就业核心特征

我国新形态就业吸纳的人口数量、就业成熟度及与传统就业的融合发展等均处于世界前列。新形态就业以数字技术为基础，通过平台组织，被传统意义劳动力市场所边缘化或排斥的群体可以平等、自由地获得连接市场的机会，收获劳动价值，普惠就业特征显著。相较于传统就业，多项就业维度"新"、灵活、平等、共享等是新形态就业的核心特征，主要表现在以下五个方面。

一、雇佣关系弹性化与虚拟化

传统雇佣关系为"员工+企业"模式，员工与企业签订就业合同，通过企业与市场进行价值交换，享受有保障的社会福利，工作地点、时间、期限和内容等通过劳动合同规定，员工很大程度上受到企业规章制度的限制。新经济发展背景下，消费者需求日益多样化和个性化，企业想吸引并获得消费者支持，需要建立柔性组织管理模式，特别要创新人力资源管理模式，开发更具灵活性与弹性的雇佣模式，快速适应市场环境变化，提高资源配置效率。大部分就业者改变了之前必须依托雇佣组织来实现就业的状况，转向不依托实体企业的自雇佣形式，工作时间、内容、地点等可根据自身情况灵活调整。这种弹性雇佣模式有助于合理安排工作时间，提高工作效率，发挥人力资本价值，同时有益于组织依据市场变化及时调整管理战略。新形态就业模式较具典型性，就业者凭借虚拟账号，为平台提供服务实现就业，同一劳动者可在不同平台实现兼职就业。新形态就业的劳资契约关系具有较强弹性，存在临时性或多重性。"个人"方面的劳动者，为了追求自由化，可以与多个平台建立劳动关系，根据自身实际情况为客户提供服务，多与平台签订临时合同或不签订固定合同。这类劳动者根据平台发布的信息分配自身工作时间，选择工作地点，劳动关系呈现临时性特征。"平台"方面劳动者的知识和技能具有较强普适性，不像传统工种一样从事单一工作，可以身兼多职，拥有多重劳动关系。客户与劳动者之间无须签订固定合同，工作模式更灵活。

二、就业形式平台化与去组织化

传统企业多呈现科层制、职能制或事业部制等垂直组织架构，威廉·拉让尼克（William Lazonick）称之为"组织人模式"。1990年以后，随着互联网信息技术的快速发展，企业内部信息沟通交流愈加快捷高效，整体组织结构变得更加扁平化和网络化。伴随着就业组织方从"工厂、公司"向"平台"转变，科层制企业在信息传递效率、管理方式、规章制度等方面的优势逐渐消失，面临逐渐被淘汰的风险，取而代之的是平台化的新型组织形式。"大平台+小前端"体系运转具有灵活多样性，小前端走向小微化、个性化，使得具备创新与实践精神的就业者可以充分利用小前端，施展个体才华与创新能力。在该体系中，平台发挥基础服务与资源调度功能。波士顿咨询集团和阿里研究院将新平台组织的共性归纳总结为四点：一是自主小前端数量多；二是支撑平台规模大；三是生态体系多元化；四是创业精神浓厚。与此同时，创业式就业、自主灵活就业的出现也使就业呈现去组织化特点。

三、就业边界扩大化与全球化

在传统就业方式中，依托雇佣组织，就业边界受到职业资格准入与身份限制。智能科技运用及平台式就业模式的发展与成熟，使劳动者身体素质、地理位置与工作时间已不再是影响就业的显性因素，劳动者可以获得更多工作机会，就业边界随之扩大。与新技术、新理念伴生的新兴商业模式是催生新就业模式、扩大就业边界的核心动力之一。具体来说，我国新经济发展的主力军以集团型大企业为主，比如阿里巴巴和滴滴出行。据测算，2018 年，阿里巴巴创造了超过 4000 万个就业机会，滴滴出行 2017 年创造了超过 2000 万个就业机会，与此同时，中小微企业也在积极创造生成新就业岗位。无论是位于偏僻处的劳动者个人，还是生产规模小的企业组织，皆可借助新型就业平台获得来自全球各地的工作机会。猪八戒网等自由就业平台使远程办公模式由之前的不可能变为可能，Upwork 作为全球最大的自由求职平台，已为几千万自由职业者提供了跨国界就业机会。

四、就业观念灵活化与多元化

传统就业者的就业观念较为保守，乐于选择较为稳定的职业。越来越多的新形态就业者不再过分追求安逸稳定的工作，比如公务员、事业单位、国有企业，他们更倾向于从事网络主播、滴滴司机等灵活性与自主性强的工作。一是劳动者与生产资料相结合的方式更加灵活多变。新形态就业者可以操纵多项生产资料，也可以适应多个生产环节。只需要一个人就可以看管多台设备，完成多个生产环节。二是劳动者的活动更加自主灵活。生产方式不受限于技能，在智能设备的辅助下，劳动者可以参与多环节生产活动。三是劳动时间碎片化。劳动者工作时间不固定，可以随时随地为客户提供服务，工作时间与空余时间没有明显界限，可以随时进行生产、管理和服务。以网约车司机为例，网约车司机每天工作时间不固定，只要自己方便，他们可以在任何时候任何地点接单。新形态就业者观念较为开放，富有创新精神，善于抓住机遇实现自身价值，进一步弱化了对组织的依赖。

遵从自身兴趣爱好，追求自我价值实现的新形态就业者广泛出现在小微型创业企业、电商企业，以及分享经济、社群经济等新经济业态中。

五、劳动者就业风险扩大化

新经济下催生的商业模式创新孕育了就业新模式。线上雇佣、平台兼职、流量变现、平台创业等新形态就业模式不断涌现。从发展现状来看，相当一部分新形态就业模式存在发展动力不强、寿命不长等问题。单纯复制模仿国外或其他标杆企业商业模式所匹配的就业模式不能完全适应我国国情，水土不服的后果是模式初创时就业吸纳力强，模式消亡也快，如昙花一现。在新形态就业模式可持续性发展有待提高的情形下，灵活就业模式发展使得劳动者可以在不同就业平台自由转换，增加了个体所面临的就业风险。据滴滴出行平台的一项调查发现，平台从业者多以兼职工作方式为主，在实现个人收入增长的同时，也带来了收入不稳定、劳动安全无保障、无法对接社会保障体系、需求与价格变动冲击等多项系统性风险。西方发达国家出现了工作方式灵活但收入不稳定且徘徊在正式组织以外的新阶层，导致社会阶层矛盾出现复杂化倾向。

1.1.3 新形态就业者类别划分

新形态就业既包括由于信息技术进步而产生的全新就业形式，也涵盖一些基于工作灵活性需要，与传统就业交叉的复合型就业类别。国内新形态就业者类型主要包括创业式就业者、自由职业者、多重职业者、他雇型灵活就业者、自雇型灵活就业者、数商等[31, 10, 40-44]。国外关于新形态就业类别划分的研究成果相对丰富，欧洲改善生活与工作条件基金会（2010）将新形态就业类型划分为雇佣分担、岗位分担、临时管理工作、临时工作、基于信息和通信技术的移动工作、基于凭证的工作、组合工作、众包就业、合作就业九种[11]。洪（Hong）等（2019）认为，新形态就业类型包括在家办公的自由职业者、办公工作外包就业、自雇零工市场就业模式、被雇零工市场就业模式、Starbucks 零小时合同、Mila 零小时合同、Axiom 模式等[45]。麦肯锡全球研究所（2016）将零工经济下的人力资源划分为四种：自由代理人、临时工、不情愿的人和财政拮据的人[46]。斯特凡诺（Stefano，2016）认为，新形态就业人员可分为自营劳动者、家庭帮工和其他灵活就业人员三类[19]。国内外新形态就业者类别划分见表 1-1。通过以上就业类别划分，结合实际分析得出我国新形态就业者的鲜明特征。

1. 中小城市的就业人数逐步增多，新形态就业者更为集中地分布于大城市。以年轻群体为主体，能够熟练使用互联网工具，有较强的自我管理能力和时间管理能力，对技术变革有较强的适应能力，能够不断开拓社交网络，勇于探索未知等。

2. 新形态就业者自主性较强，除了工作时间、地点、方式等相对自由，还倾向于自主规划职业生涯。该群体组织行为及职业心理展现出不同于传统就业者的特质与规律，创新偏好强且归属感弱，乐于进行知识共享与团队协作。

表 1-1　国内外新形态就业者类别划分

作者代表	年份	主要类别
张成刚	2016	创业式就业者 自由职业者 依托互联网或市场化资源的多重职业者 部分他雇型就业中出现的新类型
郭丽荣	2017	互联网催生的"数商" 自由职业者 多重身份职业者 新型他雇型职业者
葛萍	2017	正规就业下的新形态就业者 他雇型灵活就业类新形态就业者 自雇型灵活就业类新形态就业者
朱松岭	2018	创客模式（机会型与稳定型） 威客模式（传统威客、垂直威客和新型威客） 兼客模式（延伸兼客与多元兼客) 圈客模式 对客模式
王娟	2019	创新驱动式就业 "互联网+"带来的创业式就业 新技术与传统经济相融合产生的新经济就业 依托于信息技术和市场分工细化带来的新兴职业
刘小军	2021	自由职业者 多重身份职业者 创业式就业者稳定就业
关博	2021	平台价值交换媒介就业 整体任务切割外包就业 多重职业就业 居家工作就业

续表

作者代表	年份	主要类别
欧洲改善生活与工作条件基金会	2010	雇佣分担、岗位分担、临时管理工作、临时工作、基于信息和通信技术的移动工作、基于凭证的工作、组合工作、众包就业、合作就业
豪维斯（Huws）	2015	居家办公的自由职业者、办公工作外包就业、自雇零工市场就业模式、零工市场就业模式、Starbucks 零小时合同、Mila 零小时合同、Axiom 模式
麦肯锡全球研究所	2016	自由代理人：主动选择独立工作并获得主要收入临时工：通过独立工作来补充收入不情愿的人：靠独立工作谋生但更喜欢传统工作财政拮据的人：在必要时工作谋生
斯特凡诺（Stefano）	2016	自营劳动者：自我雇佣者（自谋职业）和自由职业者等家庭帮工：帮助家庭成员从事生产经营活动者其他灵活就业人员
蒙特博维（Montebovi）	2020	自营职业者灵活工作者人群工作者
方长春	2020	去雇主化劳动者多雇主化劳动者新劳动方式劳动者

概念是理论创新的原点。在上述文献梳理的基础上，把握我国新形态就业的核心特质，尝试进行新形态就业概念界定，着力提升内涵深邃度与外延包容度。比照传统就业，提炼新形态就业的 5 项核心特质，彰显区分度与特色。借鉴国内外学者的分类结果，本研究对新形态就业者进行了类别划分。下一步研究设想为，随着研究的逐步深入，数据完备性与理论成熟度提升，在本次划分基础上进行更为细致的亚类及细类划分。

1.1.4　新形态就业效应

新形态就业发展显著增加了弱势群体的就业机会，创造了一批新岗位，有效缓解了结构性失业、摩擦性失业等导致的就业冲击，提升了就业形式灵活多样性与就业人群层次丰富性。与此同时，新形态就业的雇主与雇员关系更加松散，劳资双方尚未完全适应新形态就业节奏，有待依靠培训塑造与政策引导将雇主、平台与监管者"催熟"，新形态就业者也能够通过参与劳动获得成长。

一、积极效应

新形态就业对就业人口、工作领域和工作方法产生了革命性影响，就业者流动性越来越强。工作任务琐碎性、多样化程度提高，传统工作地点、工作时间、工作管理与监督、雇佣关系等均被打破[47]。新形态就业不会在短时间内取代传统的正规和非正规就业，今后很可能会有多种就业形式共存，新形态就业的前景可期[7]。尽管目前学界还无法定量测算新经济、新业态对岗位创造的净效应，但新形态就业的迅猛发展必然会创造大量的新形式、新内容的工作岗位。一方面，新形态就业通过互联网增加了弱势群体的就业机会，为不同阶层和群体提供了更开放、更具包容性的公平和非歧视性收入，缩小了收入差距。另一方面，新就业形式提高了劳动者与用人单位之间的协调效率，降低了搜索、沟通和签约费用，减少了摩擦性失业。刘涛（2018）认为，计算机网络和新一代信息技术的发展和普及大大提高了社会保障管理和"数目字管理"效率，有助于促进劳动力自由流动。随着世界各国电子监督管理和治理能力的发展，一个明确的社会治理模式将会出现，有人将其称为"电子软件追踪"[48]。通过移动互联网平台，从业人员可以选择更加适合自己的工作，训练自我技能，还可以借助平台开发新能力，以适应更高层次的工作。此外，电商平台、分享经济平台也会对就业者进行相关培训[3]。张宏如等（2019）分析新形态从业者心理资本对创业行为的影响，研究发现，心理资本显著促进创业行为，目标导向具有一定中介作用[49]。胡放之和杨金磊（2021）认为，数字经济创造了大量就业岗位，激发了创新活力，具有显著积极的影响[50]。

二、消极效应

新形态就业体现了一种偶然的、复杂的关联，通过不断对不同范围活动进行重新配置，也掩盖了不平等的新形式和所有权的两极分化。新形态就业的部分工作不利于劳动者潜力挖掘与职业生涯发展。新形态就业普遍存在过度工作的问题，多余的收入只是将休息时间货币化，基于平台的新形态就业并没有产生好的工作，产生平台拥有者与劳动者存在巨大不公平[51,52]。伯格瓦尔-卡拉伯恩和豪克罗夫特（Bergvall-Kareborn & Howcroft，2014）认为，平台就业使企业能够利用互联网技术获取劳动力和专业知识，劳动者借助网络手段突破地域障碍，使得企业能够转移成本，降低风险，而劳动者却不在传统劳动法律法规的范围之内[53]。任务枯燥乏味，重复性强，报酬通常远低于最低工资。劳动力市场高度集中造成了一定程度的剥削，申请服务者发布大部分任务，这些任务限制了竞争及技能发挥。平台上的劳动者往往被雇主和公众误认为是工人，只是简单地听从指示，缺乏技能和代理，工人在授权和边缘化两个极端之间徘徊[54]。埃特林格（Ettlinger，2016）认为，平台政策使劳动者更加隐形，通过建立短暂的、基于任务及有限时间的关系，工人与工作成果分离，这加剧了结构因素对工作经验的影响[55]。萨特（Satter，2017）认为，新形态就业置劳动者于不利位置，他们面临着收入不稳定和工作无保障等问题，从业者必须为自身福利和退休储蓄提供资金并缴纳"自雇税"。劳动者福利稀薄，退休问题也是潜在威胁[56]。

　　新形态就业者与工作之间的关系不再像传统工业模式那样密切，工作时间与场所也变得更为灵活和分散，劳动就业风险增大，劳动角色界定更加模糊，劳动关系愈发疏离。程坤（2017）认为，新形态就业出现给劳动力市场带来双重风险冲击，既有新技术提高带来的结构性失业风险问题，也有快速就业转化过程带来的摩擦性失业风险[57]。阿什福德（Ashford）等（2007）认为，新形态就业对传统的劳动关系形成了挑战，平台运营公司将平台服务提供者视为独立合同工，没有得到公司通常提供的社会保护[58]。张宪民和严波（2017）通过实地探究发现，标准劳动关系、"非标准"劳动关系与民事关系三种劳工关系在新形态就业中并存，并有从劳动关系向民事关系（非劳动关系）转换的趋势，这给传统劳动关系管理带来困惑，劳动者权益难以保障[59]。

1.1.5　新形态就业质量

　　我国传统就业质量评价的核心指标主要有就业率、供需比、工作稳定性、劳动报酬、社会保障、劳动关系，以及就业满意度、工作生活平衡度、专业匹配度、职业尊重等[60, 61]。新形态就业质量评价指标主要涵盖宏观政策、宏观经济、平台型企业、劳动保障、消费者权益等。宏观层面指标主要包括工作机会公平性、劳动生产率、失业率等；中观层面指标主要包括工作安排灵活性、工作安全保障、平台公平性、平台匹配效率、平台服务质量、职业发展与职业安全等；微观层面指标主要包括工作时间灵活性、工作环境、收入水平、收入稳定性、劳动保障、自身偏好满足程度、参与决策权力、工作自主性、日工作时间长度、工作稳定性、转换成本和情感承诺等[62, 63]。魏巍等（2019）通过深入调研 10 个典型的 C2C 互联网企业，从经济、管理、个体、发展 4 个维度构建非典型雇佣关系影响因素模型，研究发现宏观政策与经济、平台型企业、劳动保障、消费者权益等多因素对非典型雇佣关系具有显著影响[64]。

国外学者针对就业质量的研究成果相对丰富。谢和谢（Hsieh & Hsieh，2013）探究智能手机软件自由开发者与现有平台的关系，认为情感承诺、货币回报、潜在市场需求和转换成本等因素影响合作关系，其中，感知服务质量、平台所有者认同及内在回报是情感承诺的前提[65]。哈蒙和希尔伯曼（Harmon & Silberman，2018）采用问卷调查，研究由数字劳动力平台支持的劳动力市场，从工人一般经验、平台任务、工资、沟通、评级和评价、平台技术、工人感受 7 个方面评价平台工人的工作质量[52]。雷迈斯特（Leimeister）等（2016）根据网络就业的种类划分，分别从微工作平台、市场平台、设计平台和测试平台调查 248 名众包劳动者，评估网络从业人员的收入状况、教育程度及社会保障情况。结果显示，从事不同网络众包任务的受访者与传统就业者存在显著差异[66]。科斯特（Kost）等（2018）以众包平台 Amazon Mechanical Turk（MTurk，亚马逊土耳其机器人）的劳动者为研究对象，探讨微工作者如何构建工作意义，得出使工作有意义的 4 项来源：奖励、自我完善、道德和社会[67]。巴尔内斯（Barnes）等（2015）采用定性方法研究英国的两个众包平台，样本包括 36 名用户和 2 名经理，研究结果表明，参与众包能够提高就业能力[68]。钦（Chin）等（2017）采访和观察 505 名潜在众包劳动者和 14 名众包工人得出结论，在众包得到良好宣传情况下，经济激励、鼓励参与、额外的深入访谈、个人和社会激励相结合可能是更强有力的参与驱动力[69]。乔治和奈（George & Ng，2011）采访调查 210 名众包平台 MTurk 的众包工作者得出结论，工人们希望在工作环境中实现获取、自治、公平、透明、沟通、安全、问责、产生影响和尊严等价值收获[70]。瑞安和巴莱特（Ryan & Bret，2018）认为，非典型雇佣对工人就业质量产生影响，影响因素包括雇佣关系、工资、工时、培训、社会保障、职业安全与卫生、代表性和基本权益等[71]。

1.1.6　新形态就业环境

通过综合分析国际和国内经济形势及就业前景可知，伴随数字经济和科技革命所催动的产业转型升级，信息技术的迅猛发展推动了新形态就业的萌生。中国正处于技术的快速变革时期，新兴信息技术的发展正在不断深入推进劳动力市场中就业机会、就业类型和就业模式的结构性变化，促使行业结构的转型升级，引发商业模式的变革和重构[50]。与此同时，国内和国际信息技术的变革性发展及数字经济的快速进步也带来了一定的创造性破坏效应，这影响着劳动力市场就业的数量和质量，不断加剧和深化了传统行业和新兴行业之间的结构性失调和矛盾，进而间接促进了新形态就业的形成。本节将从新形态就业的经济环境、新科技革命背景及社会观念背景等角度出发，结合相关文献，剖析新形态就业的环境特征。

一、经济发展下行是催化新形态就业市场逐步成熟的"酶"

全球经济发展下行背景下，我国经济保持稳中向好的发展态势。但客观而言，在当前和今后较长时间内，我国就业形势依然严峻，就业总量也呈现出较高的压力，尤其是我国就业面临着一种结构性矛盾。虽然劳动力市场面临着大量的劳动力空缺，但同时我国也面临着劳动者求职难的对冲型情形[41, 42]。这种日趋严峻的社会就业问题催化了新形态就业模式的形成。李丽（2020）[72]指出，在经济新常态背景下，"稳就业"成为现阶段经济发展的重要工作。而新形态就业带来的大量就业岗位、丰富就业形态和新增劳动报酬，为我国实现"稳就业"提供了新的路径。由于迎合了当前的就业市场需求[43]，新形态就业在我国得以持续发展。

相较于国内市场，国际经济环境的形势更为严峻。近年来，中美贸易摩擦不断，致使许多企业面临难以抗拒的国际压力和经营压力，进一步加剧了我国劳动力市场的结构性失调。此外，新冠疫情对全球经济发展产生了较为严重的影响。其一方面致使众多跨国企业面临着用工短缺、员工无法及时到岗、员工素质不适应新兴科技变化的经营危机，另一方面也影响了高等院校毕业生等劳动力主流群体的求职活动。必要的防控措施使得毕业生谋求工作岗位的机会和途径大大减少，进一步限制了劳动力市场的全球性流动和交流，经济发展亟需新的就业增长点（李涛等，2020）。然而，经济下行背景和新冠疫情在为就业管理工作带来新的挑战的同时，也逐渐打破了就业中的诸多限制和约束，新形态就业发展呈现出开源模式，新职业、新岗位、新模式不断涌现，灵活稳定、兼容并包的新形态就业劳动力市场逐渐形成。

二、新科技革命催生了新形态就业的形成与发展

云计算、区块链、虚拟现实、5G 等新兴科技深刻塑造着我国劳动力市场和就业环境，改变着就业结构形态[50]。孟续铎和吴迪（2021）[73]指出，以互联网平台为依托的全新经济模式正在不断颠覆传统的商业经营方式，并改造着延续几百年的以"工厂制"雇佣为主体的就业形态。以人工智能为主的科技革命推动了企业和平台的自动化发展，促使"机器换人"的速度和广度日益加深。人工智能在提高企业生产效率和人们便利生活的同时，减少了许多重复性强、技能性低的就业岗位，改变了劳动力结构，对劳动力需求产生了负面冲击，并且随着社会系统性风险的增加，人类已逐渐进入风险社会[10]。在此情形下，新兴的科技革命和数字经济催生了新的就业形态，并且正在塑造、生成并极化两种截然不同的劳动关系类型：资本和劳动相结合且以资本为主体的控制主导型合作模式及资本和知识相结合的二者合作主导型的劳动关系模式。新兴的科技革命已对就业和劳动力市场产生了深远影响，推动了新形态就业的长足发展，并且这种影响会在可预见的将来愈演愈深。

三、社会就业观念转变推动了新形态就业的普及

经济下行背景和新科技革命及其催生的数字经济促进和推动了新形态就业的发展，这也进一步印证了先进生产力和生产关系的辩证关系。而除了经济环境与技术革命外，劳动者就业观念的转变也是新形态就业发展的重要基础，二者相互促进、共同发展。一方面，新形态就业逐步改变了就业者对于就业的传统观念，革新了劳动力市场的生产和生活方式，在政治、经济、社会、文化、生态环境等领域产生了全面、持久、深远的影响[59, 64]。另一方面，新的社会就业观念也反作用于劳动者的职业选择倾向和职业生涯规划路径，进一步推动了新形态就业的普及和发展[5]。在当前新就业形态所显现出来的诸多重要影响中，最直接、最集中、最迫切需要解答的还是劳动就业领域中所面临的突出挑战。而社会就业观念的转变，在一定程度上促使就业者积极面对劳动就业领域中的诸多挑战，推动了新形态就业的形成。继而，新形态就业的出现也带动了国民就业理念的转变，尤其是90后群体更倾向于追求自我价值和个性创新，崇尚个性、多元、灵活的就业模式，这无疑为新形态就业的发展提供了强大的生力军。①

1.1.7　新形态就业风险

新形态就业中出现的劳动权益保障缺失、薪酬不稳定、职业认同低、职业前景不明等问题，集中暴露出新形态就业系统中的雇主风险、雇员风险、平台风险、监管风险等多种风险，新形态就业统计口径与统计方法也亟待细化完善。当新形态就业逐步发展为全球现象时，国家与国家之间的"数字鸿沟"会成为需要解决的问题之一[7, 55]。

一、雇员风险

我国劳动保障制度以传统社会经济中的劳动关系制度为基础，传统就业保护措施难以适用于新形态就业者，主要因为新形态就业者的法律地位

---

① 数据来源：《2019年中国灵活用工及灵活就业研究报告》，https://wenku.baidu.com/view/a339bb09ac45b307e87101f69e3143323968f52b.html?_wkts_=1694086909915&bdQuery=2019%E5%B9%B4%E4%B8%AD%E5%9B%BD%E7%81%B5%E6%B4%BB%E7%94%A8%E5%B7%A5%E5%8F%8A%E7%81%B5%E6%B4%BB%E5%B0%B1%E4%B8%9A%E7%A0%94%E7%A9%B6%E6%8A%A5%E5%91%8A。

还没有明确确定[74]。确认劳动关系是否成立的主要依据为原劳动和社会保障部《关于确立劳动关系有关事项的通知》（劳社部发［2005］12 号）中第一条：用人单位招用劳动者未订立书面劳动合同，但同时具备下列情形的，劳动关系成立。（1）用人单位和劳动者符合法律、法规规定的主体资格；（2）用人单位依法制定的各项劳动规章制度适用于劳动者，劳动者受用人单位的劳动管理，从事用人单位安排的有酬劳动；（3）劳动者提供的劳动是用人单位业务的组成部分。劳社部发［2005］12 号文对新形态劳动用工确有不适用之处，灵活就业者与用人单位之间的劳动关系认定仍未推进，还是以传统的劳动法理论为基础进行裁决，导致灵活就业者与平台型企业之间的劳动关系不明确，从而利益受损。①

在具体的劳资纠纷案件中，处理劳资纠纷的仲裁机构和法院通常根据工人与平台之间管理从属性关系强弱的原则做出判断，包括工作时间是否受平台规则制约，工作成果是否受到严格评估，是否有报酬和奖惩制度，劳动者是否必须按照规则开展工作，雇员是否每月以现金支付工作报酬等[75]。新形态就业者在实现劳动报酬权、职业安全权、职业发展权、集体劳动权益、社会保障权等方面存在诸多问题。其中，以工伤保险、养老保险、失业保险缺失严重。新形态从业人员总体处于高社会风险、低社会福利的状态，这种弱势处境大概率呈现恶化趋势。

刘涛（2018）认为，新形态就业颠覆了传统社会保险模式，网络空间增加了保险义务实施难度，给机构管理、保险实施、国家税收等带来诸多挑战[76]。张旭光（2019）认为，由于去平台化、去雇主化发展，就业模式呈现非全日制、弹性化、不受时间地点约束等特点，新形态就业者工作难以得到保障，工伤保险由单位按年统一缴纳，新形态就业者没有固定单位，难以受到工伤保险的保护，一旦出现工作事故，会使家庭陷入经济危机[77]。黄金曦和钟艺羲（2019）研究发现，新就业模式让个体的身份多元化、复杂化，工作灵活性和适应性在满足自主安排生活需要的同时，也使个体生活和工作的界限日渐模糊。新形态就业为劳动者提供岗位的同时也使其脱离群体，成为社会中的"独立人"[78]。新形态就业模式下劳动者权益保护机制不健全，导致社会保障缺乏时效性与针对性，难以保证新形态就业人员享受与传统就业人员相同的社会保障。这种现象的出现主要由新形态就业者的职业特性决定，劳动关系散乱、人员流动性大、参保意愿不强等因

---

① 数据来源：《关于确立劳动关系有关事项的通知》（劳社部发［2005］12 号），http://www.mohrss.gov.cn/xxgk2020/fdzdgknr/zcfg/gfxwj/ldgx/201407/t20140717_136260.html。

素不利于新形态就业纳入现有社保体系[79]。屈小博（2021）认为，新形态就业在提供就业机会的同时又带来诸多挑战，这些挑战主要包括主雇关系的规范性、社会保障、工作内容和组织形式等[80]。袁朝辉（2021）通过分析新形态就业者参保状况，发现他们参保比例普遍偏低[81]。

二、雇主风险

新形态就业形式席卷劳动力市场，雇主也需角色转变，以适应新的雇佣模式。关博和朱小玉（2018）认为，灵活就业者与用人单位确立劳动关系加重了用人单位负担。用人单位要为就业者缴纳社会保险，提供工伤保险待遇，缴纳护理费等费用，这使用人单位的用工成本增加[82]。兰艳和李朝明（2017）研究发现，众包社区作为线上劳务的主要工作方式之一，高效地为企业对接外部人才的同时，也存在着一定风险。在众包社区创新实践中，也存在接包方欺诈的可能[83]。埃特林格（Ettlinger，2016）将此类型接包方称为"恶意工作者"[55]。叶和坎坎哈利（Ye & Kankanhalli，2015）认为，众包参与者与雇主之间是一种非契约关系，雇主可能承担一定风险[84]。庞建刚（2015）认为，众包参与者的匿名在线参与可能导致众包创新成果被剽窃[85]。王国利和王俊艳（2021）分析众包物流不足时发现，众包物流员工多为兼职人员，当企业激励不足时，员工工作积极性下降，人员流失严重，当出现大批订单时，则面临人手不足的窘境[86]。王倩（2020）认为，共享经济打破了以传统用工模式为基础的劳动关系，也给雇主管理带来了巨大挑战，因为劳动者经常使用互联网，远离工作岗位，使得公司管理变得更加困难[87]。明特（Minter，2017）将平台上的工作人员视为独立承包商，认为他们缺乏固定工作场所，时间相对自由，公司难以统一管理[88]。罗森布拉特和史塔克（Rosenblat & Stark，2016）认为，平台对全职平台从业者控制力度更大，但容易受政策影响，承担更大风险[89]。吴清军和李贞（2018）评估新形态就业发展形势，发现雇佣关系仍是基本用工形式，零工经济从业者工作方式更加灵活，导致管理具有分散性[90]。魏巍和冯喜良（2020）研究发现，零工经济从业者存在较大自主性，更容易与企业发生对抗、冲突[91]。黄金曦和钟艺羲（2019）提出，零工经济从业者的工作大多是临时性的，更为灵活，容易对劳动者积极性和生产力产生负面影响。由于信息不对称，双方之间的交易存在很大不确定性[78]。用人单位多采用传统的工作表现评估方法，缺乏创新和升级机制，培训脱离实际，没有根据新形态就业岗位的实际需要制定培训方案，导致人才流失与断档，企业后续发展乏力[92]。

三、平台风险

新形态就业模式的出现使得平台之间的竞争加剧，平台竞争既存在有利一面，也存在风险。一方面，多个平台的竞争可以提高平台服务质量，扩大平台工作范围，增进消费者福祉；另一方面，平台品牌数量的逐步增加可能给市场监管带来困难，激烈竞争可能导致平台企业倒闭[4]。政府相关部门对新形态企业的诚信管理不到位，随着许多传统产业插上互联网的翅膀后，开始追求扩张和市场优势，而忽略了最简单的诚信和自持[11]。网络外卖平台被频繁曝出存在无证经营的黑餐馆、泄露用户信息等问题，如果平台不能建立相应监管机制保证食品安全和用户信息安全，则很难建立起良好声誉与口碑，不利于可持续发展[93]。石晓磊（2016）认为，许多平台企业的业务发展和日常运营在很大程度上依赖风险投资，没有成熟的商业模式或有利可图的路径，当投资停止时，失败在所难免[94]。纪雯雯（2017）研究发现，一些传统上监管要求较高的行业，如教育、交通出行、医疗等行业的平台运营企业与平台从业者，被要求完全按照线下经营实体资格条件取得相应牌照和资质，这拉高了进入门槛[95]。目前，各级监管机构对平台运作的自我监管意愿和组织能力认识不足，利用不够，对平台性质缺乏了解，与平台运营者的互动不足，对平台运营者的支持不足[93]。葛建华和王亚婷（2020）认为，共享经济因供需双方信息不对称产生各种纠纷，从而使共享平台难以为继[96]。曹珍（2020）认为，平台与服务提供者之间关系较为模糊，为平台管理增加了难度[97]。张成刚（2018）提出，新形态就业平台在给予员工培训时，更多的向从业者传播平台规则，忽略了技术培训，平台发展模式较为单一[98]。彭琳（2020）研究发现，传统劳动关系中的从属性在新形态就业模式下已逐渐消失，劳动关系认定更加困难，容易引发平台与劳动者之间的矛盾[99]。

1.1.8　强制性组织公民行为与离职倾向

传统组织公民行为能够提高组织有效性，强制性组织公民行为是迫于领导和外部环境压力，并非自愿参与某项活动，由于缺乏行动自主性，在一定程度上会给组织带来消极影响。

一、强制性组织公民行为相关研究

强制性组织公民行为是个体在组织压力下进行的某项活动而非自愿行为，强调行为动机的外在性和被迫性[100]。泽拉尔（Zellars，2002）指出，员工有时并非自主表现组织公民行为，而是受到强制性管理而表现出来，组织公民行为已经表现出压迫性特点[101]。埃兰（Eran，2007）通过研究发现，强制性组织公民行为是普遍存在的，失去了自主性初衷的组织公民行为会给组织带来负面影响[102]。班贝克（Bamberger，2000）认为，在正常工作时间内耗费较多精力表现组织公民行为，会降低工作效率[103]。赵红丹（2014）从行为特征角度，认为员工在表现组织行为时具有强制性感受[104]。彭正龙和赵红丹（2011）研究发现，强制性组织公民行为会显著降低工作绩效[105]。李涛（2015）认为，强制性组织公民行为会使员工产生工作倦怠感[106]。

二、强制性组织公民行为对离职倾向的影响

周霞和王亚丹（2018）的研究表明强制性组织公民行为与离职意愿呈正相关关系[107]。卡瓦诺（Cavanaugh）等（2000）根据员工应对外部压力能否获得收益，将压力源划分为挑战性和阻碍性两种类型[108]。波德沙科夫和莱皮尼（Podsakoff & Lepine，2007）构建挑战性-阻碍性压力源和离职意向关系的理论模型，认为阻碍性压力源会使员工产生消极情绪，增强离职意愿[109]。万华和欧阳友全（2011）认为，强制性组织公民行为的出现增加了员工工作倦怠感，提高了离职倾向[110]。博利诺（Bolino）等（2010）的研究结果表明，员工在外界压力下实施组织公民行为会使员工对组织产生消极情绪，降低组织环境吸引力，从而导致员工离职[111]。聂文（2016）采用问卷调查法研究发现，新生代员工强制性组织公民行为对离职意向具有正向作用，角色压力在其中起到中介作用[112]。何（He）等（2020）研究发现，强制性组织公民行为与员工创造力之间存在负相关关系，自我效能感具有调节二者关系的作用[113]。王雅荣和王晶（2020）对调查数据分析发现，强制性组织公民行为会引起员工工作倦怠，组织公平在二者之间发挥中介作用[114]。宋皓杰和程延园（2021）基于非线性门槛模型，探讨了强制性组织公民行为对新生代员工离职意愿的影响，发现强制性组织公民行为对员工离职意愿存在门槛效应，只有达到某一门槛值时，才会显著影响新生代员工离职意愿，易变性职业生涯态度具有调节作用[115]。

三、角色负荷对离职倾向的影响

角色负荷是一种阻碍性压力源，指角色要求或者个体对角色的期望超出了一定界限或特定工作量，导致自身没有精力完成所有角色要求的感知[116]。徐杉（2019）以角色压力为中介变量，研究高管团队冲突感对中层经理离职意愿的影响，发现角色压力中的角色冲突和角色超载在二者之间起部分中介作用，而角色模糊在二者关系间的作用并不显著[117]。汤和范登伯格（Tang & Vandenberghe，2020）认为，角色负荷是典型的工作需求，角色负荷产生的压力导致员工没有多余精力实施组织公民行为，并且会产生强烈的疲劳感[118]。迈亚（Maia）等（2016）认为，角色负荷给员工情感带来负面情绪，负面情绪又是引发离职的重要因素[119]。李佳雯（2018）认为，角色负荷过重会促使员工产生离职倾向[120]。王静（2019）通过构建角色负荷对离职意愿影响的调节模型，发现角色负荷对离职意愿具有正向作用[121]。

1.1.9　易变性职业生涯态度与创新行为

90 后新生代员工逐步成为职场主力，受经济发展模式、社会环境的影响，他们具有鲜明的时代特征与个性追求，对自身职业发展的态度更加多元、易变[122]。沃特斯（Waters）等（2014）认为，相比于老一辈员工，90 后新生代员工多以自我为中心，对自身职业生涯规划有自己的想法，追求自我主导、个体价值的职业生涯发展模式容易产生易变性职业生涯态度[123]。

一、易变性职业生涯态度的消极影响

易变性职业生涯态度概念最早由乔恩（Jon）等（2006）提出，其认为持有易变性态度从业者以自身个性而不是组织价值观规划未来个人职业发展，在职业行为中具有独立特性[124]。90 后新生代就业者是产生易变性职业生涯态度的主体，他们与组织之间往往存在交易型心理契约关系。员工持有易变性职业生涯态度可能会与组织价值观产生冲突，当二者价值观产生偏差时，员工往往以自我为中心，维护自身利益而给组织带来一系列消极影响[125]。扎莱斯卡和梅内泽斯（Zaleska & Menezes，2007）使用来自英国不同行业的 6 家公司的员工样本，进行人力资源开发实践及员工职业生涯态度的关联研究，发现易变性职业生涯态度显著存在于各行各业，这种态度会降低员工对组织的忠诚度，依靠调节机制，比如自我激励、组织激励等可降低员工态度对组织的负面影响[126]。布里斯科和哈尔（Briscoe & Hall，2006）研究发现，易变性职业态度会使员工对其所从事的工作失去激情，对从事的工作不满意，心理上产生消极、不思进取的工作心态，导致较高的职业流动性[127]。苏佩利和克里德（Supeli & Creed，2016）探讨易变性职业生涯态度与离职意愿之间的关系后得出结论，员工个性过强，个人态度与组织发展观念存在差异，更容易引发员工离职倾向[128]。

二、易变性职业生涯态度的积极影响

易变性职业生涯态度对员工职业生涯发展亦存在显著促进作用。随着互联网、物联网、增值网的快速发展，员工接触信息更加直接方便，思维也更加活跃，新一代员工具有较强的创造力，他们是组织提升创新能力的

动力源。在易变性职业生涯时代，从业者更注重自我职业生涯管理，通过创造活力展现自己，以获得组织认可[129]。创造力是新时代员工提升职业竞争力和适应力的有效途径，易变性职业生涯态度会激发员工创新活力，使其将易变性职业生涯态度转变为创造力，不管是对组织还是个人都具有积极作用。张印轩等（2020）认为，持有易变性职业生涯态度的员工较多关注具有挑战性的事物，当完成具有一定挑战性的工作时，内心会获得满足感与成就感，即使个人价值观与组织存在偏差，这类员工也会迎接挑战，在工作中展现创造力。其中，成就需要在个体易变性职业生涯态度与创新活力之间发挥中介作用；创造力是个体、组织与外部环境相互作用的结果，组织激励与支持更能激发员工创造力[130]。易变性职业生涯态度能否促进员工产生创新活力，主要取决于个体感知到的组织支持力度。创造力是指从业者在工作过程中提出对组织发展具有建设性的想法与观点，拥有易变性职业生涯态度的员工不仅仅关注薪酬福利的提升，更在意自我价值的实现，希望能够参与更多具有难度的工作来展现自身才能，得到组织认可，实现自我价值[131]。帕特尔（Patel）等（2015）认为，易变性职业生涯态度对创新活力的影响主要通过工作激情来展现，新一代员工个性十足，内心满怀工作激情，从而促进工作主动性，激发个体创新活力[132]。

三、工作激情与创新行为

易变性职业生涯态度对创造力的影响显著，作用过程多通过中介变量实现，工作激情作为影响员工创新能力的重要因素，在易变性职业生涯态度对创造力影响过程中扮演重要角色。当新生代员工工作激情高涨，主动投身工作，积极奉献时，更容易有效提出创造性方案[133]。积极的工作情绪会促进员工不断投入时间和精力到工作中，促使员工不断提升创造力与创新热情[134]。秦伟平和赵曙明（2015）借助结构方程模型研究发现，在真我型领导对员工创造力的影响过程中，工作激情起到中介作用[135]。苏勇和雷霆（2018）基于自我调节理论，研究发现员工工作激情在悖论式领导与创造力之间起部分中介作用[136]。吉尔尼克（Gielnik）等（2015）的研究表明，工作激情会提升工作满意度，进而提高创造力[137]。汪国银等（2016）基于自我认知视角，研究发现工作激情有助于提升个体创造力[138]。蒋昀洁等（2017）认为和谐型工作激情通过二元机制推动员工采取积极行为，激发创造活力[139]。刘（Liu）等（2017）实证分析发现，具有工作激情的员工思维敏捷、积极向上，面对工作压力时能够快速找到应对措施，更具有创新精神[140]。丁红枫和孙连坤（2018）认为，工作激情对员工创新具有积极影响[141]。杨仕元等（2018）基于自我决定理论，构建多线性型模型，检验工作激情的"光明面"和"黑暗面"及二者共同作用对个体创造力的影响，发现工作激情正向影响员工创造力并在其他因素的作用过程中发挥重要调节作用[142]。张文静等（2018）进一步梳理工作激情与创新能力的关系，认为工作激情通过多路径影响员工创造力，创新角色认同调节工作激情对创造力的影响，创新自我效能感发挥中介作用[143]。黄庆等（2019）以创造力交互作用观为理论框架，发现工作激情对创造力具有正向调节作用[144]。

四、知识搜寻与创新行为

郑浩（2018）以我国生产性服务业为研究对象，研究发现知识搜寻对创新行为存在显著促进作用，情景双元在二者关系中起中介作用[145]。林琳等（2018）借助层次分析法探讨外部知识搜寻对企业创新行为的影响，结果发现外部知识搜寻可作为中介变量正向影响创新行为[146]。袁凌和张燕（2018）对企业知识型员工调查发现，外部知识搜寻在高素质管理者与企业员工创造力之间具有中介作用[147]。王建军等（2020）基于 239 家企业数据，研究发现知识搜寻对创新活力具有正向影响，知识搜寻可分为供给侧搜寻、需求侧搜寻和跨地理空间搜寻等，不同维度知识搜寻对员工创造力的影响效果不同，供应侧和需求侧搜寻相对跨地理空间搜寻促进效果更为明显[148]。周飞等（2020）认为，外部知识搜寻对开放式创新的影响存在倒 U 型关系，即外部知识搜寻对开放式创新的促进作用先增加，当达到一定程度时，外部搜寻的作用效果减弱[149]。张振刚等（2020）通过分析 318 家中小企业的相关数据，发现外部知识搜寻宽度与中小企业管理创新水平存在倒 U 型关系，知识搜寻深度对管理创新具有正 U 型影响，平衡式知识搜寻对管理创新有正向影响，组合式知识搜寻未产生显著影响[150]。余传鹏等（2020）利用双元分析框架研究发现，科学性知识搜寻促进探索式关系创新，市场型知识搜寻对利用式管理创新具有正向作用[151]。朱雪春和张伟（2021）运用层次分析法研究发现，广度知识搜寻和深度知识搜寻对创新行为具有正向影响[152]。叶江峰等（2021）将知识搜寻划分为互动式和非互动式两类，互动式知识搜寻可以快速激发创新活力，实现突破式创新，非互动式知识搜寻有助于循序渐进式创新[153]。

1.1.10　薪酬满意相关研究

薪酬满意对雇员[154]和组织[155, 158]尤为重要。薪酬满意度由多维度结构指标综合反映。其中，薪酬水平指个人在工资和薪金方面的直接报酬；加薪指薪资水平的变化；福利反映个人在健康方面的间接报酬、退休和未工作时间的支付以及其他非经济回报；薪酬结构和管理指组织内不同工作薪资水平之间的等级关系；架构和管理指组织内不同工作的薪资等级关系以及管理薪资系统的程序[159]。

不同研究者构建了不同的薪酬满意度衡量标准。麦克布莱德（McBride，2001）基于年龄、教育程度和个人平均工资进行衡量[160]。布劳（Blau，1994）将财务、历史、组织、市场和社会作为薪酬参考物[161]。布朗（Brown，2001）将市场参照物定义为雇员收入[162]。其中，市场参照物是指在其他组织中从事类似工作的员工收入，是预测薪酬满意度的重要因素。伯克维茨和弗拉瑟（Berkowitz & Fraser，1987）用他人收入衡量薪酬满意度[163]。劳和翁（Law & Wong，1998）认为，具有相同资质的同事是最重要的参照者[164]，将"参照者"定义为具有类似工作职责、类似教育及经验的个体[165]。

综上衡量标准发现，薪酬比较对薪酬满意度的影响更像一把双刃剑。在积极影响方面，当社会比较与自我提升的动机相吻合时，薪酬比较对幸福产生积极影响，这种动机表现为他人与那些比自己不幸的人进行向下比较时，会认为自己生活得更好[166]。例如具有自我提升动机的员工会与那些工资比自己低的人进行比较，这样他们就能对自己的收入感觉更好。自我提高动机也会产生积极影响，表现在个体与那些拥有更高薪的人进行向上比较[167-169]。那些正在进行向上比较的员工可能会对薪酬感到满意，这不是因为他们发现自己的收入低于比较对象，而是因为比较对象激励他们赚取更高薪资。这些面对向上比较的积极影响可以反映出德韦克（Dweck，2007）所说的"成长心态"：一种乐观的观点，即一个人有潜力成长并在任何特定方面（如薪酬）表现出色的乐观态度[170]。

在消极影响方面，一般来说，向上的比较，当他人接触到其他更幸运的人时，会对幸福感产生负面影响，即嫉妒[171]。同样，德韦克（Dweck，2007）认为，我们中的大多数人都不具备"成长"能力，并不拥有"成长型心态"，而具备"固定心态"，在这种心态下，他人可能认为自己在任何领域的表现都是固定的或不可改变的，因此向上的比较会引发一系列消极后果，如绝望、压力、灰心等。特别是关于薪酬比较的研究已经发现他人薪酬对个人薪酬满意度具有影响[172, 173]，这种影响大致是负面的。卡德（Card）等（2012）认为，薪酬比较并没有对那些高于薪酬中位数的人产生积极或消极影响[174]。但事实上，确实影响了一部分人，即导致那些低于中位数的人的薪酬满意度降低。在该组织背景下，总的来说，比较的影响是负面的。在欧洲，有研究也证实了这一普遍模式[175]。在欧洲，与他人收入的比较通常会导致较低的幸福感，该影响在西欧比东欧更强。

由社会比较理论可知，他人会把自己与那些在表现上与自己相似或具有相关属性[176]的人进行比较[177]。社会从根本上说是建立在地位等级制度之上[178]，职业声望的相似也是影响薪酬满意度的一个重要因素。而且，薪酬和福利的环境因素似乎也与整体薪酬满意度有关[179]。阿卜杜拉（Abdulla）等（2011）研究发现，工资和激励措施与薪酬满意度呈正相关关系[180]。薪资和福利的影响可以与感知到的组织程序正义和分配正义联系起来讨论。有学者主张将组织公正纳入到薪酬满意度的研究中[181, 182]。尽管已经推测出正义感和薪酬满意度之间的关系[183]，但正义感的构建作为薪酬满意度前因后果的作用还没有被明确描述。

由此可见，关于薪酬满意的研究主要集中于薪酬水平的满意度上，薪酬的其他方面鲜有涉及；近期研究多聚焦心理及组织管理层面，薪酬比较对薪酬满意感知影响的相关研究成果较为丰富。薪酬比较对新形态就业者可能会产生积极或消极影响，因数据获取难度较大，新形态就业者薪酬满意的相关成果几乎未见，涉及政府、平台型企业、媒体等多方利益相关者的博弈研究尚属首创。

1.1.11　外文文献图谱分析

运用文献计量法定量解析国外新形态就业的研究历程，梳理发展脉络与研究趋势，定位域外新形态就业的研究热点、研究方法及有影响力的研究者，汲取"舶来"理论精髓。

一、数据来源

分析数据来自 Web of Science（一种科学引文索引数据库）核心文集。检索策略设定为 TS= "Sharing economy" or "Gig economy" or "Platform worker" or "Crowdsourcing"，截止到 2021 年 5 月 11 日，共检索到文献19335 篇。

二、研究方法

HistCite 引文分析工具是由尤金·加菲尔德（Eugene Garfield）开发的文献编年可视化程序。该软件用图文方法更为清晰地展现某一研究领域参考文献之间的相互关系，可以全面描绘某研究方向起源时间和研究历程，帮助快速定位具有重要影响力的文献，展现各文献引用情况，有利于分析该领域发展现状与未来研究趋势。文献图谱分析过程中主要关注以下几个方面：LCS（Local Citation Score），表示被引用次数，该值越高，说明论文重要性越强，有可能是选题领域内的开创性论文；TLCS（Total Local Citation Score），代表在本地数据集中的引用总次数；GCS（Global Citation Score）代表在全球数据集中的被引用次数，GCS 越高，代表国际影响力越大。

TGCS（Total Citation Score）代表在全球数据集中的被引总次数，Recs 代表文献记录的数量。

三、结果分析

（一）发表年度

按照被引用频次降序排列，选择前 3000 篇文献的 TXT 文本格式，导入 HistCite 软件发现，文献时间范围为 2009—2020 年。在此期间，共涉及 10112 位作者，LCS 为 3367，GCS 为 2444622，CR（文章引用的参考文献数量）为 171932，共涉及 1179 种核心期刊，5649 个研究关键词，表 1-2 列出了 2009 年至今的年度文献分布情况。

表 1-2　文献年度分布

Publication Year	Recs	TLCS	TGCS
2009	127	126	9429
2010	138	137	14912
2011	135	146	12144
2012	171	262	15983
2013	206	263	17493
2014	213	375	18419
2015	226	314	15665
2016	261	609	18372
2017	265	505	18448
2018	195	197	10791
2019	102	36	4772
2020	25	3	1462

（二）核心作者

根据 TLCS、TGCS 指标的高低可以迅速定位该研究领域的核心作者。按照 TLCS、TGCS 指标排序和指标意义，在 10112 位作者中确定了核心作者。通过 HistCite 软件分析具体发文情况后，按照 TLCS、TGCS 的综合比较可以看出，新形态就业研究领域排名前 5 位的高产知名作者分别为 Firtz S.、See L.、Perger C.、Kraxner F.、McCallum I.。

表 1-3　文献核心作者分布

Author	Recs	TLCS	TGCS
Fritz S.	14	50	1352
See L.	14	38	1221
Perger C.	12	50	1129
Kraxner F.	10	40	1051
McCallum I.	10	47	1035

（三）核心期刊

HistCite 图谱软件统计的文献来自 1179 种不同期刊，在此仅列出 Recs≥30、TLCS≥30、TGCS≥300 的重要期刊。排名靠前的期刊有 *Journal of Cleaner Production*（清洁生产杂志）、*Management Science*（管理科学）、*Ecological Economics*（生态经济学）等。关注并追踪这些重要期刊可使研究者全面了解该学科前沿动态，为下一步研究提供文献参考借鉴。

表 1-4　核心期刊分布

Journal	Recs	TLCS	TGCS
Journal of Cleaner Production	48	38	2360
Management Science	34	52	2031
Ecological Economics	30	83	2908

（四）高被引文献

通过分析 HistCite 里被引用的 141457 篇文献，精准定位新形态就业领域的高被引文献。通过高被引文献分析，能够明晰哪些文献是该领域中的经典重要文献。表 1-5 为 Recs≥70 的高被引文献。通过分析结果与已有数据比较可知，高被引文献中有一篇文献早于 2008 年：豪（Howe，2006）属于重要的前期研究资料，将其补充到已有文献资料中。此外，贝尔克（Belk，2014），巴尔迪（Bardhi，2012），古腾塔格（Guttentag，2015），罗杰斯（Rogers，2010）等文献的被引次数较多。

表 1-5　高被引文献分布

Author/Year	Recs
Belk R.（2014）	114
Bardhi F.（2012）	76
Guttentag D.（2015）	76
Rogers R.（2010）	72
Howe J.（2006）	71

贝尔克（Belk，2014）认为，共享是一种与人类一样古老的现象，而协作消费和"共享经济"则是互联网时代产生的现象。该文献通过比较共享和协作消费，发现两者在当今都越来越流行[184]。巴尔迪和吉阿娜（Bardhi & Giana，2012）尝试探讨共享本质，特别是消费者与对象、消费者与消费者以及消费者与营销者之间的关系，最终确定六个维度来区分基于访问的

消费场景范围：时间性、匿名性、市场中介、消费者参与、访问对象类型和政治消费主义[185]。古腾塔格（Guttentag，2015）通过应用偏最小二乘路径建模分析，开发并验证选择共享选项的决定因素框架，以共享汽车服务为研究对象，发现满意度和再次选择共享选项的可能性主要取决于用户自身利益[186]。罗杰和卡寇兹（Roger & Cacoz，2010）确定共享经济的框架为：经济机会、可持续的消费形式、通往去中心化和公平经济的途径、建立不受管制的市场、加强新自由主义范式、创新领域发展[187]。豪和达阿克（Howe & Doarc，2006）认为，信息和通信技术的发展推动了协同消费兴起。基于在线服务，人们期望通过降低社区内部经济协调成本来减轻协同消费负担，从而减少诸如过度消费、污染和贫困等社会问题[188]。不论是共享经济，还是众包经济，都是基于互联网发展产生的一种与传统经济发展模式不同的新发展模式。随着新经济发展模式的兴起，新形态就业逐渐成为社会发展趋势。新形态就业为劳动者提供就灵活就业岗位，是转变经济发展模式、推动现代化经济发展的重要力量。

（五）引文关系

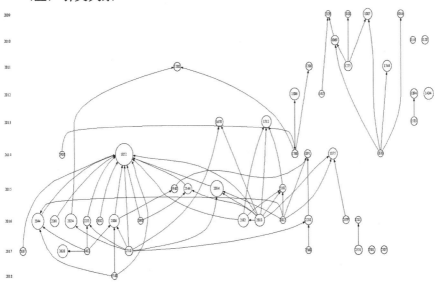

图 1-1　文献引文关系图

1. 选取 LCS 排名前 50 的文献进行引文分析，找出其中的引用关联，参见图 1-1。50 篇新形态就业的经典文献中，45 篇存在关联关系；其中，LCS 最高为 609，最小为 3。笔者根据文献时间轴进行划分：2009 年及之前的相关文献属于早期经典研究成果，2009 年之后的相关文献属于发展推进期研究成果。

2. 由图 1-1 可以看出，除了零散的几篇文献，其余文献相关性较高，互引较为密集。50 篇文献可划分为三个集群：以 1852 号为核心的大群；以 1512 号文献和 2014 号文献为核心的两个小群。

3. 1852 号文献发表于 2014 年，布恩斯（Boons）等（2014）认为，众包平台的性质限制了身份验证过程对会员行为的影响，但自豪感和尊重感仍将在此类在线组织中发挥核心作用，因为自豪感和尊重感会直接驱动会员的合作行为[189]。1512 号文献[190]发表于 2016 年，主要研究众包下的用户参与和用户监管。2014 号文献[191]发表于 2015 年，研究结论表明，随着新形态就业普及，众包系统面临着四个关键性挑战：如何招募众包劳动者、如何了解劳动者技能、如何整合劳动者贡献以及如何管理众包滥用。四个问题的提出为新形态就业后续研究提供了重要面向。

4. 由分析结果可知，2009 年之前新形态就业相关文献数量较少，2009 年至今，文献数量增加速度较快，说明学术界对新形态就业的研究关注度迅速攀升。2014 年以后，新形态就业相关研究成为学术界关注的热点，表明新形态就业在世界范围内蓬勃发展引发学界的聚焦研究。虽然我国是新形态就业孕育发展的最大温床，但中国作者的高被引论文几乎没有，新形态就业的代表性成果匮乏，亟待从中国丰富的实践素材中提炼规律与经验，不断提升我国在新形态就业研究领域的影响力，发出中国声音。

1.1.12　相关文献述评

学者们所做的前期相关研究富有成效，也为本研究的开展奠定了坚实基础。通过分专题将与所研究主题相关的国内外文献进行详细梳理可知。

1. 紧密追踪新形态就业实践发展，学界对新形态就业进行了卓有成效的研究。国外关于共享经济、众包经济等高被引论文为我国新形态就业理论体系填充提供了重要理论铺垫。相关研究成果主要围绕新形态就业的基本理论要素（概念、特征、分类等），现状与效应，就业质量，就业风险，职业生涯，离职倾向，创新行为，利益相关者等多方面。通过文献综述发现，相关前期研究以新形态就业者为研究对象的成果偏少，传统就业相关成果较为丰富。相关研究成果偏零散，点状研究成果集中，尚缺乏新形态就业管理理论研究的高质量成果。当然，管理理论创新需要大体量、长时间跨度、高集成性系统研究方能实现，本专著力图在理论研究方面有所贡献。

2. 新形态就业者管理涉及组织行为与个体行为，是当下研究的短板与缺项。某一行业的相关调研数据较为翔实，比如共享（电）单车平台人力资源组织现状和特点研究报告等，涉及多个职业的综合性调研数据稀缺，缺少覆盖新形态就业类型的全貌性研究成果。针对新生代就业者的职业心理及创新行为等分析挖掘不够深透，有待从组织及员工管理视角加工一手数据，得出符合新形态就业者特质的鲜活结论，进而提出"量身打造"的平台组织及员工行为参考。

3. 新形态就业管理涉及宏观层面及中微观层面，系统管理方略是政府相关部门及用人单位履责的重要参照。虽有不少研究提出加强新形态就业者保障等方面的对策建议，但政策建议较为宽泛且配套性偏弱，不成体系，措施间的协同互促性较差，要实现规范约束并包容激励现有新形态就业实践的目标，尚无法发挥政策组合拳的合力效应。本研究通过萃取提炼前 9 章理论与实践研究结论，对我国现有的就业政策进行量化分析（第 10 章），着力打造保障我国新形态就业发展行稳致远的政策合集（第 11 章）。

1.2　相关理论基础

毋庸置疑，新形态就业发展遵循一般就业理论的内核要义，理论依托对新形态就业的长期可持续发展至关重要。系统梳理并评述与研究关键词密切相关理论，为我国新形态就业管理创新奠定理论基石。

1.2.1　新形态就业运行相关理论

理论来源于实践，又高于实践。新形态就业作为特定经济形态产生发展的产物，亦是现有就业理论得以丰富充盈的重要实践素材来源。本节对劳动力流动和劳动力市场分割理论进行阐述，以期为新形态就业运行机理与发展趋势研究提供理论支撑。

一、劳动力流动理论

劳动力流动主要指劳动力的城乡流动、地区流动和工作流动，即劳动力在城乡和地区之间的工作变换。

（一）劳动力城乡流动

剩余劳动力从农村向城市转移是劳动力城乡流动的主要形式。劳动力城乡流动包括劳动力转移与劳动力定居场所的转移，主要表现为劳动力由第一产业流动到第二、三产业以及劳动力定居场所由农村转移到城市。1954年，刘易斯首次提出了二元经济发展模型，对劳动力城乡流动理论的充实发展具有重要贡献。刘易斯模型指出，在二元经济结构中，劳动力从农村向城市流动，从第一产业向第二、第三产业流动，推动了工业化和城市化发展。城乡收入差距和城市资本的不断积累进一步促使劳动力向城市流动。刘易斯模型也有局限性，该模型以城市充分就业为假设前提，但在 20 世纪 60 至 70 年代，发展中国家的城市劳动力大量失业，刘易斯模型不具备较好的适应性。20 世纪 50 至 60 年代，托达罗提出了人口流动动态模型，农村存在剩余劳动力和城市充分就业的假设被否定。托达罗认为，城乡间收入差距只是影响农村劳动力从农村向城市流动的因素之一。在失业率高和城市地区劳动力供求不平衡的情况下，农村地区剩余劳动力并不容易流入城市地区，即使城市地区的预期收入高于农业部门的预期收入。劳动力城乡转移规模与城乡收入差异呈正相关关系。成长点理论认为，城市及可能形成城市的地区是劳动力城乡流动的主要区域。

（二）劳动力地区流动

劳动力地区流动是指劳动力跨国流动和劳动力在国内不同地区之间的流动。有的是更换工作，有的仅仅是工作地点变动，不涉及工作变换。劳动力在地区之间流动时要考虑亲友关系、收入差异、居住环境、工作平台等因素。劳动力区域结构变动由劳动力国内流动引起。由于各国收入不同、资源禀赋不同，劳动力在不同国家变换工作，即劳动力跨国流动。亚当·斯密指出，劳动力能实现地区间的自由流动是因为存在自由开放的竞争市场。由于收入差异和市场供需变化，劳动力在不同地区之间流动，在一定程度上实现了劳动力地区间优化配置。劳动力地区间流动对流出地和流入地具有异质性影响。

（三）劳动力工作流动

劳动力工作流动指劳动力从一个职业变换到另一个职业。在不同企业或同一企业内的流动都被称为劳动力工作流动。劳动力从一个企业更换到另一个企业，职位和职业可能有所变更或不发生变化。即使工作单位变更，但仍可能从事同一职位。员工辞职和被辞退导致劳动力在不同企业间的工作流动，在劳动力市场进行工作搜寻是劳动力工作转换的主要方式[192]。

二、劳动力市场分割理论

20 世纪 60 年代，劳动力市场分割理论出现在学者视野中。劳动力市场分割理论主要对劳动力市场中出现的分割现象进行阐释。分割现象主要包括：由于个体差异，不同劳动力获取相关就业信息和进入就业市场的方式不同；不同劳动力所在的就业部门、所处岗位和收入不同；不同劳动力市场的部门不同等。不同人群的差异主要集中在教育、种族、性别、区域等方面。劳动力市场分割理论基于劳动力市场的非竞争性特性展开。该理论认为，传统劳动力市场研究理论忽略了社会因素的作用，过于依赖理性。在解释用工歧视、劳动力收入差距扩大等问题时存在不足。劳动力市场分割理论指出，产业发展、聘用者主观判断以及劳动者客观条件和技能差距导致雇佣差异。根据研究视角和方法不同，劳动力市场分割理论包含二元分割理论、职位竞争理论和激进理论。

（一）二元分割理论

经济学家对劳动力市场分割理论提出了不同观点和主张。早期劳动力市场分割理论主要以二元分割理论为主。二元分割理论将聘用报酬和未来发展空间作为划分因素，把劳动力市场分为一级和二级市场。一级市场的主要特征是劳动力社会福利待遇好、未来发展空间大、报酬高；二级市场具有劳动力社会福利待遇差、未来发展空间小、报酬低等特征。一级市场是劳动力内部市场，高度封闭。一级市场的劳动力供给与需求机制是无效的。二级市场是劳动力商品市场，高度自由。用人单位依据劳动边际贡献与边际成本对劳动力进行雇佣，根据劳动者的市场报酬和边际贡献支付工资。二元分割理论认为，一、二级市场是分割的，一级市场发展得越好，二级市场越难以进入。劳动力市场出现分割现象是因为受经营者主观因素和产业形势等客观因素影响，具体包括工会势力和制度阻碍、雇佣者的特殊要求及产业结构的影响等。制度要素和劳动力市场需求方是二元分割理论的关注重点。只有弥补一级市场和二级市场之间的差距，才能减少二元分割带来的不利影响。相关措施具体包括制定反歧视的相关法律、补贴低收入群体、制定最低工资标准、鼓励劳工总会的发展、资助在职培训及雇主必须向劳动者支付报酬等。

（二）职位竞争理论

职位竞争理论是研究劳动者和劳动力市场职位的理论。该理论的假设前提是：雇佣者和劳动者之间信息不对称。雇主不了解劳动力市场的雇员，对雇员的未来发展、环境适应能力和个人能力所匹配的岗位不能进行准确判断。职位竞争理论指出，劳动力变动和市场会对雇佣分割线产生影响，雇主对雇员的雇佣期望不同，会依据雇员的边际生产力对雇员进行偏好排序。关于劳动力市场劳动者的培训、职位和报酬问题，职位竞争理论认为，技术进步决定工作的形式和数量，而工资状况则受体制因素和社会发展水平的影响。内部劳动力市场中包括职位设置及劳动者培训。劳动者在劳动阶梯中所处的地位以及雇主对劳动者的主观边际生产力排序决定了劳动者的工资状况。在劳动阶梯中所处地位高的劳动者培训成本低于所处地位低的劳动者培训成本，前者收入要高于后者。劳动者在劳动阶梯中位置高主要因为受教育程度高，影响雇佣者边际预期的关键要素为教育水平。受教育程度高的劳动者会寻求好的职位并参与竞争，更加优秀的劳动者会在竞争中取胜并获得更高层级职位。二级市场劳动环境松散，容易使劳动者养成懒惰、自我和缺乏团队精神的性格以及低效工作习惯，劳动者再进入一级市场较为困难。因此一级市场与二级市场之间存在天然壁垒，一、二级市场之间的劳动力流动受阻。

（三）激进理论

激进理论认为，垄断资本和阶级斗争之间的不协调必然导致劳动力市场分割。劳动力市场分割是垄断资本的合理后果，以避免劳动者的分化、融合和就业对抗。与此同时，资本家因为共有利益而实施共同行动。为了防止罢工等现象出现，雇主对雇员的要求是能力素质双高并且稳定，同时雇主进行雇员分割并差异对待，促使雇员之间产生内部矛盾。造成市场分割的另一原因是市场制度。市场发展和技术进步致使不同企业和行业的发展速度和规模不同，不同企业实施不同的雇佣标准和制度也导致了劳动力市场分割[193]。

三、理论阐发

以上经典理论多由国外学者提出，可作为新形态就业运行机理分析的相关理论。劳动力流动理论揭示了劳动力在城乡之间、地区之间以及职业之间进行的长距离及短距离流动。区别于传统就业，新形态就业跳出了地区以及企业雇佣关系的限制，劳动力流动呈现于平台之上，其原因与实现方式有待进一步探索。劳动市场分割理论从劳动力市场非竞争特性及劳动关系对立等视角出发，对宏观和微观劳动力市场分割的原因进行深入剖析。新形态就业者所在的劳动力市场已呈现由数字信息密织的网格状，劳动力市场的物理形态从有形市场逐步过渡发展为无形乃至虚拟市场。在数字技术推动下，市场供需双方信息的传递速度更快、匹配更为精准，新形态就业实践发展将引发传统劳动力市场理论革新。

1.2.2　新形态就业质量相关理论

就业质量是劳动者参与就业的最终追求。长期来看，低质量的就业将难以为继，劳动者退出，最终导致就业数量降低。本研究选择影响就业质量的相关理论进行理论内核提炼梳理，为新形态就业质量评价与提升研究铺垫适用性理论。

一、公共选择理论

詹姆斯·布坎南运用经济学方法分析政治个体行为，为公共选择理论研究打下坚实基础。公共选择理论的内容要点是：市场发挥的作用有限，无法进行自我调节导致市场失灵，需要政府进行宏观调控。由于政府目标和利益存在不一致，也会存在调节失灵、难以稳定市场等问题。公共选择理论指出，为了完善政府宏观调控作用，要对现有的经济和政治运行规则进行改革，对政府权力进行监督和制约；采用市场竞争机制，让政府公平公允地履行职能[194]。

公共选择理论对提升就业管理与宏观调控水平具有一定借鉴意义。第一，政府不是万能的，也有其局限性。不能完全依赖政府对劳动力市场进行调控，应遵循适当性原则。第二，政府由政府人员构成，政府行为具有经济人特征，政府工作人员虽经层层筛选，综合素质却仍良莠不齐，可能存在工作人员为了自身利益而做出不公正决策的行为。因此对政府工作人员进行监督是必要的，要控制好政府干预行为力度。

二、工作搜寻理论

1970 年，菲尔普斯等经济学家提出了工作搜寻理论，该理论根据商品信息搜寻模型演变而来。工作搜寻理论指出，由于市场信息不充分，工作搜寻者获取工资分布等信息的方式为搜寻活动，决定是否继续搜寻的条件是工作搜寻的边际成本与收益的比较。纳达尔和塔里克（Nader & Tarik，2018）认为，工作搜寻需要考虑工资和非工资要素。非工资要素即劳动者的工作环境、社会福利、工作保障及工作质量等[195]。吴（Wu）等（2018）研究发现，搜寻效果会受到搜寻过程及搜寻评估方法的影响，并尝试重新发掘有效的服务机构和搜寻渠道，最终发现通过亲戚、朋友等非正式渠道进行工作搜寻的方法比较容易获得成功，通过公共就业服务机构寻找工作的效果不理想[196]。宁（Ning）等（2013）指出，由亲戚朋友推荐工作，工作搜寻者的聘约接受率更高，产生的聘约数量也更多[197]。工作搜寻理论主要内容如下。

1. 由于市场信息不充分以及不对称的特征，劳动者对企业职位的要求以及薪酬水平不了解，劳动者为了获取满意的报酬需要在劳动力市场上进行搜寻。

2. 为了寻找工作而付出的时间越长，找到满意工作的概率就越大，工资水平越高。但未来工作所能得到的报酬提高幅度会随着搜寻时间的增加而递减。

3. 工作搜寻成本具体包括为了寻找工作而付出的时间、金钱和精力等。寻找工作所用时间越长，成本越高，边际成本会随着时间增加而递增。

4. 只有在工作搜寻的收益大于成本的情况下，工作搜寻才是有用的。如果找工作时间的边际收益大于成本，那么就应该继续寻找。如果找工作时间的边际收益等于边际成本，那么这一刻就是找工作的最佳时间。在达到最优职业搜寻时间之前，理性劳动者应持续搜寻，直至达到最优职业搜寻时间[198]。

三、理论阐发

就业质量是劳动经济学界普遍关注且具有生命力的命题，相关理论较为丰富。公共选择理论强调发挥政府的宏观调控作用，通过制定相关法规保障劳动者就业，提升就业质量。政府的宏观调控应注意力度与角度，发挥政府作用的同时要做好权力监督。工作搜寻理论从劳动者个体出发，为劳动者提供搜寻渠道、最优搜寻时间、职位评估等建议，降低劳动者工作搜寻成本。相较于传统就业，工作信息充足且更容易获得是新形态就业质量较高的重要原因。与此同时，仅依靠市场调节的新形态就业问题日益突出，在模糊的雇佣关系下抑制新的就业风险，政府监管仍是重要发力点。如何将传统政府监管方式与力度进行适宜调整，需依靠当前理论提供先进经验与实践依据。

1.2.3　新形态就业风险相关理论

新就业形态作为就业领域的新生事物，其灵活性、新颖性、多变性致使利益相关者面临的现实与潜在风险的系统性与动态性更强，在相关配套政策尚未贴合跟上的当下，风险的演化发展趋势不明朗。新形态就业风险理论依托一般风险管理理论，管理流程及关键环节与之既具有共性，又表现出个性。

新形态就业者面临就业与失业双重风险。在就业过程中，劳动者面临多种困难，从获得市场信息到正式就业还有很多程序，也就是说从获得相关信息到获得就业机会仍存在不确定性，新形态就业者存在就业机会丧失的风险。失业可分为摩擦性失业、结构性失业和周期性失业。摩擦性失业是由组织资源分配不均所致，因为信息不对称，就业信息的获得渠道狭窄。结构性失业主要是人力资本存量难以满足产业或技术结构转型造成的，也是失业风险最大的一种类型。周期性失业主要受市场环境变化影响，当外部环境较好时，企业会扩大生产规模，增加工作岗位，反之则缩小生产规模，减少工作岗位，周期性失业的周期与经济发展周期一致。就业风险管理可借鉴一般风险管理的基本流程与模块，即风险识别、评估、防范、风险控制与反馈等[199]，风险评估的方法技术也可移植并组合使用。本研究尝试结合新形态就业风险的特殊性，从雇主、雇员、平台、监管者等风险源头对主体进行风险点提炼；创新性构建我国新形态就业风险评估与预警体系，预防与矫治潜在风险，为现有理论体系的进一步完善提供实证检验与素材补充。

1.2.4 兼职创业相关理论

随着创业式就业比重不断提升，兼职创业已演变成特定类型的新形态就业。经理论梳理发现，新形态就业模式涉及的理论多数属于外围理论，直接理论相对较少。以下梳理了兼职创业相关理论，以期为就业模式提炼提供理论铺垫。

一、实物期权理论

实物期权理论（Real Options Theory，ROT）假定决策者为风险中性和无偏好者。迪克西特（Dixit，1994）认为投资具有风险，投资收益回报不确定。期权指最初投入较少资金，以便有机会在后期追加投资且后期投资一定会发生[200]。实物期权理论显示，如果能将创业风险降低，就会有更多创业者进入市场[201]，因此工作—兼职创业—全职创业的路径能够很大程度上降低创业风险并获得积极结果。经由该路径，劳动者可以拥有兼职创业、全职创业、退出创业等多样化选择。

2003 年，实物期权理论被应用到创业中。通过保持期权推后创业进入是创业者常采用的一种风险规避方法，实施条件为转换成本较高或者外部不确定性较大。兼职创业者将创业作为第二工作，与全职创业者相比，当兼职创业者放弃第二工作时，所产生的沉没成本更少[202]。当创业前景未知，创业者环境适应性不确定时，由按部就班的工作转向创业所造成的损失较大[203]。福尔塔（Folta，2006）认为，为了减少创业风险和沉没成本，创业者可以根据实物期权理论，先投入较少资金，对创业环境、技术环境等熟悉之后，再进行后续操作[204]。

二、自我评估理论

自我评估是指个体对自我能力的评价。在进入创业之前，个人必须评估自身创业能力，以确定是否能够创业。兼职创业模式基于个人自我评估，并得出结论：个人选择创业是因为对自身创业能力了解不足。通过兼职创业方式，个体能够降低创业风险，避免创业失败时失去经济来源。自我评估理论（Self-assessed Theory）指出，通过兼职创业，个体能够在创业过程中学习，积累创业经验，熟悉创业环境，并对自身创业能力进行重新评估和判断。根据兼职创业结果，个体可以决定工作或者全职创业。自我评估是学习创业经验、提升学习能力的过程，对个体由兼职创业转向全职创业具有指导作用。

三、额外收入理论

兼职创业者的工作时间较为灵活，能够自由决定投入创业的时间，可以较好地兼顾工作和家庭。兼职创业是一种增加收入的方式，与拥有第二工作的劳动者一样，都可能是因为经济困难或工作收入较低而选择兼职。劳动者要获取额外的收益以弥补较低工资水平，从而选择兼职创业。博茨曼（Botsman，2012）研究发现，已婚或已育的个体更倾向于在夜间从事第二职业，以获取更多收入，低收入不是个体选择兼职创业的唯一原因[205]。海蒂宁（Hyytinen，2012）通过研究发现，当个体工作薪酬水平较低时，个体倾向于选择直接创业[206]。收入水平低和兼职创业没有必然联系，高收入群体在兼职创业边际成本较低时也会选择进入以获得额外收益。在何种情况下个体才会进入兼职创业状态，仍需深入研究。

四、非货币收益理论

非货币收益是指个体能够获得除了资金收益之外的自我实现、自我独立等心理上的收益。兼职创业给创业者带来额外收益的同时，还为个体提供心理效益。个体在拥有一份工作的同时，还能够依据爱好、兴趣或者货币回报等进行创业，使个体实现自我价值。该理论从心理层面解释了个体选择兼职创业的原因。当个体创业失败时，工作的存在能够增强创业者信心与自尊心[207]。

五、信贷约束理论

影响个体是否选择创业的因素之一为流动资产约束[208]。初始资金是创业开端，个体拥有的初始资产和成为创业者意愿呈正相关关系。海因纳斯（Hienerth）等（2011）指出，人们受信贷约束而进行兼职创业[209]。创业需要启动资金，如果个人受到信贷约束，则筹集足够资金将会十分困难。因此个体会选择拥有一份工作的同时兼职创业，以便有足够的资金进行周转。较多兼职创业者未集中在资本密集型行业，因而没有受到信贷约束[210]。

六、理论阐发

相当一部分新形态就业者为兼职创业者，在自我雇佣与平台雇佣的角色中切换，兼职创业正在逐步演化成新形态就业的一种或多种形式。实物期权理论、自我评估理论、额外收入理论、非货币收益理论和信贷约束理论构成了兼职创业的理论基础。实物期权理论解释了创业和就业之间转换的原因，为兼职创业的良性发展提供了理论依据。自我评估理论解释了个体选择兼职创业的原因是对自身创业能力的未知。额外收入理论、非货币收益理论等从多元收益角度指出了兼职创业的动机。以上理论从不同角度为新形态就业模式的提炼提供了理论佐证。

1.2.5　信号传递理论

信息不对称是资本市场的重要特征，具有信息的一方往往会传递出信号，将市场信息扩散。为了打破信息不对称现象，信号传递理论得以广泛应用并成为现代信息经济学的重要内容。

信息经济学指出，信息不对称现象主要从时间角度和行为角度两个方面表现出来。从时间角度来看，若信息不对称发生在签订契约之前，契约签订者未能充分了解市场信息，则市场信息缺失一方遭受损失；若信息不对称发生在签订契约之后，可能会产生消极怠工现象，带来道德风险问题。从行为角度来看，可能存在无法观测到的隐藏行动的情况，也可能出现无法观测到的隐藏信息的情况。由此引申出，新形态就业中同样存在信息不对称现象。新形态就业过程中的信息不对称主要表现为平台与雇主之间的信息不对称、平台与就业者之间的信息不对称以及雇主与就业者之间的信息不对称。平台既可以作为雇主与就业者之间的中介，又可以直接作为雇主，当出现信息不对称时，新形态就业者作为弱势一方，信息来源有限，不能第一时间了解市场动向，与平台之间出现的信息时间差，往往使劳动者遭受损失。

平台掌握市场发展的新动向，具有信息优势，可以通过一系列操作将信息传递给就业者。由于信息获取更加方便，新形态就业者突破了以往工作的束缚，工作时间更自由。信息传递影响着劳资双方之间的匹配效率，降低了劳资双方的搜寻成本、沟通成本及签约成本。新形态就业平台和劳动者之间普遍存在信息不对称现象，平台占据信息在一定程度上也导致了劳动资源垄断，使劳动者处于不利地位。

1.2.6　自我决定理论

自我决定理论是由美国心理学家德西（Deci）和瑞安（Ryan）等人在20世纪80年代提出的一种关于人类自我决定行为的动机过程理论。自我决定理论将个体动机分为自主动机和受控动机两类，自主动机表示个体认同某项活动的价值，能够发挥自身主动性；受控动机则是个体带着压迫感被动参与某项活动。自我决定理论确定了人类三种基本需求：自主性需求、胜任力需求和关联性需求。这三种需求是个体从事某种活动动机的基础，当参与的活动同时满足这些需求时，参与者才能将意识融入自身，激发自身主动性。自我决定理论还提出个体具有取向差异：自主取向、控制取向和客观取向，不同行为取向可预测不同个体动机。

基于自我决定理论，学者们重点论述了自我决定行为的动机过程，突出了动机在能动过程中的作用。动机是进行自我决定的重要驱动力，不断发展的动机倾向为个体行为提供了动力和指导，引导个体加入某项活动。个体态度作为一种驱动力，导致了动机形成和后续行为的发生。

1.2.7　资源保存理论

霍布福尔（Hobfoll，1989）系统提出了资源保存理论，用个体资源的变化描述个体动机和压力的变化，当个体遭受资源损失或付出精力但未得到相应的资源回报时，会产生倦怠[211]。该理论中的资源是主观资源，指对个体有价值的物质或获得物质的方式。资源保存理论将资源划分为四种类型：物质资源（住房、汽车），条件资源（社会关系、权力），个人资源（自我评价、自我效能）和能源性资源（时间、金钱）。资源保存理论认为，个体在保证现有资源的基础上会追求新的资源，该理论常被用于研究个体对外界环境的应激反应。

资源保护理论的两项主要原则分别是资源丧失首要性原则和资源投资原则。当外界环境发生变化时，个体心理对资源丧失更加敏感，会采取措施及时止损。资源投资原则指的是个体对自身拥有的资源进行投资，这种投资行为有两个目的：一是防止现有资源损失；二是在资源投资过程中尽可能获得新资源。拥有更多资源的个体能够整合资源增加资源存量，当受到外界环境冲击时，可以保护自身资源免受损失，有能力快速协调资源以应对风险。资源保存理论为阐释易变性职业生涯态度对新形态就业者创新行为的影响提供了理论依据。

1.2.8　工作要求-资源理论

工作要求-资源理论反映了工作压力和调节机制对个体行为的影响，引起了学者们广泛关注。工作要求-资源理论将工作条件分为工作要求和工作资源两个方面。工作要求是指劳动者在工作中投入的时间、精力和受到组织的约束，会给个体身心带来负担，使个体容易滋生倦怠心理。工作资源指在身体、心理、社交或组织方面能够实现工作目标，能够调节个体由于工作要求产生的心理负担，对个体成长和职业生涯发展具有激励作用。

工作要求-资源理论从工作要求和工作资源两个方面探讨员工行为的影响因素。在工作要求方面，受组织压力影响，员工会采取个体保护策略，重新界定任务要求，工作要求标准严苛会消耗员工的资源导致情感耗竭。工作资源包括外部资源和内部资源，外部资源主要包括组织资源和社交资源，内部资源包括认知资源和行动资源。当工作资源缺乏时，个体将难以应对来自组织的高压迫性工作要求，会增加工作负担，对行为产生消极影响，如降低工作满意度、增加离职率等。工作要求-资源理论强调工作要求和工作资源互补效应，该理论有助于揭示强制性组织公民行为对新形态就业者离职倾向的影响机制。

1.2.9　相关理论述评

新形态就业发展依靠新经济与新技术赋能，以企业或平台的商业模式创新为驱动力，具有不同于传统就业的显著特征。就业运行相关理论、就业质量相关理论、就业风险相关理论、兼职创业相关理论、信号传递理论、自我决定理论、资源保存理论及其他理论等为新形态就业管理实践效率提升提供了多点理论支撑，演化博弈相关理论将在博弈推导过程中夹叙夹议，在第 7 章予以详述。通过以上理论梳理可知。

1. 经典就业理论具有较强的适用性，新形势就业由传统就业形式演变发展而来，两者之间存在密切关联，经典理论在新形态就业管理应用中仍呈现出鲜活生命力。然而，新形态就业的灵活性、多变性等特点导致了传统理论难以全面覆盖、恰切应用，就业理论亟待创新。

2. 新形态就业相关理论融合了多学科的研究范畴，学者们从生产力与生产关系、就业结构与产业结构、供给与需求等不同角度进行理论研究，涉及经济学、社会学、公共管理学、人力资源管理学、组织行为学、劳动经济学、制度经济学等学科理论，这决定了新形态就业管理理论创新是一项复杂系统工程。当前着眼于新形态就业的理论少之又少，缺乏可直接借鉴的理论空间，将经典理论与间接经验相融合，沿用传统就业管理理论研究思路开展新形态就业管理理论创新是本研究的重要出发点。

3. 理论来源于实践，新就业形式下暴露出的实际问题激发新就业管理理论的萌发，崭新的就业实践为新形态就业管理理论的形塑与革新提供了丰厚营养与创新素材。后续研究应以新形态就业管理实践为引导，突破传统就业理论边界，探索新的就业管理实施路径。

在新形态就业快速发展的当下，本研究针对我国新形态就业管理理论的修补与重构恰合时宜，理论意义凸显。通过经验萃取与案例归纳对新形态就业管理理论与技术手段进行探索创新亦是本研究要义，紧迫性与必要性不言而喻。

综上所述，新形态就业相关文献与理论的细化梳理是一项较为繁复的前期研究工作，笔者依照研究主线进行文献与理论的检索、分类、筛选、综述、述评，完成之后既有欣喜，又怀忧虑。欣喜的是，学界积累的诸多前期成果为本著作成文提供了不可或缺的重要理论铺垫；国内外相关研究使新形态就业、就业管理等概念界定与外延更为明晰，并在现有实践积累基础上，进一步凝练新形态就业特征、就业风险、就业质量与就业环境，有助于本研究对新形态就业的"新"展开深度剖析；强制性组织公民行为与离职意愿、易变性职业生涯态度与创新以及利益相关者薪酬满意博弈等模块的理论成果也为后续研究打下坚实基础。

让人忧虑的是，与新形态就业直接相关的研究成果数量偏少、良莠不齐、系统性不强，传统就业研究成果与新形态就业管理实践之间难以实现紧密连接，应用缺乏一定说服力。就业管理理论体系的完备性与系统性亦有待加强，需进一步进行扩充与革新，应尝试整合直接经验与间接经验，交融渗透，力争在已有研究基础上有所突破。

第2章 新形态就业模式提炼与典型案例研究

清华大学社会科学学院县域治理研究中心与 58 同镇发布的《2019 中国县域零工经济调查报告》显示，从事县域零工的劳动力中，31—40 岁的青年人占比 38.57%。[①]在一线和新一线城市中，开网约车、送外卖、做兼职促销等零工职业随着互联网平台扩张正逐渐下沉到县域市场。可见，新形态就业无论在就业形式还是劳动者构成都很接地气，成为解决县、镇及乡等地区大量隐形失业及季节性失业的重要途径之一。面对经济下行期的就业困局，可尝试解析新形态就业模式与传统就业模式的融合演化规律，通过政策创新，重点关注内循环发展激发的多层次、多元化的零工就业模式，打破就业寒冰。

新形态就业形式频繁涌现，从凌乱现象中抽取本质，模式代表着共性集合与推广可能。本章运用扎根理论与编码方法对新形态就业模式类型进行创新性提炼，开展模式构建，命名（微创业模式、资源共享模式、内容输出变现模式、线上劳务模式）与核心特征提炼；遴选国内外新形态就业典型案例进行深度解析，构建典型案例集合，包括阿里电子商务平台、微商、滴滴出行、Airbnb、Up 主、猪八戒网、Upwork、抖音、街电等，运用案例资料对各典型模式进行直观深入阐述及就业效应解析；关注新形态就业模式的渐进孵化过程，尝试新就业模式的应用场景创新。通过深度解析新形态就业模式与传统就业模式的融合演化规律，为形成错落有致、兼容并蓄的协同就业格局进行模式萃取与推广检验。

---

① 数据来源:《2019 中国县域零工经济调查报告》, https://www.coho.com.cn/Journalism01?article_id= 565&_l=zh_CN。

2.1　微创业模式

搜集整理与新形态就业相关的海量政策、企业案例等资料，运用扎根理论与方法进行质性分析，提炼出微创业模式、资源共享模式、内容输出变现模式与线上劳务模式四种新形态就业模式，在每种模式中选取一到两项典型代表案例进行直观深入阐述。第一种模式类型为微创业模式，该模式的应用范围较广。

2.1.1　模式构建与特征提炼

自主创业指通过自己寻找创业项目、进行商业规划、自主筹备资金、独立经营、承担风险的方式实现就业。传统创业往往需要创业者具有整合多方资源、创造更大社会价值的能力，对创业者的组织、运营、技术、商业思维等方面具有较高要求，需要创业者具备一定的资本储备。随着数字经济等新经济模式发展，产业生态呈现数字化、系统化特征，降低了创业门槛，催生了微创业模式。本研究选择阿里平台商家管理者、微店从业者、海尔"海创汇"负责人作为调查对象来收集数据，从中联系了 41 人作为初步访谈对象，最终对其中的 23 人实施了访谈。受新冠疫情影响，访谈过程采取线上访谈与线下访谈相结合的方式进行，每次访谈全程录音，转录后共形成 9.5 万字访谈文本材料。此外，基于网络数据挖掘，从网络报道、企业报告以及学术期刊等渠道，获取本课题所需的自主创业相关企业案例资料，通过人工依次筛选最终选定 119 份文本资料作为对原始访谈数据的补充，详细列表资料见附录一。

一、开放式编码

编码往往逐词、逐行、逐个事件展开。针对访谈文本资料和数据挖掘资料，逐行编码筛选出 761 条资料，通过提炼资料每句话并贴标签，最终抽象出若干概念与范畴。限于篇幅，每条原始资料只显示与主题相关语句。

表 2-1　开放式编码过程

原始资料语句	概念化（a）	范畴化（A）
（a310）小微企业所得税优惠政策包括企业所得税减按 20%征收以及减半征税政策。（a311）各地要继续贯彻落实国务院 2015 年关于降低工伤保险平均费率 0.25 个百分点和生育保险费率 0.5 个百分点的决定……	a310 税务负担 a311 税务管制	A1 税收优惠政策

原始资料语句	概念化（a）	范畴化（A）
（a450）建立小企业信用评级制度、推广小额贷款公司、建立小额贷款担保基金、建立专门面向中小企业放贷的金融机构。（a790）每个示范基地给予不低于 800 万元的财政补助，降低企业职业培训成本……（a451）建立创新融资风险补偿机制，健全小微企业贷款风险分担和损失补偿机制……	a450 资金支持 a790 培训补贴 a451 担保贷款	A2 政府服务措施
（a180）银行业金融机构应加大金融服务品种的创新力度，完善适合于小微企业特点的信用评级办法，降低授信门槛……（a540）进一步完善小微企业服务体系，创新服务模式，拓宽服务领域，提高服务效率……	a180 项目支持 a540 服务组织	A3 项目孵化支持
（a410）创业者要提高创业创新能力和知识产权、质量品牌意识，敢于创业创新、能够创业创新。（a411）掌握创业的基础知识和基本理论，了解创业的法律法规和相关政策，激发创业意识……	a410 知识素质 a411 知识结构	A4 学习能力
（a110）可以锻炼学生的耐力、毅力与执行力，积累创业经验，提高其领导能力。（a210）微创业过程中不断学习并积累经验，培养出诚信、勤奋和务实的精神品质……	a110 抗压能力 a210 克服私欲 a210 坚持不懈	A5 心理素质
（a970）创业者是否具备很好的管理资金、管理员工和管理自身的能力与素质，能否准确地确定资源的优先配置顺序……（a971）创业者需要具备理性冒险的能力，在瞬息万变的环境中识别机会，及时决策	a970 资源配置 a971 决策能力	A6 管理能力
（a980）利用各种创业平台强化校内外微创业实践教育才是检验创业教育理论知识学习好与差的标准。（a750）高校要为社会培养高素质技能型人才……（a751）课余时间进行创业培训工作，帮助大学生获取系统的创业知识……	a980 创业实践 a750 创业人才 a751 创业知识	A7 高校创业教育
（a981）发展众创空间，为创业者提供低成本、便利化、全要素的创业服务平台。（a739）宁波教育科技产业园一直致力于打造产学研教育孵化新平台……（a740）着力发挥传统孵化器和新型创业服务机构的互补优势，为初创企业提供全流程服务……	a981 众创空间 a739 教育科技产业园 a740 全流程服务	A8 创业机构教育
（a982）政府可以从融资扶持政策的系统性、专业性入手，构建小微企业地方政策、法律综合体系。创新政银合作模式，向小微企业提供创业补贴。（a741）高校科技园可为大学生创业营造良好的创业氛围，提供创业技能技术和人才等方面的帮助。	a982 创业补贴 a741 高校科技园	A9 校园创业孵化

续表

原始资料语句	概念化（a）	范畴化（A）
（a983）微创业对创业资金的需求不高，具有低成本、低门槛的特点……（a752）小微企业规模较小，纵向一体化程度较低，通常很难实现垄断……（a753）加强品牌建设，积极培养人才，改进原有产品和服务并不断推出新的产品和服务……	a983 资金需求 a752 垄断程度 a753 产品差别化	A10 行业壁垒
（a984）小微企业应通过评估自身资源与能力，选择恰当的竞争战略，扬长避短……（a754）在发展缓慢的行业中，小微企业的竞争越发激烈，为了寻求新的发展……	a984 竞争战略 a754 竞争强度 a754 行业前景	A11 市场竞争
（a981）创业者可以选择充分利用产品种类丰富的优势，满足市场多样化的需求……（a755）消费领域的不断扩大与升级，消费者由被动变为主动，消费类型也由抑制性向个性化转变……	a981 丰富多样 a755 转型升级	A12 市场需求

二、主轴式编码

识别不同范畴之间的逻辑关系，提炼出四个主范畴：政府多维支持、微创业者素养、微创业教育、微创业环境。主轴式编码过程如表 2-2 所示，范畴之间的联结关系及主范畴的提炼过程如下。

表 2-2　主轴式编码过程

主范畴	范畴	范畴内涵
政府多维支持	税收优惠政策 政府服务措施 项目孵化支持	指国家对企业给予的减轻或免除税收负担的一种措施 指政府为促进相关企业发展而采取的某类方法的总称 指政府为推动项目从筹划到具体落实而采取的方式方法
微创业者素养	学习能力 心理素质 管理能力	指个体从事学习活动所需要具备的各方面的特征总称 指个人所具备的性格特点和心理能力的综合体现 指某个人所拥有的用来管理组织水平的能力高低
微创业教育	高校创业教育 创业机构教育 校园创业孵化	指通过高等院校对相关人员进行创业创新的知识教育 指通过社会上某些专门机构对人员进行创业教育 指采取某些措施推动大学生创新创业计划开展直至具体落实

续表

主范畴	范畴	范畴内涵
微创业环境	行业壁垒 市场竞争 市场需求	指某些跨行业经营者去开拓不擅长业务所遇到的困难 指某些企业扩大资深市场份额而采取的竞争手段 指市场对本企业所提供产品和服务的一种需要

三、选择性编码

在深入思考政府多维支持、微创业者素养、微创业教育、微创业环境四个主范畴之间关系后，本研究提炼出"微创业模式"这一核心范畴，选择性编码结果如图 2-1 所示。

图 2-1　微创业模式

在微创业模式中，政府多维支持、微创业者素养、微创业教育、微创业环境四项要素环于四周，形成四项支撑，构成环绕型动态系统。其中，微创业者素养是支撑模式运行的基础，微创业尤为倚重创业者的素质与能力，也就愈发离不开微创业教育的培养。政府多维支持是宏观环境保障，微创业环境为微观环境土壤，孕育滋养初创企业成长。

（一）政府多维支持

政府多维支持指政府相关部门为了促进中小企业发展，推动非公有制经济发展所采取的方式方法。政府多维支持是确保微企业迅速发展的必要基础，通过简政放权，打造服务型政府，可采取诸如所得税优惠、发展专项基金、支小再贷款等措施，助推微企业的快速发展。

（二）微创业者素养

微创业者素养在自主创业过程中扮演重要角色。微创业者素质过低或缺乏某项必要素质易导致创业活动受阻。首先，个人必须具有良好的思想素质，诸如强烈的事业心、责任感、实事求是、品德端正；其次，还要具有良好心理素质，碰到困难坚持不懈，抗挫承压力强；最后，合格的微创业者必须具有相应的业务素质，应熟谙相关领域的知识技能。

（三）微创业教育

通过各类组织或机构对相关微创业人员进行业务以及技能的培训和开发，帮助其获得必要能力。开展微创业教育的主体既可以是高等院校，也可以委托专门机构，抑或是政府直接举办相关培训活动，对微创业者进行技能开发与知识教育。良好的微创业教育，能够促进微创业模式的蓬勃发展。

（四）微创业环境

微创业环境是自主创业人员进行微创业活动时必须考虑的各类因素集合体，创业能否取得成功在很大程度上取决于其所处的环境。行业壁垒较高，则微创业人员成功进入该行业的难度较大；市场竞争激烈，微创业人员所创企业的生存较为艰难；市场需求萎靡不振，容易出现亏损。

四、特征提炼

微创业模式"麻雀虽小，五脏俱全"，通过对相关案例资料进行"解剖"发现其具有以下主要特点。

（一）创业规模小微化

创业者并不一定需要雄厚的资金支持和强大人才团队或是完善的商业规划、供应链设计。在互联网平台中，整个商业生态系统集成化升级，创业者可以依托平台进行小微创业，借助平台已整合的商业资源和提供的数据、供应链等支持，实践创业想法。平台为创业者独自一人完成从采购、销售、物流到服务的整个商业流程创造了可能，以淘宝商家为例，甚至小规模的融资都可以通过互联网平台完成。创业成本降低使得创业规模逐渐小微化，创业者数量不断攀升。

（二）创业领域细分化

创业规模小微化带来的是创业者可依据自身专业特长选择行业领域，也由此小微企业创业的行业市场细分程度较高。以零售业为例，以往零售创业者要自主选择货源进行采购、寻找市场、处理销售和售后。电子商务彻底颠覆了这种全流程式的创业模式，创业者无需处理复杂业务和构建完整的商业流程，只需选择一小块细分市场，完成某一个商业环节就可以获取收入。

（三）创业网络平台化

微创业模式的创业者依靠互联网平台或创业孵化中心平台进行创业，线上平台为创业者简化创业流程，孵化中心为创业者提供廉价场地、办公场所及其他相关资源等，从而最大程度地降低成本。创业内容丰富多样，业务模式往往与互联网、线上线下融合相关。创业平台相互支持，资源共享，在全国范围内构建起庞大创业网络，为创业者提供线上线下交流机会。

2.1.2 典型案例研究

一、阿里巴巴电子商务平台

（一）案例概况

阿里巴巴集团（以下简称阿里）成立于 1999 年，经过多年发展，形成了由电子商务、金融、物流、大数据、营销等模块组成的商业生态系统，阿里独特的就业生态体系已然成型。阿里就业生态体系不单单是零售平台，也是生活、商业服务以及文娱等平台，平台多元化带来的创新模式才是阿里就业生态体系的核心，参见表 2-3 和表 2-4。阿里一直秉持"让天下没有难做的生意"的理念，为商家提供一站式软硬件服务。下面对阿里商业支持服务所引致的新就业模式进行分析。

表 2-3　阿里商业生态系统业务范畴

平台类型	企业名称	业务简述
商业（购物）平台	淘宝网	为移动商业平台，平台商家主要为个体与小微企业
	天猫	为 B2C 平台，平台商家多为国际和中国本地品牌及零售商
	Aliexpress	将来自中国制造商和分销商的产品贩售给全世界消费者的零售平台，同时经营英文、俄文、法文等多个分站
贸易批发平台	1688	综合性批发交易平台，主要为国内轻工行业的批发卖家、买家提供相应服务
	Alibaba	全球批发贸易平台，为具有进出口业务的制造商、批发商、零售商、代理商等提供批发、通关、贸易等服务
金融服务平台	蚂蚁金服	为企业、个人提供开放、共享的信用体系与金融服务平台

续表

平台类型	企业名称	业务简述
物流数据平台	菜鸟网络	第四方物流，提供供应链解决方案以及一站式物流服务
线上营销服务平台	阿里妈妈	针对商家和品牌的营销需求，提供阿里旗下以及其他第三方平台各类媒体资源的营销服务
LaaS 供应平台	阿里云	向商家、企业、政府机构等提供云计算服务

表 2-4　阿里数字经济平台的就业生态体系[①]

平台就业机会类型	代表性平台业务模块	就业形式
实物商品交易型：商户提供实物产品，在平台上直接售卖	淘宝、天猫、聚划算、咸鱼、1688、零售通	线下雇用就业
线上劳务交易型：由平台组织的线上零工劳务产品	饿了么（骑手端）	线上零工就业
线上服务交易型：商户提供服务产品，在平台上直接售卖	饿了么（商户端）、优酷（大文娱）、飞猪、淘票票、大麦网	线下雇用就业
商户展示型：商户提供服务产品，在平台上仅做宣传推广和部分（团购）贩售	口碑	生态关联就业
互联网企业直接就业型	盒马鲜生、苏宁易购、银泰百货、大润发、居然之家、虾米音乐、阿里影业、UC、菜鸟、钉钉、阿里云、高德地图	直接雇用灵活就业

（二）就业模式特点

阿里创造了以互联网平台为基础，为创业者整合批发、销售、营销、金融、数据支持等一系列商业流程的微创业就业模式。创业者只需在相应网站注册账号就可以申请成为阿里（淘宝）入驻商家，账号在阿里各服务平台通用。入驻商家可通过阿里的批发服务平台批发采购商品，上架到自己店铺进行销售。入驻商家还可以直接对接阿里的菜鸟联盟物流数据服务平台，可以实现网店的"零库存"。对资金存在问题或有贷款等金融需求的创业者，蚂蚁金服可以给予商家信用，为其提供无抵押信用贷款，审批时

---

① 资料来源：《阿里巴巴零售平台就业机会测算与平台就业体系研究报告》，https://max.book118. com/html/2021/0706/7146004000003142.shtm。

间较短，可以有效解决创业者的资金问题。

在运营方面，阿里的数据服务让入驻商家可以直接在后台获取关于店铺运营的实时数据，包括各时间段的店铺访问量、销售量等。阿里数据服务甚至可以提供购买者的用户信息，为入驻商家提供清晰完整精准的用户画像，帮商家节省市场调查成本。商家如有广告与营销需求，不仅可以直接在淘宝平台购买相关服务，还可以通过阿里妈妈平台获取阿里提供的跨媒体平台营销服务，轻松实现网络营销。就业模式呈现以下主要特点。

1. 商业流程数字化

将原本需要各个环节的商家去实操对接的商业活动，如采购、销售、宣传、市场调研等环节，通过数据简化，大大降低了中小商家、创业者的运营成本，同时为其提供了强大数据支撑，让商家实时了解自身经营状况。在商业流程数字化基础之上，保证该就业新模式得以长期发展的另一个重要特征是商业平台化、生态化。有观点认为，阿里已经超越了"商业生态系统"的范畴，已成为一种线上的"大经济体"。这种观点的产生源于阿里在商业上的全面布局，反映在就业模式创造上就是平台的高度集成化。阿里通过电子商务平台打造，重构了传统供应链的制造生产、批发、采购、零售及售后模式，将生产厂家、零售商、各类服务企业集合在同一个平台上，不仅拓宽了企业在各个环节上的选择面，而且大大减少了流通环节，降低了成本及售价。

2. 平台适用性与延展性更强

该模式让更多具有专业技能、专项服务优势的中小企业、创业者在平台上施展手脚。不仅能够降低行业进入成本，让创业者更容易进入零售业，还可以使其发挥特长为消费者提供其他服务类产品，网店则作为一个交易保障平台。如具有艺术特长的大学生可以在淘宝开店，为有相关需求消费者提供创作服务。

可见，阿里巴巴式的就业模式主要是依托线上平台，打造了能够为整个商业流程提供服务的线上服务系统，通过线上购物平台汇聚了大批消费者，创造了线上市场。这一整套商业生态系统大大降低了创业者成为入驻商家的门槛，同时也提升了创业者们的就业弹性。无需雄厚资金、丰富技术储备，只要有好的想法与策划能力，就能实现线上店铺的运营。这种就业新模式的驱动核心是数据，通过数据构建商业流程各环节平台实现互联，从而最大限度地简化创业过程。创业者不仅能够轻松打造整条供应链，还能通过平台提供的消费者数据不断改进商业运营，大大提升了创业成功率。网商市场与平台也在逐渐走向规范化，对贩售一些特殊商品的线上审查机制逐渐完善，随着电商税的出台，淘汰了那些互联网大潮中行为不端的不良商家，创业环境得以不断优化。

（三）就业效应

阿里电子商务模式创造了大量就业岗位。2019 年初，阿里巴巴集团发布报告称，2018 年，阿里巴巴生态创造就业总量达到 4082 万个。其中，包括 1558 万个直接创造的交易型就业机会，还包括 2524 万个带动型就业机会。二十余年来，阿里集团凭借在电子支付、联盟物流、大数据、云计算等领域构建的商业生态系统，在实现商业发展的同时，创造了数目可观的灵活就业岗位。

阿里创造的新创业模式在一定程度上对缓解就业结构性矛盾、就业歧视、再就业等问题有较大助益。阿里平台为低人力资本劳动者创造了大量就业机会，为没有良好创业基础的人群创造了创业条件，吸纳了低人力资本人群，缓解了就业结构性矛盾。阿里 2016 年公布的数据显示，阿里电子商务平台入驻商家中，女性占 49.4%，残疾人开店数量也高达 16 万家。阿里农村淘宝店中，村小二与淘帮手等就业人群的文化程度大多为大专和高中。阿里模式为商家提供全面支持，进入门槛低且方式灵活，为女性、特殊群体、受教育程度低的劳动者提供了更加开放包容的就业环境。

二、微商

（一）案例概况

微商是指在移动互联网大潮下，通过网络社群、社交平台，以社交用户为节点的新模式。在日常用语中，将通过移动社交平台经商的人群简称为"微商"。随着移动互联网设备的普及、网络社群的扩大以及电子支付技术的完善，微商从业人员逐渐增多，对就业产生重要影响。

（二）就业模式类型

微商不仅是一种创新的商业模式，更是一种就业新形态，是依靠移动社交平台自主创业的典型模式。微商模式使得移动社交平台用户可以通过自己账户实现就业。用户可以根据自身兴趣爱好、技能特长构建平台社群，打造特定且稳定消费群体，获取利润。微商从业者只需通过手机聊天就能完成销售、订单、发货与售后，工作时间和地点灵活，可以全职或兼职。微商分为以下三种类型。

1. 个人微商。以个人零售为主，即个人依托移动社交平台（如微信）联系货源，在平台贩售的模式。

2. 社群微商。由某些品牌、企业或网络意见领袖发起的，以社交平台用户共同兴趣、爱好等为主题构建网络社群，传播品牌、贩售商品的模式。

社群微商具有较为清晰严格的组织结构及等级制度，通过社群节点发展更多社群成员实现品牌推广或销售目的。

3. 平台电商。移动社交平台为满足微商群体在平台上的经营需求而开发的嵌入式电子商务平台。平台电商是个人与社群微商的规范化，通过去中心化、去流量的平台交易模式，打造完整的订单交易流程来保障消费者与微商双方的权益。

（三）就业影响

1. 就业吸纳力不断扩容

以国内最大的移动社交平台——微信为例，微信 2018 年的数据报告显示，微信的活跃用户数已达到 10.82 亿。微信为具有经营需求的用户开设了微商功能，微信的网络支付功能也为微商提供了便利，这意味着每一位移动社交平台用户都能够轻松依靠平台实现自主创业。随着移动互联网技术及社交平台的发展，微商模式在未来具有更强的劳动力吸纳能力。2019年，随着《中华人民共和国电子商务法》的正式实施，微商被纳入电子商务经营范畴，逐渐走向规范化和专业化，使得劳动者就业更有保障。

2. 激发劳动者自主创业积极性

用户只需要构建自己的销售社群，拥有产品或提供服务就可以实现就业，大大降低了创业成本。从事微商的劳动者可依据自己的兴趣爱好进入相关领域创业。相比其他电子商务平台创业模式，社交平台的使用频率较高，用户黏性也更强，创业者上手更快。

3. 在一定程度上缓解职业中断所引发的再就业难问题

数据显示，微商的主要市场集中在美妆、针织、母婴、大健康、农特等行业，从业者也以女性居多。[①]女性因生育导致的职业中断期间，可组建"妈妈微商团"进行就业接续。三孩生育政策已放开，该模式对育后女性亲善友好。也有较多低人力资本人群在找工作困难的情况下，选择从事微商行业。

三、小微企业孵化基地

（一）案例概况

小微企业孵化基地是指通过提供创业创新资源和规范化服务，从而推动小微企业的顺利孵育和创新成长的一类机构。小微企业孵化基地通过提供低成本的专业技术服务、管理咨询服务、生产经营场所等资源，推动基

---

① 数据来源：《2016—2020 年中国微商行业全景调研与发展战略研究报告》，https://ishare.iask.sina.com.cn/f/30x2f9FKCDE.html。

地智慧化、平台化、生态化发展，从而为具有成长潜力的小微企业开展创业创新提供良好环境。

（二）就业模式

小微企业孵化基地通过提供企业所需的资源和服务，降低创业者的创业风险和成本，促进小微企业顺利成长，从而提供就业岗位。小微企业孵化基地主要通过提供创业机会和释放就业岗位两种方式促进就业。

小微企业孵化基地以创业者和初创企业为孵化对象，因此确保创业者以及企业孵化成功是创造现实就业量的根本。创业者与企业想要进入孵化基地，首先需要经过基地入驻筛选机制，这是基地与企业之间相互认识、评价以及选择的重要过程。小微企业入驻筛选流程见图 2-2。创业企业在完成入驻筛选流程之后正式孵化，享受基地为企业发展所创造的优惠条件。因此小微企业孵化基地通过扶持企业发展，不仅能够创造大量就业岗位，还能够满足不同行业、不同类型就业人员的需要。

图 2-2　小微企业入驻筛选流程

（三）就业影响

1. 能够有效降低就业成本，提升就业率

小微企业孵化基地可以集中企业、集聚产业、集约土地，极大提高了资源配置效率。通过提供低廉的生产经营场所和服务，降低了投资创业成本。此外，各地政府还会为孵化基地提供扶持政策和措施，设立专项创业基金，提升小微企业创业成功率以及存活率，创造更多就业岗位。

2. 能够刺激与带动相关行业发展

小微企业入驻孵化基地，不仅可以有力延伸上下游产业链，使得产业优势得到有效组合，在孵化过程中还能实现传统产业技术改造及产品升级，从而促进企业所在行业的发展，提升孵化基地的就业承载能力。

3. 能够改善就业观念，提升青年人创业热情

孵化基地的建设使得原本困难重重的小微企业创业得到输血，从而吸引更多人走上创业道路。孵化基地在激励大学生创业、缓解就业压力、培育创新型人才等方面发挥着"试验田"作用，让创业经验匮乏人群能够有

保障的"小试牛刀",降低试错成本。

2.2 资源共享模式

2.2.1 模式构建与特征提炼

资源共享是指在共享经济背景下,依靠互联网平台或其他中介方将社会散布在不同时间、空间的闲置资源集合起来为用户提供服务,从而创造价值与就业机会。拥有闲置资源的人群通过投入资源、发布共享获取收入,即资源共享就业模式。"资源"不单单是指传统意义上的生活、生产资料,能够为用户创造价值的都可以称之为资源。资源共享所创造的就业机会是生产社会化发展的产物,运行机理表现为供给方将闲置资源或能够提供的服务通过中介共享平台实现供需对接,满足用户特定需求,从而获取报酬。研究选择滴滴出行、Airbnb(爱彼迎)、街电等企业管理者作为调查对象,选取 38 位初步访谈对象,对其中的 21 人通过线上与线下相结合的方式进行深度访谈,并对访谈过程录音,经转录后共形成 8.9 万字访谈文本材料。此外,研究还从企业报告、学术期刊等渠道进行网络数据挖掘,以对访谈文本材料进行补充,最终选定 119 份文本资料,详细列表资料见附录一。

一、开放式编码

在原始资料中筛选出 667 条资料,对其逐行编码,提炼资料并贴标签,抽象出若干概念和范畴。表 2-5 中的每条原始资料只显示与主题相关语句。

表 2-5 开放式编码过程

原始资料语句	概念化(b)	范畴化(B)
(b093)互联网引领的全球信息技术革命正加快向经济社会广泛渗透、跨界融合,不断催生新产品、新业务、新模式、新业态……(b154)共享经济改变了消费者与消费者以及消费者与商家之间的关系,产生了一种新的商业模式。	b093 跨界融合 b154 重塑模式	B1 壁垒破除
(b185)新的共享模式的不断涌现,带给我们很多便利,也颠覆了我们对传统商业模式的认识。(b111)新建本科院校的转型发展,是根据外部需求环境的变化……	b185 颠覆认识 b111 教育观念	B2 观念转变

续表

原始资料语句	概念化（b）	范畴化（B）
（b086）管理体制有待完善。共享经济是一种新的经济发展形式，在过去较长的一段时间里，人们的思想得到了拓展……（b199）政府的正确引导和助力……	b086 管理体制 b199 政府支持	B3 制度支持
（b113）互动平台为共享经济提供了广泛的信任基础……（b166）……共享经济的发展需要参与人、第三方平台、相互信任机制、信息技术等要素的支持与保障……	b113 互动平台 b166 相互支撑	B4 互动支持
（b241）2016 年，互联网金融又被写入"十三五"规划，以众筹、第三方支付为代表的互联网金融产业进入到前所未有的发展阶段……（b109）随着社会经济发展，企业家赚取资本的领域逐渐从工厂转向了知识……	b241 支付手段 b109 知识付费	B5 支付手段
（b215）将分散的数据汇聚、整合和归集，形成一体化的数据体系，是实现共享、流动、开放和利用的基础……（b460）将共享经济与区块链技术相结合，构建一种基于区块链的共享经济新模式的基本思路……	b215 数据体系 b460 区块链技术	B6 数据支撑
（b109）企业与用户行为无人监管，相关法律法规不健全，强大的互联网技术和实时交流技术的应用推动着共享经济的发展……（b127）各地出台政策加强对网约车的监管……	b109 法律法规 b127 出台政策	B7 政府监管
（b067）企业一定要加强自身经济的管理，尤其是涉及到金额比较巨大的项目时，更要注意资本运作时的风险……（b531）"互联网＋"时代通过对大数据与其他的技术的运用，可对个人信用情况迅速作出准确评价……	b067 自身管理 b531 个人信用	B8 自身监管
（b201）互联网平台企业建立更加完善的双向信用评价机制，对进一步提升用户体验满意度……（b882）针对目前数字媒体技术专业资源共享平台普遍存在的相关企业与社会缺乏有效交流互动的问题……	b201 信用评价 b882 行业企业	B9 行业协会
（b108）借助校企合作，成立"校企就业指导工作室"……（b257）近年来，随着互联网技术的发展与普及，大数据、物联网、自动化设备等先进科技已经逐渐应用到物流产业当中……	b108 校企合作 b257 科技应用	B10 业务合作

续表

原始资料语句	概念化（b）	范畴化（B）
（b032）共享经济作为新型的经济模式，是指在一定报酬基础上，激活闲置的设施和人力……（b683）信息公用和资源共享至关重要，要精准收集和生成有价值的数据和信息……	b032 资源整合 b683 资源共享	B11 资产共享
（b118）为学生交友互助提供平台，实现学生之间的便捷沟通……（b115）平等互惠原则是区域就业信息资源共享的出发点和最终归宿，是区域就业信息资源共享产生和发展的动力……	b118 互惠互利 b115 平等互惠	B12 成果共享

二、主轴式编码

通过识别不同范畴之间的逻辑关系，提炼出四项主范畴：资源共享环境、信息技术支撑、共享监管机制、互助共享共赢。主轴式编码过程如表2-6所示，主要呈现出范畴之间的联结关系及主范畴提炼过程。

表2-6　主轴式编码过程

主范畴	范畴	范畴内涵
资源共享环境	壁垒破除	打破行业界限，整合、创新职能
	观念转变	培养和树立共享观念
	制度支持	改革城乡二元户籍制度，搭建共享平台
信息技术支撑	互动支持	社交软件多样化，打破时空界限
	支付手段	支付手段愈加安全隐私、多样
	数据支持	整合和分配数据
共享监管机制	政府监管	加强、完善、创新政府监管机制
	自身监管	自我控制和监管
	行业协会	行业的监管、引导和支持
互助共享共赢	业务合作	业务的深度融合
	资产共享	有形、无形资产的共享和交流
	成果共享	合作成果的共享共赢

三、选择性编码

在厘清资源共享环境、信息技术支撑、共享监管机制、互助共享共赢四大主范畴之间的关系后，本研究提炼出了"资源共享模式"这一核心范畴，选择性编码结果如图2-3所示。

资源共享环境、信息技术支撑与共享监管机制分别是资源共享就业模式得以长期可持续发展的基础保障、技术支持与安全屏障，互助共享共赢则是资源共享就业模式的目的与归宿。共享经济发展是资源共享就业模式的孕育母体，在大数据与信息时代，通过共享提升效率是不可逆转的趋势。当资源流动起来，使用者增多，灵活就业机会便得以激发。

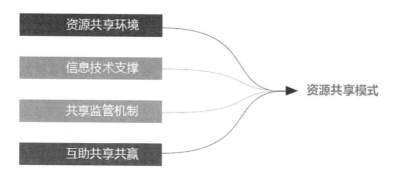

图 2-3　资源共享模式

（一）资源共享环境

资源共享环境是指资源共享过程中，企业或个人所面临的各种外部因素的集合，其不仅为资源共享模式的形成提供了土壤，也直接决定了资源共享效率的高低。具体而言，壁垒越低，资源共享实施的难度越小；共享观念的转变对于共享经济的可持续发展起到重要作用；政府政策为资源共享经济的发展提供制度保障。

（二）信息技术支撑

信息技术是指利用电子计算机和现代通信手段实现信息的获取、传递、储存、处理、分配等相关技术，是资源共享就业模式赖以生存和发展的技术支撑。它极大提高了信息在生产要素中的地位，提高了资源配置效率。资源共享就业模式的发展需要参与人、第三方平台、相互信任机制、信息技术等要素的支撑与保障。

（三）共享监管机制

共享监管机制又称公共责任保障机制，包括自律和他律两方面，即外力对行为主体的监督制约和行为主体自觉的自我约束。共享监管机制主要包括三个方面，分别是政府监管、企业自我监管以及行业协会监管。

（四）互助共享共赢

互助共享共赢指交易双方或共事双方或多方在完成一项交易活动的过程中互助共享、互惠互利、相得益彰，能够实现双方或多方的共同利益。

双方或多方通过业务的深度融合，通过有形资产和无形资产的共享和交流实现成果的互助共享共赢。

四、特征提炼

资源共享与互惠使用是诸多新形态就业形式的核心灵魂。通过对案例资料的进一步整理，发现该就业模式具有以下主要特征。

（一）资源使用权让渡创造就业机会

对实物资源而言，供给方只是赋予了用户使用权（如短租爱彼迎）或利用资源为用户提供了相应服务（如滴滴出行、共享汽车等）。资源既可以自用，也可以让渡置换获取收入，使得资源利用效率更高。以资源换就业的模式使更多拥有资源的劳动者获得了就业机会与额外收益。

（二）就业高度弹性化，收入透明化

资源共享模式使劳动者的工作弹性增大，在空间、时间上没有过多局限，劳动者可以自主选择是否进行资源共享为用户提供服务。在共享平台的中介作用下，资源共享所能获取的报酬更为透明，充分降低了双方风险。在支付技术的支持下，也可以实现实时支付。资源共享模式以极低的边际成本实现社会闲置资源的再配置与价值再造，创造了大量灵活就业岗位。

2.2.2　典型案例研究

一、滴滴出行

（一）案例概况

滴滴打车成立于 2012 年，2015 年更名为"滴滴出行"。通过移动互联网出行技术的开发，对接司机与乘客需求，其实现了线上叫车、线上支付、线上评价，颠覆了传统打车、路边拦车叫车的方式，改变了日常生活的出行方式，降低了司机空车率并减少了乘客等待时间，节省了双方资源。

（二）就业模式

滴滴出行是基于网络平台的资源共享与线上劳务交叉的新形态就业模式。滴滴出行为司机和车主提供两种加盟方式：

1. 网约车司机。 劳动者可以选择无车加盟和有车加盟两种方式。滴滴平台为无车加盟就业者提供租车服务；对有车加盟的车型车况进行认定。

2. 滴滴代驾司机。 代驾司机需要经过信息提交与审核、面试、路考与培训等一系列严格流程，方可加盟。

滴滴平台司机可选择兼职也可全职，司机结构多元化。拥有本职工作的兼职司机可能是企事业单位从业者、自由职业者、自主创业者等。滴滴司机可根据自己时间选择是否"上线"，当司机为上线状态时，滴滴平台就

会根据顾客需求为司机派送订单。该就业模式能够满足不同群体、不同时空下的工作需求。

滴滴出行所创造的新就业模式具有典型的共享经济特征。当司机有车辆资源闲置时，就可以成为滴滴司机，提供服务获取收入。《2017 年滴滴出行平台就业研究报告》显示，每天在线时长不足两小时的司机占比达到了 50.67%。①这意味着大多数司机选择在滴滴平台兼职的方式获取收入。平台及时支付、垫付的支付机制以及订单处理模式使得兼职司机能够快速获得报酬，不仅为用户提供了便利，司机获取劳动报酬的权益也得到了保障。

（三）就业影响

1. 减轻就业歧视，为处在职业中断期及过渡期劳动者提供有效收入来源

根据《2017 年滴滴出行平台就业研究报告》的数据，2016 至 2017 年在滴滴出行平台就业的人群中，近 400 万是去产能行业的员工，有超过 170 万的复员、转业军人。②超过两百万的失业人员在滴滴出行上实现了再就业，在很大程度上缓解了社会经济转型期所引发的失业潮及连锁问题。

2. 改变传统出行方式的同时，为低人力资本群体创造灵活就业机会

出行平台的线上叫车市场不断扩容，吸纳更多用户，为更多劳动者创造了兼职就业的机会，形成了经济效益与就业吸纳的良性循环。除了带动国内就业机会，滴滴平台积极响应"一带一路"倡议，在"一带一路"沿线国家创造了超过 93 万个海外直接就业机会。③随着驾驶技术的普及，兼职、全职、有车加盟、无车加盟等多种形式为低人力资本的特殊就业群体提供了灵活就业岗位，为失业人群提供了大量低门槛再就业机会。

二、Airbnb

（一）案例概况

Airbnb 的中文名称为"爱彼迎"，是为有空余房源的房主及有短期租房需求的消费者提供服务的在线房屋租赁平台。爱彼迎 2008 年成立于美国加利福尼亚州旧金山，至 2018 年 12 月已攀升至世界五百强品牌。④

---

① 数据来源：《新经济，新就业——2017 年滴滴出行平台就业研究报告》，https://www.163.com/dy/article/D1HN6AHN0511B3FV.html。

② 数据来源：《新经济，新就业——2017 年滴滴出行平台就业研究报告》，https://www.163.com/dy/article/D1HN6AHN0511B3FV.html。

③ 数据来源：《滴滴平台就业体系与就业数量测算报告》，https://max.book118.com/html/2020/0228/5320330002002224.shtm。

④ 资料来源：《2018 年世界品牌 500 强排行》，http://www.worldbrandlab.com/world/2018/。

爱彼迎是消费者旅游住宿需求个性化、多样化及在线短租需求膨胀背景下的产物。外出旅行时"住在别人家"在传统观念中具有较高风险，安全难以得到保障。对新一代消费者而言，单一且价格较高的酒店住宿已经不能满足其外出旅游的需求，年轻消费者倾向于选择在装修、服务等方面更具特色的住宿环境。过去 3 年在爱彼迎上预订短租的房客中，40 岁以下人群占比超过了 70%，千禧一代在该平台上的预订花费超过了 310 亿美元。①

（二）就业模式

爱彼迎通过电子商务 C2C（个人与个人之间的电子商务）平台集成供需两端信息，为拥有闲置资源者提供资源共享、获取报酬机会。该就业模式核心为数字平台基础上的共享经济价值创造。爱彼迎为房东与租客打造共享经济平台，并不具备房屋资产的所有权或使用权，通过社交式平台的构建对接供需双方，而是通过充分信息交互使得房东的闲置资源与租客需求得到高效匹配，以此来增强用户黏性，吸引更多房东和租客入驻平台。

爱彼迎平台允许用户无需任何注册费用就可以发布和分享闲置空间资源，这种空间资源可以是合用客厅、普通住宅、别墅等，任何个人闲置房源都可以发布到爱彼迎平台上进行出租。平台不给予房东过多约束，房东可以完全自主选择出租的时间安排、价格设置及对房客的要求，爱彼迎平台如实将房东要求发布在社群当中，全程协助房东完成出租。但这并不意味着任何人都可以顺利成为房东并且能够轻易长期获得租客，爱彼迎对房东设置了综合评价系统与行为准则，要求房东满足包括总体评分、回复率、取消与接受预订在内的四项基本要求，房客会对房东进行综合性评价。因此成为房东并且能够持续获得收益需要为房客创造舒适、可信赖的家一般的住宿体验以及周到服务，房东也为此对房屋进行特色化装修，如将房屋装修成城堡、树屋等以提升租客体验，招揽回头客并赚取口碑。

图 2-4　爱彼迎模式简图

---

① 数据来源："Airbnb to work with UK cities on host registration proposals"，https://news.airbnb.com/zh/airbnb%e7%88%b1%e5%bd%bc%e8%bf%8e%e5%8f%91%e5%b1%95%e5%8a%bf%e5%a4%b4%e5%bc%ba%e5%8a%b2%ef%bc%8c%e8%bf%8e%e6%9d%a5%e7%90%83%e7%ac%ac%e4%ba%bf%e4%bd%8d%e6%88%bf%e5%ae%a2/。

爱彼迎平台是中介与信息的集成端。通过平台优势收集用户信息并吸引房东入驻发布房源，为双方提供服务并满足多元化需求。在信息交互过程中，房东与租客身份并不是单一固定的。除了房屋中介角色外，爱彼迎还是内容营销方。通过在网站发布旅游攻略、各地游玩指南激发消费者旅行兴趣，为消费者推荐当地民宿，从而实现多角度挖掘消费者需求的功能。

（三）就业影响

1. 使得拥有闲置房屋的劳动者能够以提供资源的方式参与就业

爱彼迎平台租房不同于传统租房，针对租赁双方的条款与政策降低了房东的资产投入风险，也降低了租客的感知风险，从而使得这种类似于酒店的短租民宿模式成为可能，为闲置房屋拥有者提供了兼职机会。

2. 提供了灵活就业机会的同时集成了社会闲置资源

至 2019 年 4 月 8 日，爱彼迎已经发展到全球 81000 多座城市，消费者可以在爱彼迎平台上选择全球六大洲的 600 多万个房源。随着爱彼迎社区的飞速发展，新房东的不断加入也让爱彼迎房客的选择日渐增多。自创办以来，爱彼迎已为房东社群创造了 650 亿美元的收益，极大促进了社会闲置资源的集成。①

三、街电

（一）案例概况

街电于 2015 年成立，致力于为用户提供便捷移动电源租借服务。此外还利用自身平台优势进行精细化运营，帮助合作伙伴进行品牌宣传、口碑提升等活动。

（二）就业模式类型

共享充电宝行业具有两种重要的商业模式，分别为直营模式和代理模式，街电正逐步从直营模式发展为直营模式+代理模式。图 2-5 展示了街电的两种商业模式。依照其商业模式，街电主要提供两种就业模式。

1. 直接招聘

街电作为共享充电宝行业当中的领头羊，已覆盖全国大中小城市 300 余座，几乎占据共享充电宝市场的半壁江山，需要大量员工来满足不断发展的需要。

---

① 数据来源："Airbnb to work with UK cities on host registration proposals"，https://news.airbnb.com/zh/airbnb%e7%88%b1%e5%bd%bc%e8%bf%8e%e5%8f%91%e5%b1%95%e5%8a%bf%e5%a4%b4%e5%bc%ba%e5%8a%b2%ef%bc%8c%e8%bf%8e%e6%9d%a5%e5%85%a8%e7%90%83%e7%ac%ac%e4%ba%bf%e4%bd%8d%e6%88%bf%e5%ae%a2/。

2. 与不同地区服务代理商合作

街电为实现给用户创造出"500 米移动用电生活圈"目标，在全国各地招募代理商。意向企业需要在其官网上提交合作申请成为其代理商，便可以参与到所在地区的充电宝投放、运维以及合作的重要环节中，这种模式不仅可以为用户提供更好服务，还能够提供更多就业岗位。

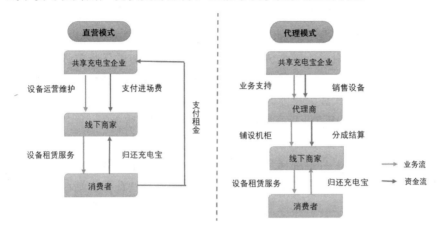

图 2-5　街电主要商业模式展示

（三）就业影响

1. 共享充电宝行业发展催生了新的职业类型

共享充电宝是在共享经济背景下出现的一种移动电源运营新模式，新模式发展已催生出新的职业类型，如共享充电宝的业务员、维护人员、在线客服及代理商等，在电力资源共享框架内为就业者提供更多选择。

2. 促进代理商不断发展壮大，就业吸纳潜力增大

街电能够为代理商提供系统培训、业务技能、团队培养、商户运营和在线客服等方面的支持活动，从人才招聘到团队组建和管理，帮助代理商打造共享充电行业的人才队伍，全面提升代理商能力，逐步扩大街电共享充电宝的覆盖范围，吸纳更多劳动者参与到共享充电宝行业中。

2.3　内容输出变现模式

2.3.1　模式构建与特征提炼

内容输出变现模式是指就业者在网络平台上通过发布作品、直播、互动等方式吸引网络用户，形成特定粉丝群体，获取高网络流量，再通过自主创业或与其他第三方机构合作，将流量变现的就业模式。本研究选择哔哩哔哩 Up 主、抖音管理者及短视频创作者、微信公众号负责人等作为访谈对象来收集数据，从中联系了 45 人作为初步访谈对象，并对其中 31 人进行了深度访谈。访谈过程全程录音，访谈结束后立即开展录音转录工作，共获得 11.5 万字访谈文本材料。此外，通过网络报道、学术期刊等渠道，获得 74 份二手文本资料作为对访谈资料的补充，详细资料见附录二。

一、开放式编码

在海量文献资料中筛选出 521 条资料，予以逐行编码，通过对每句资料的细致提炼和贴标签，抽象出以下概念和范畴，见表 2-7。

表 2-7　开放式编码过程

原始资料语句	概念化（c）	范畴化（C）
（c570）游戏直播、美食直播、课程直播等不断丰富的直播内容，极大满足了受众需求……（c740）随着中国移动互联网的发展和智能设备的普及，移动端的直播用户规模赶趋势明显……	c570 娱乐需求 c570 知识需求 c740 信息技术	C1 市场需求广阔
（c550）网络主播往往是零基础的，更没有所谓的职业资格认证和评价标准……（c680）只需要拥有如电脑、手机、摄像头、麦克风等设备……（c681）主播行业的垄断性并不算强，呈现百花齐放的状态……	c550 资格认证 c680 进入成本 c681 行业垄断	C2 入行门槛较低
（c530）主播人员素质参差不齐，传播内容无保障……（c610）网民应遵守网络的规则，规避不良信息，提高媒介素养……（c531）网络监管部门应对网络直播平台的内容进行分类管理和监督……	c530 主播素质 c610 媒介素养 c531 直播内容	C3 加强平台监管
（c572）当主播积攒一定人气后，经过背后公司团队的包装，并现身众多能极大增加曝光量的场合……（c290）新媒体运营是需要有策划、文案、美工和推广等团队共同完成……（c551）通过专题报道等策划活动，实现自身商业价值的最大化……	c572 演出策划 c290 媒体推广 c551 专题报道	C4 进行网络营销
（c230）充分发挥新媒体的连接作用，为用户提供优质服务，满足用户刚性需求……（c231）公关团队可以为主播寻找恰当投资商，提供多样的合作项目……（c232）注重自身品牌建设，以品牌建设为基础，增加用户认同感……	c230 媒体平台 c231 融资项目 c232 品牌经营	C5 搭建互动平台

原始资料语句	概念化（c）	范畴化（C）
（c330）将主播的经验制作成视频课程，上传到在线教育网卖……（c360）电商分享变现的方式里面聚集了很多这种类型的自媒体……（c331）透过主播的文化影响力，推荐产品给粉丝……（c340）只有有了自己的 IP，才有核心竞争力……	c330 知识付费 c360 电商变现 c331 产品代言 c340 IP 打造	C6 变现主播人气
（c571）面对每年都创下历史新高的毕业人数，这无疑可以缓和国家严峻的就业形势……（c572）为相对冷门专业学生提供平台，缓解就业压力，实现自我价值……（c573）直播随机零散的工作时间、较低的准入要求……	c571 学历贬值 c572 冷门专业 c573 "慢就业"	C7 传统就业困难
（c574）主播只需要通过智能手机就可以充分利用碎片化的时间进行直播，可操作性很强，直播一般没有固定时间，随时随地都可以自行选择直播的时间和地点，工作的灵活性很高。	c574 工作灵活 c574 碎片时间 c574 兼职收益	C8 追求自由随性
（c741）网络直播活动能够给主播带来的，能导致主播产生一种自信的感情……（c575）直播过程中增长的关注度、不断提高的人气感使得自我价值实现……（c742）人气较高的网络主播每月收入高达五位数……	c741 注重参与 c575 自我价值 c742 收入较高	C9 注重价值实现
（c240）品牌魅力是黏住用户的重要保证，而品牌魅力背后则是用户对品牌的价值认同和情感共鸣……（c743）资本注入可为直播平台提供大量的资金支持，大大拓展了直播的深度与广度……	c240 知名品牌 c743 资金支持 c743 直播深度	C10 提供运营资本
（c744）腾讯可以将其旗下各方面的资源和大型网络直播平台进行深度整合……（c745）投资资源与直播平台的整合将实现大面积的用户辐射……（c746）更好地拉近用户和主播之间的距离，产生更深度的交流……	c744 整合资源 c745 用户辐射 c746 潜在领域	C11 加速资源整合
（c747）在大型网络直播平台上，已开始出现直播书法绘画、杂技魔术、模玩拼装等多种内容……（c748）接受投资将有望获得处于直播产业链上游的赛事资源……（c749）资本注入将实现直播平台与投资商的其他内容资源互通，共同促进内容库积累……	c747 直播内容 c748 优先转播 c749 资源积累	C12 提供版权支持

二、主轴式编码

识别不同范畴之间的逻辑关系，提炼出四项主范畴：网络生态系统、自媒体团队、就业价值取向和外部资本注入。主轴式编码过程如表 2-8 所示，范畴之间的联结关系及主范畴的提炼过程详述如下。

表 2-8　主轴式编码过程

主范畴	范畴	范畴内涵
网络生态系统	市场需求广阔 入行门槛较低 加强平台监管	即用户的娱乐、知识、购物需求多样化，受众群体比较广阔 即主播无需进行身份审查，无需进行大量投资 即直播平台要做好直播内容的监管工作，确保绿色直播
自媒体团队	进行网络营销 搭建互动平台 变现主播人气	即通过一系列的营销宣传吸引新用户，维系老用户 即创建微信公众号、线上商城等实现实时的双向互动 即通过打造 IP、知识付费、流量变现等形式将内容变现
就业价值取向	传统就业困难 追求自由随性 注重价值实现	即当前学历贬值，就业压力增大，供求匹配度较低 即 90 后追求个性，思想激进开放，注重自我价值实现 即相比稳定性，更重视工作岗位对自身价值实现的满足
外部资本注入	提供运营资本 加速资源整合 提供版权支持	即投资方通常会提供大量的资金支持，缓解平台资金压力 即有助于获取上游资源，促进内容库积累，丰富直播内容 即帮助平台获取赛事独家转播权或者优先权等

三、选择性编码

网络生态系统、自媒体团队、就业价值取向和外部资本注入四大主范畴的交集为"内容输出变现"这一核心范畴，分别是内容输出变现就业模式的发展环境、心理策应、宣传造势与资金后盾。选择性编码过程如图 2-6 所示。

　　首先，良好的网络生态系统为内容输出变现模式提供了生存的土壤。在新媒体技术的支持下，主播们无需进行大量投资，利用电脑、手机等设备就能以视频、语音、文字等多种方式与网络受众进行实时互动交流。其次，充裕资金便于就业者获取更为丰富的直播资源和版权，拓展直播的广度与深度，提升受众黏度。再次，就业价值取向的转变使得 90 后群体很愿意尝试网络主播等内容变现就业方式，也在不断创造出新的变现形式。最后，自媒体团队通过电商变现、产品代言等方式帮助主播实现内容变现，获取收益。

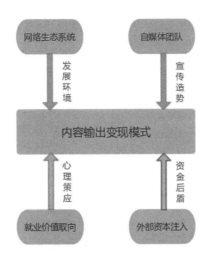

图 2-6　内容输出变现模式

（一）网络生态系统

　　网络生态系统是由行为主体和网络环境所构成的生态系统。其中，行为主体主要包括内容输出接收主体（消费者）和内容输出发送主体（就业者）两部分。我国网民规模的不断扩大，需求多样化形势明显，为主播等行业提供了比较广阔的群众基础。通过网络流量变现获取收入的进入成本较低，无需大量投资及严格身份审核，从而使得内容输出变现的门槛变低，内容输出质量良莠不齐。因此直播平台需对网络环境进行监管，以形成健康、安全、有序的网络环境。

（二）自媒体团队

　　以网红为例，网络主播想要获取长期稳定的收益，需要借助专业团队进行策划、文案、美工和推广等工作，以维持曝光度，提高直播数据。自媒体团队可通过创建微信公众号、打造新媒体平台等确保主播与用户定期进行互动，提升人气。待主播人气较高，已具备一定的文化影响力时，可为主播寻找合适的合作商，通过推销产品、电商服务、知识付费等形式变现主播人气，与合作商分成获取盈利，常见的直播带货、知乎 live 就是这种模式。

（三）就业价值取向

高校毕业生是人力资本储备较为丰富的新生代群体代表，我国高校毕业生人数持续走高，就业形势越发严峻，岗位需求与求职意愿匹配度较低。90 后就业价值取向与 80 后、70 后有很大不同，他们追求个性，思想自由，易于接受新鲜事物，注重自我价值实现，愿意尝试网络主播等新型就业方式。调查显示，主播行业中 90 后占比 87.3%，90 后的确是网络直播主力军。[①]

（四）外部资本注入

资本支持可以有效缓解直播平台在宽带费用、版权费用等方面的运营成本压力。网络直播平台近两年发展迅猛，背后的资本推手功不可没。当前国内主流的网络直播平台都背靠大型资本，通过外部资本注入，可以将娱乐文化等方面的资源深入整合进大型网络直播平台之中，形成良性互动，实现双方内容资源互通，共同促进内容库积累，对各方的生存和发展都颇有益处。

四、特征提炼

经案例资料提炼，归纳出该模式的两大主要特征。

（一）就业模式呈现网络社群依托特征

在互联网娱乐思维和自媒体发展的影响下，拥有独特技能、个人特色的个体都有可能在网络社群中获取群体认同，从而拥有粉丝群。就业者通过展示音乐、舞蹈或其他才艺，也可以分享与生活中衣食住行相关的点滴，以视频、直播、小说等多种方式进行内容输出，同时加上标签化的个人特征，就有可能吸引大批关注者。在获取较高流量之后，就业者可以从相应网络平台获取报酬或与其他企业合作为其进行推广获取报酬，也有就业者利用粉丝效应进行自主创业，推广自己的品牌或产品获取收入。

（二）就业门槛较低，但获得稳定可观的收入较为困难

内容输出模式的变现较快，渠道获取简单，但就业者不仅在内容输出上需要做到个性化与差异化，同时还要具备一定的商业思维。在流量经济

---

① 数据来源：《2018—2019 中国在线直播行业研究报告》，https://www.163.com/dy/article/E6BQ829
G0511A1Q1.html。

与病毒式营销思维的深入影响下,互联网内容变现的产业化程度逐步提升,导致该就业模式呈现两极化发展。一部分就业者选择兼职模式,利用工作之余在网上进行内容创作,获取收入。这部分人群往往倾向于将其输出的内容与自己的生活、工作结合起来,例如分享自己生活的视频等。另一部分就业者则与网络平台或其他网络营销服务机构签约成为全职工作者,在资本介入下对输出内容进行精细化、专业化制作,对粉丝群体进行网络社群管理,从而最大限度地将网络流量变现,获取收入。

2.3.2　典型案例研究

一、Up 主
(一)案例概况

"Up"为 Upload 的简称,翻译为"上传"。"Up 主"是指在各大视频网站、自媒体社群、网络论坛等发布视频、音频的人群。在全民自媒体时代,任何形式的内容产出都有其独特受众,以短文章、视频等方式将自己的生活记录下来成为流行方式。不仅如此,具有优秀内容产出和庞大粉丝群体的优秀 Up 主可以兼职甚至全职,通过频道运营获取收入,凸显自媒体时代的灵活就业特征。

哔哩哔哩(bilibili)是成立于 2009 年的视频网站,主要特色是用户可以在观看视频时发送悬浮于视频画面的评论,视频爱好者称其为"弹幕"。历经十余年发展,哔哩哔哩已成为囊括番剧、国创、音乐、电影、舞蹈、游戏、科技、生活、时尚等多分区、多板块的国内领先的年轻人文化分享交流社群。

(二)就业模式

实践中,Up 主通过互联网内容获取流量,依靠互联网经济获取收入,将虚拟内容变现,在此过程中实现就业。就业者入驻哔哩哔哩成为会员,通过发布原创视频吸引用户,形成特定粉丝群体后以此获取收入。根据网站统计的 Up 主数据[①],排名前 100 的 Up 主粉丝量均在 100 万以上,排名前 5 的 Up 主粉丝量逼近 500 万,视频播放量达到数亿次,由此可见优秀 Up 主所能创造的流量规模。成为 Up 主并不需要与哔哩哔哩网站签订劳动合同等正式协议,用户在网站免费注册即可上传自己的作品,只需承诺遵守网络内容发布的相关法律条约。用户可以选择分区,为视频添加标签,以便让更多对视频相关内容感兴趣的观看者能够看到视频。不仅如此,哔

---

① 数据来源:哔哩哔哩网站,https://www.kanbilibili.com/rank/ups/fans。

哔哩哔哩也为视频提供了相对精准的引流措施，只要在该分区内视频质量足够好，哔哩哔哩就会将视频推荐到首页或分区前列以使视频获得更高关注度。

哔哩哔哩为 Up 主提供全面数据支持，在后台，Up 主可以看到自己所发布的单个或全部视频的播放量、收藏次数、评论次数、弹幕量、投币量，还可以看到粉丝数。不仅如此，哔哩哔哩还为 Up 主提供针对粉丝群体的更为细致的数据支持。Up 主可以看到观看视频的人群性别、年龄甚至地区分布，还可以对粉丝群体进行分析获取其对内容的倾向与偏好，以便产出更符合观看者需求的视频。哔哩哔哩能对粉丝观看习惯进行分析，精准地确定视频被播放的高峰时段以及粉丝活跃时段，让 Up 主清晰、全面、细致地了解粉丝群体，便于对频道内容做出运营规划。

哔哩哔哩的视频上传者（Up 主）主要通过以下几种途径获取收益。

1. 来自观看者的"打赏"。Up 主上传视频之后，观看视频者可以通过"充电"的方式打赏 Up 主，观众充电将按照一定比例转化为 Up 主的收入奖励（比率存在波动），可直接提现。不仅如此，哔哩哔哩也有同站直播平台，Up 主可以在平台直播，粉丝同样可以在直播时通过为 Up 主打赏礼物，增加其收入来源。

2. 创作激励计划。哔哩哔哩为 Up 主推出了内容创作的激励计划，Up 主可以加入该计划并上传视频，而"bilibili 创作激励计划"的视频激励收益来自稿件本身内容价值，根据用户喜爱度、内容流行度、内容垂直度等多维度指数综合计算得出，用户喜爱度基于点赞等互动行为综合计算，是收益计算的首要衡量指标。

3. 悬赏计划。悬赏计划是哔哩哔哩合作 MCN（Multi-Channel Network，多频道网络）机构推出的内容变现模式。Up 主可以通过"接任务"的方式允许第三方在视频中添加广告链接等，根据所创造的广告收益获得分成。

4. 商业推广视频。商业推广视频是指广告主出资要求 Up 主制作的包含广告主品牌、产品信息等内容的视频。商业推广是 Up 主与第三方的私人合作，哔哩哔哩平台并不在其中获取利益，但为了保证全站的内容输出质量，对商业推广视频设定了严格把控标准。

可见，用户不仅可以通过网站本身的各类奖励获取收入，还可以与第三方合作获取更大收益。事实上，这种就业模式在国外已经变得较为规范与产业化。成立于 2005 年的 Youtube（油管）在经过 Google（谷歌）长达十几年的运营之后，已成为一家风靡全球的视频网站。Youtube 每天处理上千万个视频片段，除了为全球几十亿用户提供高水准的视频上传、分类、观看服务之外，还通过标准化的商业推广体系掌控着每一个视频的商业收益。与哔哩哔哩不同的是，开通 Youtube 频道的用户，只有申请成为 Youtube 的合作伙伴才能通过内容输出获取收益，Youtube 会在视频中投放广告，用户可根据点击量等获取一部分收益。在 Youtube 关注度高、播放量大的频道，大部分是 MCN 模式产业运作的结果。

　　MCN 模式主打多元频道网络的产品运作，将专业的内容产出与资本支持联系起来，实现稳定的内容流量变现。MCN 模式也为选择通过输出内容而实现灵活就业的人群提供了获取更加可靠和稳定收入的机会。MCN 依据 Youtube 上具有信息价值和效率价值的频道和内容，对其进行投资，在内容包装与流量配置方面全面提升，再通过流量获取收益。国内也学习借鉴 MCN 模式，投资或签约优质的内容输出个体，对其进行精品运营和商业化运作，让更多兼职内容输出者成为全职工作者。例如网红"papi 酱"在 2017 年打造了自己的"papitube"团队，与优秀的短视频内容输出者签约，从而将流量集中变现实现收益。MCN 模式引入为就业者创造了更多机会，就业者可根据自身情况量入产出，灵活选择工作方式。

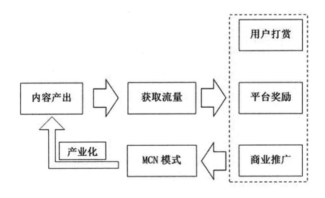

图 2-7　Up 主获利方式简图

（三）就业影响

1. 创造性地拓展了互联网就业方式

　　成为一名 Up 主，这种就业方式的本质是社群经济下网络流量的价值变现，Up 主是社群关键意见领袖、自媒体运营与商业宣传服务提供者等多重身份的集合。数字技术的深入发展使得每一字节的数据都可以被记录，实现了互联网内容输出价值的可计量化与可衡量化，为就业者通过互联网内容输出获取收入提供可能。

2. 灵活及弹性模式提供了更多就业选择机会

部分人群在业余时间，结合自身兴趣爱好以及专业能力发布相关视频，以兼职方式获取收入；也有部分人群以此为创业根基，全身心投入到视频创作当中。这种就业方式与创业类似，有着艰难的"孵化期"，在没有资本投入和专业化运作的前提下，就业者即便能够保证有质量的内容产出，但仍需一段时间来积累"粉丝"，再将所积累的流量通过多种途径变现。多数就业者仍然选择将 Up 主作为兼职，将制作与发布内容作为主要工作之余的兴趣和娱乐，在娱乐和兴趣中积攒"粉丝"获取收入，使得这种就业方式存在一定随机性。

3. 促进互联网内容输出产业化，提供可持续的稳定收入

在国外 MCN 模式的影响下，资本介入极大程度地影响了内容输出就业模式，使得行业朝着更加产业化的方向发展，为相关从业者提供了更加明确的就业发展方向，收入方式变得更加明确和稳定，工作过程也更加模板化，不会无迹可寻。与此同时，也对从业者提出了更高要求，需要其不断提高内容制作的质量。

三、抖音

（一）案例概况

抖音是由今日头条孵化的一款音乐创意短视频社交软件，于 2016 年 9 月 20 日上线，是面向全年龄段的短视频社区平台，在国内外的影响力持续扩大。

（二）就业模式

1. DANCER 模型

抖音平台就业特征可以用"舞者"模型（The DANCER Model）进行说明。多元化（Diversity）是指抖音平台就业是高度职业和专业多元的；灵捷（Agile）是指抖音就业模式是零工经济代表，具有高度灵活性；创造力（Novelty）是指抖音上的就业者具备一定的创造力和即兴发挥能力；社群带动作用（Community）是指抖音平台具有强大的互联互通能力，借此建立互信；企业家精神（Entrepreneurship）是指抖音就业即创业，需要就业者充分发挥企业家精神；责任（Responsibility）是指抖音平台积极承担直播助农等一系列公益项目，体现了社会责任。

2. 线上直播拉动线下就业

抖音平台为入驻的企业提供了多维支持，使企业可以利用抖音平台进行产品和服务的推广、宣传和营销，助力企业通过线上推广带动线下就业，并由此实现客源导流。抖音平台也为入驻企业提供了强有力的技术赋能，并加速推进企业运营的数字化转型。通过抖音平台的推广，企业得以吸引和留住客户，并新增抖音运营等多类就业岗位。

（三）就业影响

1. 短视频和直播行业的就业专业化程度进一步提高，劳动分工逐步精细化

短视频和直播电商的发展催生了许多新的工作类型，工种更加多样，有利于让专业的人做专业的事。抖音平台就业类型细分进一步加速，推动细分领域加速职业化与专业化。

2. 加速传统行业的数字化转型，并反过来带动新形态就业

短视频和直播平台的发展带动了传统行业的数字化转型。随着人们就业观念的转变，传统就业模式亟待变革。这将加速传统企业的数字化转型，帮助劳动者掌握更大的就业自主权。

3. 抖音平台拉动的创业和就业将逐步规范并加速分化

政府监管不断加强，新就业模式逐渐规范，进一步加速了行业内部分化。短视频和直播平台就业所面临的主要问题是如何加快建立优胜劣汰的市场竞争机制。

2.4 线上劳务模式

2.4.1 模式构建与特征提炼

线上劳务是指通过大数据平台的数据收集以及精准匹配，使得就业者劳动供给与企业或其他机构、个人的需求对接，为就业者提供工作机会。本研究选择猪八戒网、Upwork、饿了么和美团外卖等平台的管理者及使用者为调研对象，受时空限制，访谈采用线上与线下相结合的方式进行，共联系了 39 人作为初步访谈对象，最终针对 30 人实施深度访谈，共获得超 11 万字访谈文本资料。基于网络数据挖掘，从网络报道、企业报告以及学术期刊等渠道，获取本课题所需的相关企业案例资料，通过筛选最终选定 74 份文本资料作为对访谈文本资料的补充，详细资料参见附录二。整合访谈资料和数据挖掘资料，共得到 459 条有效原始资料。

一、开放式编码

针对筛选出的 459 条原始资料进行逐行编码，通过提炼资料并贴标签，抽象出若干概念和范畴。表 2-9 中的原始资料只显示与主题相关语句。

表 2-9　开放式编码过程

原始资料语句	概念化（d）	范畴化（D）
（d210）大数据起运输数据、储存数据的作用，将企业与求职者的信息进行传输和储存，为高效招聘提供大量的数据支撑……（d215）通过云计算技术平台向企业与求职者提供精准化的招聘及求职服务……（d220）5G、人工智能等技术的出现与应用，将为解决就业难题赋能。	d210 数据支撑 d215 云计算平台 d220 通信技术	D1 技术环境
（d230）疫情导致消费支出大幅下降。由于人们被迫待在家里并避免不必要的活动，消费者对商品和服务的需求减少了……（d240）市场经济尤其受到重创，企业难以生存……（d250）疫情还导致国际贸易和投资大幅下滑。随着边境关闭和旅行限制的实施，企业发现很难进入新市场并从国外采购商品和服务。	d230 消费下挫 d240 企业倒闭 d250 进出口受限	D2 经济环境
（d270）在新冠疫情和激增的高校毕业生数量面前，今年成为"最难就业季"……（d280）新就业形态的代表职业有网约配送员、网约车驾驶员、网约货车司机、互联网营销师等……（d290）灵活就业反而得以突破传统就业观念的束缚，被视作次优选择。	d270 供需不匹配 d280 新就业岗位 d290 灵活就业	D3 就业环境
（d130)众包网站主要涵盖专业性强的工作……（d120）在平台注册的公众可根据自己的出行计划、地理位置、途经路线等信息自由抢单。（d131）猪八戒网在主要的悬赏投标型模式之外借鉴 C2C 模式开创了新的运行模式……	d130 专业性强 d120 易于操作 d131 功能齐全	D4 众包网站实用性
（d132）在众包网站上可以找到志趣相同的朋友……（d140）积极借助大众的脑力，集思广益，节约时间和缩小空间……（d150）他们参与众包社区的动机主要源于自身的兴趣和爱好等……	d132 交友需求 d140 知识需求 d150 娱乐需求	D5 众包网站有用性
（d151）发布众包任务的企业会向付出劳动或提供智慧创意的参与者给予报酬和奖励。（d152）及时公布最新的任务信息，使得信息更加完整准确，使社会大众能够轻松应用网络平台。（d153）畅通与公众的沟通渠道，及时与公众沟通并进行反馈。	d151 激励作用 d152 信息明确 d153 及时沟通	D6 众包网站服务性

原始资料语句	概念化（d）	范畴化（D）
（d480）雇员不再受工作地点的限制。（d481）传统经济已经催生了灵活用工，新经济推动其蓬勃发展。	d480 办公地点 d481 灵活用工	D7 办公体验
（d450）在线数字平台经济中众包工人流动性极高……（d151）提升服务水平，注重知识和信息共享，满足社会大众参与需求……（d152）以猪八戒网所获得大量数据为基础，才赋通可为人才提供大数据支持。	d450 人才流动 d151 信息流动 d152 海量数据	D8 社交空间
（d121）从业人员总数量，地域分布，各个年龄段，文化程度，技术等级，有没有社会保险，工伤保险……（d271）猪八戒网作为领先的人才共享服务平台，有利于人才技能提升，从而更好实现自身价值……	d121 职业工人信息库 d271 人才开发	D9 全程管家服务
（d410）"斗鱼"网络直播平台获得虚拟礼物和广告收入，通过"微博"社交平台发表网络文章获得读者打赏……（d350）不再限制工作地点，允许他们利用网络进行远程办公。（d482）关于平台企业和网约劳动者之间是否从属关系、其从属性是增强抑或减弱的问题……	d410 组织虚拟 d350 场所虚拟 d482 从属关系	D10 劳动关系模糊
（d411）这就造成了灵活就业的劳动者很大程度上与雇主不存在正式的雇佣劳动关系，所以很难享受到"五险一金"等各种形式的劳动保障。（d483）薪酬较低且不稳定，严重依赖订单提成……（d484）平台企业对劳动者的控制权不具备正当性。	d411 五险一金 d483 薪酬缺位 d484 控制缺位	D11 社会保障缺位
（d350）《劳动合同法》的立法宗旨和理念已经不能完全适应当前生产方式。（d610）难以确认新型就业人员的职工身份和相应的用人主体，进而无法认定双方存在真正的劳动法律关系。	d350 劳动合同 d610 法律信息	D12 职业信息笼统

二、主轴式编码

识别不同范畴之间的逻辑关系，提炼出四项主范畴：线上劳务环境、众包社区、移动办公、线上劳务权益。主轴式编码过程如表 2-10 所示。

表 2-10　主轴式编码过程

主范畴	范畴	范畴内涵
线上劳务环境	技术环境	指由大数据、云计算、通信技术等所构成的互联网技术生态
	经济环境	指企业营销活动所面临的社会经济条件及运行状况和发展趋势
	就业环境	指与劳动者择业相关的政治、经济、文化等社会环境
众包社区	众包网站实用性	指众包网站能够被充分使用并产生积极效应的特性
	众包网站有用性	指网站能够满足各类需求并提供相关利益的特性
	众包网站服务性	指网站与社会大众相互交流，传递相关任务的特性
移动办公	办公体验	指线上劳务可以使得办公变得高效便捷
	社交空间	指拓展社交空间，实现人财物更加自由的组合
	全程管家服务	指企业成长生命的全程管家服务利于打造企业的人才发展体系
线上劳务权益	劳动关系模糊	指劳动者与用人单位间的法律关系无法用明确的文字加以界定
	社会保障缺位	指劳动者的相关社会利益得不到保障的一种现象
	职业信息笼统	指相关劳动者对自身职业的相关信息不甚了解的一种现象

三、选择性编码

在分析线上劳务环境、众包社区、移动办公、线上劳务权益四大主范畴关系的基础上，提炼出"线上劳务模式"这一核心范畴，选择性编码结果如图 2-8 所示。

图 2-8　线上劳务模式

线上劳务环境不仅催生了线上劳务模式的出现，还为线上劳务模式提供了生存的土壤。众包社区是线上劳务模式得以成功运行的工作重心，企业或组织通过互联网将相关任务外包给社会大众，为劳动者提供了一种全新的就业工作方式，同时也有利于降低管理成本，提升企业竞争力。移动办公是线上劳务模式高效运行的基础，通过信息化手段打破时空限制，既提升了劳动者的办公体验，也带来了高度开放共享的资源空间，有益于帮助人才实现自身价值。劳动权益是线上劳务模式有效运行的安全屏障，线上劳动者合法权益不容侵犯，构建与线下劳动者权益保护相联通的保障体系重要而紧迫。

（一）线上劳务环境

线上劳务环境是企业组织招聘与就业者求职过程中需综合考虑的各种因素的集合，劳动者的就业难度与就业形式很大程度上取决于其所处的环境。新冠疫情出现对我国经济造成了冲击，致使企业用工需求减少，失业率大幅上升，但同时也促进了大数据、云计算、通信技术等的快速发展，催生出诸多新形态就业岗位。

（二）众包社区

众包是指企业外部的大众志愿者自愿承包企业内部作业或任务的行为。众包社区是新利益网络的集结，该网络与制造业时代企业或行业的专属网络不同，具有多元交叉且高增值特点，是建立在网络社区之上的新事物。

（三）移动办公

移动办公也称"3A办公"或"移动OA"，是指劳动者在任何时间、任何地点处理与业务相关的任何事情。其允许劳动者随时随地解决业务问题，不仅解除了时间和空间限制，而且大大方便了沟通，提高了工作效率。

（四）线上劳务权益

在劳动关系中，劳动者凭借从事劳动或从事过劳动这一客观存在获得一定权益，包括平等就业和选择职业的权利、取得劳动报酬的权利、休息休假的权利、获得劳动安全卫生保护的权利等。而线上劳动者面临劳务权益难以得到保障、劳动关系界限模糊、劳动纠纷频现等诸多问题。

四、特征提炼

对案例资料抽丝剥茧，提炼出该模式的主要特征如下。

（一）劳动供需两端呈现平台集成化

线上劳务模式依托平台集成雇员和雇主双方数据，使得劳动者与企业的关系社群化，便于就业者获得更多工作机会，益于提高企业运营效率。

同时，可以降低双方成本，优化配置人力资源，为就业者提供更富有弹性的工作选择。

（二）有助于解决劳动供需两侧信息不对称问题

线上劳务模式中，企业需求多数以项目或任务等具有独立单元的形式出现，企业需求细致明确，清晰界定了企业雇佣工作者的责任义务。在此基础上，依托网络平台甄选与工作者的协议以及其他安全保障措施，大大降低了雇员和雇主双方风险，提高了工作效率，使得企业更倾向于将自主完成成本较高或不易完成的任务投向线上劳务市场。在降低信息不对称的条件下，企业可以有效降低成本，雇员也能够获得相对满意的报酬。线上劳务模式打破了雇员与雇主的时间、空间限制，同时也赋予了雇员较大的工作自主性。

2.4.2　典型案例研究

一、猪八戒网

（一）案例简介

猪八戒网创立于 2006 年，致力于为人才与雇主搭建双边市场，通过整合线上线下资源实现人才与雇主之间的精准对接。经过十几年的发展，猪八戒网已经成为国内领先的知识工作者集中共享平台，集成了上千万的知识工作者服务商为个人、企业以及其他各类组织提供服务。猪八戒网将来自 IT（信息技术）、设计、营销、法务等高人力资本人才集中，把知识工作者们的专业技能、工作经验等成功转化成为商业价值与社会价值，打造了一种全新就业模式。

（二）就业模式

猪八戒网代表企业运营、管理环节外包与互联网服务共同发展的平台化线上劳务就业模式。任何用户都可以在猪八戒网站注册成为"雇员"，从而获取工作机会。网站会对注册用户进行身份认证及相应的工作技能考核，用户需要通过猪八戒平台对知识工作者的各项审核或考试，包括但不限于身份验证、证件审核、资质审核、能力审核、入驻考试等来激活账号，审核之后才能在网站工作。用户在激活账号后，可以根据自己所能提供的服务入驻类目添加技能，包括网站 APP（应用软件）开发、设计、咨询培训服务、营销策划等等，从而更容易让雇主找到用户，获得工作机会。

猪八戒网主要为雇主提供三种服务。

1. 发布需求。雇主在没有精力挑选服务商的情况下，可在网站发布需求，通过猪八戒网平台算法为其精准匹配服务商。雇主可以直接在匹配的服务商中进行选择，根据不同工作，雇主可选择三种发布模式：招标，获取多个服务商的报价，从中选择一个服务商提供工作；比稿，获得多个服务商的作品和方案，从中选择一项提供这份工作；计件，针对重复性工作可按件数发布。

2. 自主挑选服务商。雇主可以根据自身需求通过检索、分类导航、列表等方式直接搜索所需服务，在结果中自主挑选并与服务商沟通从而确认工作关系。这种方式可以充分对比不同服务商，便于雇员与雇主之间达成长期合作关系。

3. 八戒管家。当雇主企业发展遭遇复杂问题或项目具有多重需求，需要对接多方才能完成时，可以在平台选择八戒管家的方式解决。八戒管家是平台打造的企业专业服务团队，为企业量身定制提供整套发展方案、咨询、项目管理等服务。当企业发布需求后，管理团队会针对问题进行梳理，在签署服务协议后建立客户档案。之后由专业团队制定发展规划、创建项目组，从沟通跟单到项目落地全程为企业提供服务，直到交付成果达到协议规定为止。

雇主需求的不同服务模式意味着知识工作者可以在猪八戒网选择更多就业方式。这种线上雇佣模式使得猪八戒网成为众多就业者的兼职平台，拥有专业技能的工作者可以在网站轻松找到符合自身条件的工作，利用业余时间获取额外收入。相比传统兼职模式，猪八戒网为劳动者提供了更为全面的保障，无论是信息筛选、协议签订、成果交付、服务费支付等任何环节，相比传统工作者自己寻找兼职都大幅降低了成本，节省了精力。雇员也可以在猪八戒网进行全职工作，自主创业成为全职服务商，猪八戒网为其提供全面数据支持。用户甚至可以入驻八戒管家团队，发挥自身在企业管理等方面特长成为八戒合伙人，开展全职工作。

（三）就业影响

1. 整合碎片化信息，通过平台方式勾连用人单位与知识劳动者的供给与需求

用人单位将各类项目、综合性的工作分解为"小包"任务，面向网络的知识工作者发布，知识工作者通过互联网平台获取工作信息，在线上直接与雇主对接，将自己的专业知识、技能转化为收益。工作者既可以选择自主创业从而广接企业的外包工作，成为固定的企业外包服务承接商，也可以作为兼职个体，利用业余时间工作，获取收入。对用人单位而言，该模式便于用人单位将工作外包通过平台完成，减少了大量合同工的支出；对劳动者而言，平台化方式降低了工作搜寻成本，虽然合同制工作岗位减少了，但劳动者不必再受到用人单位规章制度的束缚，在平台上能够接到成百上千家企业的外包工作，获得工作机会。该模式整合了社会大众散布在多个空间和时间的知识资源以及企业需求，为雇主和雇员双方创造价值的同时，创造了丰富的兼职工作及自主创业机会。

2. 帮助劳动者突破时间与空间限制，获得全球工作机会

猪八戒网致力于帮助广大从事设计、营销、信息技术、法律等行业的知识工作者匹配全球商机，突破工作机会的时空限制，在助力企业与人才供需两端平衡的基础上，降低了企业用人成本，提高了工作效率，增加了灵活就业机会。平台已经入驻超过 1300 万专业人才与 700 多万家雇主[①]，精准对接供需双方需求。

3. 有效降低用工方与劳动者的选择风险与感知风险

对于平台方，知识工作者需要根据协议规则向平台缴存用于规范知识工作者在平台的经营行为、服务质量、交易安全等方面的诚信保证金。当知识工作者出现违反平台规则或违约的行为时，按照相关规则及协议约定，平台有权进行扣除。平台还会通过一系列协议厘清各方责任，对服务商（劳动者）的相关从业资质进行考察，把控服务商的准入门槛，拥有自主选择权也降低了雇主选择风险和感知风险。平台也会对入驻企业、个体的资质进行严格审查，通过相关协议为劳动者保驾护航，避免出现"出工不获利"的情况，让劳动者安心接单工作，也让更多雇主和服务商愿意选择入驻平台。

二、Upwork

（一）案例简介

Upwork 是全球目前较为严格规范的综合性线上劳务平台之一。Upwork 的前身是欧美 Elance 与 Odesk 两家人力外包平台及自由职业交易市场，二者于 2013 年达成合作，于 2015 年推出了 Upwork。继承了两家平台优势的 Upwork 近年来快速发展，成为综合类人力服务平台中的独角兽企业。目前，Upwork 平台上拥有细分 12 个主类别、90 种子类别，共计超过 3000 种专业技能人才。Upwork 独特的运营模式在欧美市场吸纳了众多知识工作者，掀起了欧美市场自由职业风潮。

（二）就业模式

与其他一般线上劳务模式不同的是，Upwork 打造了以严选与竞争淘汰机制为核心的平台，实现了高人力资本知识工作者与企业复杂项目人力

---

① 数据来源：猪八戒官方网站，https://www.zbj.com/?fr=frzpheader。

需求的高效对接，打造了专门针对知识工作者的线上劳务就业模式。Upwork 平台上的劳动者用户均为自由职业者，分为个人与团队两种模式。平台客户可能是个体或企业，在线上发布需求。

劳动者获取工作及报酬的具体流程为：客户在平台发布需求，也可以直接向与自己长期合作的劳动者发出邀请；工作者通过检索发现工作，针对客户需求提交工作计划、项目建议等；客户审查有意向接受任务的工作者，与其接洽、面试；客户选定工作者，向其发出协议、合同、订单；双方合同生效，工作报酬打入平台第三方托管；工作者完成工作后提交成果，索要报酬；客户对成果进行审查，批准释放报酬，合同完成；双方针对过程与交流细节进行评价。

Upwork 平台的运行机制与其他线上劳务平台类似，其核心竞争优势在于对劳动者的严格筛选。想要在 Upwork 上成功接单需要一系列严格甚至是繁琐的流程。用户需要将简历完善至平台要求的 100%水平，部分工作细分类目还需要用户通过相关考试，上传项目经历、作品或案例等，平台对注册者的资质进行严格审核之后，工作者才可以开始接单。Upwork 还引入了淘汰机制，对投标过多但却没有获得工作或只能获取很少报酬的账号，取消账号的工作资格。平台会针对需求过剩的工作类目进行数量上的准入限制。这种严格、规范的运作模式保证了平台的工作者质量与专业水平，能够为发布需求的用户提供高水准服务，同时避免了某一细分市场的过度竞争，保证了工作者的报酬水平。

根据项目不同，平台提供时薪与固定收费两种模式，工作者可以根据自身情况选择，灵活性高。平台为工作者引入了等级机制。随着接单增加，好评率提升，工作技能的熟练，劳动者在平台的等级会相应提升，从而获得更多更好的工作机会，平台对这类工作者的抽成也会逐渐降低。劳动者还可以通过在平台累积的客户资源和口碑打造自己的团队，实现自主创业。

（三）就业影响

1. 为知识工作者提供了良好的自由职业平台

Upwork 的针对性较强，平台的严准入与淘汰机制在保证服务质量的同时，也为劳动者提供了良好的竞争环境。劳动者不必担心过度不良竞争导致的工作机会稀少或劳动报酬过低。

2. 对高人力资本劳动者的就业吸纳能力增强

尽管准入门槛高，限制条件严苛，Upwork 依然体现出强大的就业吸纳能力。截至 2021 年 5 月，Upwork 已经拥有超过 1200 万注册的自由职业者，就业者来自 190 多个国家。①平台上超过 3/4 的用户拥有职业院校或大学以上学历。主要职业类型包括软件开发、信息技术与信息服务、数据分析、工程设计、语言类、法务、市场、管理类等。大量高人力资本人才集聚产生吸引效应，企业有复杂外包工作需求时，往往会考虑通过 Upwork 来寻找劳动者，从而使入驻企业逐渐增加，形成良性循环，高人力资本工作者不断汇聚。

3. 重塑知识工作者的"自由职业观"，对职业生涯产生积极影响

知识工作者往往拥有更多工作选择机会，自主意识较强，朝九晚五的工作时间及固定工资场所在一定程度上限制了其潜能发挥，不利于创新及人力资本效能发挥。但 Upwork 持续的激励机制使得优秀知识工作者在自由职业生涯中更容易成功，促使自由职业就业观的逐渐形成与转变。Upwork 等级机制的引入对劳动者提升自身专业技能和工作能力、实现健康成功的职业生涯具有正向激励作用。

2.5　代表性案例汇总

典型案例是新形态就业在实践领域中的鲜活呈现，既有代表性又具特殊性。在提炼新形态就业四种模式类型与核心特质的基础上，列举更多新形态就业案例以不断丰富我国新形态就业案例库，多样本印证四种就业模式发展现状。符合以上四种新形态就业模式特征的平台型企业或案例，如表 2-11 所示。

表 2-11　新形态就业模式代表性案例集合

新形态就业模式	代表性案例
微创业模式	阿里商家平台、京东第三方、微店、口袋购物、海尔"海创汇"、柴火创客、RocketSpace、各地创客空间、小微企业孵化基地等
资源共享模式	滴滴出行、Airbnb（爱彼迎）、Gofun 共享汽车、大道出行、搜电、Bird、Lime、街电、共享单车企业等
内容输出变现模式	哔哩哔哩、Youtube、Instagram、百家号、UC、斗鱼、虎牙、企鹅电竞、淘宝直播、起点中文网、知乎、纵横小说网、微信公众号平台、网易云音乐、抖音等
线上劳务模式	猪八戒网、威客中国、Upwork、Wonolo、Taskrabbit、饿了么（骑手端）、美团外卖等

---

① 数据来源：Upwork 官网，https://www.Upwork.com。

　　综上所述，新形态就业模式颠覆了传统就业模式下人力资源配置方式，大幅提高了知识型人才、技能型人才等高人力资本就业者的劳动产出效率。直播等就业新场景不断涌现，呈现百花齐放格局，就业者的群体画像也越来越清晰。通过选取国内外新就业模式的典型案例素材进行深度扎根，本章总结提炼出微创业、资源共享、内容输出变现、线上劳务四种新形态就业模式，并进一步探究了不同就业模式的核心特征。模式是高度凝练、彰显共性的理论抽象。新形态就业模式创新性构建便于就业分类管理与新案例归类，进一步充实了我国新形态就业管理的理论基础，属于中国特色就业理念凝结，凸显出新形态就业类型的异质性。

　　新形态就业模式的未来发展方向直指人才或劳动力共享。猪八戒网推出了允许企业将自身闲置的人才转租给有需要企业的服务，不仅缓解了双方企业用工问题，也提高了员工利用效率。此外，阿里巴巴也推出了类似的面向餐饮业、商超、便利店等行业的就业共享平台。由此可见，现行模式已搭建起了部分人才共享平台与桥梁，但仍存在沟通不畅、权责划分不明、市场不规范等问题。通过共享人才或劳动力能够真正解决供需两端结构性矛盾，创造崭新劳动方式，将人才效能从束缚中解放出来，亦是新就业模式的萌芽。共享就业将成为未来劳动就业领域研究的焦点与趋势。

第二篇　知己知彼：新形态就业域内外发展经验、现状与趋势

[篇首语]不同的经济体制孕育形成了不同的就业环境，从而导致世界各国的新形态就业现状、优势特征与局限短板存在显著性差异。在经济全球化大舞台中，各国之间只有做到审时度势、知己知彼，方能共克时艰、百战不殆。遗憾的是，目前针对国内外新形态就业发展经验的系统化研究还较为匮乏，国内外新形态就业的差异特征亦未可知。针对此，本篇尝试通过政策文本与资料文献的收集整理，对域内外新形态就业的发展现状、经验教训与发展趋势进行深入探索。具体而言，第3章针对我国新经济发展现状、新形态就业现状、新形态就业影响、新形态就业机遇与挑战、新形态就业运行机理以及发展趋势进行翔实的分析讨论；第4章针对域外典型国家的新形态就业发展现状、现存问题以及优质基因进行分析提炼，并对域内外新形态就业发展进行横向对比，从而为我国新形态就业的高质量发展提供有针对性的对策建议。

第3章 我国新形态就业发展现状、机理与趋势

我国在领跑数字经济、共享经济的跑道上成绩斐然，较早地催生了新形态就业萌芽，但也存在平台就业活化率偏低等问题。以互联网平台企业为主要形式的新模式、新业态，在新冠疫情期间，持续显示出较强韧性与发展潜力。人工智能、大数据及云计算等多种数字化转型创新手段，能够大幅度地提升企业管理效能与员工作业管理效率，降低企业运营管理成本。我国中小微企业在新冠疫情期间遭受较大冲击，为切实帮助更多中小微实体企业排忧解难，"数字化转型伙伴行动"项目鼓励平台内部企业积极提供产品信息技术对接、软硬件技术支持以及供应链技术支撑等相关链条的技术服务支持，鼓励平台内的龙头企业发挥行业模范带头作用，积极带动利益相关企业在运营流程中的信息共享，推进研发设计、营销渠道以及市场订单等环节的数字化转型。"数字化转型伙伴行动"目前已成功吸引了包括阿里、腾讯和华为等数十家行业龙头企业，力求联合发力打造一体化企业转型升级服务，转型引致的新形态就业吸纳成效显著。

首先，本章借用"高灯自由薪"案例[①]，阐释数字平台对推动新形态就业发展的积极作用。

案例	高灯自由薪：借助数字平台有效推动灵活就业
高灯自由薪是高灯科技旗下依托互联网、大数据等信息技术而打造的人企商业协作平台，推动灵活就业者与企业平台的实时对接，包括智能匹配、业务流程、信用等级、员工成长、金融体系、服务保障等数字化服务。 1. 践行企业社会责任 2020 年的新冠疫情致使经济社会的发展陷入停滞。在这场战"疫"斗争中，高灯自由薪始终把社会责任放在第一位，充分发挥数字化平台的优势，积极为企业"共享	

---

① 资料来源：《中国共享经济发展报告（2021）》，https://www.ndrc.gov.cn/xxgk/jd/wsdwhfz/202102/t20210222_1267536_ext.html。

共用"提供支撑，保证了民营企业的复工生产，也为灵活就业人员提供了更多的就业选择。新冠疫情期间，一方面大量人员歇业在家，一方面许多企业又面临用工荒。高灯自由薪迅速做出反应，积极贯彻落实政府政策，带头免费召集"共享员工"，有效对接蓝月亮、物美、闪送、美菜、叮当智慧药房等一众民营企业的上万用工需求，在一定程度上缓和了生鲜、医药等行业的用人压力。

2. 推动多渠道灵活就业

随着数字化、网络化的不断深入发展，新形态就业模式愈发成熟，就业模式转向"平台+个人"，褪去了不必要环节，为自由职业者提供了更加多元的就业机会，推动了大批有技术、有梦想的自由职业者成长。在新时代，灵活就业不仅是历史的推动、劳动者的选择，更是保证当前新形态就业稳健发展的"蓄水池"，有效保证了"稳就业""保民生"。高灯自由薪借助其技术的进步性，并依托自身网络优势，服务近5000家新经济平台。迄今为止，平台上已有70多万用户，为近60个城市提供就业岗位，满足用人需求。在这一过程中，一方面帮助企业有效调整员工需求的高峰低谷，升级企业管理模式、提高管理效率；另一方面，为灵活就业者提供更多的就业选择，有利于构建供需实时匹配、福利保障的全方位灵活就业体系。

3. 提高人企合作效率

高灯自由薪借助大数据和领先的 AI 技术开拓了一大批人企协作互助的服务市场。首先，依托数据加密、身份认证和数据安全等方式，保证人企合作的安全性和相互信任；其次，搭建数据实时分析平台，保证供需数据得到及时应用，为人企合作提供数据支撑，提高运营的效率和精准性；最后，高灯自由薪借助金融支付等技术手段有效实现迅速到账，提高灵活就业者的满意度。社会生产力提高的本质是效率的提升，高灯自由薪存在的意义正是有效衔接自由职业者和企业平台，提高二者合作效率，进而提升整个社会的运作效率。通过大数据对供需信息进行实时分析与匹配，其能保证劳动力得到及时有效的利用，提高用人效率，优化人才管理，借助信息技术帮助自由劳动者发挥所长，找到自己适合并感兴趣的岗位，实现自身效用价值最大化。

在传统就业与新形态就业并轨运行中，有部分传统就业岗位消失，部分就业形式呈现碎片化并发展演化成部分新就业形式。数字经济等新经济模式发展致使劳动力供求匹配方式发生根本变革，形成一场席卷全球、波涛汹涌的就业革命。就业新形态游离于正规就业框架法规之外，致使就业规律机理捕捉与保障监管体系跟进相对滞后，存在较多灰色地带与监管漏洞。要有效解决以上问题，首先要明晰我国新经济发展演化规律，对新形态就业运行过程进行抽丝剥茧式解析，进而深刻揭示新形态就业发展机理。

鉴于此，本章运用描述性统计分析法解析我国新经济发展现状并提炼主要特征；选取北京、上海、广州、深圳、杭州为新经济发展典型城市，提取发展经验；从新形态就业的行业与就业者等方面定量解析我国新形态就业现状，从新经济发展、就业政策、就业结构及社会可持续发展等方面分析新形态就业的综合影响；在厘清新形态就业发展面临的机遇与挑战基础上，分析新经济发展多边生态价值网络，运用系统论剖析我国新形态就业运行机理，绘制并解析机理图；在分析研判新形态就业发展趋势的基础上，锚定就业政策着力点。

3.1　我国新经济发展现状

美国最早提出新经济这一概念，随后在全球范围内被各国学者广泛研究，并受到了经济学家、政治家们的广泛推崇。李克强总理于 2016 年指出我国要大力发展新经济，并将其写进了《政府工作报告》。新经济是由新一轮科技和产业革命驱动的经济活动及经济形态，呈现出以信息技术和数据资源为核心投入要素，以新技术、新产业、新业态和新模式为代表，以万物互联与智能化发展为基本特征的新型经济形态[①]，表现为新产品、新服务、新产业、新业态、新模式"五新"的综合。2018 年，国家统计局"三新"（新业态、新产业、新商业模式）调查显示，新动能贡献的新增就业已达就业总体的 70%。2021 年中央经济工作会议提出要健全灵活就业劳动用工和社会保障政策，体现出在新经济背景中涌现出的灵活就业模式对"保就业"的重要意义。从长期发展来看，就业创造效应大于就业替代或挤压效应，新经济创造的现实与潜在就业机会大概率呈几何级数增长。

3.1.1　我国新经济发展现状

新经济在世界范围内的繁荣使得我国把握机遇大力发展新经济已成逆水行舟之势，不进则退。我国新经济发展势头良好，已成为总体经济发展的"股肱之臣"。在数字经济等新经济形态的引领下，海洋经济、创意经济等其他新经济形态也得到了快速发展。截至 2021 年 6 月底，我国网民规模突破十亿，达 10.11 亿，总量位居全球榜首，互联网网络普及率高达

---

① 王丽平，金斌斌. 新经济下创业企业非线性成长基因组态与等效路径研究——基于模糊集定性比较分析[J]. 科技进步与对策，2020, 37（7）：69-78.

71.6%。①由此看来，数字经济等新经济形态已发展成为中国经济快速增长的新动力。②目前，我国新经济发展依然面临创新能力偏弱、专业性人才供给不足、政策机制不完善等问题，导致技术壁垒普遍偏低、业态模式趋于雷同等种种弊端，使得新经济发展极易陷入低端同质化竞争的"烧钱"模式漩涡中，新经济体的盈利能力及其可持续性遭受质疑。

一、新经济促进供给侧结构性改革

新经济的发展是促进供给侧结构性改革的重要突破口。其加速发展在一定程度上带动了大众创业、万众创新，成为促新型改革、稳经济增长、调产业结构、惠及民生的重要经济支柱，有助于零碎资源整合与高效利用。通过降成本、补短板等结构性调整措施直接服务新经济，通过去产能、去库存、去杠杆，释放闲置及低效利用资源，补给新经济发展。

二、新经济引领经济高质量发展

新经济发展带动了新兴产业成长，经济社会发展的速度和质量均得到明显提升。新经济发展有效促进了我国第三产业的高效健康发展，其中，快递邮政业、交通运输及仓储的快速增长，主要基于与电子商务紧密联系的电子物流服务行业的持续快速增长。我国高技术新兴产业、战略性重点新兴产业、部分新型现代工业产品的年均产量和网上购物零售额继续保持高速平稳增长。新经济发展基于"互联网+"、大数据、生物、纳米等新技术与三大产业之间的融合发展，通过循环经济和绿色经济，逐步淘汰高污染、高能耗生产方式，实现绿色高质量发展。

三、新经济驱动新旧动能转换

创新驱动发展战略的贯彻实施使得一大批科技领域的国际领先成果得以涌现。在信息技术、新能源等众多领域内，我国一大批新经济企业已跻身国际一流方阵。2021 年，中国独角兽企业的数量和总估值仍稳居世界之首，分别为 215 家和 12618.87 亿美元，已获三连冠。③通过深入贯彻落实"互联网+"专项行动及国家大数据发展战略，数字化赋能我国经济社会发展。

---

① 数据来源：《中国互联网络发展状况统计报告（第 48 次）》，https://www.docin.com/p-2780494312. html。

② 数据来源：《CNNIC 发布第 46 次〈中国互联网络发展状况统计报告〉》，http://www.cac.gov.cn/2020-09/29/c_1602939909285141.htm。

③ 数据来源：《中国独角兽企业数量和总估值稳居世界之首》，https://m.thepaper.cn/baijiahao_14681175。

3.1.2　典型城市新经济发展经验

他山之石，可以攻玉。北京、上海、广州、深圳、杭州作为"四新"经济孵化集聚区，是我国新经济发展的先行者与示范地，在新业态、新模式发展上逐渐形成特色鲜明的发展路径。在提炼新经济发展高效做法与适用经验基础上，汲取优质基因。

一、北京

近几年，"信息+服务业"和"工业+互联网"等新兴产业、新兴发展业态以及新商业模式不断出现在大众视野，展现出迅猛发展势头，有效刺激了北京新经济的发展。2019 年 1 月到 5 月，科研和技术服务业的投资比例较去年增长了 95.5%，信息服务行业收入与前者相比增长较少，同比去年增长了 14.9%。2020 年上半年，北京市科学研究和技术服务业新设企业达到 2.45 万户，占比接近 35%，远超居第二位的批发和零售业的 1.38 万户新增规模。[①]总体而言，北京新经济发展的活跃度较高，逐步形成了以中关村孵化科创板"金种子"为核心的新经济发展中心。

（一）简政放权，绿灯放行，新经济服务机制日趋完善

北京市政府针对新经济发展过程中的重点企业推出了"服务包"制度。2018 年政府发布的《政府核准的投资项目目录（2018 年本）》文件对新经济发展企业的核准事项进行了削减，该目录仅包含 43 项核准事宜，较 2015 年，同比削减了 58%，以降低新经济企业的时间成本与准入门槛，推动发展潜力快速释放。[②]政府给予新经济企业及科技人才的服务与包容渐趋完善，可圈可点。例如大兴区生物医药基地引进高科技人才，对其存在的医疗卫生、子女入学等若干问题，发改委亲自出面，逐一协调研究解决，消除高精尖人才的后顾之忧。

（二）腾挪发展空间，新经济发展领地持续拓展

尽管寸土寸金，但只要是新经济发展需要的空间场地，政府都尽可能予以满足。深入贯彻落实"10+3"高精尖技术产业加快发展的一系列扶持政策，建立市区两级产业重点项目尽快落地指导专班，积极主动推进 192 个高精尖技术产业重点项目尽快建成落地。紧紧抓住并围绕疏解非首都核心功能的"牛鼻子"，为京东"无人科技"的研发提供专门场地。2019 年，

---

① 数据来源：北京市政府官方网站，http://www.beijing.gov.cn/fuwu/lqfw/gggs/202008/t20200805_1974115.html。

② 数据来源：《北京新版政府核准的投资项目目录再"瘦身"》，https://www.gov.cn/xinwen/2018-04/07/content_5280396.htm。

"一本图书印刷智能制造测试线"在北京正式建成并开始连线投入生产,此项目的落地实施为我国印刷行业的转型升级提供了样本,实现了全方位全流程自动化、网络信息化指导下,真正意义上的"按需生产",对智能制造转型升级具有示范与参考价值。

(三)独角兽企业集群发展壮大,"文化+互联网"典型模式异军突起

近几年,独角兽企业在北京迅速崛起,并在极短的时间内获得了不断的集聚与发展。截至 2021 年,其数量已达到 82 家,占到了全国总量的近 25%。以小米、滴滴、快手等为代表的独角兽企业,成为观察新经济发展的晴雨表企业。受新冠疫情的影响,线上经济迎来了重大的发展机遇,如游戏、短视频等用户在短时间内获得了迅猛增长。借助文化积淀优势,"文化+互联网"成为北京新经济发展的典型模式与盈利重头。在我国移动互联网信息综合服务、互联网文化娱乐信息服务等行业迅速增长的带动下,仅 2021 年上半年,北京在"文化+互联网"领域内的收入就达到了 3247.6 亿元,占到了文化产业收入总量的 55.5%,同比上升了 12.1%。

二、上海

截至 2021 年 1 月,包括新兴产业、新信息技术、新业态、新模式在内的新经济增加值规模占上海市地区生产总值中的比重已首次超过 50%。在中国工信部 2020 年首度发布的中国互联网百强公司榜单中,上海凭借 18 家公司上榜的优异成绩,成为我国第二大互联网发展重镇,被业界视为新经济发展的宝地。哔哩哔哩、小红书等企业在各自领域占据领先地位。

(一)突出开放与审慎结合的政策优势,监管手段灵活多变

2017 年,上海公布了《上海市新兴行业分类指导目录(2017 版)》,目录对新经济企业的监管政策进行了完善,提出要对新经济企业采取既审慎又包容的监管体制,做好事中事后的管控,实现对上海新经济企业的高效精准扶持。[①]率先开展"一网通办"试点,为新经济企业提供有针对性的一揽子制度供给,从而达到刺激市场活力的目的,政府把重点放在高频率的公共服务领域中,力求接入"一网通办"的企业事项和个人服务事项数量提高。通过放宽新兴行业的市场准入机制,对与互联网行业相关的其他企业的监管模式进行变革,实现互联网与其他行业的跨界融合发展,有效提高经济发展效率。建立上海市网络与信息安全应急管理事务中心和(上海)国家信息安全产业化基地,为新经济发展的信息安全保驾护航。

---

① 资料来源:《上海市新兴行业分类指导目录(2017 版)》,http://scjgj.sh.gov.cn/152/20200608/02e481ac5fc98282015fd8407c231f84.html。

（二）探索人才激励新方略，不遗余力拓展新经济发展空间

新经济发展尤其离不开人才的智力支撑。上海市政府持续不断地积极给予优秀青年创业人才普惠收入支持，为其他高端专业人才提供稳定收入支持，选定某一区域作为试点，建立各层次高端人才长时间周期稳定收入资助激励机制，实施以知识价值观为导向的人才收入分配机制。加快规划建设本市创新创业人才集聚示范区，统筹管理盘活本市闲置土地建设资源，深度发掘国家级创业孵化器（众创空间）、大学创新科技园及市政府重点政策扶持的众创创业空间，为新经济发展多筑巢、筑金巢。

据《中国人工智能产业图鉴》数据显示，2016 至 2022 年间，上海人工智能相关企业的融资金额为 43557.43 亿，其吸金能力仅次于北京，并遥遥领先于国内其他城市，"上海高地"初具雏形并处于高速发展之中。[①]正是得益于上海的良好环境，众多企业已开始探索运用人工智能进行服务优化的转型路径。在新电商领域，拼多多将分布式人工智能技术应用到电子商务之中，实现了二者之间的融合发展，使得平台能够更加科学的判断消费者偏好与需求信息；在共享出行领域，哈啰出行推出了"哈啰大脑 2.0"智慧服务系统，使得两轮出行全链路运营决策的智能化目标得以实现。

（三）科技引擎发力，主打"海洋牌"

构建更具包容性的生态环境，以促进人工智能融合与发展，为营造国际一流营商环境创造条件。加快推动建设长江三角洲国家科技领域创新共同体，将其建设成为全球创新技术交易大数据市场和国际化开放型国家创新技术交流平台，实现"科技创新券"在区域国家内部的无障碍通用与兑换。继续完善应用创新场景、海量大数据等优势，打造"一流创新生态"，促进包括分享经济模式在内的中国互联网新生态经济的发展，鼓励互联网龙头企业与地区、行业间融合协同发展。以科技创新引领的海洋新兴产业已成为海洋经济发展新亮点。2019 年，上海市产业着力加快推动深远深水海高端制造装备、海洋生物药物等产业领域内的关键创新技术突破，搭建"数字海洋"管理框架，从深海大洋产业领域出发，深入探究新经济发展模式的创新路径。

三、广州

2019 年，广州新经济增长速度为 8%，新经济规模占地区生产总值比重达 25.3%。"互联网+"产业集群正加速形成，吸引了国内众多知名互联

---

① 数据来源：《〈中国人工智能产业图鉴〉发布：北京、上海最"吸金"》，https://m.yangtse.com/wap/news/2834233.html。

网企业进驻，新经济企业早已结束了过度依赖融资赋能的起跑阶段，更加依赖当前所在产业优势、政策资源支持以及创新商业模式积淀。

（一）探索市场监管合作新模式，营商环境宽松舒适

率先开展市场监管改革探索，全面推动强化粤港澳地区市场监管领域的深度交流合作，推进服务区域协调发展与外向型新经济融合发展。加强广州—深圳双核战略驱动，完善区域内产业合作协同共赢发展激励机制，强化与华为、中兴等龙头企业的战略合作，推动产业协同发展。成立营商环境改革局，打破粤港澳经济大湾区各区域间的交流障碍，实现人、财、物及信息交流的畅通无阻，解决长期以来掣肘各方的利益分配问题。利用"区块链+AI"技术，对"商事服务区块链平台"进行试点上线，实现了区域内"全天候、零见面、一键办"的企业创建模式，极大地简化了企业创办流程，提高了效率。

（二）支持新经济领域科技创新，创新海洋经济发展模式

大力增加对产业研发技术的投入力度，创建基础性的、以应用为导向的产业创新技术平台载体，创建新型技术孵化器和技术研发合作机构，培育"攻城拔寨"重点项目，加速推动"食在广州"与"互联网+"项目的技术融合，通过开展网络营销，实现餐饮费服务总收入较之前增长 38.9%。打造数字经济产业集聚发展示范园区、信息服务与创新研发中心，已取得孕育涵养效果。重点关注海洋领域的新经济发展，以深度海洋技术创新海洋渔业发展模式，以虚拟交互和网络通信为基础，构建海洋牧场指挥中心大数据平台及数字化体验馆。

（三）尝试建立健全新形态就业促进与保障机制

探索尝试劳动者就业登记与保障新模式，凡是达到相关条件的人员，均可按照有关规定享受就业创业服务。不断完善城乡就业与失业登记管理办法，在保障劳动者拥有平等就业机会的前提下，进一步健全新形态就业者的失业登记工作流程，探索失业保障办法及再就业培训服务体系。提高对港澳专业人才的直接吸引力，放开对相关专业执业人员资格条件限制，实现港澳人才的良性流动。

四、深圳

2020 年，深圳市在战略性新兴产业领域的增加值为 10272.72 亿元，同比去年增长了 3.1%。其中，海洋应用经济技术产业领域增加值为 427.76 亿元，同比去年增长了 2.4%；应用生物医药产业领域增加值为 408.25 亿元，同比去年增长了 24.4%；高端装备制造产业领域增加值为 1380.69 亿元，同比去年增长了 1.8%；新一代信息技术产业领域增加值为 4893.45 亿元，

同比去年增长了 2.6%；绿色低碳产业领域增加值为 1227.04 亿元，同比去年增长了 6.2%。①可见，信息、教育、医疗和文化等新经济产业发展迅猛，已获良好发展基础。

（一）大力引进人才，构筑人才聚集高地

通过"智汇鹏城"行动等人才引进政策，深圳正在努力造就一支世界水平的高新技术创新队伍，形成高科技人才聚集地。同时，深圳高等教育总体规模虽不及北京和上海，但发展迅速。2019 年，深圳湾实验室正式成立并投入使用，为深圳带来了大批高学历储备人才。此外，政府还从工作薪酬、生活保障、住房补贴、医疗保险等多方面出发，提供了诸多优惠政策，以吸引高新技术人才，同时体现出对人才自主培养的高度重视。

（二）创新突破，新经济产业聚集效应显著

深圳以其创新资源与产业基础打造我国可持续发展的创新示范区，从而驱动高新技术产业的高质量发展，成为粤港澳大湾区的重要创新中心。深圳已成为我国新一代信息技术产业研发、生产、出口以及物流中心，在我国第四代移动通信产业中，毋庸置疑，华为和中兴为领军企业，其中，其 LTE（Long-Term Evolution）商用网设备的销量全球领先。在新能源领域，比亚迪具有独特竞争优势，在电池、电机两大领域，战胜了其他竞争对手，成为全球最大的充电电池制造商。而阿里巴巴则在教育领域发力，疫情期间向国内学校免费提供基于"钉钉"在线课堂的直播互动解决方案，承担社会责任。

（三）细化新经济发展的"计划清单"，明确发展路径

深圳实施新技术和新产品的应用示范工程，以获得全球范围内率先使用和推广的先行者优势。细化的"计划清单"为深圳新经济发展提供明确发展方向：对现有服务监管体系进行完善，形成既谨慎又开放包容的市场准入监管机制，从而"松绑"对新产品和新技术的监管，使其能够及时流入目标市场；给予制度支持与供给，为新经济发展提供更加适宜的制度环境；实施应用试点计划，选取若干具备代表性的区域进行新经济试验，为深圳及全国的新技术、新产品应用工程提供实践样本；促进科研创新成果在样品、产品、商品整个过程中的转化，支持企业和科研精准深入的对接，为提高我国科技到生产力的转化效率探索新路径。

---

① 数据来源：《深圳市政府新闻办新闻发布会（2020 年深圳经济运行和进出口情况）》，http://www.sznews.com/zhuanti/node_309338.htm。

（四）强大财政金融支撑，为新经济发展"输血"

2020 年，深圳金融业增加值为 4189.63 亿元，占全市地区生产总值的 15.1%，首次突破 4000 亿元，同比增长了 9.1%，金融业税收仍稳居各行业首位，约占全市总税收的 1/4。①通过大数据、云计算、人工智能等金融科技手段以及创新创业金融服务平台的搭建，畅通数据孤岛并整合金融资源，从而有效促进产融的对接与互动。现代金融服务体系主体为银行、证券、保险以及深交所中小板和创业板，门类、结构与功能齐全合理，为新经济产业发展提供坚强后盾。面对新冠疫情，金融系统迅速反应，为企业复工复产、中小微企业纾难解困提供全方位金融支持。

五、杭州

以"一号工程"发展信息经济并推动智慧应用，激发新动能，作为"新经济"的代表，为全省范围乃至全国范围新经济发展路径的探索提供了"杭州实践"的指导。2020 年，全市人均地区生产总值超过 2.1 万美元②，达到发达国家水平，其中数字经济的核心产业增长较快并持续领先，增加值为 4290 亿元，占国内生产总值的 26.6%，较 2019 年同比提高了 1.9%，增速为 13.3%，较地区生产总值增速高 9.4%。③

（一）构建创新创业新平台

以开放的理念在全球范围内集聚创新创业资源，打造一批重大的高能级平台与项目，实现产业链健全、创新链畅通和生态圈营造，激发杭州信息经济的强大发展动力。杭州城西科创大走廊打造了以"三谷九镇"为核心的新型产业发展平台，并与华为、中国电子科技集团等知名企业进行战略合作，以期成为浙江"硅谷"。构建新经济合作平台，杭州市高新区（滨江）与北京市长城企业战略研究所（长城所）强强联合，共建杭州新经济发展战略研究院，双方以建立环杭州湾湾区新经济高端智库和思想策源地为目标，为全球领先的高科技园区建设提供全面支持，实现园区、地区与区域的跨越发展与创新驱动。

（二）新经济行业发展进入加速跑道

2020 年，杭州市规上工业增加值为 3634 亿元，增速为 3.8%。其中，

---

① 数据来源：《2020 年深圳金融业基本情况解读》，http://www.jr.sz.gov.cn/sjrb/xxgk/sjtj/sjjd/content/post_8716142.html。

② 数据来源：《2020 各地人均 GDP 出炉：这一城超深圳成第一，有望晋升新一线城市》，https://baijiahao.baidu.com/s?id=1700697537001097344&wfr=spider&for=pc。

③ 数据来源：《16106 亿元，增长 3.9%！杭州交出 2020 年经济成绩单》，https://baijiahao.baidu.com/s?id=1690266374764258543&wfr=spider&for=pc。

高新技术产业、战略性新兴产业以及装备制造业的增加值分别为 8.6%、8.1%与 11.8%，分别占规上工业的 67.4%、38.9%与 50.6%。[①]电子商务、数字内容、物联网、软件与信息服务等产业的增加值超过两位数，计算机通信和其他电子设备制造业增加值的增速为 15.2%，医药制造业的增速为 13.0%。在此基础上，杭州大力实施数字经济"一号工程"，以产业集聚和应用领先，深度融合先进制造业和现代服务业，建设全球领先的"互联网+创业创新中心"，有机结合与深度渗透"产业的智慧化"与"智慧的产业化"。

（三）龙头企业引领功不可没

大力培育高新技术企业、创新型企业以及科技型中小企业，执行高新技术企业的"倍增计划"以及"隐形冠军""专精特新"企业培育计划。杭州正在大力推进打造我国数字经济第一城，拥有阿里巴巴、海康威视、网易、大华科技等数字经济领军企业，聚焦城市大脑，促进 5G 商用。阿里巴巴实施商家扶助措施，以强大的商业和技术力量，抗击新冠疫情并保障居民生活，作为新经济龙头企业在引领其他小微企业谋生存的同时，为一线提供物资支持，表现可圈可点。

3.2　我国新形态就业现状

新经济以平台经济、共享经济等为代表，在劳动力资源配置与传统市场补充中越来越重要。其以新生产形式推动产业链升级，并对所在行业进行数字化改革。在此摇篮中孕育形成新就业形态，新兴职业种类正在加速增长，新就业增长点不断涌现，持续释放就业潜力。与此同时，新就业模式正在潜移默化地影响着劳动者就业观念，随时随地的自主就业成为新风尚。

3.2.1　新形态行业发展现状

由于新形态就业与传统就业的统计口径尚未完全区分开，新形态就业规模测算缺乏原始数据，无法精确确定就业总人数。共享经济吸纳就业量虽不能完全代替新形态就业总量，但在很大程度上也能起到窥一斑可见全

---

① 数据来源：《2020 年杭州经济运行情况》，http://tjj.hangzhou.gov.cn/art/2021/1/29/art_1229279240_3840842.html。

貌的效果。国家信息中心分享经济研究中心发布的《中国共享经济发展报告（2021）》数据显示，2020 年，新形态就业平台型企业员工以及平台拉动的就业人数分别达 631 万人与近 8400 万人，分别同比增长了 1.3%与 7.7%。①新形态就业生态圈建构正值步步垒台过程中，在以国内大循环为主体、国内国际双循环相互促进的新发展格局下，提升新形态就业数量与质量、苦练就业内功亦是大势所趋。

随着新经济发展热点的不断变换，我国新形态就业的行业分布呈现快速变动趋势。新冠疫情这一负外部性扰动因素已导致新经济行业结构的重新洗牌，现结合已有数据进行分析，待最新数据出炉后更新现有分析结论。

一、新形态行业规模

截至 2020 年，新形态行业规模高达 33773 亿元，同比增长了 2.9%，虽然受到新冠疫情影响增速较 2019 年有所放缓，但增长势头依旧强劲。报告指出，2020 年知识技能、共享医疗和生产能力三大行业规模的增长幅度高达 30.9%、27.8%和 17.8%。相较而言，共享住宿、共享办公、生活服务和交通出行领域以高于行业平均水平的速度增长，增速分别为 29.8%、26.0%、16.5%和 15.7%。增幅较大的三大行业多以信息、知识为媒介，契合当下知识经济、数字经济、云经济的蓬勃发展需求，信息交互成本的显著降低为这些行业的轻装上阵提供了更多可能。例如新冠疫情防控工作需要更便捷的在家处理文件、视频会议等居家远程办公形式，在线办公已呈现多元化爆发式发展态势。为避免聚集导致的传染风险，在线教育发展如火如荼，覆盖了幼儿、小学、中学及高等教育，呈现爆发式增长态势。相比较之下，住宿、交通等相对传统的新业态，增长潜能在 2016 年、2017 年释放较为充分，当下正值行业进一步细分与支撑技术调整阶段。

二、新形态行业结构

截至 2020 年，生活服务、生产能力和知识技能三大行业交易规模占总规模的 90%，市场交易额分别为 16175 亿元、10848 亿元和 4010 亿元。受新冠疫情影响，市场整体同比增速较低，各领域增速分化严重。知识技能、共享医疗、生产能力三个领域均实现了正增长且同比增速均在 15%以上，而交通出行、共享住宿、共享办公等领域同比增速为负。可见，生活服务行业在新形态行业总体仍居主导地位，但所占份额较 2019 年有所下降，由 2019 年的 52.7%下降到 2020 年的 48%。

新形态行业结构随着行业规模扩大而不断自发调整，高技术融合度逐

---

① 数据来源：《中国共享经济发展报告（2021）》，http://www.sic.gov.cn/News/557/10779.htm。

步提高，对我国产业结构优化调整大有裨益。庞大的人口基数使得我国生活服务业渗透到了每个人的日常生活中，生活服务交易规模占据半壁江山。随着远程办公、便利生活的理念深入人心，生活服务新业态已获得长足的发展良机。生产能力主要源于传统行业领域的新变形，大多通过服务与技术外包等新形式被纳入新经济领域，发展不断提速。

3.2.2　新形态就业者现状

随着新经济各行业的发展，就业平台服务的不断完善，新的就业机会如雨后春笋般涌现，而年轻群体逐步成为新形态就业者主体。新形态就业者规模不断壮大，就业蓄水池效用得以充分发挥。诸多企业的兼职员工开始出现兼职专职化的发展趋势，大量专职司机、网络主播等新兴职业涌现。新冠疫情迫使众多行业和领域内的实际线下业务向线上业务转移，在一定程度上加快了转移速度，数字化应用程度与服务能力得到提升。线上咨询问诊、生活信息服务、远程在线办公等新业态迎来了新的发展机会，大量线上就业机会正在不断增加。

随着新形态就业者群体不断壮大，"群像"的描绘正渐趋清晰化：较为年轻，以 90 后、00 后为主力；学历涵盖广泛，从中专到研究生均有涉及；为主动择业、创业或兼职，不一而足，收入状况良莠不齐；多数就业者自主性、适应性较强，富于快速响应能力和创新力。

一、新形态就业者数量

2020 年，我国共享经济参与者人数接近 8.3 亿，其中共享服务平台的提供者数量约 8400 万，同比去年增长了 7.7%；共享服务平台企业在职员工总人数约 631 万，同比去年增长了 1.3%。平台劳动者指以互联网平台为依托，参与共享服务经济运营活动的劳动者，是新形态就业者群体中的重要组成部分。新形态劳动者就业模式发生了翻天覆地变化，在一定程度上对我国产业和消费结构优化升级起到积极作用。《中国共享经济发展年度报告（2019）》指出，自 2015 年至 2018 年，在餐饮和出行领域内的新形态就业对行业的促进作用均达到了 1.6%，住宿领域内的新形态就业对行业的促进作用最明显，达到了 2.1%。[①]依据我国劳动就业的现有统计口径，尚无法精准核算新形态就业者总体数量，需要甄选确定新形态就业统计指标维度，逐步形成新形态就业数据库，以满足科学研究与政策制定需要。

---

① 数据来源：《中国共享经济发展年度报告（2019）》，https://baijiahao.baidu.com/s?id=1626860975685275038&wfr=spider&for=pc。

新形态就业不仅是年轻人自主创业及自主择业的重要途径，也同时为特定群体提供了特殊化的就业渠道，能够对降低失业率发挥积极作用。在网约车劳动者中，约 6.7% 为贫困家庭人员，12.0% 为退役军人，以新形态就业获得的报酬作为其唯一经济来源的劳动者占到了总量的 1/4。2018 年，我国有近 270 万名职业骑手在美团线上外卖服务平台工作，农村人口占到了总量的 77%，其中有 67 万多名职业骑手来自边远贫困县。①

二、新形态就业者结构

新形态就业者主要分布在四大领域：网约车、外卖、住宿和医疗。其中，网约车、外卖和医疗领域的劳动者数量远高于住宿领域，均达到 3 亿以上，如图 3-1 所示。在出行领域，截至 2019 年，网约车劳动者数量达到了 4 亿，较 2016 年增长了 80.35%；在餐饮领域，在线外卖劳动者数量约为 4.4 亿，比 2016 年增长了 111.24%；在医疗领域，2019 年参与共享医疗的劳动者数量由 2016 年 1.9 亿提高到了 3.6 亿。

新形态就业与传统就业相比，岗前及岗中培训时间较短，入行门槛不高，收益见效快，为学历较低及缺乏一技之长的劳动者提供了更多选择，同时也为暂时失业的劳动群体提供了缓冲空间。从就业者的行业分布来看，住宿行业吸纳就业量的增速较快，成为突出就业增长点，可在剖析盈利模式基础上进行劳动力、资本与技术的组合优化分析，深挖就业吸纳潜力。

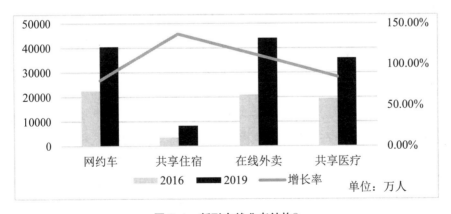

图 3-1　新形态就业者结构②

---

① 数据来源：《信息化对就业的影响与应对》，https://baijiahao.baidu.com/s?id=1636277918155772832&wfr=spider&for=pc。

② 数据来源：《中国互联网络发展状况统计报告（第 51 次）》，https://baijiahao.baidu.com/s?id=1761312742418509029&wfr=spider&for=pc。

三、新形态就业特定群体现状

互联网时代，数字经济的快速发展为新形态就业孕育了广阔的土壤，从业人数不断增加，从业种类更加丰富。在新就业形态发展迅猛的大环境下，应给予女性、青年等群体更多关注，通过探析其新形态就业的现状，明确新形态就业为其带来的机遇与挑战，促进我国新形态就业的全面稳健发展。

（一）女性灵活就业现状分析

数字经济时代不仅为我国经济转型和产业升级注入了充足的活力，还给人们的生产方式和生活方式带来了颠覆性改变。一方面，女性在数字时代的劳动形态发生了深刻变化，数字经济赋予了女性新的职场机遇，劳动者与平台之间灵活的组织模式增强了女性工作的自主性，为女性带来了更多的发展机会。另一方面，女性遇到的职场歧视问题也使得她们更容易成为潜在的灵活就业群体。第二次中国妇女地位调查数据显示：女性从事灵活就业的比重为40.73%，而男性为37.93%，略低于女性。随着电子商务的快速崛起，适合女性发展的第三产业就业需求加速扩大，特别是在部分服务业领域，女性的就业优势明显增加。

1. 依托短视频平台的直播带货

新冠疫情的冲击下，2020年初，移动互联网迎来存量时代后的首次高速增长，电商直播行业的用户数量和市场规模全面爆发。以抖音、快手为代表的内容平台，以微信为代表的社交平台纷纷入局，引起各圈层消费者的关注，资本和供应链也向直播行业聚拢，电商直播产业链迅速建立。

2020年中国直播电商市场规模超1.2万亿元，年增长率为197.0%，当时预计2023年直播电商规模将超过4.9万亿元。企业通过常态化自主直播，能够获得更可控的成本投入与更稳定的销量增长。2020年，店铺直播成交额占整体直播电商的32.1%，当时预计2023年占比将接近50.0%。直播行业生态圈逐步完善。截至2020年底，中国直播电商相关企业累计注册8862家，行业内主播从业人数已经达到123.4万。[①]行业迅速从单纯的流量红利挖掘过渡到对整个生态的红利挖掘，尤其是通过精细化运营与供应链渗透实现新的增量。

当前年轻女性凭借其姣好的外表、较强的亲和力和时尚的销售方式，成为直播带货领域中的实力主体，比例高达78.2%，同时有48.1%的主播

---

① 数据来源：《2020电商直播生态报告》，http://oss.anhuiec.com/20210129/0.9294098733318681.pdf。

年龄在 25 岁以下。①由于带货主播的准入门槛相对较低，薪资待遇相对丰厚，刺激了大量生活服务业和视频直播领域的年轻人以全职或兼职的形式涌入。抖音平台数据统计，2019 年 8 月至 2020 年 8 月，在抖音平台上获得收入的创作者和主播人数达到 2097 万，包括直播收入、星图收入、电商收入等作者群。对获得收入的作者进行人口统计学特征分析，发现如下值得关注的特点：从性别比例来看，男性占 46%，女性占 54%，女性从业者略高于男性。②而根据淘宝官方数据，超过 65%的主播为女性，尤其在服饰、美妆、母婴等类目，女性主播的优势更加明显。从年龄上看，电商主播中 80 后与 90 后群体占比突出。③

2. 快递行业女性从业人员不断增长

快递行业一直被默认为高强度的行业，快递员多以男性为主。但如今，随着新形态就业的进一步发展渗透，以及快递行业自动化水平的不断提高，越来越多的女性选择以快递作为事业发展的新起点。数据统计，2021 年快递业从业人员超过 300 万，新增社会就业 20 万人以上，为稳就业提供重要支撑。④菜鸟数据显示，截至 2021 年 3 月 1 日，数万名女性加入菜鸟驿站自主创业，较去年同期上升 228%，占比达平台创业总数的 6 成；在菜鸟裹裹寄件平台上，过去一年女性快递员增幅超过 20%，整体占比也超过 20%。

年龄方面，女性快递员整体偏向年轻化，40 岁以下的女性快递员占比超 70%，其中 90 后占比近 4 成。随着电商下沉市场拓展以及网购活动的普及，也为不同地域、不同生活阶段的女性带来更多就业增收机会。数据显示，在三、四、五线城市，女性快递员数量相对更多，其中五线城市占比 30.3%，三、四线城市占比 36.36%。⑤

（二）青年群体灵活就业现状分析

数字经济时代的到来为青年提供了更加丰富的劳动就业模式，就业边界扩大、就业选择趋向多元化。随着行业分工细化、网络科技进步以及消

---

① 数据来源：《直播带货报告：近八成主播为年轻女性　七成月薪不过万》，https://baijiahao.baidu.com/s?id=1670197937375628392&wfr=spider&for=pc。

② 数据来源：《灵工时代抖音平台促进就业研究报告》，http://nads.ruc.edu.cn/docs/2020-09/e45e512c133f40aca56c0cf3d4573b90.pdf。

③ 数据来源：《"宝妈"电商主播：女性灵活就业的机遇和挑战》，https://www.baidu.com/link?url=DyT_-XHZTid6W-aeqp8PgvUQYMryKQ4AxNng-X4jU62C_5Swa6TfIBH124wfPYc35dsv-7VlkhW2Nd488ubjGq&wd=&eqid=819cb9ce0001e6480000000464f9ca67。

④ 数据来源：《2019 年快递市场监管报告》，https://www.gov.cn/xinwen/2020-07/09/content_5525223.htm。

⑤ 数据来源：《"三八节"｜女快递员数量渐增，趋于年轻化》，https://baijiahao.baidu.com/s?id=1693631455399738708&wfr=spider&for=pc。

费需求增长，电子商务、物流服务以及直播带货等灵活就业模式成为青年群体最为熟悉的新职业类型。当前，我国灵活就业者数量接近 2 亿，其中青年群体占据主体，人数持续攀升。2019 年至今，国家已发布外卖骑手、网约车司机、电子竞技选手、带货主播等共计 54 个新职业。这些新职业在数字经济的浪潮之下应运而生，是时代的产物，兼具灵活性和自主性，与众多青年人的就业理念高度契合。2022 年高校毕业生数量超 1000 万，而除应届毕业生外，尚有庞大的青年群体存在就业需求。而新经济业态释放出的发展潜力正创造着巨大的就业增量。根据调查结果，新形态从业青年工作满意度略高于青年整体，说明青年群体对新兴职业较为认可。①

青年群体的新形态就业模式众多，包含电子竞技、外卖配送、快递行业、线上培训、翻译外包等多种形式。以下选择电子竞技与外卖配送行业，阐述青年新形态就业者的发展现状。

1. 电子竞技行业

在互联网时代，电子竞技产业规模迅速扩大，平台用户和观众数量日益提升，对高水平、高技能的电子竞技员和教练需求不断增加，也越发迫切。截至目前，我国正在运营的电子竞技战队（含俱乐部）近 6000 家，电子竞技员超 10 万人。同时，许多职业电子竞技员退役后从事电子竞技教练、电竞数据分析以及电竞项目陪练等相关工作。电子竞技员的整体规模近 60 万人，且主要集中在全国一、二线城市，尤其是北京和上海等地。

调查显示，电子竞技员就业年龄趋向年轻化，有 54% 的电子竞技员年龄分布在 16—22 岁之间，有 26% 的电子竞技员年龄分布在 23—30 岁之间，只有 16% 的电子竞技员年龄分布在 31—40 之间，仅有 4% 的电子竞技员年龄在 40 岁以上。②随着国家对未成年人沉迷网络问题的不断重视，《关于进一步严格管理　切实防止未成年人沉迷网络游戏的通知》等相继发布。③部分电竞赛事要求，竞技员年龄需达到 18 周岁以上。

新就业形态的包容性极强，对不同学历的青年就业都有着一定的吸引力，越来越多的高校应届毕业生选择从事电子竞技员等新兴职业。七成多电子竞技员本科毕业，家庭环境优渥，这也在一定程度上反映了当代青年的择业观，"铁饭碗"于他们而言并非是唯一的选择，自身兴趣和爱好也是

---

① 数据来源：《新业态中的年轻人，过得怎么样？》，https://baijiahao.baidu.com/s?id=1720245128461121951&wfr=spider&for=pc。

② 数据来源：《2020 全球电子竞技市场报告》，https://www.sohu.com/a/384279367_120070992。

③ 数据来源：《关于进一步严格管理切实　防止未成年人沉迷网络游戏的通知》，https://www.nppa.gov.cn/xxfb/tzgs/202108/t20210830_666285.html。

影响就业的一大重要因素，他们更愿意选择与自身爱好相契合的灵活、富有弹性的就业模式。

2. 外卖配送行业

受新冠疫情影响，"兼职做骑手"成为众多灵活就业者的新选择，近一半配送员有其他职业，他们会在闲散时间兼职做外卖骑手补充家用。以美团为例，2020年上半年该平台注册骑手近300万人，同比增长16.4%，整体就业数呈现"V型"复苏态势。其中，90后骑手成为主力军。[①]根据2018年统计报告，在性别方面，92%的骑手为男性，8%为女性；年龄方面，以80后、90后为主，青年特质明显；学历方面，24.7%的骑手为大专及以上。[②]

作为新形态就业的典型职业，外卖骑手为大学生提供了很好的社会实践机会，帮助他们了解到象牙塔外的世界，缩短过渡期，更好地融入社会。当前，越来越多的大学生选择在假期期间通过外卖配送挣得零花钱。饿了么数据显示，2020年暑期共计有9856名全国各地大学生加入饿了么蜂鸟成为兼职骑手，他们中近五成为大二升大三的学生，另有300多人将在开学后开启研究生生涯。入行门槛较低，工作时间零散灵活，已使得外卖配送成为大学生兼职挣钱的重要渠道。饿了么大学生外卖员年级分布情况，如图3-2所示。

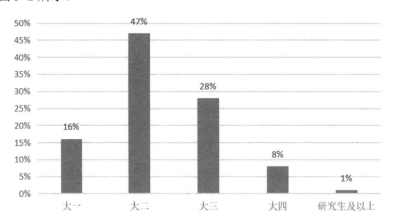

图3-2 饿了么大学生外卖员年级分布情况

---

① 数据来源：《2020上半年骑手就业报告》，https://news.alphalio.cn/PDF/2020%E5%B9%B4%E4%B8%8A%E5%8D%8A%E5%B9%B4%E9%AA%91%E6%89%8B%E5%B0%B1%E4%B8%9A%E6%8A%A5%E5%91%8A-2020.7-19%E9%A1%B5.pdf。

② 数据来源：《城市新青年：2018外卖骑手就业报告》，https://www.thepaper.cn/newsDetail_forward_2875413。

3.3　新形态就业综合影响

新形态就业普及度不断提升，多种新形态就业形式就在我们身边，已关联到经济社会发展的大事小情。本节从新经济发展、政策法规、就业结构、社会可持续发展四个宏观视角，解析新形态就业对经济与社会发展的综合性影响。

3.3.1　对新经济发展的影响

一、新形态就业与新经济发展相互促进、相辅相成

根据中国信通院测算，2018 年，我国有约 1.91 亿人选择在数字经济领域内的相关企业中工作，占到了当年就业总量的 24.6%，该领域新增就业人口 1966.5 万人，占比远超过当年全国企业新增就业劳动人口总量的 50%。就业人数增加对数字经济增长产生正反馈效应，我国数字经济市场规模高达 31 万亿元，占当年国内生产总值的 1/3，同比名义增长 14%。新形态就业模式使得新产业集群相比传统产业集群更加符合当前个性化、多元化的消费需求，产品的标准化、专业化水平提高。传统产业集群受限于劳动力供应的时间与空间限制，分布地域与拓展区域存在局限。产业结构调整和集群不断扩大使得原有产业链整体规模得以扩充，能够实现产业升级与就业促进之间的良性循环。

二、互联网产业集群促进线上线下深度融合，扩大内需

新市场开拓为供给端提供了更多就业机会。新形态就业模式的产生使得消费需求得到更为充分的满足，从而进一步拉动消费，促进经济增长。新形态就业模式也为企业效益增长赋能。灵活就业与弹性工作制替代了传统劳动关系，促进了企业组织柔性化、管理决策弹性化。将运营、管理等复杂的工作拆分成任务单元，既适应新形态就业模式下劳动力供给方式，又能提高企业管理灵活度，降低运营成本，不断挖掘出经济增长新动能。

三、促进新旧动能转换，在科研与产业化应用领域激发高质量革新

以平台为交易核心的平台经济，将平台内部所有成员联系在一起，形成了包括行业、企业、劳动者个体等在内的多边经济价值交易网络。新形态就业模式的铺开加快了传统制造业、零售业、服务业的技术革新与产品服务升级。以互联网、高端制造、高新技术为代表的高科技新兴产业快速兴起，涌现了一批成立时间短、估值高的"独角兽企业"，使得创新速率加快，为经济高质量发展增添了活力。

3.3.2　对劳动就业政策法规的影响

一、就业人数增长致使劳动力市场环境趋于复杂

新就业模式是新事物，存在不规范、不稳定情况实属正常，这对配套政策组合和相关法律法规提出新要求。新形态就业模式下劳动风险增加，社会保障机制漏洞频现。传统意义上的用人单位与劳动者见面双选的劳动力市场已悄然变形，不曾谋面的劳资双方通过平台建立雇主关系，劳动关系变得更为模糊、松散、疏离，市场主体更加多元化，在"灰箱"市场中的不确定性与危险系数显著增大。

二、劳动立法漏洞显现，传统社会保障模式面临冲击

新经济发展背景下的商业模式创新带来了新就业形式，也暴露出相关法律界定的灰色地带及复杂模式掩盖的违法行为。一方面，平台化的线上劳务模式导致了劳动者在劳动安全、职业发展教育、社会保障等方面权益保障受到影响，劳动者群体的权益诉求增加。另一方面，新就业模式的平台化特征也在一定程度上给监管带来了便利，依托平台的自监管体制与云数据技术手段，统计、工商、社保、税务等政府部门相比以往可以更便利获取数据，对劳动者与雇主保护在相关法律法规范围内，实现有效监管。美国线上劳务平台 Taskrabbit（任务兔）根据美国最低工资标准设定平台报酬标准，符合法律要求和规范。国外相关经验可借鉴使用，使劳动保护与违规处罚有章可循。我国立法部门也在积极完善相关法律法规，在 2019 年正式制定出台了《电子商务法》，该法实施有力保障了我国电子商务及相关行业的健康发展，保障了电子商务各方主体的合法权益，规范了网络劳动市场供需两侧发展模式。[①]

3.3.3　对就业结构的影响

一、有效缓解结构性与摩擦性失业引致的就业冲击

2020 年，政府在其工作报告中明确指出了我国就业所存在以及今后要面临的问题，即就业压力显著增大，稳就业、保民生成为政府工作的优先目标。从就业人员的产业构成来看，2020 年，在第一、二、三产业就业的

---

① 数据来源：《〈电子商务法〉全文 | 2019 年 1 月 1 日起施行》，https://mp.weixin.qq.com/s?__biz=MzA3NTI0NzYxNw==&mid=2651483048&idx=3&sn=b7983fe4376458facdea37af3b08b5bb&chksm=848db2c6b3fa3bd0028c8c58aed0b305ded19e68246af721e432cec6bba37c1f2cb3791a4671&scene=27。

人员比例分别为 23.6%、28.7%和 47.7%。①近年来，第三产业就业人数不断增加，就业结构得以优化，但高新技术人才供给不足、高人力资本人才稀缺、知识工作者供给匮乏、供给与岗位需求错位等结构性问题依然突出。新形态就业通过供需精准匹配、技术升级等方式，有效缓解了就业结构性矛盾。根据中国信通院测算，数字经济的就业岗位中，新增岗位占到了总量的28%，其余的岗位均在原有就业岗位的基础上经过升级产生。就业岗位升级对在岗人员的技术能力提出了更高要求，从需求端拉动了就业结构朝高人力资本方向变革。通过就业岗位创造与灵活就业机会提供，在就业结构错位影响下，失去就业机会的低人力资本劳动者能够找到合适岗位和就业方式，知识工作者能够激发创新创业热情与人力资本潜能，有利于平衡劳动力供给与需求。

自我国实行改革开放以来，劳动者灵活就业一直是就业选择的重要补充形式，但传统灵活就业的领域与范围有限，就业者层次较低，通常被认为是低人力资本劳动者就业的结构性缓冲选择。新形态就业与互联网经济结合，依托新一代信息技术的新型灵活就业快速发展并影响到各行各业，创造出更多灵活就业岗位。与此同时，高人力资本知识工作者开始更多地参与灵活就业，尤其是在微创业以及需要专业技能知识的线上劳务模式中，灵活就业者的受教育水平大幅提升，创新创业思维更加活跃。从全球视角来看，灵活就业成为就业结构的重要组成已经是大势所趋。麦肯锡最新调查显示，世界主要发达国家的灵活就业人数比重普遍超过了 25%，主动选择灵活就业的比重普遍超过了 50%。

二、技术迭代升级引致新形态就业结构高级化，技术性失业风险骤增

技术性失业风险不单单发生在人工智能、数字技术替代劳动力的制造业，随着就业岗位不断升级，进一步向其他产业扩散。用人单位以往需要通过长期雇用特定人数来完成的工作，如今借助互联网能够以更低成本完成，这种固定性岗位被取消、替代的现象较为普遍。新形态就业模式对服务业的影响更加深刻，人机融合成为服务业的未来，这增加了因产业和技术升级而引发的技术性失业风险。从长远来看，大部分技术性失业只是就业结构高级化发展过程中所引发的阵痛，只有经历过风雨才可见彩虹。

① 数据来源：《中国劳动统计年鉴（2021）》，http://www.stats.gov.cn/zsk/snapshoot?reference=2af5e4 33078f04afa4dd276ccda961e4_414DB6EEFB3587595CC6557241DDAEFA&siteCode=tjzsk。

3.3.4 对社会可持续发展的影响

一、在一定程度上冲击了阶级固化，提升了社会阶层之间的流动性

在传统业态中，就业者很大程度上受到雇员和雇主关系的束缚，缺乏自主创业资本，这在一定程度上限制了部分知识工作者能力的发挥，降低了社会阶层流动性。新就业形态发展过程中，具有经验、技术、资源或其他突出个人能力的劳动者可以进行低成本的微创业或依托平台实现灵活就业，在享有自由度的情况下获取与传统正规就业相当甚至更高的报酬。新形态就业模式有助于催生出以灵活就业为生、摒弃传统正规就业方式的社会新阶层，打破原有阶层固化状态，利于中产阶层充实壮大，同时也符合国家"大众创业、万众创新"的政策理念。

二、年轻群体就业观念转变明显，自我实现感提升

新形态就业模式与互联网息息相关，根据中国互联网发展情况统计调查的数据显示，我国 20—39 岁的网民占比接近 50%，也是劳动力大军的主力，互联网经济对该年龄段人群就业观念的影响较为深刻。尽管新形态就业者面临较大劳动风险，选择灵活方式就业的劳动者正在经历从之前迫于生活经济压力的被动消极选择向主动积极参与的彻底改变。依托就业平台服务支持以及专业技术赋能，新形态就业者有机会在更广阔甚至在全新就业领域内部参与竞争，实现高风险、高回报。自主创业、为自己打工的模式也使得新形态就业人群具有较高的获得感，自我价值实现与报酬获得达到良好平衡，就业满意度得以相应提高。

三、弱势群体获得更多工作岗位与创业机会，就业歧视得以缓解

传统就业模式中，雇主对劳动者性别、年龄、学历、身体状况等方面的要求较为严苛，弱势群体几乎难以躲避就业歧视。新经济背景下，残疾人等弱势群体能够在网上获得就业机会，解决了其在限定的时间、空间内工作不方便的问题，让弱势群体同样能够自食其力。互联网创新技术也致力于让残障人士实现"信息无障碍"，不仅为弱势群体提供就业机会，还提高其参与工作的能力，促进该人群自主就业。中国残联和阿里的相关数据表明，2017 年全年以残疾人自主投资创立的淘宝店铺获得约 124 亿的销售额，这些淘宝店铺的数量已达到 16 万家。新形态就业模式的平台化、弹性化特点使得低学历人群、孕后女性、高龄劳动者等在职业中断后难以再就业的群体，能够根据自身情况以兼职等方式参与就业，获取劳动报酬，很大限度上避免了因歧视导致的不公待遇。

四、新形态就业发展对社会教育提出新要求

虽然我国新形态就业起步较早，但目前仍处在低人力资本、平台依赖、粗放、低创新的发展阶段，未来的新形态就业模式应是知识工作者自我价值实现的重要途径。这要求社会教育与时俱进，不仅要提升劳动者整体受教育水平，还要改变劳动者择业的陈旧观念。整个社会应逐步减少对自主创业、灵活就业的偏见，以包容、关爱的氛围帮助更多劳动者实现新形态就业。

综上所述，新形态就业模式对于经济发展和社会可持续发展等具有重要的影响，其促进了企业需求与劳动资源的合理匹配，能够更好地挖掘顾客需求，但同时也与传统人力资源管理产生了冲突。对待新形态就业，政府部门既要做到顺势而为，刺激劳动要素的合理流动，同时也要加强规制，确保各方主体的合法权益。随着新经济环境的持续变化，人力资源管理价值观也应随之调整，从而保障新形态就业者、用人单位以及就业平台方的协调稳定发展，推动经济价值的实现。

3.4　我国新形态就业发展机遇与面临挑战

3.4.1　机遇

中国特色社会主义已步入全新发展阶段，新形态就业是新发展时代在就业领域的鲜明体现，新形态就业发展也将为新时代发展赋能。就业优先发展战略在我国经济社会持续发展过程中取得了崭新定位，即宏观调控政策的组成部分、实现脱贫攻坚的政策手段以及推进就业供给侧领域结构性优化改革的重要有力保障。这是新形态就业发展面临的最大政策机遇。

一、就业政策推陈出新

近年来，政府相关主管部门根据我国不断变化的就业市场形势，发布了一系列就业促进与扶持政策。表 3-1 简要列出了 2015 年以来我国新形态就业相关政策，后续于第 10 章进行详细梳理汇总。

表 3-1　我国新形态就业政策简表

政策来源	政策要点
2015 年十八届五中全会公报	第一次明确提出"新形态就业"概念，指出需要实施更加积极的就业扶持政策，完善鼓励创业的扶持补贴政策，加强对灵活就业、新形态就业的引导支持力度
2016 年十三五规划	加强对灵活就业、新形态就业的引导支持力度，促进自主就业，即劳动者可自主自愿对就业方式及就业岗位进行选择
2017 年十九大报告	提出我国最大的民主是就业，继续坚持积极就业和就业优先战略，在追求充分就业的同时寻求高质量就业，同时也明确指出我国要大力鼓励劳动者进行创业，进而带动就业
2018 年政府工作报告	运用"互联网+"发展新形态就业，新形态就业将成为未来劳动力市场的"新常态"
2020 年政府工作报告	低收入群体可按实际情况自主选择社保费用缴纳，取消与就业相关的全部行政事业性费用，合理统筹地摊经济营业场所
2021 年十四五规划	保障就业机会平等，增加高质量就业岗位，注重技能密集型新兴产业的发展，规范和鼓励新就业形态创新，扩大利用政府资金购买支持基层教育、医疗和其他专业化基本社会保障服务的规模。建立健全多渠道灵活就业、创业带动就业机制，废除相关限制政策，提高劳动力就业市场包容性
2035 年远景目标纲要	继续完善落实对小微企业创业者的扶持补贴优惠政策，帮助灵活就业群体、个体工商户等实现勤劳致富。完成居民基本养老保险保障制度在全国统筹规划，对灵活就业人员放宽参保资格，实现社会保险制度全国范围内覆盖

　　"大众创业，万众创新"的政策理念使得广大劳动者转变就业观念，倾向于多元化就业，促进了新形态就业发展。2014 年，李克强总理开始强调"草根创业""大众创业"的重要性，并希望能够在我国实现万众创新的社会局面。2015 年，《政府工作报告》阐明要"推动大众创业、万众创新"。2016 年，"十三五"行动规划部署具体指出，要把引导大众创业、万众创新这一理念融入到经济发展的各个重点领域及关键环节中去，鼓励进行技术、产品、业态及商业模式的融合创新，以期加快构建驱动经济发展的新动力。2018 年，国务院提出了推进我国创新创业与新形态就业长远高质量发展的意见，对原有的双创理念进行了优化创新，使其更适应当时的就业环境，该意见提出对我国创新驱动发展战略的贯彻落实具有重要价值。2020 年，

国务院明确指出，将对新就业形态发展提供支持：完善我国监管制度，对新业态实施"既包容又审慎"的监管政策，从而有效推动数字平台经济的稳定长远发展，进而促进线上教育、移动出行等行业进步，为居家兼职就业提供相应的技术支持；通过合理优化完善平台监管机制，鼓励互联网、中介服务代理机构等企业降低平台服务及监管等费用，以吸引更多企业入驻，创造更多灵活的网络就业服务岗位。

二、新经济发展进入快车道，成为经济发展新常态

当前我国经济发展正逐步由高速增长发展向高质量发展过渡。就业对民生至关重要，其质量有效反映了我国经济发展的质量水平。在实现经济可持续健康发展的同时，改善民生状况、切实实现就业质量提升是促进我国经济又好又快发展的根本要求。十九大报告明确把解决结构性就业矛盾、提升就业质量提到政府工作的重要任务行列。当今，全国上下正处于新旧动能转换、大力促进新经济发展的重要时期，新经济、新产业、新业态依托飞速发展的信息技术、人工智能等高新技术推动了新形态就业的产生与发展。

新经济是在新一代科学技术革命与产业革命的推动下，应运而生的不同以往的经济发展新形态，对产业发展转型具有关键作用。新经济形态不断发展势必带来新动能产生，推动旧动能优化升级。新经济覆盖范围会越来越广，内涵也会越来越丰富。新经济在我国的三大产业支柱中均有体现：首先，关乎第一产业中现代化生产与特色化高质量发展；其次，与第二产业中的大规模定制及智能制造密切相关；最后还与服务行业的新产业和新形态具有紧密联系。我国产业结构在新经济快速发展的不断作用下，发生了显著变化。当前经济社会发展正处于新常态快速发展阶段，对互联网信息技术和人工智能等高新技术的大力扶植，助推新产业涌现，成为经济运行的一大亮点。波士顿公司推测：截至 2035 年，中国数字经济渗透率将达到 48%，与此同时，将带来 4.15 亿个就业岗位。

新经济吸纳了数量众多的旧产业转型的就业人口，新就业岗位被大量创造，使得传统部门的就业人口实现了向新经济部门的流转。传统行业与互联网行业之间的深度融合，在一定程度上促进了市场转型升级，实现了从传统市场向新市场的转变，二者之间的融合即为新经济的主要特征。例如房地产租赁、销售以及家庭住宅装修装饰行业的商业模式创新，为我国传统服务业提供了数量可观的就业机会。除此之外，创业创新对就业带动的效果也非常显著。2007—2020 年间，新经济年均增长量超过 15%，与此同时，新形态就业也上升了 7%。新经济的蓬勃发展是新形态就业发展壮大的活力酵母。

三、新技术蓬勃发展

数字经济在世界范围内快速发展已成为不可抵挡的时代潮流，技术创新已经成为不可逆转的动力。新形态就业是以新技术发展革新为基础的新产业模式、新商业模式在劳动力市场的集中体现。新技术发展促进了我国市场运行模式与经济结构的变化，国外学者多西等将这一过程定义为"技术—经济范式"，即科技进步会通过影响主导技术群，进而达到影响社会经济运行和发展方式的目的，从而引起范式改变，新产业链诞生，宏观经济结构随之改变，新形态就业岗位也应运而生。由此看来，就业方式会随着生产技术的变化而发生相应的改变。近年来，以大数据、云计算和人工智能为代表的新技术被应用到国民产业及行业部门，"技术—经济范式"逐渐取代了以往的旧经济范式。企业生产经营模式发生较大变化，促使就业者工作技能、工作方式等在一定程度上发生改变，推动就业模式及结构转型，催生新就业形态。

3.4.2　挑战

新形态就业的快速发展已使得各项配套政策难以在短时间内跟上，发展环境仍存在诸多有待优化改良之处，参与其中的劳动者、用人单位的相关认知也未能彻底转变，在发展中不断完善的新形态就业面临挑战在所难免。挑战也是机遇，需正视且重视，因势利导，破除阻碍。

一、思想认识与监管政策滞后于新形态就业发展

政府就业主管部门对新形态就业的认识有所欠缺，对社会功能与价值的认识远远落后于实践发展，甚至认为其不算是就业"正规军"，不重视也疏于管理。不过分依托实体组织、无地域限制的新形态就业与行政管理体制产生一定冲突。部分大规模的新平台型企业的经营范围跨区域，按注册地进行监管的模式范围偏狭窄。有些地方政府部门仅考虑本地区、本部门的行政管理目标，对新形态就业的发展不支持、不推动，相关政策制定未将其发展规律考虑在内，仍以旧思想和旧监管政策对待新形态就业发展。

二、对平台的支持力度不够，策略支撑力不足

新型平台企业是平台从业者的组织基础，具备快速信息处理的能力。完善健全的监管体系，是平台长远健康发展的基石。政府部门对平台本质与功能的认识较为模糊，在某种程度上只强调"硬性"监管，忽视平台自我监管能力。政府相关部门对平台企业的支持手段与方式较为单一，缺乏双向沟通，施政智慧未充分发挥。

三、社会保障制度不适应新形态就业发展

我国社保制度是以劳动合同为基础构建，将"五险一金"等基本保障写入合同条款，能有效保护员工合法权益。社保缴费比率依据企业生产经营状况和劳动者实际收入制定，不同企业略有差异。然而，现有社保制度这个"旧瓶"难以装下新形态就业这瓶"新酒"。用人单位与新形态就业者的关系较为松散，感情淡漠，劳动者收入及岗位稳定性不高，雇主责任意识淡薄，为节约用人成本，常常选择规避员工福利与保障责任，致使新形态就业者的弱势地位得到强化，新型劳资关系矛盾重重。新形态就业劳动者的劳动权包括劳动就业权、报酬权、条件权和救济权，社会关注的外卖骑手交通安全问题就属于其中的劳动条件权。虽然相较于传统非正规就业，新形态就业劳动者的劳动条件权已经有所改善，但需要认识到，新形态就业者的劳动条件权仍未完善，需要在实践中不断探索改进之策。①

四、公共就业服务体系尚未完全覆盖新形态就业

我国公共就业服务对象仍以传统就业为主，使得新形态就业难以受惠。公共就业政策的重心仍在帮助劳动者进入传统企业，不能做到一视同仁地对待新形态就业者。虽然人社部将新形态就业全体纳入重点帮扶范围内，但效果甚微，主要原因在于地方政府缺乏积极性，与新形态企业合作意识不强。公共就业服务范围有效涵盖了传统企业，却不能有效覆盖新形态就业，例如一些双创政策、职业培训补贴、就业扶持政策等政策难以惠及新形态就业。

五、社会化培训体系羸弱，有待健全

新形态就业者的知识技能结构参差不齐。外卖配送员和快递员大都从事技能要求低的临时性工作，行业进入门槛低，易被取代；高技能要求的新形态就业岗位对专业知识和技能等能力要求较高，但智力型、创业式新形态就业模式所占比重较低。从事新形态就业的劳动者普遍已脱离学历教育体系，继续教育与技能培训体系的构建尤为必要。为新形态劳动者提供入职前的免费素质测评，找到知识与技能短板，可考虑以社区为依托进行网络技能、信息技术等方面培训，新形态就业者的"社会大学"应尽快开学。

---

① 张成刚. 新就业形态劳动者的劳动权益保障：内容、现状及策略[J]. 中国劳动关系学院学报，2021, 35（6）：1-8；120.

3.5 我国新形态就业运行空间解析

3.5.1 理论模型构建

提高劳动者就业质量、增加居民可支配经济收入已经成为我国经济发展面临的挑战之一。随着新经济快速健康发展以及移动互联网、人工智能等新一代科学技术不断推动，新形态就业得以长足发展，与传统就业联结发展为"并蒂莲花"。总体来说，各国新形态就业均处于发展的初级阶段，新就业模式不断涌现，就业特征尚未完全定型，发展过程依然存在变数。在剖析相关就业理论的基础上，本研究基于扎根理论的逐层编码过程，初步构建我国新形态就业的运行空间模型，通过机理分析，深入理解我国新形态就业的空间特征，识别实现新形态就业稳定健康发展的痛点、难点与政策着力点。

一、质性资料来源

本研究采用一手资料为主、二手资料为辅的方式收集我国新形态就业运行空间研究数据。资料来源涵盖深度访谈记录、非正式访谈资料、媒体报道以及研究报告等多种渠道，尽可能保证扎根数据的完整和可信性。为了提高一手资料的典型性和真实性，研究团队选取了多种调研渠道：其一，选取美团、滴滴出行、北京小桔科技等头部平台型企业，通过邮件联系和实地调研等方式，与其内部的新形态就业相关的中高层管理者进行深入访谈交流（资料代码：深度访谈-A）；其二，借鉴相关学者观点（张成刚，2018）[1]，邀请不同类型的新形态就业者作为访谈对象并与其开展访谈交流（资料代码：深度访谈-B）；其三，政府部门是新形态就业发展不可忽视的重要主体，因而本研究还与北京、山东、浙江、上海等地的人力资源和社会保障局负责人进行了沟通交流（资料代码：深度访谈-C）。调研访谈过程采取半结构化访谈的方式，核心访谈提纲包括：（1）您认为驱动新形态就业模式形成的核心主体或核心要素包含哪些？（2）您认为核心主体或核心要素会以何种方式推动或阻碍新形态就业？（3）您认为核心主体或核心要素之间存在何种相互关系？

二、开放式编码

首先，本研究运用开放式编码方式，通过对相关资料贴标签、概念化

---

① 张成刚. 新就业形态的类别特征与发展策略[J]. 学习与实践，2018（3）：14-20.

以及范畴化编码，逐级抽象出初始范畴。最终，在开放式编码阶段共凝练
了 29 个初始范畴，结果示例如表 3-2 所示。

表 3-2 开放式编码结果示例

原始资料示例（部分）	贴标签	概念化	范畴化
用工云平台能够聚合"政府+银行+保险+企业"各方力量，为企业用工和劳动者就业构建较为完整的就业服务生态系统（深度访谈-I1）	用工云平台构建就业服务生态（a1）	用工云平台（A1）	云平台技术（AA1）
……	……	……	……
……共享经济的迅速发展提供了大量的灵活就业岗位，在拓宽就业渠道、增强就业弹性、增加劳动者收入等方面发挥了日益重要的作用（媒体报道）	共享经济提供灵活就业岗位（a10）	共享经济（A10）	共享经济（AA10）
……	……	……	……
还是希望政府能尽快完善劳动权益政策。现在的工作看起来自由，但实际比上班还累。最主要是劳动权益得不到保障，因为没签订劳动合同，工伤很难界定，也不敢轻易给自己放假，就是怕赚不到钱（深度访谈-I3）	政府完善劳动权益保障政策（a12）	呼吁完善劳动者权益保障政策（A12）	劳动者权益保障政策（AA12）
……	……	……	……
（北京市）此次扩大了工会组织在新就业形态劳动者群体中覆盖面，为就业者提供了更多的维权渠道……让更多新就业形态劳动者感受了"娘家"的温暖（深度访谈-I2）	工会组织为就业者提供了更多的维权渠道（a22）	工会维权渠道（A22）	工会维权工作（A22）
……	……	……	……
在新冠疫情期间，消费场景与雇佣市场的急剧变化使得部分企业提出了新的商业模式。作为人力资源管理模式的重要创新，"共享员工"概念开始创新，而与此相关的新就业形态也逐渐兴起（研究报告）	企业提出新的商业模式（a25）	企业商业模式（A25）	新形态企业商业模式（AA25）
……	……	……	……

注：括号内为资料代码。标签的编码前缀为"a"，概念的前缀为"A"，初始范畴的前缀为"AA"。

三、主轴式编码

主轴式编码阶段，通过归纳初始范畴并分析初始范畴间的关系，共提炼出 7 个主范畴。例如"移动互联网技术""大数据技术""云平台技术"和"人工智能技术"均属于推动新形态就业空间塑造的技术环境要素，本研究将其归纳为主范畴"新技术"。经过范畴提炼，主轴式编码阶段结果如表 3-3 所示。

表 3-3　主轴式编码结果

主范畴	初始范畴
新技术	云平台技术、移动互联网技术、大数据技术、人工智能技术
新经济	数字经济、平台经济、快时尚经济、知识经济、零工经济、共享经济
新政策	社会保障政策、权益保障政策、创新创业政策、就业服务政策、就业优先政策
政府主体	政府就业协商、政府就业培训、政府就业监督、政府就业指令
协会主体	工会参与协商、工会党建工作、工会维权工作
雇主主体	用人单位组织形式、新形态企业管理模式、新形态企业商业模式
雇员主体	雇员人力资本、雇员参与程度、雇员工作满意度、雇员信息渠道

四、选择性编码

为了更深入地理解各个主范畴间的联系，需要通过选择式编码识别出核心范畴，并围绕核心范畴获取商业模式应用空间的故事线。通过梳理和分析原始资料，并结合相关研究成果，本研究发现可以用"新形态就业运行空间"来统领其他范畴。围绕核心范畴，得到如下故事线：其一，雇主、雇员、政府、协会等主体共同塑造了相互联系、交互影响的新形态就业平台。在新形态就业的发展过程中，新业态企业提供了丰富的就业岗位，新形态就业者奉献了劳动资本与智力资本，政府部门为其平稳运行提供了良好的就业环境，而工会协会则在其中发挥着重要的协调、维权与教育宣传功能。其二，新技术、新经济与新政策是新形态就业生态系统的外部情境因素。具体而言，新技术是推动新形态就业的根本动力，能够为新形态就业平台提供科技赋能；新经济是新形态就业的基础载体与必要条件，能够为新形态就业平台提供产业赋能；新政策是新形态就业的有效保障，能够通过政策赋能来调节新形态就业系统平稳健康运行。此外，新技术、新经济与新政策之间还存在着复杂的联动关系，例如新政策能够调节新经济的宏观走向与平稳运行，而新经济则为新政策的制定与实施提供了实践依据。

综上，基于扎根理论三级编码过程，构建我国新形态就业运行空间理论模型，如图 3-3 所示。

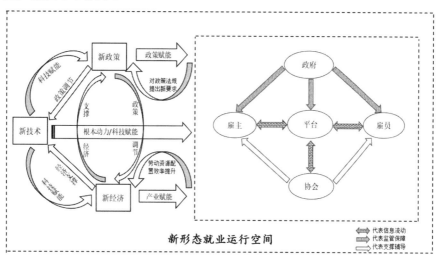

图 3-3　我国新形态就业运行空间理论模型

3.5.2　理论模型阐释

围绕数字化劳动雇佣平台，我国的新形态就业运行空间涵盖了政府、雇主、雇员和协会等多维交互主体。同时，在新形态就业运行过程中，新技术、新政策和新经济等外部情境因素发挥了重要的驱动与保障作用。

一、技术革新成为劳动力市场变革原动力

新技术作为新经济发展的发动机，通过影响经济发展渗透改变劳动力市场，是劳动力市场变革的根本动力。劳动力市场上面对面双选已转变为数字平台背后未蒙面的信息沟通，平台成为劳资双方的媒介，费率结构等交易规则是平台维系多边市场高效运转的核心，劳动力市场由实体化向虚拟化发展演变。数字技术与信息技术是掀起这场革命的重要引擎，在个人工作搜寻、招聘、创业项目找寻等过程中的信息不对称问题已不是难题，数字信息技术实现了劳动力供需高效匹配。

二、就业新政策既是抓手又是保障

新形态就业因为"新"而离不开新政策的推动与保障。根据公共选择理论，新形态就业发展的鲜活实践倒逼新就业政策的出台及原有就业政策的改进完善，迫使政策制定主体科学选择政策，不断完善政策组合，提升政策效度。运用就业政策这个牛鼻子，对新形态就业中的不规范现象与问题进行纠偏纠正。与此同时，政策法规是劳动力市场健康运行的保障，需确保市场主体权益得以维护，劳动力市场规范得以实现。

三、新经济孕育与平台模式优化是新形态就业生态系统向好的必要条件

新经济、新业态与新模式的不断涌现与迅猛发展，创造了丰富的灵活就业岗位，激活了新形态就业生态系统的发展潜力。从微观层面看，新形态就业生态系统的维系则需要平台型企业付出更多努力。新形态就业生态环境相对稳定，平台型企业才更有动力优化平台交易规则，改善生态系统运营。监管机制和客户需求是影响交易规则完善的重要因素。平台型企业通过与多边市场中多方利益相关者持续沟通，平衡调控主体利益，通过商业模式创新推动交易规则不断改进，构筑新形态就业生态系统健康发展屏障。更加透明、有序的平台商业模式有助于净化就业生态系统，促使生态系统中的劳动者、监管者、报道者、行业机构等主体协同实现价值共创与利益最大化。

四、劳动力市场主体特征变化与新形态就业发展交互影响

劳动力市场主体会主动适应新经济带来的就业模式改变，同时市场主体特征的变化会不断冲刷、打磨新形态就业模式。雇员方面，传统工作搜寻理论认为，非正式信息渠道往往更容易使工作搜寻者满意，在信息不对称的情况下，工作搜寻者会倾向于选择与其心理距离较近的信息源。新形态就业信息平台的不断完善，多信息渠道的发展使得劳动者自主意识逐渐增强。这种自主意识不仅体现在工作搜寻过程中，还体现在工作选择及工作方式中。数字就业倾向于人力资本提升既是就业主体特征变化之一，又是新形态就业影响下劳动力市场的未来发展趋势。雇主方面，用人单位的组织形式、管理模式变化更为突出。交易费用理论指出，市场中的交易成本和企业内部组织经营成本相互作用，决定了企业的边界。新形态就业发展背景下，随着市场内交易成本的逐渐减小，越来越多的企业倾向于将管理工作外包，选择更为灵活的雇佣关系以降低成本，导致企业组织柔性化。组织柔性化趋势深刻影响着劳动者的就业选择，也影响了整个劳动力市场的资源配置方式，从而催生出多元化、异质性就业需求，推动新形态就业升级发展。

针对雇员与雇主在新形态就业中的新特征与新问题，政府与协会（工会）同样随之发生动态演化。多中心协同治理理论改变了传统的政府单一中心的治理体系与结构，强调建构政府、市场、社会、个人广泛参加的有机融合的社会治理体系[49]。面对以灵活就业人员为代表的新形态就业者不

断增加以及权益缺乏保障的局面，政府主体除了需要制定并不断完善新形态就业政策和法规，还应提供体系化的监督管理、权益保护与政策咨询服务。而在多协同治理结构中，以劳动者协会（工会）为代表的社会因素同样不可忽视。在加强价值导向引领、协调雇佣双方关系、提升劳动者素养等方面，协会主体发挥着"桥梁"功能，能够有效促进和谐向上的新形态就业环境构筑。

3.6　新形态就业发展趋势展望

新一轮信息技术革命使得全球各大劳动力市场面临工作与就业模式的双重变革。网络信息技术的广泛应用也使得种种就业新形态不断出现在大众视野，其不仅成为"就业黑马"集中营，而且有望从"助攻"变"主攻"。新形态就业在总体就业格局中所占分量、劳动力素养提升状况以及新职业的规范管理等崭新问题，有待前瞻瞭望，可以预见的是未来可期。

3.6.1　发展趋势分析

新经济是孕育新就业岗位的良田，新形态就业的发展状况在一定程度上反映了新经济发展状况。我国新形态就业发展势头良好，发展速度与质量显示出超过传统就业的迹象。新形态就业对传统的正规就业及非正规就业不会形成完全替代，多种就业形态交融发展的趋势明朗。在未来一段时期，我国新形态就业可能存在以下发展趋势。

一、凭借"互联网+"创新力驱动，发展势头强劲

新形态就业产生的强就业吸纳与高技术外溢，对就业人群与就业方式产生重大影响。在政府优惠政策的推动与扶持下，就业领域的新业态、新模式一步步面世，进一步更好融入广大民众的日常工作与生活，为推动我国经济长远健康发展提供新活力，为新形态就业的发展提供强有力支撑。移动互联网服务平台发展，为劳动者提供了大量就业与创业机会。

二、新增就业岗位涉及的行业范围扩大，新形态就业模式不断丰富

新形态就业日益成为岗位创造的重要来源，新形态就业已逐渐扩展至与民众生活密切相关的衣食住行及金融等领域。新冠疫情冲击加速了在线网络医疗等市场的发展与成熟，各种自由选择职业层出不穷，就业机会更加多元，就业方式也趋于灵活。就业主体类型主要有三类，分别是创业式就业者、自由职业者和以互联网为主要工具的多重选择职业者。在三大类别下又存在灵活多样的发展形态，有效提高了劳动者与企业的匹配效率，大大降低了劳资双方搜寻、联系与签约的成本。新形态就业与传统就业方式相比，包容性和开放性更强，市场竞争也更加激烈，为不同阶层、不同就业群体提供公平且差距较小的收入，在一定程度上缓解了收入不平等引致的社会矛盾。

三、劳动者的就业自主性不断增强，社会阶层结构显著变化

新形态就业劳动者越来越重视经验分享和技术服务能力的提高，自主性也得到提升。共享经济使得现有的用工方式变得更加灵活，使其满足弹性工作制的要求，在一定程度上为那些适合将兼职职业化和多点工作的劳动者，提供了更多的职业选择机遇，极大地提高了就业的自主性与灵活性。充分尊重就业者的自主性与独特性，使其可以根据自己意愿决定每天的工作内容与工作时间，不再受传统就业模式中雇主对工作时间和内容的严格限制。与此同时，新形态下的就业者还可以在不同类型的互联网就业平台之间，根据自身偏好、就业意向、平台优劣进行自主选择。以上诸多要素促使不同于传统正规形式和非正规形式就业的新型就业阶层出现，以收入、消费习惯、生活方式等为划分标志的原有社会阶层结构因此而发生显著变化，中产阶层规模有望扩大，社会整体消费水平与居民财富殷实度有望提升。

四、劳动力市场雇佣模式发生深刻变化

新经济的快速发展在影响传统就业模式及就业结构的同时，也在一定程度上推动新形态就业向更高质量和更高层次迈进。新形态就业不仅节省了劳动者与消费者之间的交易时间，降低了交易成本，而且为就业者提供了更加多元化的职业选择，就业形式也更加丰富多样。此外，新形态就业的发展进一步增强了劳动者能力，有助于劳动者高效利用碎片化时间，传统的工作地点与时间、监管方式、雇佣关系等不可避免地被打破，平台成为雇主与雇员之间的媒介与桥梁，不见面的雇主与雇员更为普遍，松散雇佣将成为主流雇佣模式。

五、劳动者更多流向信息服务业，职业认同感不断提升

新形态就业者更密集地分布在信息服务行业，原因在于互联网信息与服务行业相结合，催生了更具活力的信息服务业。信息服务行业的快速发展，给劳动者带来了高额薪资、优厚福利及发展空间等，吸引了大批高素质劳动者加入，壮大了信息服务产业规模。在社会上，劳动者对体制外且灵活的就业岗位，持有一定偏见，尤其是高人力资本劳动者。而随着新形态就业模式逐步丰富，信息与科技含量不断提升，灵活的工作时间与地点

安排使得工作程式化，工作的枯燥感降低，收入增加及兼职便利性也在一定程度上增加了新形态就业者的职业认同感，外卖小哥队伍中有一部分研究生学历的劳动者即是印证。

六、对特殊就业群体吸纳力增强，劳动力素质在"干中学"中得到提升

灵活多样的就业模式涌现使得就业门槛进一步降低，像农民工等群体的就业比重显著上升。这些群体有效利用互联网技术的发展，获取了相关工作岗位所需的专业知识与技能，在互联网平台赢得工作机会，新形态就业的劳动力吸纳潜力日益提高。基于竞争需要，电商平台、分享经济平台等会不定期对平台就业者进行相关岗位技能培训，挖掘新型就业者潜能，不断提高服务能力与水平。新形态就业者之间也注重技术和经验的分享传授，定期组织经验交流会等。与此同时，新型灵活就业催生了一大批依托互联网技术的知识型、技术型、技能型新岗位，就业竞争愈发激烈，对劳动者综合素质要求愈加提高。麦肯锡预测，截至 2025 年，线上招聘平台将发挥重大作用，人岗匹配度、工作效率、就业参与度等方面均会获得质的提升，该平台将使得超过 540 万人从中获益。

七、新形态就业质量稳步提升

十九大报告将提高就业质量写在了重要位置，就业质量提升不仅以充分就业为判断标准，还与劳动者是否具有平等就业机会、是否能够实现体面就业等核心要素密切相关。新就业形态使劳动者能够更加公平公正地获得工作机会，收入较之前大大提高，有助于减缓经济波动对劳动力市场的冲击。值得关注的是，城镇化高速发展使得新生代农民群体向城镇迁移，因整体素质水平不高造成流入地就业压力增大。新形态就业发展提升了新生代农民工的城市接纳力，该就业群体的就业质量得以提升。工作方式多样化、工作时间灵活化、工作地点舒适化等新形态就业的鲜明特征与福利，大幅提高了劳动者的工作自主性与舒适度，使劳动者更自如地安排工作与闲暇，就业质量的心理感受与主观评价显著提升。劳动者从为企业等组织提供劳动服务，变为直接为客户个体提供服务，从而更加有效地帮助更多新形态就业者充分了解所服务对象的真正需求，进而不断创新工作管理模式，提高工作能力与专业精神，满足客户异质化需求。

3.6.2　政策着力点分析

毋庸置疑，新形态就业作为新就业增长点，是支撑技术革新的人力保障，对缓解我国结构性就业矛盾提供了多元化选择。为规避政策时滞的负面影响,以下尝试对新形态就业发展趋势进行政策着力点分析与观念纠偏,为积极应对新形态就业发展过程中可能出现的问题进行政策落脚点剖析。

一、引导数字技术深度融入产业发展,开发短平快实用型 APP

新冠疫情迫使我国企业数字化转型升级的速度加快,倒逼包括教育行业在内的若干行业"上云",充分发挥数字技术的产业赋能效应,通过数字技术的创新与渗透,激发出更多新职业、新岗位与新模式。提升数字信息技术与劳动力市场的结合度,设计开发针对不同就业群体的求职 APP(应用程序),劳动者输入自身学历、技能、工作经历、特长等基本信息后,软件即能进行快速素质测评与职业适应性测评,如性格测试和职业兴趣点测试等。用人单位将需求信息标准化,提炼出岗位任职资格,上传至软件平台,由软件平台进行信息噪声清洗与供需信息匹配,尝试提供片段或零碎时间用人需求,同时关注残疾人员等特殊就业群体兼职工作需求。

二、构筑劳动者资质审核体系,降低劳动者自主性提高的伴随风险

平台化人才招聘虽然给用人单位带来便利,但同时也伴随着劳动者素质难以保障等潜在风险。监管单位与用人组织协同打造针对特定岗位、项目的劳动者准入资质审核体系,可降低劳动力需求方的用人风险与重置成本。劳动者自主选择与更换就业平台更为便捷的同时,也存在信息不对称及频繁更换引发的就业风险。从雇主与雇员双重视角,构建我国新形态就业风险评价体系尤为必要,修建劳动力供需双方的防护屏障时不我待。

三、完善雇佣关系识别体系,尝试从法律与社会双重层面保障用人单位与劳动者权益

开展国内外新形态就业下劳动力市场、企业管理相关法律法规的系统研究,拨开雇佣关系模糊化、企业组织柔性化迷雾,有针对性地完善相关法律法规,做到劳动力市场主体权责分明。逐步完善适应新形态就业特点的用工与社保制度,切实保护新形态就业者的合法权益不受侵犯。此外,推进"互联网+"新型社保模式,方便新形态从业者的参保、续保等。设计可以随身携带的社保账号、经验履历认可等就业资质便携包,帮助劳动者解除平台流动、地域流动的后顾之忧。

四、打造"政企学"职业发展教育模式,全面提升劳动者素质

将以技能培养为导向的职业教育作为试点,打造政府、企业、高校联合培养的职业发展教育模式,定期开展大规模公益性职业技能培训。在现有职业技能鉴定体系的基础上,针对新职业及就业模式,进一步充实完善更具包容性的技能鉴定与评价体系,职业技能培训内容做到常换常新。逐步消除劳动力市场信息不对称,提升职业发展教育的就业匹配性。提高信

息沟通效率，实现供需信息及时高效对接，降低结构性错配概率，减少摩擦性失业，提升就业弹性。

综上所述，我国新形态就业发展经历了短暂萌芽期、生长期进入到蓬勃发展时期，新冠疫情作为外部扰动因素催化了新形态就业的跨越式发展，平添了未来发展的不确定性。现状是照向未来的镜子。我国新经济与新形态就业发展比翼双飞，已步入快车道，其他先进经济体也在抢夺发展先机。在这场没有硝烟的战争中，在发展提速的同时保驾护航举措也应及时跟上，方可"行稳致远"。

本章全面解析我国新经济发展现状，重点针对我国新经济发展对于供给侧结构性改革、高质量发展与新旧动能转化方面的突出作用，以各大典型城市优质经验为基础，将新经济发展视为推动完善新形势就业的关键支撑。从就业人员数量、结构、类型三个模块出发探讨新形势就业现状，对其综合影响、机遇挑战、运行机理等进行抽丝剥茧式解析，绘制新形态就业运行空间模型，清晰化展现新技术、新经济、新政策以及各劳动力市场主体间的密切联系，探索推动新形态就业蓬勃发展的"抓手"。以现状情形推演新形态就业发展趋势，抬头看路，提升研究前瞻性，以新形态就业机制流程为佐证，从平台发展、资质审核、关系识别、模式创新等方向锁定政策规制发力点。

第4章 域外新形态就业发展现状与经验借鉴

　　随着信息化和互联网技术的高速发展，新形态就业日益受到各国政府的高度重视。新一轮科技革命和产业革命迅速铺开，人类社会生产方式发展并过渡到"智能制造"（张成刚，2016）[①]，就业问题俨然成为全球性社会问题（Eurofound，2015[②]；OECD，2016[③]）。放眼域外，新经济发展良莠不齐，先进经济体或已获取新形态就业发展密码，或正在进行积极探索。为取他人之长，间接经验的梳理采撷仍是必修课。本章运用文献聚合法加工国内外文献与政策文件，分析典型国家新形态就业的发展现状与阶段特征。在此基础上，运用对比分析法，比较典型国家新形态就业相关政策的优劣势与可移植性，归纳提炼可资借鉴的优良基因，从具体做法中厘清就业政策走向。结合我国新形态就业发展的鲜活实践，实现域外先进经验的活学活用。

4.1　域外新经济发展现状

4.1.1　主要特征

一、创新型行业迅速发展

　　创新是新经济发展的主要动力，要积极发展创新行业，以尽快形成竞争优势。在智能制造方面，通过推出相关政策，加大相关知识、技术投入

---

　　① 张成刚. 就业发展的未来趋势——新就业形态的概念及影响分析[J]. 中国人力资源开发，2016（19）：86-91.

　　② Eurofound. New forms of employment[R]. Publications Office of the European Union, 2015.

　　③ OECD. New forms of work in the digital economy[R]. OECD Digital Economy Papers, No. 260, 2016.

等促进智能制造加速发展，提高生产速度和质量，降低生产成本[①]；在工业机器人方面，日本和德国的相关技术一直居于全球领先地位[②]；清洁能源、网络信息技术、新型计算机系统、生物医药技术、空间技术成为各国进行研发创新的共同选择。由此观之，一方面，这些国家加大对产品、服务及相关技术的创新投入力度，另一方面，其对一些陈旧的商业模式、业态及创意也在积极探索创新中，以期形成更具竞争优势的经济发展模式，由此创新型行业得以迅速发展。

二、互联网经济势头正猛

互联网作为新经济、新业态发展的亮点，其发展带动了一系列共享经济的发展。《日经亚洲评论》指出，截至 2019 年 12 月 20 日，仅全球公司市值排名前 10 的企业中，就有 7 家企业的平台具有共享经济属性。[③]随着互联网的不断发展，电子商务已呈现爆发式增长的趋势，随之而来的智能场景应用范围也逐渐扩大。《2019 年全球电子商务发展报告》预测，2021 年全球的电子商务零售额将超过 4.878 万亿美元。[④]电子商务向线上线下广泛融合的趋势发展，互联网对线下商业的改造深度逐步拓展。目前，主要发展中国家国内电子商务市场规模相对较小，但人口相对较多，市场容量大，发展潜力可观。

三、新经济发展的全球化进程加快

电子商务、新能源等新经济产业的广泛应用，均是先在某一地或某一国产生后，在全球化的大背景下向世界各地进行辐射扩散，最终形成全球化发展局面。新经济模式加速了经济全球化发展的进程，使得越来越多的跨国公司得以实施全球联盟战略，也使得跨国企业间并购实施的顺利进行成为了可能。新经济通过各种信息技术的应用，加快了信息传递速度，降低了信息传递成本。其发展使得科技、生产和资本可以在全球范围内进行传播，提升了资源配置效率。

---

① 美国一直在细化和推进智能制造相关战略，德国联邦经济与能源部发布了《德国数字化战略2025》，旨在全方位持续推动数字经济转型；英国政府推出了一系列扶持措施来帮助企业实现从产品设计到商业运作整个过程的创新；法国政府推出了"未来工业"战略，韩国政府确定了九大国家战略项目，作为发掘新经济增长动力和提升国民生活质量的新引擎。

② 日本和欧洲是工业机器人的主要产地，德国的库卡、瑞典的 ABB 和日本的发那科及安川电机（YASKAWA）四家企业是工业机器人的"四大家族"，成为全球主要的工业机器人供货商。

③ 数据来源：《2019 全球科技公司市值排名：阿里挤掉腾讯居亚洲第一》，https://t.cj.sina.com.cn/articles/view/1649608047/6253056f02000r3cw?cre=tianyi&mod=pcpager_fin&loc=17&r=9&rfunc=100&tj=none&tr=9。

④ 数据来源：《2019 年全球电子商务发展报告》，https://max.book118.com/html/2019/1115/8010051111002063.shtm。

4.1.2 面临挑战

一、地区发展不平衡

联通力不足国家与高度数字化国家之间的差距会逐步拉大。只有 1/5 的欠发达国家国民使用互联网，而在发达国家，该比例达到 4/5。发达地区与不发达地区高新技术水平差异使得地区间发展差距逐渐加大，造成新经济地区发展不平衡。

二、全球贸易规则影响弱化

新经济发展使得世界经济关联度显著上升，国际贸易之间的摩擦愈演愈烈，贸易保护主义也日益盛行，给全球贸易体制带来了重大挑战，使得国际贸易的多边合作受到重重阻碍。新的国际通用贸易规则难以在短期内形成，使得全球贸易活力受到削弱，这无疑会给全球经济的持续稳定增长造成一定程度的消极影响。

三、全球政治、经济局势趋于紧张

国际政治全球热点事件的突发及全球重要地缘军事政治的影响，会使全球贸易及经济形成波动，如英国脱欧、国际贸易摩擦等。全球经济步入了负利率货币时代，美联储连续降息。新冠疫情这一不可抗力也加剧了全球经济发展的艰难局势，新经济发展正处于恢复阶段。

4.2 典型国家新形态就业发展现状与存在问题

选取新形态就业实践活跃度高的发达国家与发展中国家为典型样本。新形态就业在世界范围内的发展现状如何？集中涌现出哪些突出问题？这些问题有待逐一梳理剖析。

4.2.1 美国

在新形态就业类型、创新性及发展程度方面，美国在发达国家中处于领先地位。目前，美国新形态就业规模不断壮大，出现了数量众多的大型互联网平台型企业组织。新形态就业已对美国传统法律体系造成冲击。

一、新形态就业规模不断扩大

"零工经济"（Gig Economy）能在一定程度上较为准确的描述美国劳动力市场的状况。随着移动互联网经济迅速发展，Uber、Airbnb 等新应用程序的出现和衔接远程工作能力的提高，促使零工经济迅猛发展。零工经济就业者主要是指企业聘请的短期员工或者独立的承包商，这些就业者主要是为 Taskrabbit、Grubhub 和 Uber 等公司提供服务。根据 FIA（美国自由职业者）统计数据，截至 2020 年 12 月，美国自由职业者超过了 5900 万，占美国总劳动力人口的 36%，超过 60% 的自由职业者表示自愿选择自由职业，自由职业观已在全球范围内产生影响。

二、互联网平台企业蓬勃发展

作为两个百亿美元的世界级企业，Uber 和 Airbnb 的发展模式在美国众多互联网平台企业中较具代表性。在 2009 年成立的 Uber，经营范围早已从最开始的旧金山扩大到了 53 个国家。[①]在 2007 年底成立的 Airbnb，仅用一年时间就发展到全球 160 个国家 4 万个城市。[②]在其他领域，Handy 提供清洁和维修服务，覆盖 37 个城市，其中 29 个是美国大城市，其余是加拿大和英国等国的城市。Instacart 能让消费者的冰箱保持满载，已进入美国 41 个州，还在持续不断地开辟新市场。SpoonRocket 主营美食配送业务。作为众包平台典型的 Amazon Mechanical Turk（MTurk）越来越广泛地被作为案例应用于定量研究、市场调查等领域，开辟了发布任务并收集数据的新途径。劳动者开始逐渐从传统就业转向互联网平台就业，自由职业成为未来的主要职业类型（Hanauer & Rolf，2015[③]）。

表 4-1　美国互联网平台企业梳理

企业名称	主营领域	业务简介
Uber	出行	创立经典的"互联网+交通"模式，使用透明计价方式，通过大数据智能分析技术，实现指针定位，一键叫车
Airbnb	住宿	为旅游人士与家有空房出租的房主建立联系的服务型网站，为用户提供更多住宿信息
Handy	家庭服务	主营本地屋内清洁服务，用户可在线或通过手机应用对所提供服务进行查询、联系以及预约，服务包括打扫清洁、安装家具、修水管等，被称为"房屋服务版 Uber"
SpoonRocket	外卖	主打低价、快餐和快速配送服务
Instacart	日用品	采用众包商场模式，给居民运送日常食品杂货
Amazon Mechanical Turk	任务分享	全球性任务外包发布，劳动者自愿获取任务，领取酬劳
Catalant	任务分享	创意加速和执行平台，将世界各地的专家贡献进行众包

---

① 数据来源：Uber（优步）官网，https://www.Uber.com/。

② 数据来源：Airbnb（爱彼迎）官网，https://zh.airbnb.com/。

③ Hanauer N., Rolf D. Shared security, shared growth[J]. Democracy, 2015, 6(37).

三、传统法律体系面临严峻挑战

传统的美国税法、就业法和劳动法将工人分为两类，分别为"独立承包商"和"雇员"。根据法律规定，本国雇员有权享有医疗保险、失业保险和最低工资等一系列保护和法定福利。事实上，"在线平台"和"零工经济"破坏了这种二元结构（赛思·D.哈瑞斯，2018[①]）。在 GrubHub 等食品派送平台，Lyft、Uber 等乘车公司以及 Handy、TaskRabbit 家庭服务平台等互联网就业平台，网上劳动者在独立承包商和雇员之间的定位模糊不清，也就是说，网上劳动者既不是独立承包商，也不是雇员，而是兼具两者特征。将线上工作者置于法律灰色地带会产生较为严重的后果。例如各方寻求途径澄清法律模糊性会引致高昂交易成本，雇主没有在明确法律规则下对工人分类，导致工人丧失合理的法律保护与福利待遇（Sanders & Pattison，2016[②]）。

4.2.2 德国

随着人工智能技术和新形态就业的发展，对于拥有较完善保障制度的德国而言，智能化引发的裁员潮及新形态就业带来的社会保障体系漏洞成为不容忽视的问题（刘涛，2018[③]）。

一、智能化发展引发裁员潮

面对自动化与智能化的快速发展，大量制造业及服务业的就业岗位变为可替代性就业职位，低技术工作岗位将面临严峻挑战或大规模裁员趋势。为推动第四次工业革命，德国联邦政府于 2019 年提出《德国工业战略2030》，计划致力于电子制造业发展，最关键的是减少人力资本投入，推进使用自动化设备与机器人，提升服务业和制造业的自动化水平。[④]德国诸多行业的自动化发展程度不同，自动化平均水平在过去十年间上升速度较快。受影响最大的是机械、简单、重复性高和技术含量低的工作，涉及人类情感交流、科技含量较高及社会创造力强的工作相对而言更加安全。

---

① 赛思·D. 哈瑞斯. 美国"零工经济"中的从业者、保障和福利[J]. 环球法律评论，2018，40（4）：7-37.

② Sanders, Pattison. Worker characterization in a big economy viewed through an Uber centric lens[J]. Southern Law Journal, 2016, 26(2), 297-320.

③ 刘涛. 电子化时代的社会保障：新经济与"去形态化福利"——以德国工业 4.0 为例[J]. 社会政策研究，2018（2）：67-78.

④ 数据来源：《人民智库丨〈德国工业战略 2030〉全解析》，https://baijiahao.baidu.com/s?id=1651802458456369035&wfr=spider&for=pc。

二、社会保障体系难以覆盖新形态就业者

作为世界上第一个建立社会保障制度的国家，德国是社会保障制度发展最快、最完善的国家之一。新形态就业在世界范围内属于新生事物，对德国社保体系构成冲击。根据德国联邦部门数据及汉斯—伯克勒基金会对众包就业人员及众包就业形式持续跟踪调查数据显示，在失业以及医疗保险参保上，从事不同网络众包任务的受访者存在差异。大多数线上工作人员的社会保障及保险处于离散和自发状态，他们可以选择不参与社会保险，也可以选择社会保障方式及社会保险的参保险种。在互联网平台就业领域内，社会保险义务无法得到充分实施，线上工作人员处于低社会福利、高社会风险状态。

4.2.3　澳大利亚

澳大利亚新形态就业发展并非一帆风顺。2018 年 8 月 20 日，因面临税务与劳务纠纷问题，大型外卖配送平台 Foodora 宣布全面退出澳大利亚市场。此外，澳大利亚拥有较为完善的养老体系，随着新形态就业者的数量增加，养老金系统陷入困境。

一、劳务纠纷与税务问题凸显

作为澳大利亚最著名的外卖平台之一，Foodora 外卖配送平台打破了传统雇佣模式，使传统的雇佣合同制度"公司—员工"转变成快捷交易模式"平台—个人"，成为澳大利亚零工经济的典型代表。一方面，有利于就业者实现工作与休闲的平衡，提高收入；另一方面，零工经济背后隐藏的税务与劳务纠纷问题也相继出现。

2018 年 6 月，外卖配送平台 Foodora 收到澳洲公平工作监察员办公室（FWO）的诉讼，委员会认为该公司没有将负责配送的员工归为"正式员工"，而是纳为"合同工"，通过此方式避免支付员工的退休金、病假以及年假等员工福利费用。委员会裁决认为，Foodora 有责任承担这些义务，因此 Foodora 要求所有员工使用带有该公司品牌标志的设备和服装，规定开始上班时间和完成轮班时间。澳大利亚劳动法指出此案件的特殊性，送餐员属于正式雇员还是合同工暂时无法界定。同时，澳大利亚税务局不断向 Foodora 发出警告，要求其为送餐员缴纳养老金，并征收现付所得税。在此之后，Foodora 于 2018 年 8 月 20 日正式宣布退出澳大利亚市场，但诉讼仍在继续。FWO 指出，多家互联网平台公司包括 Uber 在内，均存在类似税务及劳务纠纷问题，即利用法律漏洞规避开支，包括逃避相关税务支出，不兑现员工相关待遇。例如 Uber 的私人司机被视为"临时合同工"，意为

合同随时可以被公司终止，就业者需要自己承担汽油费、维修费和保险。此外在反歧视、加班和最低工资方面，就业者也很可能无法得到法律保护。零工经济在为劳动者带来灵活就业岗位的同时，也使员工权益得不到合理保障，出现线上工作平台规避法律责任、剥削劳动者的现象。

二、养老金系统面临严峻挑战

根据澳大利亚法律，雇主必须每月向收入不足450澳元的雇员支付养恤金。许多被归类为合同工的工人没有被归类为雇员，在大多数情况下没有资格领取强制性养恤金。随着Deliveroo（户户送）、Uber等线上平台企业出现，越来越多的员工得不到强制养老金，因为Deliveroo等互联网就业平台将其工作模式转变为第三方服务提供商，将顾客与"个体经营者"联系起来。当自由工作者面临退休之际，由于缺乏充足退休金，劳动者养老生活难以为继，澳大利亚养老金系统难以正常运转。目前，澳大利亚政府正逐步探索有效做法让养老金覆盖到零工经济劳动者。

4.2.4 日本

随着第四次产业革命的推进，日本就业结构发生改变，企业组织与劳动者的关系愈加疏散。日新月异的经济社会变革使得传统的终身雇佣制很难适应时代发展，越来越多的人选择自由职业。日本政府的一项调查显示，到2019年，日本约有341万自由职业者，约占其劳动力的5%。[①]随着越来越多的公司允许雇员从兼职工作中获取额外收入，日本政府将推进更灵活的工作安排以解决劳动力短缺问题，自由职业者人数也将大幅增加。

一、自由职业潮已然来临

日本经济产业省2016年发布的《新产业结构蓝图》指出，自由职业型雇佣模式渐趋普及，企业与劳动者的关系由原来的"固定雇佣型"转为"依据产业特性和商业模式部署人员的项目型"。[②]为鼓励新形态就业发展，日本政府在新冠疫情期间出台补贴规定，与其他公司签订了业务委托合同等无正式单位的自由职业者，每天可以获得4100日元的补贴。与从事固定工作的劳动者相比，在工作自由度、工作价值等方面，自由职业者的满足感较高，不受工作地点束缚，工作时间随意，远离复杂的职场人际关系。与此同时，通信手段和网络技术促进了自由职业发展，便捷的网络通信催生

---

① 数据来源：《越来越多的日本自由职业者已经超过300万》，https://baijiahao.baidu.com/s?id=1642 545721561982755&wfr=spider&for=pc。

② 数据来源：《日本"新产业结构蓝图"中期方案：以新技术克服低迷》，http://mt.sohu.com/20160428/ n446723149.shtml。

出新业态模式，网络众包平台 Lancers 就在其中。在该平台上，企业与个人可发布翻译、设计、网络系统开发、动漫制作等数十种项目性工作。在日本，类似该平台的工作外包中介平台层出不穷。由表 4-2 可知，在 2001 年至 2019 年期间，日本第一、二产业的劳动力比重不断下降，而第三产业从最初的 64.38%增加到 72.29%，就业人员逐渐从第一、二产业转移至第三产业。可见，日本不同雇佣形态的就业者数量正在发生变化，非正式雇佣比例呈增长态势，就业结构中灵活就业所占比重不断提高。

表 4-2　日本就业结构[①]

年份	第一产业（%）	第二产业（%）	第三产业（%）	非正式雇佣（%）
2001	4.92	30.70	64.38	—
2002	4.72	29.95	65.33	—
2003	4.68	29.54	65.77	—
2004	4.57	28.70	66.73	31.40
2005	4.49	28.84	67.67	32.60
2006	4.39	28.00	67.62	33.00
2007	4.29	28.21	67.50	33.50
2008	4.26	27.26	68.48	34.10
2009	4.22	26.25	69.53	33.70
2010	4.09	25.69	70.22	34.40
2011	3.96	25.51	70.53	35.10
2012	3.87	26.20	69.94	35.20
2013	3.75	26.19	70.06	36.70
2014	3.68	25.22	71.10	37.40
2015	3.63	25.91	70.50	37.50
2016	3.50	25.62	70.88	37.50
2017	3.49	25.58	70.93	31.52
2018	3.41	25.29	71.30	37.66
2019	3.34	25.18	72.29	37.92

二、自由职业者缺乏福利保障，收入满意度较低

与传统职业相比，自由职业在给劳动者带来便利的同时，也在很大程

---

① 数据来源：世界银行数据库，https://data.worldbank.org.cn/；日本厚生劳动省历年劳动白皮书数据，www.mhlw.go.jp。

度上失去了固定雇佣关系所赋予的社会保险等福利保障。根据《新产业结构蓝图》，现有劳动法体系难以给予其充分保障。作为个体，自由职业者在与企业互动时处于劣势地位。2019 年厚生劳动省调查数据显示，约 85%的自由职业者未完全享受到社会保障福利，而在拥有固定劳动关系的正式员工中，未完全享受到保障福利的员工仅占 3.2%，约 32%的自由职业者认为自己在与雇主谈判时处于劣势。日本自由职业者对收入的满意度较低。调查显示，固定工作者每周工作时间和自由职业者几乎相同，但年收入和自由职业者存在较大差距，收入不稳定担忧是劳动者加入自由职业大潮的最大阻碍。一直以来，企业组织是劳动者获得培训与再教育的承载主体，成为自由职业者后往往需要个人承担再教育或培训的成本，这也成为阻碍自由职业普及的重要原因之一。

4.2.5　印度

截至 2020 年，印度人口总量排名世界第二，仅次于中国。互联网用户基数大与人口结构年轻使得基于数字经济的新形态就业飞速发展。

一、传统就业观逐步被颠覆

随着新经济发展，印度劳动者就业观发生了质的改变，由过去看重工作安稳和员工福利转变为追求挑战性、灵活性工作，越来越多的劳动者希望平衡生活和工作，建立新的人生规划。近年来，印度涌现出很多具有本土特色的互联网平台型企业，越来越多劳动者转战在线平台，寻找更好的就业机会。例如，印度本土打车软件 Ola，截至 2019 年，已经在 102 个城市运营，拥有 60 万名司机。[①]另外，还有美食配送平台 Zomato 和 Swiggy 及以自营业务为主的电商平台 Flipkart、自由职业招聘平台 Flexing It 等。自由职业可以为劳动者带来高度独立性与灵活性，包括不受管理层控制监督，可以自主选择上班时间和地点等。

二、自由职业者面临多重风险

自由职业者的工作自由性高，同时面临诸多风险。例如几乎没有员工福利，收入不稳定，有雇主拖欠甚至抵赖不付薪水。全新的线上就业模式打破了传统的法律法规。印度劳动法规定了具体的劳工保护措施来保证劳资双方享有平等议价能力，规定劳动者享有带薪休假的权利、组织自由工会和罢工的权利以及防止任意裁员等保护措施。互联网就业平台的职能和

---

① 数据来源：《印度网约车市场怎么了？看看 Uber 和 Ola 的经历就知道了》，https://baijiahao.baidu.com/s?id=1574757849958957&wfr=spider&for=pc。

责任尚不明确，监管起来存在不确定性，致使现行劳动法规针对线上劳动用工平台的适用性较差。

4.3　优质基因提炼

4.3.1　政策亮点频现

新经济在全球掀起发展热潮，各国纷纷出台政策支持新经济与新形态就业的发展。美国出台《促进创业企业融资法》，加拿大着手对相关法律进行修改和拟定，英国发布对数字市场新战略的立场文件，新加坡实施更为灵活的网约车调价机制，韩国政府在政策和资金上支持共享企业的发展，澳大利亚也对共享经济持乐观态度。①典型政策参见表4-3。

表 4-3　典型政策列举

国家	典型政策
美国	出台《促进创业企业融资法》和合法化专车的条例
英国	打造共享经济全球中心及欧洲共享经济之都，发布对数字市场新战略的立场文件
加拿大	起草并修改了新的法律框架，支持共享经济发展
澳大利亚	发布"汽车使用分享计划"并利用法律途径实现 Airbnb 等共享经济行业的合法化
韩国	对现行劳动法规予以调整，并制定专项法律对经济劳动关系进行规制
新加坡	政府与互联网平台运营公司构建积极的协同管理网络

4.3.2　司法实践提前铺垫

新形态就业与传统就业存在较大差异，给传统法律体系提出新挑战。为适应新形态就业发展，各国政府从本国国情出发，调整传统法律法规，以相应的规定界定新形态就业平台的权责利。典型句法实践参见表4-4。

一、明晰平台型企业与雇员的关系

2019 年 4 月，美国劳动关系委员会认为 Uber 控制了专车交易的验收

---

① 数据来源：《国家信息中心：〈中国分享经济发展报告（2020）〉》，https://www.sohu.com/a/379949567_468675。

规则、监督规则和使用规则等多个环节，认定 Uber 与专车司机之间属于雇佣关系。英国伦敦劳动仲裁法庭也认为 Uber 对专车司机的雇佣情况，已经超出了"临时工"的概念，应将使用 Uber APP 的专车司机视为正式雇员，并要求 Uber 为这些司机提供带薪休假、最低工资保障等福利。

二、系统调整传统法律法规

不同国家对新形态就业司法实践的立足点不同。美国华盛顿等州已通过相关法律，在法律中明文表示，责任属于汽车共享服务公司和保险公司，同时还通过了专车合法化等相关法律。英国对传统法律进行了完善补充，使其更好适应新形态就业的发展。韩国和加拿大管理的核心是放松监管（唐鑛等，2016①），日本对《家内劳动法》进行了修订（王国华，2017②）。

表 4-4　典型司法实践列举

国家	典型司法实践
美国	立足地方层面，出台合法化专车和相关汽车共享法律，明确相关责任
英国	《出租车法》将出租车分为三类：网上预订（私人汽车）、电话预订（私人汽车）和拥有营业执照出租
加拿大	拟定和修改最新法律框架，引入最新旅游法
韩国	完善相关规制，推进特定地域的示范产业
日本	修订《家内劳动法》，规定"家内劳动者"的最低工资标准

4.3.3　有效保护就业者权益

传统法律法规无法有效解决新形态就业者权益保障问题，各国政府从保护从业者权益角度，出台相应规定，尝试制度创新。

一、增加新形态就业者保障

为适应新形态就业的快速发展，诸多国家纷纷出台政策对该类型就业者提供保护。例如美国加利福尼亚州立法规定，网约车驾驶员的商业和个人保险均由交通类互联网经济平台提供。美国法院提出以"经济实质"标准来更好地保护网约车司机相关利益，这一做法使许多无法获得权益的雇员得到了合法保护；颁布最低工资法案以及联邦劳动标准法案进一步增加就业者保障。在澳大利亚的工作者中，约 7% 通过"零工经济"找到工作，

---

① 唐鑛，李彦君，徐景昀. 共享经济企业用工管理与《劳动合同法》制度创新[J]. 中国劳动，2016（14）：41-52.

② 王国华. 日本女性非正规就业现状及支持政策[J]. 中华女子学院学报，2017，29（5）：73-77.

工党要求零工经济平台企业不得压榨和剥削劳动者。《零工经济中的劳工权利》报告指明，零工经济易导致诸如养老保险、意外保险等相关权益丢失，因此必须采取相关措施加以保护。①

二、扩大失业保险覆盖面

鉴于新形态就业者无法正常享受失业保险，日本政府多次修改了失业保险条件，并逐步扩大了失业保险覆盖面。在 2007 年修订案中取消了对"短期合同工人"的区别对待，从而使符合某些条件的新类型工人与普通工人一样享有同等的失业保险；2016 年进一步缩短了工作时间，将就业合同原 6 个月的期限改为"31 天以上"，扩大了失业保险覆盖面。日本法律规定，适用单位雇佣的劳动者在原则上都是受保护对象，包含失业补救金和雇用安定、能力开放以及雇用福利三项事业，这些福利资金主要来自单位和被保险人之间的费用分摊，并由国库提供适当补贴（姚婷，2020②）。

表 4-5　保护就业者权益的相关政策规定

国家	政策内容
美国	交通类互联网经济平台为单起事件投保保险
澳大利亚	新形态就业用工企业必须设立适当的保险政策，确保给出的定价和合同符合行业标准
英国	技能共享平台应确保工人工资满足基本生活需求并实施创业计划
日本	修改失业保险要求条件，拓宽失业保险覆盖范围，使更多新形态就业者能够纳入其中

4.3.4　积极创新公共政策

面对传统就业向新形态就业的转变，世界银行认为，应集中加强公共政策创新以及社会保障（世界银行，2018③）。

一、创设新型服务类别

针对 Uber 这一类型的网约车公司，美国加利福尼亚州公共事业委员会牵头成立了交通网络公司。交通网络公司通过使用互联网或平台将私人汽车乘客和车主联系起来，为伙伴关系、公司、个人和其他形式的企业提

---

① 资料来源：《多国零工经济"火出圈"保障劳动权益亟需破解》，https://baijiahao.baidu.com/s?id=1669530400985868644&wfr=spider&for=pc。

② 姚婷. 失业保险制度国际比较研究[J]. 合作经济与科技，2020（1）：184-185.

③ 资料来源：《世界银行：14 张图回顾 2018》，https://www.sohu.com/a/286766228_463913。

供服务。通过创设新型服务类别，既解决了劳动者社会保障费用的缴纳问题，又确立了劳动者的法律地位。

二、更新电子化政府办公平台

2018 年联合国电子政务调查数据显示，韩国是亚洲地区电子政务发展指数最高的国家，政府电子信息方案提高了创业能力，为迅速增加就业创造了条件。电子服务将公众与政府联系起来，推动就业质量提升和就业信息的高速、便捷传递，提供就业服务、岗位培训服务等信息。"政府科技创新—就业增加"这一崭新模式也通过政府电子信息平台和劳动者就业信息的相互关联得以开发。

4.3.5 重视新形态就业统计工作

新形态就业发展使岗位种类更加多元，新职业类型不断涌现，职业与岗位特征有待结合最新实践数据进行细致梳理，新形态就业统计的信息量与技术难度显著增加。

一、典型国家就业统计指标对比

新形态就业者不断增加，传统就业统计工作显然已不适应当下的"零工经济"。美国政府认为，迫切需要重新统计和分类以前的非正规就业类型。2017 年，美国劳工统计局编制了一份调查问卷，重新开始关于非正规劳动者的统计工作，并计划于此后每隔一年调查一次。加拿大、英国和日本等发达国家的就业、失业指标设置处于世界领先水平。表 4-6 列出了典型国家就业与失业指标设置及采集处理方式（张一名和徐丽，2016[①]）。

表 4-6　就业与失业指标设置情况对比

国家	指标设置	采集处理方式	调查发布方式
美国	以就业和失业结构为重点的详细指标；更新就业指标，如失业原因和失业时间	每月一次住户调查和单位调查，总体与分行业数据全面，及时进行季节调整	月度，BLS 网站，可获得性强，时效性强
加拿大	重视劳动力市场，除了关注经济活动人口、就业失业情况以外，重点是工资水平、参加经济活动人口和失业率	电子问卷、电话采访、计算机辅助电话采访	月度，数据收集之后 10 天发布

---

① 张一名，徐丽. 我国就业统计指标及数据配套问题研究[J]. 中国劳动，2016（11）：12-16.

续表

国家	指标设置	采集处理方式	调查发布方式
日本	制定关于就业、失业、未参加经济活动人口、工作时间、收入、劳动争议、劳动力调查等指标	劳动力调查、劳动力特别调查、就业状况调查	由厚生劳动省和总务省统计局按月发布
英国	指标涉及就业、劳动力流动、收入和工作时长、企业员工离职率、新增雇员比例、收入状况、分行业的工作时长等	劳动力调查（LFS）、岗位空缺调查（VS）	国家统计局在调查参考期的 6 周内发布调查结果

二、多种手段促进信息公开

越来越多从业者选择在互联网平台就业，互联网就业数据不断产生。英国政府提出，将传统被动收集数据的方法改为主动监测方法，结合从网页抓取数据，搜集平台用户情况及经营数据，通过更新调查表、实时监控企业信息系统数据、主动报送数据报告等多种手段促进新形态就业信息的完善与公开。意大利在立法方面规定了互联网经济平台的数据公开义务，2016 年，众议院通过了一项关于共享经济的法案，其中包含了共享经济业务的监测事宜，法案中规定平台经营者须与监管机关合作，向监管当局提供有关共享经济进程的相关数据，使监管机构能在第一时间把握共享经济发展趋势。①

4.3.6　以科技创新促进就业创业

随着新一轮数字革命与科技创新浪潮的到来，以科技创新促进就业创业的发展已成为全球性共识。群雄逐鹿，力争分得一杯羹。

一、德国

从宏观政策角度来看，德国政府非常重视创新活动；从微观研究机构和企业角度上看，德国政府在没有过度干预的情况下，坚持技术和市场开放，成功依靠小型商业模式，取得了成功。

（一）基础学科研究与应用研究双管齐下

在德国，基础学科研究和应用研究之间相互独立。一方面，德国在基础科学领域能力更强，诺贝尔奖获得者频出，大部分依赖政府的资金支持。2017 年德国研究联合会调查报告显示，生命科学获资助的力度最大（11 亿欧元），占总额的 35.2%；其次是自然科学（7.14 亿欧元）占比 22.6%，工

---

① 王灏晨. 国外应对共享经济问题的措施及启示[J]. 财经界（学术版），2018（10）：1-2.

程科学（6.24 亿欧元）占比 19.8%，人文社会科学（4.8 亿欧元）占比 15.2%，跨学科项目的资助是 2.24 亿欧元，占比 7.1%。另一方面，德国在应用研究领域的科研经费主要依靠私人基金或企业出资，研发投入可依据企业需要变更，同时相对于基础学科领域，科研成果转化速度更快。德国政策允许弗朗霍夫协会的研究机构仅支付研发人员的第一年工资，第二年工资由公司和企业发放。这一行动促使研究人员从基础研究转向应用研究，并确保基础研究的正常运转（陈强和霍丹，2013①）。

（二）中小企业是创新的主要推手

为优化高科技工作者的软硬件环境，德国联邦政府于 2019 年提出《德国工业战略 2030》，高度重视政策规划对科技创新的引领作用。德国主要依靠中小企业为创新注入活力。②相较于大型企业，规模较小企业在市场活动中往往面临较多困难，例如风险控制能力差、资金有限等。德国政府采取了一系列政策来保障中小企业的创新行为，如国家级大型科研项目想要立项批准，一定要有中小企业参与。这些政策举措不仅激励了中小企业的创新热情，还提高了就业率。③

二、美国

美国同样也是一个以创新带动创业、创业带动就业及就业质量提升的典型国家。通过科技园区的建立及高等教育的发展，促进创新与就业。

（一）依靠科技园区进行创新、创业与就业

科技园区建设对推动区域创新、稳定就业、促进区域经济发展功不可没。作为创业园的典型，硅谷在美国创新创业方面独树一帜。经济危机之后，高科技创业园区在刺激就业方面发挥着非常重要的作用，硅谷模式遥遥领先，其中最为典型的模式为"发明创新—创建企业并壮大—创造就业"。

（二）助推以创业为导向的高等教育发展

对于开设创业教育课程，美国已经具备一定基础。在本科教育中开设创业类课程的高校占 37.6%，在研究生教育中开设该课的高校占 23%。为了鼓励大学教授从事创新型商业活动，美国制定了灵活的教师管理模式，并鼓励学校与企业建立伙伴关系，支持大学生创新创业（黄兆信和王志强，

① 陈强，霍丹. 德国创新驱动发展的路径及特征分析[J]. 德国研究，2013，28（4）：86-100；127-128.

② 数据来源：《人民智库｜〈德国工业战略 2030〉全解析》，https://baijiahao.baidu.com/s?id=16518024 58456369035&wfr=spider&for=pc。

③ 曹茜芮，冯运卿. 借鉴德国经验 推动我国中小企业创新发展[J]. 机械工业标准化与质量，2019（6）：43-45.

2017[①])。

三、以色列

虽然自然资源相对稀缺，但作为在纳斯达克拥有上市公司数量排名第二的国家，以色列依靠科技创新带动就业发展的经验无疑值得研究。

（一）以中小企业创业和应用型研究为依托增加就业

同德国模式类似，为增加就业，以色列积极利用中小企业，以创业促创新。而不同的是，以色列考虑到基础研究耗时多，成本高，在面对国内市场资金、资源有限以及企业规模小的问题时，更注重应用研究，以市场为导向，以应用技术创新为突破，形成了科研机构和大学都重视应用研究的创新体系。该创新模式使得以色列的一般性专利能够高比例转化为国际专利，使其一跃成为世界上专利转化率最高的国家。

（二）充裕的科研经费保障创新活力

以色列政府将国内生产总值的 4%以上用于公共科学研究，该比例为世界第一。为了促进欠发达地区的文化和教育发展，并支持中产阶级向欠发达地区移民，以色列政府在金融危机的余波中，在偏远地区建立了研究和发展中心，并通过提供高薪工作吸引人才。

（三）重视国内教育，促进国际学术交流

以色列政府自成立以来一直高度重视本国的教育发展，并致力于建设全民教育体系。与此同时，以色列政府在确保人力与财力投入相匹配的前提下，提升知识工作者的就业率。除了在国内教育上下功夫，还高度重视国际间学术交流。虽然国家自然资源贫瘠，但与西方发达国家保持着紧密关系，国际交流频繁，不仅国民素质有所提升，国内高等教育水平也不断攀升。

4.4　我国与典型发达国家新形态就业现状的比较分析

由于经济环境的差异性，不同国家的新形态就业现状与特征并不一致。为了更好地探寻我国新形态就业高质量发展路径，需要客观对比我国与其他典型发达国家在新形态就业现状上的差异特征，了解我国新形态就业发展过程中存在的优势与不足，归纳总结我国独特的新形态就业机遇与挑战，进而变革新形态就业管理模式，增强就业政策的合理性与先进性。

---

① 黄兆信，王志强. 高校创业教育生态系统构建路径研究[J]. 教育研究，2017，38（4）：37-42.

4.4.1 相较于发达国家，我国中高端新形态就业模式仍处于萌芽阶段

根据岗位职能，新形态就业模式可分为生活类（包括外卖员和网约车司机等）、职能类（包括线上客服和供应链管理员等）和专业类（包括数据分析师和专业翻译等）三种类型。[①]知识技能要求越高的模式所覆盖的劳动群体比例越低，但相对而言能够创造更高的经济效益。我国新形态就业主要集中于生活服务、生产能力和交通出行三大行业，主要涵盖行业为外卖员、网络直播以及网约车司机等低端人力资本行业，而专业翻译、程序设计和创意任务等中高端就业模式所占比重偏低。相较而言，美国等发达国家已发展形成众多中高端任务分享平台（如 Catalant 等），所涉及的岗位对就业人员也有着较高的能力要求，薪资报酬更为丰厚，能够吸引更多的高水平人力资本劳动者。虽然我国在生活类新形态就业模式上处于国际领先地位，但职能类和专业类等中高端新形态就业模式的发展仍然任重道远，有必要吸收借鉴发达国家在相关领域的先进经验。

4.4.2 相较于发达国家，我国新形态就业的教育培训工作仍显不足

新形态的就业也是"正式就业"，需要政府主管部门和用人单位开展与之相适配的培训教育活动。对此，我国政府明确提出要加强新形态就业者技能培训，鼓励平台型企业组织新形态就业劳动者参与职业技能、法律知识和安全生产等方面的培训教育。然而从整体层面看，我国新形态就业者的知识技能结构仍然处于较低水平，社会化培训体系有待进一步健全，开放多元的技能提升培训平台亟需构建。相较而言，部分发达国家的新形态就业社会培训制度起步较早。以德国为例，该国联邦政府于 2019 年提出了"继续教育战略"，旨在增强数字化时代人才培养、营造职业继续教育文化。具体而言，德国政府切实推动了模块化互动学习平台的开发，降低了劳动者终身学习的门槛，帮助新形态就业劳动者拥有更多的机会接受继续教育，增加了高端新形态就业模式的发展机遇。我国目前已开始关注新形态就业劳动者基本技能培训的重要性，但涉及的知识领域与知识深度仍需进一步完善。如何构建涵盖知识跨界学习的高层次新形态就业培训体系，是我国就业管理部门所需考虑的重要议题。

---

① 资料来源：《2021 年中国灵活用工市场发展研究报告》，https://m.thepaper.cn/baijiahao_12118260。

4.4.3 相较于发达国家，我国新形态就业劳动者的权益保障仍需完善

新形态就业的迅速发展在带来经济增长效益的同时，也引发了新的劳动关系冲突、社会保障制度和公共就业服务等问题与挑战。即使是社会保障水平处于国际前列的德国，目前也已出现新形态就业者权益缺乏保障等问题。令人欣慰的是，我国目前已不断重视该问题，人力资源社会保障部等八部门联合印发了《关于维护新就业形态劳动者劳动保障权益的指导意见》。①然而相较于部分发达国家，我国的新形态就业劳动者权益保障制度仍存在进一步完善的空间。以日本为例，该国作为目前世界上少有的仍存在组织"终身雇佣制"的国家，在面对数字经济时代涌现出的新形态就业现象，制定了相关的劳动者权益保障政策，具体包括雇佣关系界定、雇主责任归属和劳动者属性认定等。②同时较其他国家而言，电子商务的迅速发展使得我国部分新形态就业模式的劳动关系更加复杂，间接提升了新形态就业劳动者的权益保障难度。例如在日本的外卖配送业务，送餐人员多是餐厅的雇佣劳动者，能够较为清晰地界定雇佣关系。而在我国，由于平台型企业在餐厅与外卖员之间充当了"桥梁"，外卖员与餐厅并不存在直接的法律关系，这导致劳动权益保障责任归属的界定更加困难，劳动者的权益保护问题更加复杂。

4.5 政策启示

不同国家政府根据本国新形态就业发展的实际情况，结合本国经济发展水平和劳动力市场发展程度与特点，管理措施与应对策略迥异。总的来看，各国现有法律体系在新形态就业规制方面并非一帆风顺，正在积极将新形态就业纳入治理框架（Atmore，2017③）。在经验借鉴的基础上，研究结合我国国情与劳动力市场特征，紧扣新形态就业特征，顺应发展趋势，积极从政策创新、司法创新、科技创新等方面支持新形态就业发展。

---

① 数据来源：《关于维护新就业形态劳动者劳动保障权益的指导意见》，http://www.mohrss.gov.cn//xxgk2020/fdzdgknr/zcfg/gfxwj/ldgx/202107/t20210722_419091.html。

② 资料来源：《2021 年中国灵活用工市场发展研究报告》，https://www.scbgao.com/doc/69503/?bd_vid=11773897955919173041。

③ Atmore. E. C. Killing the goose that laid the golden egg: outdated employment laws are destroying the gig economy [J]. Minnesota Law Review, 2017, 102(2), 887-922.

我国新形态就业起步较早，网民数量众多，市场潜力大，致使新形态就业体量大、就业者适应能力强、本土化创新多。2016 年 8 月颁布的《网络预约出租汽车经营服务管理暂行办法》使我国成为第一个承认网约车合法性的国家，对其他国家具有重要引领效应。《2019—2020 中国互联网趋势报告》①指出，随着信息技术的成熟，将在基层更有效地提供互联网创新，充分覆盖移动支付，促进市场进入线上线下一体化整合阶段。移动因特网消费向"板块化"转变，中等容量内容增加、过高或过低容量内容减少，为新形态就业提供了良好发展环境和可靠技术支撑。在可观的市场潜力背后，同样存在着不容忽视的漏洞与问题。例如缺乏对新形态就业者的社会保障体系；新形态就业相较于传统就业，用工关系模棱两可，缺乏法律保护；公共政策发展落后于新形态就业发展；缺乏针对新形态就业的定期统计及较为落后的科技绩效。鉴于此，在汲取各国施政精华基础上，研究尝试进行政策革新恰逢良机，具体政策创新详见第 10—11 章。

4.5.1 持续增大新形态就业扶持力度

美国、加拿大、英国等国家已开始制定新的法律框架和长期规划以支持新形态就业的发展。我国应从政策的顶层设计出发，完善新形势下劳动力市场制度，完善相关法律法规，促进新形态就业良性发展。

一、加强顶层设计与政策储备

政府相关部门应从顶层设计出发，出台鼓励和支持新形态就业发展的细化政策，进一步明确新形态就业的定义和范畴，有效识别新形态就业模式，搭建起新形态就业政策体系框架。评估并改进新形态就业发展政策，确保新形态就业公共服务体系不断完善，做好应对新形态就业新问题的政策储备，提前进行科学论证。

二、多方协同治理以形成合力

就业形式多元化是新形态就业的显著特点之一。面对多样化的新形态就业类型，政府相关部门应不断完善行业、企业和消费者等多方利益相关者参与的协同治理机制。不断加强和完善"互联网+公共服务"建设，使新形态就业和创业人员能够通过多渠道获取服务。同时用人单位也应主动适应新形态就业发展，调整企业相关规章制度和组织结构，允许员工具有多重工作身份。

---

① 数据来源：《2019—2020 中国互联网趋势报告》，https://www.sohu.com/a/297122782_258957?qq-pf-to=pcqq.group。

三、构建政府主导的新型培训体系

随着数字经济的加速发展，产业升级和智能化科技使得衰落产业及其就业岗位逐渐被淘汰，新型劳动力与新形态就业的内涵和外延边界也随之延展。互联网技术使得就业者身体状况和所处地位不再成为制约因素，他们可通过互联网平台获得全球工作机会。与此同时，传统就业者向新形态就业者转变仍需要过渡期，为了降低摩擦性失业造成的恐慌，政府应提供适宜的培训课程与训练项目，逐步打造满足新形态就业知识与技能需求的新型培训体系。

4.5.2　进一步明晰与规范劳动关系

我国现行法律对非标准劳动关系没有明确的法律规定，现实中多采取的是三分法，即劳动关系、劳务关系与雇佣关系。实际情况是，法律对三者的概念界定并不明确，三种概念极易出现混淆，分类过于简单。对新形态就业劳动关系的分类规制，可参考德国"类似雇员"概念，尝试建立灵活规制方式，将其作为一种特殊劳动关系来对待，从概念、分类与管理策略等方面，创新劳动关系管理。

一、批判借鉴德国"类似雇员"制度

雇员只要满足一定条件，具有经济从属性就可以被认定为"类似雇员"。我国新形态就业人员数量大幅增加，与互联网平台的劳动关系成为社会讨论的热点话题，传统劳动法规已显现出不完全适用对新形态就业劳动关系的解释。以网约车为例，与传统的标准劳动关系相比，专车预约平台与大部分专车司机之间的从属性较为松散。对于这种新型劳动关系下的就业者，德国"类似雇员"制度有一定的可取之处，但是在借鉴引用之时也应综合考虑我国实际情况，进行适应性分析，提出规定细则。

二、规范界定我国非标准劳动关系

将"类似雇员"概念引入到新形态就业劳动关系中，可结合我国以往对"非全日用工""劳务派遣"的规制方式。一方面，保障劳动者基本权益，另一方面，给予用人单位更多自主权。比如最低工资制度对新形态劳动关系中的劳动者也适用，当新形态从业者合法权益受到侵害时，使用劳动纠纷的处理程序予以解决。为保证新形态劳动关系的灵活状态，政府、用人单位、平台及劳动者的社保责任可通过地区或企业试点，检验效果后再科学划定。

4.5.3 尽快完善广覆盖、适应性强的社保制度

与美国、澳大利亚、日本等高福利国家相比，我国针对新形态就业的社会保障制度存在较大漏洞。在借鉴先进经验的基础上，可考虑从以下几个方面进行政策漏洞弥补与潜力挖掘。

一、从法律层面落实新形态就业群体的合法权益

为保障新形态就业人员在面对劳动纠纷时能够有法可依，应将新形态就业人员的劳动保护写入劳动法，给予其明确的身份认定。利用行业协会制订行业自律规范，明晰平台管理方、代理第三方以及劳动者三方责任。在该群体相对密集的行业，按期开展专项或联合执法检查，加强劳动监察，确保新形态就业群体的合法权益得到保护。

二、加快拓展社保参与主体及渠道

传统以用人单位为主体的社会保障参与渠道已经不适应新形态就业模式发展，应进一步发展更加灵活的参保渠道。根据新形态就业及创业人员的实际收入水平和工作情况，制定一套使劳动者能够切实受益、灵活高效的社会保障制度体系。劳动主管部门可根据新形态就业群体的特殊性，实行社会保障险种项目制，例如外卖员这类群体，应先加入工伤保险，然后再按需加入其他险种。在尽量与传统保障体系并轨衔接的基础上，尝试设计推出针对新形态就业者的新险种与新保障，不必完全囿于传统社保框架。

4.5.4 加快公共服务政策创新

随着新就业模式的发展，就业管理政策在制定和执行方面仍然存在不足，不能忽略对平台公共属性、功能及作用的认知。可借鉴美国、韩国等先进做法，尝试利用公共服务与信息技术革新治理手段予以推进。

一、构建多方协同治理模式

为提高政府治理水平与能力，利用人工智能和平台大数据等技术手段，从政策设计层面促进平台与政府协同治理。平台型企业通过技术手段进行政策推广落地，政府部门尝试对接企业大数据资源，实现精准管理。进一步探索建立行业协会、政府、平台型企业、资源提供者及消费者的多方合作治理机制，促进平台型企业和政府的良性互动。

二、创新公共就业服务供给模式

继续提高劳动效率和服务质量，包括通过政府采购服务等方式实现公共就业服务的可持续发展。与此同时，放开对非营利社会工作组织的限制，

打破政府对公共就业服务的垄断，充分发挥人力资源公司等民间就业服务机构的补充作用，促进政府、企业和劳动者个人资源的融合利用。

4.5.5　构建新形态就业统计指标体系

传统就业统计指标口径较为粗糙，数据更新较为缓慢，目前我国新就业形态尚未纳入官方就业统计口径，亟待构建新形态就业质量与福利水平评估机制。通过借鉴美国、日本、英国和加拿大等国的就业与失业指标体系，设计完善我国新形态就业统计指标维度与口径，使之与现行就业统计工作衔接融合。

一、推行就业实名制跟踪登记

动态跟踪新形态就业人员的就业情况，登记其真实姓名。打破对居住地的限制，准确记录工作地点、工作条件等方面信息，将农村劳动力转移到真实姓名系统中，建立就业实名制跟踪登记专项数据库。

二、变被动登记为主动登记

传统失业统计存在较强的被动属性，统计数据口径狭窄，存在先天不足。应建立通用性较强的互联网信息采集系统，有资格登记失业的人员可在该平台登记，就业人员也可以随时更新其就业状况，如实主动填写信息可适当给予一定奖励。建立就业服务平台和失业监测系统是提升就业管理数字化水平的先决条件。构建新形态就业统计指标体系，应明确新形态就业的内涵、外延、特征与分类等。专项数据库建成后应不间断进行数据填充，及时公开数据，提升数据时效性。

4.5.6　增强科技创新，赋能就业创造

新经济与新形态就业模式发展的重要驱动力之一是创新，尤其是科技创新。与欧盟、美国等发达国家相比，我国科技创新水平仍然有待提升。在数字技术助推经济发展转型的关键阶段，面对双循环发展格局，科技创新应更多依靠内部挖潜，激发就业创造活力。

一、支持中小企业创新发展

从德国、美国和以色列的创新发展历程来看，无论一个国家自然资源是否短缺，经济基础是否发达，支持中小企业发展都是最有效率的创新方式之一。相较于大型企业，中小企业将创新成果推向市场的速度更快，捕捉创新成果的眼光更敏捷，能够及时将科技成果转化为经济产出，是创新的微型"毛孔"。为中小创新企业提供更多政策支持，能减少甚至打破市场准入壁垒，激发市场活力。为中小企业提供更好的公共服务，能激励中小

企业成为新形态就业吸纳海绵。

二、扶助海外人才回国创业就业

抗击新冠疫情彰显了祖国的包容与强大，海归潮汹涌，正值海外高层次人才回国创业就业良机。打造创新创业公共服务平台，创立柔性人才引进机制，给予人才发展空间。推陈出新，大胆改革人才管理与绩效评估模式，积极做好海外人才服务工作。

"子云相如，异曲而同工。"研究团队进行了艰苦卓绝的信息搜集与整理工作，对获取的新形态就业相关的域外信息进行深加工，并与国内新形态就业情景相融合，形成适合我国国情的新形态就业政策。通过解析美国、德国、澳大利亚、日本和印度五个典型国家的新形态就业发展现状与存在问题，提炼优质基因进行政策适用性测试分析，研究发现，我国新形态就业发展与其他国家具有相似轨迹，暴露出相似问题，同时也呈现出显著异质性。优质经验是多次试错后的结晶，直接应用于国内新形态就业实际难以发挥成效，透过对比分析了解我国新形态就业发展中存在的优势与不足，总结国内新形态就业独特性进行政策变革，能够更进一步提高其合理性与先进性。研究结合间接经验提取直接经验，通过集成域外经验萃取发展轨迹及概念元素等，从制度、司法、科技等多方面提出相关政策建议，更高效地开辟我国新形态就业发展的康庄坦途。

第三篇　政府宏观管理：
新形态就业质量与风险评估

[篇首语] 面对不断涌现的新形态就业模式和持续增多的新形态就业劳动者,我国需要构建更具科学性和系统性的新形态就业管理制度与法规。为了实现这一目标，政府部门应从新形态就业全局着眼，通过高屋建瓴式的战略思考，从宏观层面把握我国新形态就业的发展脉搏。当前阶段我国新形态就业的质量如何？新形态就业模式存在何种风险？上述问题均须得到系统性回答。为填补现有研究缺陷，完善新形态就业质量与风险的评估工具，本篇结合调研分析与 AHP 分析方法，明确我国新形态就业的质量水平和风险挑战。具体而言，在第 5 章，通过模糊 AHP 方法，结合专家意见征询，构建我国新形态就业质量评价体系；在第 6 章，运用模糊综合评价与熵值法，针对我国新形态就业风险等级进行评估预警，为就业管理制度的合理制定提供借鉴参考。

第5章　新形态就业质量评价体系重构

我国就业的主要矛盾已经从以就业岗位不足为特征的总量矛盾转变为以就业质量不高为特征的结构性矛盾。相较于传统就业，就业不充分、工作中的"穷人"以及形形色色就业质量不高问题在新就业形态中呈现出新的表现形式。新形态就业劳动者是否享有更高就业质量？能否实现从"好就业"到"就好业"转变？这些问题有待科学评估后给出答案。国内外较为成熟的就业质量量表是否适用于我国新形态就业发展实际？传统就业质量指标是否适用于新形态就业？这些问题需要依据新形态就业特点、评价要点、可获数据类型等客观约束条件，逐一解析。

本章依据新形态就业现有统计指标口径与数据完备情况，梳理国内外新形态就业质量的核心指标，背对背征询专家意见进行多轮指标遴选，做到每项指标选取有理有据，创新性构建多层次多维度评价指标体系，科学测算指标权重。针对我国新形态就业质量进行科学系统评估，深度挖掘评估结果，提炼政策启示。

5.1　新形态就业质量评价指标梳理汇总

直观来看，新形态就业虽然在稳定性方面不如传统就业，但在收入、工作灵活性等方面具有较大优势。新形态就业质量具有溢出效应，能够带动整体就业质量的改善与提升。新形态就业劳动者的就业环境与工作条件发生了显著变化，就业质量内涵与时俱进，好与不好的评断也因时代、群体、价值观而异，就业质量衡量和评价指标也与传统就业存在较大差异。国内外学者评价就业质量的视角与维度在不同阶段呈现不同特点。

5.1.1　国外评价指标梳理

国外学者较为注重就业质量相关研究。在就业质量评价指标遴选和体系构建方面，发展中国家、发达国家与国际通用指标在构建思路和侧重点上有所不同。下面选取典型代表性文献进行指标详细描述。

一、传统就业质量评价指标

（一）国际通用指标

拉斐尔和恩里克（Rafael & Enrique，2005）[①]通过对经济合作与发展组织的 19 个成员国 13727 名就业者的调查发现，工资水平、工作时间、工作前途、工作难易程度、工作满意度、团队协作是工作质量评价中不可缺少的 6 个维度。其中，影响工作质量的具体指标包括月薪、团队工作、因素、合同类型、工作职务、工作年限、公司规模 7 个衡量指标。指标解释分别为：薪水按照每月工资水平之间差异由低到高分为 10 个级别；团队工作按照是否进行团队工作分为团队工作自主性、团队工作非自主性、不进行团队工作 3 个类别；因素是指影响工作质量的两类因素，即公共因素和个人因素；合同类型是指签订的合同是长期还是短期；工作职务是指在企业中担任专家型管理者、非专家型管理者、专家还是普通工人；公司规模按照员工数由低到高分为 4 个级别；服务年限按照工作时间长短分为 3 个级别。

邦尼特（Bonnet）等（2010）[②]根据国际劳工组织社会安全经济数据，解析体面劳动的就业质量，评价指标分别为：劳动市场保障指数，即劳动者在提供劳动时是否能得到基本安全保障，主要包括是否获得工作咨询服务、失业率、公众消费在国内生产总值中所占的比例、国内生产总值年增长率 4 个二级指标；雇佣保障指数，即劳动者能否在工作过程中享有公平、正当待遇，主要包括是否存在不正当解雇行为、休息时间是否合理等二级衡量指标；工作安全指数指工作环境是否安全，衡量指标主要是意外伤害发生率；培训指数指用人单位对员工的培训情况，衡量指标主要包括培训率、平均学龄等；收入安全指数指收入能否满足基本生活需求以及与工作付出是否成正比；话语权安全指数指劳动者的基本话语权能否得到保障。

（二）典型发达国家评价指标

欧盟委员会的"工作质量"指标体系包含 10 个维度（详见表 5-1）：（1）内在工作质量；（2）技能、终身学习和职业发展；（3）性别平等；（4）健康和工作安全；（5）灵活性和安全性；（6）包容性与劳动力市场进入；（7）工作生活平衡；（8）多样性与非歧视；（9）社会对话和员工参与；（10）

① Rafael. L., Fernandez Macias E. Job satisfaction as an indicator of the quality of work[J]. Journal of Socio-Economics, 2005, 34(5): 656-673.

② Bonnet F., José B., Figueiredo, Standing G. A family of decent work indexes[J]. International Labour Review, 2010, 142(2): 213-238.

整体经济表现和生产率。该评价指标体系为比较不同地区就业质量提供了
有效工具，对评价和促进相关就业政策和法律法规也有帮助。①

表 5-1　发达国家就业质量评价维度与指标

内容维度	建议指标
内在工作质量	劳动者工作满意度、经过一段时间获得更高收入的劳动者比例、低工资获得者、工作贫困和收入分配
技能、终身学习和职业发展	具有中高等教育水平劳动者的比例、接受培训终身教育劳动者比例
性别平等	男女报酬差距、性别隔离、在不同职业或部门中女性或男性聚集的程度
健康和工作安全	工伤事故的综合指标、职业病发生率、与工作相关的压力水平和其他困难
灵活性和安全性	具有灵活工作安排的劳动者比例、由于裁员而失去工作岗位的劳动者比例
包容性与劳动力市场进入	年轻人向积极生活的有效转移、就业和长期失业率、部门和职业之间的劳动力市场瓶颈和流动性
工作生活平衡	具有灵活工作安排的劳动者比例、产假和育儿假机会
多样性与非歧视	老年劳动力、残疾人和少数民族劳动力相对于平均水平的就业率和报酬差距
社会对话和员工参与	集体协商的覆盖率、拥有员工代表的工作委员会的企业数量、对所在企业经营状况感兴趣或参与企业经营管理的雇员比例
整体经济表现和生产率	劳动者平均小时生产率、年产出和人均生活标准

（三）典型发展中国家评价指标

部分发展中国家采用 SA8000 作为就业质量衡量标准（详见表 5-2）。
张宏宇等（2014）②认为，SA8000 在一定程度上有助于改善劳动条件，规
范企业道德行为，有助于解决多种社会责任标准一致性问题并保障劳工合
法权益。

---

① The European Commission. Task force on the measurement of quality of employment. "Measuring quality of employment country pilot reports"[P]. United Nations Geneva, 2016.

② 张宏宇，周燕华，张建君. 如何缓解农民工的疲惫感：对工会和 SA8000 认证作用的考量[J]. 管理世界，2014（2）：32-43.

表5-2 发展中国家就业质量评价维度与指标

内容维度	建议指标
童工使用	就业最低年龄、年幼工人在总员工数中所占比例、安全工作区、是否坚决反对使用童工、青少年教育覆盖范围
劳动补偿	工资最低标准、五险一金覆盖范围、员工基本生活需求是否得到满足、惩罚措施
安全卫生	健康和安全的工作环境、工人宿舍条件、健康与安全检查评估预防制度、意外伤害率
工作时间	最短工作时间、最长工作时间、交接班制度、是否额外支付加班工资
社团自由	是否拥有以集体名义争取权益的权利、是否尊重全体员工组织、是否允许员工加入自己选择的工会
就业歧视	性别歧视、年龄歧视、文化水平歧视、种族歧视
强制劳动	自由跳槽的机会、是否强制要求员工缴纳押金或寄存身份证、允许员工按时下班、允许员工辞职
劳动纪律	规则与制度的完善性、适用范围、员工守则、员工体罚率

二、新形态就业质量评价指标

(一)国际通用指标

哈蒙和西尔伯曼(Harmon & Silberman,2017)[①]采用问卷调查方式,研究由数字劳动力平台支持的劳动力市场。从6个方面评价工作质量,分别为:工作经验、工资水平、平台沟通能力、评级和评价体系、平台技术、工作满意度。其中,工作经验方面调查了工作年限、预计工作时长、就职原因、每周工作时长以及是否获得技能等因素;工资水平调查了上周收入情况、获得小费金额、合同规定的每小时工资、薪资满意度及兼职数量等;平台沟通能力方面调查了平台政策通知的及时性、意见询问频率、与顾客交流频率、顾客反馈意见频率等;评级和评价体系调查了反馈意见频率、顾客满意度、参考顾客历史记录接单的频率等;平台技术调查了网站可靠度、界面友好度、网站反应速度;工作满意度调查了员工对该平台的满意度及原因。

[①] Silberman. M., Ellie Harmon. Rating working conditions in digital labour platforms [R]. European Society for Socially Embedded Technologies, 2017.

（二）典型发达国家评价指标

菲塞勒（Fieseler）等（2018）[①]通过对美国微平台 Amazon Mechanical Turk 工作的 203 名员工的访问调查，对雇主、员工和平台提供者三者之间关系进行探讨。平台提供者更关注平台特性、流程及可提供性，雇主重点关注员工工作条件，员工更关注对平台新制度了解程度及平台机构设置对员工公平感知的影响。皮亚纳和普拉格纳（Piasna & Plagnol，2018）[②]研究了 27 个欧洲国家女性灵活就业状况之后，提出了工作质量评价的 4 项维度：工作安全感、职业发展、工作时间和内在工作质量。工作安全感是指有一份稳定而且有保障的工作，有足够收入和职业发展通道，签订临时工作合同往往被认为是工作质量差的衡量标准；职业发展是指用人单位能够给予雇员更广阔的发展空间，及时给予其职业生涯规划指导；工作时间是指工作时间是否有弹性，是否便于平衡工作与家庭；内在工作质量是指是否具有工作自主权、发展技能的机会、工作中的社会支持及工作压力。

马雷克（Mareike）等（2016）[③]通过对英国和美国的 8 名传统出租车司机和 7 名 Uber 用户进行半结构化访谈，调查 Uber 平台对传统出租车行业造成冲击的原因，对比解析传统行业工作者与新形态就业者的就业质量差异。研究结果发现，Uber 平台就业者较为关注时间灵活程度、工资水平、安全保障、平台操作的难易度、平台对司机的奖惩制度、平台对雇员的培训频率等方面，以上这些因素可作为衡量新形态就业者的就业质量评价指标。

（三）典型发展中国家评价指标

纳亚尔（Nayyar，2012）[④]利用 1993—2004 年相关数据，综合分析了印度服务行业的新形态就业质量，其衡量指标主要包括工资、劳务合同签订及社会保障 3 项。其中，工资是衡量就业质量的最直接指标，直接影响劳动者生活水平；是否签订劳务合同是衡量就业稳定性的重要指标；社会保障是指员工除了获得基本工资收入外，还能拥有的其他社会福利和工作安全保障。

---

① Fieseler. C., Bucher. E., Hoffman C. P. Unfairness by design? The perceived fairness of digital labor on crowdworking platforms[J]. Social Indicators Research, 2018, 139(3): 1065-1084.

② Piasna A., Plagnol A. Women's job quality across family life stages: an analysis of female employees across 27 European countries[J]. Social Indicators Research, 2018, 139(3): 1065-1084.

③ Glöss, Mareike, Mcgregor. M., Brown. B. Designing for labour: uber and the on-demand mobile work-force[C]. Chi Conference on Human Factors in Computing Systems, ACM, 2016.

④ Nayyar, G. The quality of employment in Indian services sector: exploring the heterogeneity[J]. Applied Economics, 2012, 44(36): 4701-4719.

就业质量研究涉及多个学科，因而不同学科的专家学者进行研究的视角不同，经济学者较多关注收入水平，社会学者关注技能和自主性，心理学者多关注工作满意度。最初该研究所涉及的维度主要是和工作本身相关的，如工资福利、工作保障等。随后，健康问题受到关注，特别是与职业压力有关的问题。现阶段，更多学者关注工作与生活平衡及劳动者主观感受。详见表5-3。

表 5-3　国外新形态就业质量评价指标汇总

代表作者	年份	研究内容	关键指标
Rafael	2005	对 OECD19 个成员国多名就业者进行调查分析，深入了解就业者的工作内容、满意度、工作条件等，发表了各国就业质量报告	月薪、团队工作、合同类型、工作职务、工作年限、公司规模等
Andrew & Pradeep	2010	主要评估加拿大不同时期就业质量变化情况	报酬、社会待遇、工作时间满意度、工作计划、工作稳定性、工作物理环境、工作社会环境等
Mark	2010	利用 2005 年欧洲工作条件调查数据，从工作内容、自主性和工作条件三个维度评价工作质量	内在工作质量、终身学习和职业发展、性别平等、工作安全、工作灵活性、劳动力市场包容性、工作生活平衡度、社会对话等
Richard	2012	填补加拿大在就业质量衡量方面的空白，利用第三方数据进行计算（如加拿大统计局）	健康和福利、技能开发、职业和雇佣稳定、工作生活平衡度、工作条件满意度等
Nayyar	2012	运用 1993—2004 年相关数据，分析印度服务行业就业质量，数据来源为印度国家统计局和劳动部	工资、劳务合同签订、社会保障、就业机会、不可接受的工作、工作稳定性、劳动安全、就业的公平待遇等
Harmon & Silbermon	2017	分析由数字劳动力平台支持的劳动力市场，根据信息时代下就业结构变化提出新的就业质量指标	工作经验、工资水平、平台沟通能力、评级和评价体系、平台技术、工作满意度等
Piasna & Plagnol	2018	以 27 个欧洲国家女性就业状况为样本，提出就业质量指数建立的基础不是体面劳动，而是建立在工作满意度等主观指标上	工作安全感、职业发展、工作时间、内在工作质量等
Carmelo	2020	运用构建多维不稳定指标体系的新方法，探讨西班牙就业不稳定的演变趋势，由员工的主观评估确定指标维度，量化其相对影响	低工资率、定期合同、加班时间、公司培训、员工人数、上级监督、工作履历、性别、年龄等
Benedetti	2020	比较 28 个欧洲国家本土工人和外国工人的工作质量及满意度，构建多层次模型，探索评价指标对工作质量的影响	工作报酬、性别、受教育程度、身体健康程度、工作合同等

5.1.2　国内评价指标梳理

国内关于传统就业质量评价的研究成果较为丰富，从中选取较具典型性的指标体系进行剖析，以提炼共性与个性指标。新形态就业依托的平台不同，就业质量的评价指标亦不相同，需分门别类予以解析。其中的典型就业群体，比如高校毕业生，新形态就业表现可圈可点。典型评价指标汇总如表 5-4 所示。

一、传统就业质量评价指标

殷吉悦（2018）[①]遵循维度完整、指标可度量、指标相互独立的设立原则，将主观与客观因素结合，构建了囊括工作条件、工作环境、劳动关系、发展空间、社会保障、个人感受 6 项一级指标及劳动收入、劳动合同、发展空间、对工作的满意度等 16 项二级指标的新生代农民工就业质量评价指标体系。工作条件方面的指标包括工作时间、劳动收入、工作强度、工作稳定性、员工培训；工作环境方面的指标包括物理环境、安全环境、人文环境；劳动关系方面的指标包括劳动合同和工会建设；社会保障方面的指标主要是指缴纳"五险"的情况；发展空间主要是指个人升职加薪的可能性；个人感受方面指标包括人-职匹配、工作与家庭平衡度、工作满意度及城市融入度。

潘经强（2017）[②]构建高校毕业生就业质量评价指标体系，从 4 个方面进行评估：学校、企业、毕业生和家庭。与高校有关的指标包括专业对口率、培训目标实现程度和就业率；与企业有关的指标包括行业岗位与学生匹配指数、劳动关系和谐指数、社会保障、工作绩效、用人单位满意度；与毕业生有关的指标包括劳动报酬、工作环境、学生满意度、发展前景；与家庭有关的指标包括工作期望与就业成本。

苏丽锋和陈建伟（2015）[③]提出新时期就业质量评价的 15 项指标，选取的代表性指标如下：社会对话，即员工是否有机会参与保护自身合法权益以及改善现有工作待遇、条件等重要问题的讨论；员工关系，即上级领导和下级员工之间的关系，上下级之间是否相互理解和信任；劳动合同，

---

① 殷吉悦. 基于 AHP-Fuzzy 的新生代农民工就业质量评价研究[J]. 西华大学学报（哲学社会科学版），2018, 37（1）：74-80.

② 潘经强. 转型发展背景下高校毕业生就业质量评价体系的重构[J]. 科技创业月刊, 2017, 30（22）：43-45.

③ 苏丽锋，陈建伟. 我国新时期个人就业质量影响因素研究——基于调查数据的实证分析[J]. 人口与经济，2015（4）：107-118.

即雇员与雇主拟定正式合同，内容涉及工作强度、工作与生活平衡、工作-专业匹配、加班待遇、职业发展、工资支付及时性等。

张抗私和李善乐（2015）[①]在综合国际劳工组织"体面劳动"量化指标的基础上，设计了一套较为全面、可综合衡量的就业质量评价指标体系，一级指标主要包括就业状况、劳动报酬、就业能力、劳动关系及就业环境5个关键衡量指标。就业状况包括工作与家庭、就业机会、就业结构、就业稳定性、就业安全；劳动报酬包括就业报酬、劳动保险、劳动保障；劳动关系包括工会建设和劳资关系；就业能力包括教育发展水平和培训；就业环境包括经济发展与就业、就业介绍、劳动力市场细分、劳动力供求等。

钱芳等（2013）[②]认为，农民工就业质量评价指标主要包括工作水平、劳动权益保障、工作稳定性、职业发展空间、主观满意度5个维度。工作水平一级指标包含月收入和每月工作天数2项二级指标；劳动权益保障一级指标反映了农民工和用工单位劳动关系的正规程度，包括劳动合同、保险支付和工会组织3项二级指标；工作稳定性包含工作持续时间和工作频率2项二级指标；职业发展空间包含从事工作的加薪或升职机会和对未来就业的看法2项二级指标；主观满意度包括收入满意度、工作条件满意度和人际关系满意度3项指标。

林竹（2013）[③]根据国际劳工组织现行的衡量体面劳动的11项指标，提出了新生代农民工劳动就业质量评价指标体系，指标涵盖范围较广，主要包括心理感受、人际关系满意度、职业评价、被尊重程度、工作环境评价、工作兴趣、工作稳定性评价、劳资关系评价、工作与家庭和谐、工资收入、工资提升可能性、加班工资满意度、获取帮助、就业歧视、参与管理、健康安全等。

二、新形态就业质量评价指标

（一）共享经济平台

共享经济平台作为一种新的就业承载体，主要集中在生活服务业，相比较而言，对劳动者技能和教育水平的要求不高，呈现出工作时间灵活、就业门槛较低等特点。共享经济平台为弱势群体提供了大量就业机会，吸纳了以前被排除在正规就业之外的劳动者。共享经济平台就业的劳动关系

---

① 张抗私，李善乐. 我国就业质量评价研究——基于2000—2012年辽宁宏观数据的分析[J]. 人口与经济，2015（6）：62-72.

② 钱芳，陈东有，周小刚. 农民工就业质量测算指标体系的构建[J]. 江西社会科学，2013，33（9）：189-192.

③ 林竹. 新生代农民工就业质量测量与分析[J]. 贵州社会科学，2013（1）：85-89.

状况不容乐观，存在着劳动合同签订率较低、劳动争议未妥善处置、劳动者与平台之间权利义务不对等问题，自工业时代以来形成的劳动法律受到共享经济平台推广的严峻挑战。

魏巍等（2019）[①]通过对 10 个典型的 C2C 互联网企业的深入调研及访谈，从经济、管理、个体、发展 4 个维度构建了非典型雇佣关系影响因素模型。实证研究发现，宏观政策、宏观经济、平台型企业、劳动保障、消费者权益等多层面因素对非典型雇佣关系具有显著影响。评价指标体系构成如下。一是平台型企业组变量，包括管理制度民主、集体合同签订、行业协会参与、劳动保护、权益诉求、劳动争议处理、管理费计提、社保承担主体。二是劳动者组变量，包括薪酬水平、福利待遇、生活质量、劳动合同期限、培训次数、组织承诺、职业发展、工作乐趣、家业平衡、工作自由度、人际关系简单、工作时间。三是消费者组变量，包括消费者情绪、消费者评价。

胡格源和张成刚（2018）[②]研究了滴滴平台的就业质量，分别从宏观、中观和微观层面对滴滴平台就业质量进行了评价。宏观层面评价指标包括工作机会公平性、劳动生产率提高程度、失业率；中观层面评价指标包括工作安全保障、分配工作公平性、平台匹配效率、平台服务质量；微观评价指标包括工作时间灵活性、收入水平和稳定性、社会保险、工作自主权和稳定性等。

何勤等（2017）[③]对平台型灵活就业劳动者的基本就业情况进行了问卷调查，研究发现，灵活就业人员最为关注的核心指标包括是否有社会保障、用工关系是否明晰、招募方式多样性、信息管理及时性、培训频率、绩效考核是否适应新需求。除此之外，其他评价指标包括工作类型、工作时间灵活性、收入公平性、工资发放及时性、收入稳定性、就业满意度等。要提升这部分人群就业质量，必须对灵活就业人员的人力资源服务进行改进和创新。

（二）电商平台

电子商务平台就业模式基于核心产品或服务，其以提供服务满足用户

① 魏巍，杨河清，王欣. 新就业形态中非典型雇佣关系影响因素及优化[J]. 中国劳动关系学院学报，2019，33（1）：19-31.

② 胡格源，张成刚. 共享经济平台双边用户评价与权益保护机制研究——以滴滴出行为例[J]. 中国人力资源开发，2018，35（2）：109-117.

③ 何勤，邹雄，李晓宇. 共享经济平台型灵活就业人员的人力资源服务创新研究——基于某劳务平台型网站的调查分析[J]. 中国人力资源开发，2017（12）：148-155.

的一站式需求。平台一方是数量众多的最终用户，另一方是从平台派生的产品或服务供应商。廖杉杉和邱新国（2018）[1]从就业水平、就业能力、就业保障和就业服务四个维度衡量农产品电子商务就业质量。就业质量影响因素可归纳为三个方面：农产品电商从业者本身、从业者家庭状况以及农产品所在地区的经济和社会发展环境。农产品电子商务从业者方面的具体指标为，性别、年龄、种族、户籍、婚姻状况、健康状况、教育程度和政治面貌；从业者家庭状况包含的指标为，家庭经济类型、家庭经济收入、家庭经济支出和家庭劳动力数量；农产品所在地区的经济和社会发展方面的指标包括该地区第一、第二、第三产业发展水平，农村法治教育现状，农村安全形势与大学生素质。

通过淘宝平台线上投放问卷形式，涂永前等（2017）[2]调查了农村务工人员工作现状和就业质量情况。调查指标主要包括求职状况、工作类型满意度、商业环境、所需技能、工资和福利、劳动强度、工作支持和就业安全。对受访工人求职状况的调查维度包括主要求职渠道、求职时间和实际就业困难；岗位种类满意度是指调查受访者对所从事的岗位类型及工作内容是否满意；与企业相关的指标包括企业用工环境、从事该工作所需技能、薪酬福利状况、工作强度大小、吃住等方面的配套设施以及用工是否安全等。以上指标用于综合评判电商平台从事新形态就业的农村务工劳动者就业质量。

（三）高校毕业生

根据近几年高校毕业生就业数据统计，越来越多的高校毕业生加入到新形态就业队伍。研究大学生就业质量评价的最新文献给出了多维度指标，从中遴选时效新、代表性强的文献，将涉及指标梳理如下。

刘永平（2018）[3]提出一套新时期高校毕业生就业质量评价指标体系。该体系设计了5类一级指标，兼顾工作单位满意度、就业指导满意度、个人就业准备情况、教学内容实用性和教学工作满意度等。一是工作单位满意度，包括工资待遇、福利保障、工作环境、同事关系、管理水平、晋升机制。二是就业指导满意度，包括学校层面与学院层面。三是个人就业准备情况，包括对当前就业政策和流程的了解程度、是否做过职业规划、对

---

① 廖杉杉，邱新国. 农产品电商就业质量的影响因素[J]. 中国流通经济，2018，32（4）：59-69.

② 涂永前，查怡帆，李昕祎，等. 农村电商平台农村务工者求职状况研究[J]. 创新，2017，11（3）：28-38.

③ 刘永平. 基于模糊数学理论的就业质量评价体系研究[J]. 北京工业大学学报（社会科学版），2018，18（6）：88-96.

就业服务网的了解与关注程度、对就业学生社团的了解程度、就业环节中是否讲求诚信。四是教学内容实用性，包括知识结构、专业知识、基本技能、独立工作能力、人际关系能力。五是教学工作满意度，包括分析和解决问题能力培养、创造能力培养、知识面拓展、专业知识深度和广度、基本技能和动手能力培养、世界观和人生观形成等。

王戈（2017）[①]在分析同济大学毕业生就业状况时，将自主创业、灵活就业等纳入毕业生就业率指标，从毕业生、高校、用人单位三方对毕业生就业质量进行多元评价。评价指标主要包括五个维度。一是多元分类的毕业生就业率指标。二是毕业生求职满意度指标，从工作地点、起始薪酬、单位类型、工作岗位、工作预期五方面考量。经济收入与工作单位所处地域是毕业生在求职时考虑的基本因素，单位类型和工作岗位是求职时结合自身专业发展所做的选择，工作预期代表了求职者对该工作岗位是否能实现自我价值的判断。三是毕业生求职能力指标，主要以毕业生就业与专业的关联程度作为核心考量指标。四是用人单位的毕业生综合能力评价指标，参照指标包括专业能力、外语运用能力、计算机运用能力、沟通交际能力、领导力、团队合作能力、应变处置能力等。五是用人单位的就业服务工作满意度指标，根据用人单位对就业指导工作的总体满意度来考量。

表 5-4　国内新形态就业质量典型评价指标汇总

作者代表	年份	研究内容	关键指标
刘永平	2018	新时期高校毕业生就业质量	工作满意度（工资待遇、福利保障、工作环境），就业指导满意度，个人就业准备情况（职业规划、就业服务网），教学内容实用性（知识结构、专业知识），教学工作满意度（专业知识的深度和广度）
魏巍	2019	新就业形态的非典型雇佣关系	平台企业组（管理制度民主、集体合同签订），劳动者组（薪酬水平、福利待遇、生活质量、劳动合同期限、培训次数），消费者组（消费者情绪、消费者评价）
胡格源	2018	滴滴平台就业质量	宏观：工作机会公平性、劳动生产率提高、失业率；中观：工作安全保障、分配工作公平性、平台匹配效率、平台服务质量；微观：工作时间灵活性、收入水平和稳定性、社会保险、工作自主性和稳定性

① 王戈. 高校毕业生就业质量评价体系构建研究——以同济大学毕业生就业质量评价体系建设为例[J]. 智库时代, 2017（16）：281-282.

作者代表	年份	研究内容	关键指标
廖杉杉	2018	农产品电商就业质量	健康状况、教育程度、政治面貌；家庭经济类型、家庭经济收入、家庭经济支出、家庭外出劳动力人数；第三产业发展水平、农村普法教育状况等
何勤	2017	共享经济平台就业质量	社会保障、用工关系、招募方式、信息管理、培训频率、绩效考核、工作类型、工作时间灵活性、收入公平性、工资发放及时性、收入稳定性、就业满意度等
戚聿东	2020	数字经济时代下就业质量与就业结构	就业环境（人均 GDP 增速、城镇就业比重、城镇登记失业率、交通通达度），就业能力（劳动力平均受教育年限、劳动力接受培训占比、职业技能人才占比），劳动报酬（城乡收入差距、城镇单位就业人员平均工资增速、城镇职工医疗保险覆盖率），劳动保护（工会参与率、工伤事故发生率、劳动争议严重程度）
刘发	2020	新形态就业劳动力就业质量影响因素	工作特征（职业安全、就业机会、工作稳定性、技术水平、学历水平），职业发展（职业技能培训、兴趣匹配度、劳动关系），薪酬福利（收入水平、收入稳定性、社会保险保障），平台服务质量（工作分配公平性、工作分配效率、决策参与度），工作灵活性（时间灵活性、地点灵活性、工作内容灵活性）
孔微巍	2021	新形态就业保障的公共政策	经济运行（人均 GDP、第三产业产值比重、高技术产业增加值占 GDP 比重、对外进出口总额），社会发展（科技企业孵化器数量、新就业形态企业数量、新参加城镇职工基本养老保险比重），就业稳定（新就业形态职业技能培训率、新就业形态用工纠纷案件比重），政策执行（政策发布途径更新及时性、政策落地执行人员专业解答能力）

5.2　我国新形态就业质量评价指标体系构建

在充分梳理新形态就业质量评价指标的基础上，本书尝试构建新经济发展背景下我国新形态就业质量综合评价指标体系。经过组建专家团，多轮征询专家意见，测算出末层指标的 AHP 权。模糊层次分析法最初运用于运筹学领域，是定性与定量相结合的系统分析方法，体现了层次分析法和模糊综合评价法的多准则思维。

5.2.1　评价指标体系构建

一、构建依据与原则

新形态就业属于就业领域的新生事物，更多研究关注就业吸纳数量与特征模式方面，针对新形态就业质量评价，国内外学者的研究成果较为匮乏。新形态就业者对就业质量尚未形成固化感知，囿于新形态就业相关统计数据不足，传统就业统计口径过于狭窄等研究障碍，究竟哪些指标适用于新形态就业质量评价尚处于探讨阶段。本研究尝试构建我国新形态就业质量评价体系并确定指标权重，随着新形态就业实践不断发展，进行指标维度动态调整与最新数据填充。拟加入反映行业劳动力供需双方动态变化的指标（如求人倍率）以及反映不平衡、不充分的结构性指标等。

该指标体系构建主要遵循四项基本原则。一是综合全面：指标选取尽可能全面，保证总体指数能够客观反映就业质量。二是界定清晰：评价维度及具体评价指标名称与内涵清晰明确，指标划分不重叠。三是数据可得：指标数据可通过官方统计数据或自主调研获得。四是度量可行：指标数值可由相关数据计算得到。

二、指标体系构建

借鉴魏巍（2019）和刘发（2020）等学者的研究成果，在多轮征询专家[①]意见的基础上，选取就业环境、就业能力、就业状况、就业保障 4 项一级指标，劳动力供需、就业机会、就业结构、教育水平、培训状况等 9 项二级指标，劳动力供给比例、劳动人口占比、人均职业介绍机构数量、劳动参与率等 20 项三级指标，详见表 5-5。

1. 经济发展水平与劳动力市场状况构成就业环境的核心维度。一个地区能通过经济发展为劳动者提供更多、更适宜的就业岗位，劳动力市场发育比较成熟，该地区劳动者就业质量较为理想。该维度由 3 个二级指标构成：一是劳动力供需，即新形态就业劳动力供给比例及劳动人口占比。二是就业机会，即新形态劳动者就业状况，即人均职业介绍机构数量和劳动

---

① 专家团由中国人事科学研究院、首都经济贸易大学劳动经济学院、中国人民大学劳动人事学院与经济学院、中国社科院劳动经济研究所、北京师范大学管理学院、中国海洋大学管理学院与经济学院等劳动就业领域的专家学者构成，共计 37 人。本章需要专家打分的环节均通过邮寄打分表，由专家团专家背对背完成。

参与率两个衡量指标。三是就业结构，即新形态就业者占全部劳动者比例以及城镇就业者占全部劳动者比例。

2. 就业者素质越高越容易从竞争中获得高质量工作岗位，劳动效率也越高。就业能力可通过教育水平和培训状况两个二级指标来衡量。其中，教育水平包括教育经费投入度和劳动力受教育年限两个衡量指标；培训状况是指在新形态就业中接受培训劳动者所占比例及培训投入。

3. 从工作时间和收入状况两方面综合反映新形态就业状况。工作时间根据新形态就业者就业稳定性及工作时间灵活性来考量；收入状况包括收入水平、收入公平性、工资发放及时性、工资增长四项指标。

4. 就业保障主要通过新形态就业的劳动关系以及劳动保险来衡量。将三级指标设定为人均劳动争议频率、工伤事故频率、社保参保比例与劳动合同签订率。

表 5-5　我国新形态就业质量评价指标体系

一级指标	二级指标	三级指标	指标属性
就业环境 A_1	劳动力供需 B_1	劳动力供给比例 C_1	正向指标
		劳动人口占比 C_2	正向指标
	就业机会 B_2	人均职业介绍机构数量 C_3	正向指标
		劳动参与率 C_4	正向指标
	就业结构 B_3	城镇就业比重 C_5	正向指标
		新形态就业比重 C_6	正向指标
就业能力 A_2	教育水平 B_4	教育经费投入度 C_7	正向指标
		受教育年限 C_8	正向指标
	培训状况 B_5	培训投入 C_9	正向指标
		受训比例 C_{10}	正向指标
就业状况 A_3	工作时间 B_6	就业稳定性 C_{11}	正向指标
		工作时间灵活性 C_{12}	正向指标
	收入状况 B_7	收入水平 C_{13}	正向指标
		收入公平性 C_{14}	正向指标
		发放及时性 C_{15}	正向指标
		工资增长 C_{16}	正向指标
就业保障 A_4	劳动关系 B_8	人均劳动争议频率 C_{17}	负向指标
		工伤事故频率 C_{18}	负向指标
	劳动保险 B_9	社保参保比例 C_{19}	正向指标
		劳动合同签订率 C_{20}	正向指标

5.2.2　判断矩阵构建与数据运算

首先，专家团依据指标相对重要性进行比较打分，采用 1-9 比例标度法构建判断矩阵，三级判断矩阵如下所示。

一级指标构成的判断矩阵为：

$$S = \begin{bmatrix} S & A_1 & A_2 & A_3 & A_4 \\ A_1 & 1 & 1/2 & 1/8 & 1/5 \\ A_2 & 2 & 1 & 1/3 & 1/4 \\ A_3 & 8 & 3 & 1 & 1 \\ A_4 & 5 & 4 & 1 & 1 \end{bmatrix}$$

二级指标构成的判断矩阵分别为：

$$A_1 = \begin{bmatrix} A_1 & B_1 & B_2 & B_3 \\ B_1 & 1 & 2 & 6 \\ B_2 & 1/2 & 1 & 4 \\ B_3 & 1/6 & 1/4 & 1 \end{bmatrix} \qquad A_2 = \begin{bmatrix} A_2 & B_4 & B_5 \\ B_4 & 1 & 1/6 \\ B_5 & 6 & 1 \end{bmatrix}$$

$$A_3 = \begin{bmatrix} A_3 & B_6 & B_7 \\ B_6 & 1 & 1/5 \\ B_7 & 5 & 1 \end{bmatrix} \qquad A_4 = \begin{bmatrix} A_4 & B_8 & B_9 \\ B_8 & 1 & 1/5 \\ B_9 & 5 & 1 \end{bmatrix}$$

三级指标构成的判断矩阵分别为：

$$B_1 = \begin{bmatrix} B_1 & C_1 & C_2 \\ C_1 & 1 & 5 \\ C_2 & 1/5 & 1 \end{bmatrix} \qquad B_2 = \begin{bmatrix} B_2 & C_3 & C_4 \\ C_3 & 1 & 1/3 \\ C_4 & 3 & 1 \end{bmatrix}$$

$$B_3 = \begin{bmatrix} B_3 & C_5 & C_6 \\ C_5 & 1 & 7 \\ C_6 & 1/7 & 1 \end{bmatrix} \qquad B_4 = \begin{bmatrix} B_4 & C_7 & C_8 \\ C_7 & 1 & 4 \\ C_8 & 1/4 & 1 \end{bmatrix}$$

$$B_5 = \begin{bmatrix} B_5 & C_9 & C_{10} \\ C_9 & 1 & 3 \\ C_{10} & 1/3 & 1 \end{bmatrix} \qquad B_6 = \begin{bmatrix} B_6 & C_{11} & C_{12} \\ C_{11} & 1 & 5 \\ C_{12} & 1/5 & 1 \end{bmatrix}$$

$$B_7 = \begin{array}{c|cccc} & B_7 & C_{13} & C_{14} & C_{15} & C_{16} \\ \hline C_{13} & 1 & 7 & 4 & 1/4 \\ C_{14} & 1/7 & 1 & 1/2 & 1/6 \\ C_{15} & 1/4 & 2 & 1 & 1/8 \\ C_{16} & 4 & 6 & 8 & 1 \end{array}$$

$$B_8 = \begin{array}{c|ccc} & B_8 & C_{17} & C_{18} \\ \hline C_{17} & 1 & 4 \\ C_{18} & 1/4 & 1 \end{array}$$

$$B_9 = \begin{array}{c|cc} & B_9 & C_{19} & C_{20} \\ \hline C_{19} & 1 & 1/5 \\ C_{20} & 5 & 1 \end{array}$$

对判断矩阵求解，确定各级指标权重，求出层次单排序及层次总排序的一致性比率，进行一致性检验。经运算，层次单排序及层次总排序的一致性比率 C.R.均小于 0.1，通过一致性检验。指标权重及排序结果见表 5-6。

表 5-6　新形态就业质量评价指标权重[①]

一级指标权重排序	二级指标	二级指标权重排序	三级指标	三级指标权重排序
就业环境 A₁ (0.0633) [4]	劳动力供需 B₁	0.0372 [6]	劳动力供给比例 C₁	0.0310[9]
			劳动人口占比 C₂	0.0062[17]
	就业机会 B₂	0.0205 [7]	人均职业介绍机构数量 C₃	0.0051[18]
			劳动参与率 C₄	0.0153[13]
	就业结构 B₃	0.0056 [9]	城镇就业比重 C₅	0.0007[21]
			新形态就业比重 C₆	0.0049[19]
就业能力 A₂ (0.1203) [3]	教育水平 B₄	0.1031 [3]	教育经费投入度 C₇	0.0825[4]
			受教育年限 C₈	0.0206[11]
	培训状况 B₅	0.0172 [8]	培训投入 C₉	0.0129[15]
			受训比例 C₁₀	0.0043[20]
就业状况 A₃ (0.4168) [1]	工作时间 B₆	0.0695 [4]	就业稳定性 C₁₁	0.0579[5]
			工作时间灵活性 C₁₂	0.0116[16]
	收入状况 B₇	0.3474 [1]	收入水平 C₁₃	0.2775[1]
			收入公平性 C₁₄	0.0189[12]
			发放及时性 C₁₅	0.0267[10]
			工资增长 C₁₆	0.2117[2]

① 方括号中的数字为指标权重排名。

续表

一级指标权重排序	二级指标	二级指标权重排序	三级指标	三级指标权重排序
就业保障 A$_4$ (0.3996) [2]	劳动关系 B$_8$	0.0666 [5]	人均劳动争议频率 C$_{17}$	0.0133[14]
			工伤事故频率 C$_{18}$	0.0533[8]
	劳动保险 B$_9$	0.3330 [2]	社保参保比例 C$_{19}$	0.0555[6]
			劳动合同签订率 C$_{20}$	0.0900[3]

5.2.3　指标权重排序结果解析

一、一级指标

由一级指标权重结果可知，就业状况和就业保障两项一级指标对新形态就业质量影响较大，就业状况首当其冲，权重为 0.4168，就业保障影响程度次之。就业能力和就业环境的影响相对较小，就业能力排序第三，权重为 0.1203，就业环境排序最末，权重为 0.0633。专家团认为，就业状况是进行就业质量评价时应首要考虑的因素，起关键性主导作用；就业保障作为保障新形态就业者权益的重要影响因素，在新形态就业发展的当下尤为薄弱，漏洞较多；新形态就业环境与传统就业环境差异并不显著，权重不高。

二、二级指标

1. 二级指标排序在前三位的分别为收入状况、劳动保险和教育水平，权重分别为 0.3474、0.3330、0.1031，分属于就业状况、就业保障和就业能力三项一级指标。可见，收入状况对就业质量的影响最为关键，劳动者参与新形态就业的主要目的是获得劳动收入。据调查，较大比例的新形态就业者是全家唯一的收入来源；新形态就业者是劳动保险缺失尤为严重的群体，这些基本劳动保障关系到新形态就业者能否进行无忧劳动，拥有保护屏障自然就业质量较高。新形态就业劳动者受教育水平及在就业岗位上能否享有接续的人力资本投资，关系到劳动者人力资本储备能否持续满足数字经济、共享经济等新经济发展对劳动者知识技能的要求，成为影响劳动者就业质量的关键因素之一。

2. 工作时间权重为 0.0695，劳动关系权重为 0.0666，位列第四和第五，二者分属于就业状况和就业保障模块。可变通的工作时间对新形态就业劳动者意义非凡，时间灵活性与工作稳定性是女性等就业群体参与新形态就业的重要考量。新形态就业劳动关系复杂化，多处于灰色地带。基于平台纽带的劳动者及与资方之间的关系较为疏离，在新形态就业管理过程中需要重点厘清与关注。

3. 排序在后四位的指标为劳动力供需、就业机会、培训状况和就业结构，权重分别为 0.0372、0.0205、0.0172 和 0.0056，四者权重差距较小。在传统就业质量评价中培训是较为重要的指标之一，但在新形态就业质量评价中并没有占据较高权重，从侧面反映出，在当下发展阶段，新形态用人单位与劳动者的松散劳动关系不利于岗位培训与人力资本投资的开展，劳动者获得培训的机会少得可怜，退而求其次，劳动者更迫切地想获取收入而无法兼顾成长。

三、三级指标

1. 收入水平和工资增长两项指标的权重分别为 0.2775、0.2117，排名前两位，两者均为就业状况的下属指标，说明新形态就业者最为关切的是收入水平及增长性。就业稳定性权重为 0.0579，排名比较靠前，说明新形态就业者对工作稳定性同样具有强烈渴望，不喜欢频繁更换工作。工作时间灵活性、收入公平性和工资发放及时性的权重分别为 0.0116、0.0189、0.0267，这三项指标反映出新形态劳动者享受到了在传统就业中无法获得的"自由"与"自我"。

2. 排序第三的劳动合同签订率的权重为 0.0900，对就业质量具有重要影响。社保参保比例和工伤事故频率在总排名中分别位列第六和第八，在总排序中相对靠前。可见，新形态就业的劳动保障和劳动者人身安全值得重点关注，而目前新形态就业者缺乏劳动保护与社会保障的安全屏障，介于社保难以覆盖的真空地带，亟待在对接原有社保制度前提下，为新形态就业量身打造适宜的社保项目与安全城墙。

3. 教育经费投入度、劳动力供给比例、受教育年限、劳动参与率的指标权重分别为 0.0825、0.0310、0.0206 和 0.0153，四者总排序居中；培训投入和受训比例的总排序相对靠后。劳动人口占比、人均职业介绍机构数量、新形态就业比重、城镇就业比重在排序中居于末位，这些指标对新形态就业质量的影响力相对微弱。

四、异动值分析

指标排序结果具有内在一致性，但部分指标在总排序中存在一定异动倾向，以下予以重点分析。

1. 收入公平性和工资发放及时性所属的一级指标就业状况和收入状况位列第一，而收入公平性和工资发放及时性在指标总排序居于中等偏后，存在异动倾向。说明新形态就业者更为看重的是薪资水平与工资增长情况，无暇顾及收入对比及公平性。相对于传统就业，新形态就业多发放周薪，结薪速度较快，对工资发放及时性的关注度偏弱。

2. 教育经费投入度的一级指标为就业能力，二级指标为教育水平，一级、二级指标的综合排名居于中间位置，而教育经费投入度在三级指标的综合排名位列第四，排名比较靠前。由调研可知，新形态就业者以青年为主，这一年龄段的劳动者应是人力资本追加投资的重点群体，应谋划设计针对新形态就业劳动者的教育经费投入机制与职业技能培训体系，就业平台如不能有效承担，可考虑由劳动者所在社区承担该项职能。

综上，随着新型就业模式的不断涌现，传统就业质量评价体系需要根据新就业模式的变化适时调整，才能得出对就业质量较为客观、准确的评价。综合专家意见与实操便利性，模糊层次分析法是评价新形态就业质量较为适宜的方法之一。鉴于此，本章从就业环境、就业能力、就业状况、就业保障四大维度中选择多项细化指标，构建了我国新形态就业质量综合评价指标体系。在充分征询专家意见的基础上，运用 AHP 法确定各层次指标权重并排序，解析指标重要性程度的合理性与有效性，为我国新形态就业质量评价提供接地气量表与适用性工具。

第6章 新形态就业风险评估预警研究

近年来，国家对新形态就业相关行业给予了高度重视，《关于支持新业态新模式健康发展　激活消费市场带动扩大就业的意见》等政策措施密集出台。然而，在利好政策的推动下，新形态就业的风险也随着行业的不断发展而逐渐显现。严重的同质化竞争、劳动者保障纠纷频发、劳动收入难以得到保障等现实问题，已成为新形态就业持续健康发展的重要瓶颈。劳动者、用人单位、监管部门等利益相关者在就业过程中面临哪些系统性风险？当前新形态就业的风险等级如何？上述问题仍需深入探讨。传统就业风险评价量表是否适用我国新形态就业发展实际？需要结合我国新形态就业的发展特征、历史阶段以及数据可获得性等客观条件，逐一解析。

对此，本章运用文献计量与专家意见法，梳理提炼国内外新形态就业的主要风险点，从雇主风险与雇员风险两大主体视角筛选新形态就业风险评价指标。在此基础上，创新性构建我国新形态就业风险评价指标体系，并运用熵值法和模糊综合评价法进行我国新形态就业风险等级的评估预警，为政策建议提供方向引导。

6.1 新形态就业风险点识别

工作任务碎片化与雇佣关系转型致使劳动者权益保障复杂化、劳动者薪酬不稳定及职业发展前景不确定等问题凸显，部分问题已演化成为雇主、雇员及监管部门所面临的现实与潜在风险。就业风险防控是做好"六稳"工作的基石。新经济、新就业涌现对传统就业矛盾的化解效果尚不可盲目乐观，区域不平衡矛盾有可能积累演变成系统性风险。新形态就业本身的"新"便是不可知风险的藏匿处，与传统就业相比，风险类型、风险主体与风险等级均显现出异质性。风险点如何分布？哪些风险是当下需要重点关注的高危害因素？上述问题亟待研究解析给出结论与对策。

鉴于此，本章运用文献计量与专家意见法，梳理提炼国内外新形态就业的主要风险点，进行风险识别，从雇主风险与雇员风险两大主体视角细分风险类型。梳理国内外新形态就业风险评价指标，筛选适用性指标并添加新指标维度，创新性构建我国新形态就业风险评价指标体系，测算指标熵权。在此基础上，运用模糊综合评判进行风险预评估及预警，拟划分出红色（极重警）、橙色（重警）、黄色（中警）、蓝色（轻警）、绿色（无警）五个等级，从而为风险预警体系构建提供方向指引与操控重点提示。

6.1.1　新形态就业风险点梳理与识别

新形态就业风险是涉及多因素、多主体的复杂系统，新形态就业需求方与供给方，包括雇主与雇员、平台、监管主体等均面临着系统性、多元化风险。监管风险与平台风险涉及政策、经济、社会等层面的杂糅因素较多，尤其是监管风险需要在新形态就业监管政策体系基本成型后，方能进行风险因素识别。平台作为联结雇主与雇员的桥梁，风险因素具有前后向传导性，精准识别具有一定难度，拟待时机成熟在后续研究中进行定量评价。鉴于此，本节从雇主与雇员两大新形态就业主体出发，梳理可能的就业风险点，这些风险多数属于作用力臂较短的直接风险，更为显性化，危害程度也更高。

一、雇员风险

新就业形态发展为劳动者带来大量就业机会，使其可以根据自身知识和技能灵活选择适宜工作，工作时间、地点及方式受限较少。在就业自由度大幅增长的同时，风险也随之增加。劳动者风险一般与个体及家庭息息相关。

（一）收入不稳定，波动幅度大

随着互联网的高度普及，数字经济成为社会经济发展的重要组成部分，在这种社会经济发展背景下，网红逐渐发展为一种职业，经历了从 1.0 到 3.0 的发展历程。在三个发展阶段中，网红的主播发展历程展现了从图片到视频再到直播的互联网技术变迁轨迹，网红逐渐转变为主播，寻求流量变现，实现盈利。

张成刚[①]认为，互联网平台的就业者与传统就业中的工作者不同，也不同于具有完全自主权的创业者，其工作取决于互联网平台需求，在工作过

---

① 张成刚. 就业发展的未来趋势——新就业形态的概念及影响分析[J]. 中国人力资源开发，2016（19）：86-91.

程中接受互联网平台监管。他将新形态就业者分为三类：创业式就业者、自由职业者、依托互联网的多重职业者。直播行业异军突起，网络主播成为新形态就业者中高收入群体的典型代表。从主播月收入情况来看，2020年，我国网络主播平均月工资收入在 2000 元以下的占比为 45%，主播月收入达 1 万元以上的占比仅为 5%，月收入在 1 万元以下的普通主播占比则高达 95%。主播收入呈现"L型"分布特点，处于头部的少部分网络主播积累的粉丝数量较多，只有他们才能获得稳定的高收入，大部分普通主播收入处于中低水平，由于缺乏坚实的粉丝基础，月收入并不稳定。网络主播平均月收入分布见图 6-1。

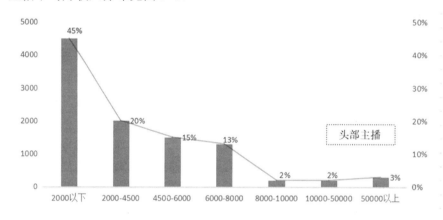

图 6-1 网络主播平均月收入分布

（二）雇佣关系模糊，组织归属感不强

我国网约租车平台的运营模式主要有两种：分别是以滴滴为代表的轻资产模式和以神州专车为代表的重资产模式。滴滴平台司机提供的服务是平台公司的主要业务组成部分，并且符合劳动法的主体资格，但滴滴出行的司机是自由的，可以任意选择工作时间。鉴于此，将司机与滴滴平台的关系认定为劳动关系不符合现有法律规定，这也给劳动关系监管提出了新的难题。①导致的突出后果是劳动者严重缺乏归属感，职业生涯动荡多变。

（三）劳动者获取就业信息不及时，信息不对称

相较于传统就业信息，新形态就业信息更为零散，随时发布性较强。

---

① 彭倩文，曹大友. 是劳动关系还是劳务关系?——以滴滴出行为例解析中国情境下互联网约租车平台的雇佣关系[J]. 中国人力资源开发，2016（2）：93-97.

袁塞（2017）[①]认为，从业者与劳动力市场信息不对称在新形态就业模式中表现更为突出。网络虚拟性加大了市场信息风险，劳动力商品不确定性大大提高，雇主掌握足够的工作信息，但并不一定能找到与职位相匹配的求职者；当求职者不能充分掌握所求职业的准确信息时，可能不会将个人全部情况告知雇主，从而导致就业机会与劳动力资源之间的信息分布不对称。

（四）劳动者权益保障存在真空地带

新形态就业者数量不断增加，给政府监管、政策制定及市场规范带来挑战。雇员与雇主之间未签订稳定劳动合同，甚至没有签订任何劳动合同的比例较高，这增加了雇员与雇主之间关系的不稳定性，一旦发生冲突，劳动者权益难以得到保障。陶志勇[②]指出，新形态就业者可以更加灵活地选择所从事的职业、更加独立地完成服务与获取报酬、更加自由地退出等。在线下，新就业形态从业者呈现出高度分散的特点，就业者彼此之间互不了解、互不相识，在线上由于工作原因紧密联系在一起，这种现象给社会治理与市场监管带来挑战。雇主与雇员的关系无法用现有法律关系界定，导致劳动者收入不稳定、社会保障缺失、职业安全缺乏等一系列问题。

（五）劳动者缺乏必要培训与职业发展规划

多数平台型企业对劳动者的知识与技能要求较低，加之劳资关系较为松散，为节约成本，用人平台只用人而缺乏人力资本提升的相关培训，导致劳动者人力资本退化损耗的同时无法得到接续性充值，加大了其转向收入更高工作岗位的难度。尤其要引起重视的是，新形态就业者职业发展规划基本空白，雇主没有动力与积极性履行该项义务，使得新形态就业成为没有未来发展阶梯的短期甚至是一次性就业，劳动者也会逐渐失去进取动力与职业发展期待。研究认为，职业生涯规划问题属于新形态就业者面临的负面效应较大的风险之一。如果平台组织无法帮助劳动者在就业过程中获得进步与成长，从长远来看，就业质量将难以稳定。职业发展中如果缺乏希望之光，仅依靠培训提升知识技能无法撼动人心。第 9 章针对"易变性职业生涯态度"这一新形态就业者的价值观特征开展了调研分析，通过探讨易变性职业生涯态度对就业者创新行为的影响机制，从组织层面上打造新形态就业微观管理的"窥镜"。

二、雇主风险

政府相关部门对新形态就业的监管经验匮乏，对雇主的引导与辅导策

---

① 袁赛. 新就业形态劳动者权益保障形势与对策探讨[J]. 湖北第二师范学院学报，2017, 34（7）：46-49.

② 陶志勇. 新就业形态从业人员权益保障问题探析[J]. 中国工人，2018（6）：48-49.

略运用不够娴熟，致使对雇主风险的辨识不够精准、全面。雇主们"只缘身在此山中"，对自身面临风险同样缺乏危机与防范意识。

（一）政府监管理念有待成熟，公共就业服务覆盖面不广

政府对就业新形态发展的态度明朗，表示明确支持，在政策实施层面尝试将新形态就业作为劳动力市场问题的解决方法之一。张成刚[①]指出，支持新就业形态发展的公共政策还在探索和尝试中。政府相关部门尚未充分认识到新就业形态的社会功能与社会价值，思想认识和监管政策落后于实践发展，仍在用老办法管新问题。面对激烈竞争导致的平台运营商倒闭破产，缺乏有效市场监管手段。与此同时，政府监管部门对平台型企业的自我监管意愿和监管能力的认识和利用不足，对平台的公共属性认识不够深刻，缺乏与平台运营企业的互动沟通，对其发展的支持力度不够。公共就业服务仍主要对接传统就业，针对新形态就业者的服务细则条目缺失或适用性不强，游离于传统就业体系之外的新形态就业者对主动获取公共就业服务的理念也较为淡薄。

（二）人力资源管理制度适配性不足，管理模式亟待创新

平台型企业等劳动力承载主体应顺势而为，制定适宜管理制度，如新形态就业者技能培训、统计分类与身份管理等方面规章制度，以包容适应新就业模式。新管理制度拟定需要平台型企业人力资源管理部门熟谙新形态就业者特质与职业行为规律，不是一朝一夕能够摸索清楚的。新职业与新岗位对部分从业者的专业技能和知识水平要求较高，尤其是对团队协作、信息沟通、创新创造等能力要求更高。现有技能培训体系与新形态就业对劳动者的高要求难以契合，对平台型企业的选聘与培训制度更新形成挑战。传统的单位制管理模式仍然是我国社会组织管理的主要形式，与新形态就业的"新"难以兼容，管理效率低下。

6.1.2　新形态就业风险评估指标梳理

本国劳动力市场特征、新形态就业发展水平、政策体制等因素均影响新形态就业风险评估。通过梳理，可参考指标选择依据与高频入选指标，为我国新形态就业风险评估体系构建提供思路借鉴与指标筛选参考。由第1 章较为全面系统的文献梳理可知，在新形态就业风险方面的国内外研究成果较为稀缺，研究选择其中较具代表性的成果进行指标罗列。新形态就

---

① 张成刚. 问题与对策：我国新就业形态发展中的公共政策研究[J]. 中国人力资源开发，2019，36（2）：74-82.

业风险评价指标体系构建相当于"平地起高楼"，需要借助专家智慧集思广益，多轮指标遴选必不可少。专家选择与团队构成的合理性已经过深思熟虑，随着新形态就业模式逐步发展成熟，新显现的风险点也在不间断收集处理中。

一、国外典型评估指标梳理

格古列夫和维库雷帕（Grgurev & Vukorepa，2018）[①]提出，全球化、经济危机、市场波动和需求不确定性以及严格的就业保护立法使雇主试图将市场风险最小化，并寻求更优的劳动力成本控制和削减途径。在过去的20 多年里，越来越多劳动者从事灵活就业，在美国和欧洲国家均是如此。作者侧重研究非标准就业形式如何影响未来的养恤金制度，将克罗地亚灵活就业数据与欧盟平均水平进行比较，得出克罗地亚劳动力市场灵活就业的主要特征。根据税收制度和缴款制度对非标准就业形式进行分类，审查其对养恤金应享权利的潜在影响。

施密德（Schmid，2010）[②]对 1998 年和 2008 年 24 个欧盟成员国的非标准就业关系（兼职工作、定期合同和自营职业）的程度和变化进行了考察。结果表明，妇女、老年工人及工作能力受限劳动者的就业参与不断增加，就业关系日益多样化。社会风险也在不断蔓延，使得劳动者收入不稳定，特别是对那些多次或长期失业、技能过时或健康状况不佳而被限制了工作能力的劳动者。为了减少和避免新的社会不平等，未来劳动力市场改革应建立新的社会保障形式，通过修改劳工法和社会法，建立更灵活的标准就业关系。

巴赫曼（Bachmann，2009）[③]研究发现，在日本，当企业以降低劳动力成本为目标时，增加非标准工作模式不会提高老年人劳动参与率。相反，供应驱动的灵活工作模式的增加，会发出不利的劳动力市场条件信号并导致老年人失业。调查发现，非标准的工作模式在老年工作者中使用得越来越多。但是，只有当需求推动的灵活工作方式增加时，劳动参与率才会增加，且所有人平等地享有标准和非标准工作选择的机会是劳动参与率提高的关键。应对之策是降低标准和非标准工作形式之间的重大差别：一种方

① Grgurev I., Vukorepa I. New forms of employment in croatia and their pension entitlement aspects[J]. Journal of Culture, Politics and Innovation, 2018, 241-262.

② Schmid G. Non-Standard employment and labour force participation: a comparative view of the recent development in Europe[J]. Social Science Electronic Publishing, 2010, 49(6): 455-463.

③ Bachmann J. Supply-side effect of non-standard work options on elderly people employment in Japan[J]. Equal Opportunities International, 2009, 28(8): 660-670.

法是将社会保障和公司福利应用于非标准工作模式，另一种是减少社会保障和公司福利给予标准工作模式的好处。

泰珀（Tepper，2016）[①]认为，新形态就业者面临着被先进科技所替代的风险。替代风险相对较小的是高技能和低技能工作者，而风险较高的是中等技能者。福克斯（Fox）等（2018）[②]的研究成果表明，随着科技发展，越来越多的劳动者将被机器替代，新工作形式的产生必然伴随着另一些旧工作形式的消失。劳（Lowe）[③]指出，新形态就业发展给企业人力资源管理带来了前所未有的挑战与压力，包括工作不确定、员工权益保障等一系列问题。新形态就业在很大程度上提升了人力资源匹配与共享效率，使得企业人力资源管理不断外部化。杰夫菲（Jeffefy，2017）[④]认为，新形态就业者类别划分比想象中更为繁琐，给企业管理带来新挑战，由此引发了大量刑诉案件的讨论。

二、国内典型评估指标梳理

（一）雇员风险

1. 吴斌叶等人[⑤]分析大学生网上创业的影响因素，运用模糊综合评价法对风险因素进行分析评价，找出大学生创业风险的主要影响因素，构建大学生网上创业风险评价指标体系。该体系包含 4 个一级指标，16 个二级指标。

（1）外部风险。主要包括行业竞争风险、市场需求风险、网络安全风险与政策风险。大学生在创业时未对市场进行深入调查，不能充分了解创业市场的具体情况。此外，网上创业涉及网络安全问题，如个人信息与支付交易的安全。

（2）管理风险。主要包括团队稳定性、人才流失风险、企业运营管理风险、领导者素质等。大学生较为缺乏企业日常运营管理实践、人力资源管理实践及维护团队稳定性等方面经验。

（3）财务风险。主要包括创业初期创业资金不足、公司融资渠道单一

① Tepper. The rise of the just-in-time workforce: on-demand work, crowdwork, and labor protection in the gig-economy[J]. Comparative Labor Law & Policy Journal, 2016, 37(3), 471-504.

② Fox, Spicer, Chosewood, et al. Worker characterization in a gig economy viewed through an Uber centric lens[J]. Southern Law Journal, 2018, 26(2), 297-320.

③ Lowe. Digital Nomads: employment in the online gig economy[J]. Journal of Culture, Politics and Innovation, 2018, 1, 1-26.

④ Jeffefy. Taxing the gig economy[J]. University of ennsylvania Law Review, 2017, 166(6), 1415-1473.

⑤ 吴斌叶，马小龙，方佳威，等. 基于模糊综合评价法的大学生网上创业风险评估[J]. 湖州师范学院学报，2013，35（6）：29-34.

及公司资金运营周转风险。创业启动资金不充裕是创业必须面对的问题，创业常常出现投入与产出比例不平衡，高投入、低产出状况较为普遍。

（4）技术风险。主要包括网页设计与制作、网站运营风险和数据整合等。大学生创业团队可能会存在经验不足、专业知识不扎实等问题，使得网站建设存在技术性风险。

2. 黄金曦和钟艺羲[①]认为，新形态下的从业者在获得自由的同时也面临着诸多就业风险。一是"零工经济"就业模式下模糊了从业者的生活与工作的界限。新型就业模式让从业者个人身份多元化、复杂化，工作灵活性可以让他们自主安排生活，但也模糊了工作和生活的界限。二是从业者无法得到相应的社会保障。新形态下企业与从业者之间大多未签订劳动合同，从业者很难享受"五险一金"等保障和福利。三是相关法律跟进不到位。"零工经济"发展迅速，而当前的法律法规未能紧跟其发展步伐，存在滞后性。

3. 姚建华[②]分析数字劳动者与跨国劳动者在零工经济中的就业风险。一是零工经济中数字劳工的困境。零工经济下存在劳动力供应过剩与就业不充分问题，使得就业者报酬偏低；雇员与雇主之间未签订劳动合同，二者之间不存在正式雇佣关系，使雇员面临工作不固定、收入不稳定、劳动权益无法保障等问题，部分劳动者可能因此产生心理问题。二是跨国零工经济中数字劳工的困境。跨国劳动者可能会面临高强度和超负荷工作，工作时间过长；跨国劳动者与雇主之间缺乏沟通，容易产生不信任感，就业歧视程度加深。

（二）雇主风险

1. 田建军等学者[③]指出，在经济新常态背景之下，应加大对中小企业的财务风险评估。构建新常态下我国中小企业财务风险指标体系，包括 3 项一级指标和 11 项二级指标。一级指标包括宏观环境、微观环境和政府财政支持能力三方面。宏观环境从地区政治质量、金融化指数和市场化程度三个角度进行评估；政府财政支持能力从地区生产总值增长率、地区固定资产投资增长率、地区财政收入规模和地区财政收入稳定性四个方面集中体现；企业微观财务风险主要包括四个方面：现金流量质量、资产变现能力、盈利能力及债务负担水平。

---

① 黄金曦，钟艺羲. 零工经济时代从业者就业风险分析与应对[J]. 中国商论，2019（9）：240-242.

② 姚建华. 零工经济中数字劳工的困境与对策[J]. 当代传播，2018（3）：66-68.

③ 田建军，张凤菊，田琪. 新常态下小企业财务风险评估体系研究[J]. 财会通讯，2018（8）：114-118.

2. 曾晓宏[①]构建移动互联网企业投资风险评估指标体系，包括系统性风险和非系统性风险两方面。该风险评估体系共包括 2 个一级指标、5 个二级指标和 14 个三级指标。一级指标为非系统性风险和系统性风险。非系统性风险包括：一是技术风险，即技术的先进性风险、可替代性风险、可靠性风险；二是生产风险，即材料供应、设备与工艺、员工素质；三是市场风险，即产品价格竞争、消费需求、产品生命周期。系统性风险往往超出投资者控制范围：第一是法规政策风险，包括政策稳定性和连续性风险、政策和投资导向变化产生的风险；第二是社会风险，包括基础设施、资本市场、人才市场存在的风险。

3. 张为民[②]从风险评估重要性展开分析，建立 4 个风险等级指标，包括 5 项一级风险，47 项二级风险，213 项三级风险和 432 项四级风险的风险数据库。一级风险为战略风险、市场风险、运营风险、财务风险和法律风险。

4. 石月红和殷燕楠[③]对京东众包进行研究，总结出三种风险，分别为法律风险、道德风险和内部管理风险。（1）法律风险：一旦遇到法律上的风险，由于整体模式不成熟，个人风险承担威胁将会无限制加大。（2）道德风险：包括众包人员的道德风险和众包人员的心理风险。道德风险的发生主要是由于众包人员的职业道德水平低下，不认真履行职责或玩忽职守。心理风险的发生主要是由于众包人员主观上的疏忽与过失导致外包风险事故的发生或损失扩大，主要表现为业务素质差及众包人员心理素质差。（3）内部管理风险：众包相对于管理比较严格的传统物流来说，分散了管理权力，员工参与过程是一个自导自演的过程，即自己做领导，权力过度分散，可能会造成组织失控的风险。

可见，新形态就业风险的相关研究基于劳动者的弱势地位，研究关注多集中于雇员视角，即分析新形态就业者可能面临哪些风险。关于雇主风险的直接相关成果不多，鲜有可供借鉴的风险点提示。新形态就业风险主体主要包括雇员、雇主、平台及政府等，雇员与雇主风险更为凸显，是平台及政府面临的系统性风险的导引线，研究成果可作为我国新形态就业风险全面立体化评估的重要组成部分。

---

① 曾晓宏. 移动互联企业投资风险评估的拓展贝叶斯决策模型[J]. 统计与决策，2016（14）：36-40.

② 张为民. 全体系企业风险评估机制的构建实践[J]. 上海化工，2020，45（2）：46-49.

③ 石月红，殷燕楠. 众包模式分析及风险管理——以京东众包为例[J]. 市场周刊，2015（8）：32-33.

6.2　我国新形态就业风险评估指标体系构建

6.2.1　指标选取与体系构建

新形态就业风险包含雇员风险、雇主风险、平台风险、监管风险等多个层面，鉴于数据可获取性[①]，先设计以雇主风险与雇员风险为一级风险点的评估体系，受限于指标维度，该指标体系的完备性有待提升。在后续研究中，通过调研或爬虫等手段收集数据，进行指标丰富与体系扩充，拟增添反映就业发展不平衡不充分的结构性指标，包括新技术与工作任务需求和劳动者技能差距及回报差异等创新性维度。借鉴黄金曦和钟艺羲（2019）、田艳君等（2017）[②]以及姚建华（2018）的研究成果，在充分征询专家意见的基础上，构建我国新形态就业风险评估指标体系。包含一级指标 2 个，二级指标 5 个，三级指标 16 个，参见表 6-1。

表 6-1　我国新形态就业风险评估指标体系

一级指标	二级指标	三级指标
雇主风险	培训风险	就业训练中心职业培训补贴（亿元）
		就业训练中心培训人数（人）
		就业训练中心机构个数（个）
	公共服务风险	接受公共就业服务职业指导人次（人）
		接受公共创业服务职业指导人次（人）
	税收风险	国内增值税（亿元）
		固定资产投资价格指数
雇员风险	社会保障风险	失业保险参与人数（人）
		年末领取失业保险金人数（人）
		劳动保障案件处理数（件）
		社会保险基金支出（亿元）
	职业发展风险	职业技能鉴定机构个数（个）
		职业技能鉴定机构年鉴定考核人数（人）
		接受高等教育人数（专科、本科、研究生）（人）
		工会职业技能培训机构培训人数（人）
		经培训实现的再就业人数（人）

---

① 由数据资源梳理可知，关于新形态就业的官方统计数据较为零散，就业风险指标数据几乎没有，亟待新形态就业权威统计数据出台。

② 田艳君，周玉健，吴佳灏. 就业风险与就业身份选择——基于湖南省 2015—2016 年流动人口动态监测数据[J]. 调研世界，2017，288（9）：14-19.

一、雇主风险

将雇主可能面临的风险分为培训风险、公共服务风险、税收风险三个层面。培训风险通过就业训练中心职业培训补贴、就业训练中心培训人数和就业训练中心机构个数进行衡量；公共服务风险通过接受公共就业服务职业指导人次和接受公共创业服务职业指导人次进行衡量；税收风险从国内增值税和固定资产投资价格指数两方面体现。

其中，固定资产投资价格指数指企业固定资产投资规模，企业固定资产投资受税收影响，国家税收政策调整最先影响到企业投资规模。税收与固定资产投资存在负相关关系，当企业加大固定资产投资，投资价格指数过高时，会面临着较高的税收风险，选取固定资产投资价格指数这一指标，能更好地表现出雇主企业固定资产投资规模的大小，折射出雇主所面临的税收风险。

需要指出的是，新形态就业提高了对雇主与雇员的素质要求，终身学习与不间断培训成为职业能量续航的必要举措。在雇主对雇员培训积极性不高的情况下，政府相关部门可通过设立就业训练中心与提供补贴的方式进行直接或间接辅导与引导。与此同时，政府为雇主提供的就业与创业服务指导情况较大程度上决定了雇主参与新形态就业时能否掌握好节奏。即使已经雇用大量新形态就业者的雇主依然会对就业形态快速演化、政策调整及劳动者从业心理变化等因素变动感到茫然无措，有针对性的辅导与指导尤为必要。

二、雇员风险

雇员风险点较为细密复杂，该指标体系选取最为突出的社会保障与职业发展两大风险点作为二级指标。社会保障风险从以下4个方面进行衡量：失业保险参与人数、年末领取失业保险金人数、劳动保障案件处理数和社会保险基金支出金额。职业发展风险以职业技能鉴定机构个数，职业技能鉴定机构年鉴考核人数，接受高等教育人数（专科、本科、研究生数），工会职业技能培训机构培训人数，经培训实现的再就业人数作为三级评价指标。

三级指标选取以官方统计数据口径为主要参考，同时考虑到，现有社会保障的完善度与保障水平多以"五险一金"来衡量，新形态就业者社保水平衡量也不例外。人工智能等高技术对低技能就业的替代使得职业技能鉴定及多元化再培训成为新形态就业者获得职业竞争力的必要途径。

6.2.2　指标权重测算

一、权重结果

熵值法与其他权重计算方法相比，精度较高，客观性强，结果解释性也较为理想。运用 2015 年到 2017 年连续 3 年数据①，新形态就业风险评估指标熵权测算结果见表 6-2。

表 6-2　新形态就业风险评估指标权重值

一级指标	二级指标	三级指标	2015年	2016年	2017年	权重系数②
雇主风险	培训风险	就业训练中心职业培训补贴（亿元）	12	12.2	11.7	0.0001[15]
		就业训练中心培训人数（人）	4760349	4597133	3624088	0.0063[8]
		就业训练中心机构个数（个）	2636	2741	2583	0.0003[13]
	公共服务风险	接受公共就业服务职业指导人次（人）	16997185	16845696	16393780	0.0001[15]
		接受公共创业服务职业指导人次（人）	3611696	4098124	3877246	0.0012[10]
	税收风险	国内增值税（亿元）	31109.47	40712.08	56378.18	0.0769[3]
		固定资产投资价格指数	98.2	99.4	105.8	0.0005[11]
雇员风险	社会保障风险	失业保险参与人数（人）	17326	18089	18784	0.0005[11]
		年末领取失业保险金人数（人）	227	230	220	0.0002[14]
		劳动保障案件处理数（件）	388681	322618	205923	0.0890[2]
		社会保障基金支出（亿元）	38988.1	46888.4	57145	0.0110[7]
	职业发展风险	职业技能鉴定机构个数（个）	12156	8224	8071	0.0474[5]
		职业技能鉴定机构年鉴定考核人数（人）	264237	282728	308612	0.0398[6]
		接受高等教育人数（万人）	3647	3699	3779	0.6465[1]
		工会职业技能培训机构培训人数（人）	1397416	1246800	893603	0.0054[9]
		经培训实现的再就业人数（人）	206700	185789	126660	0.0653[4]

---

① 数据来源：《中国统计年鉴》，http://www.stats.gov.cn/sj/ndsj/；《中国劳动统计年鉴》，http://www.mohrss.gov.cn/hsearch/?searchword=%E4%B8%AD%E5%9B%BD%E5%8A%B3%E5%8A%A8%E7%BB%9F%E8%AE%A1%E5%B9%B4%E9%89%B4。

② 方括号里的数字为权重排序。

二、指标权重排序结果解析

指标权重是新形态就业风险多因素分析的关键指引。结合表 5-7 的分析结果，解析指标权重排序结果。

1. 接受高等教育人数（0.6465）、劳动保障案件处理数（0.0890）和国内增值税（0.0769）3 个指标的权重系数较高，是新形态就业者面临的最主要风险。其中，接受高等教育人数的权重最大，显著超出其他指标权重值，一枝独秀，表明雇员受教育程度对显著降低就业风险及职业发展可持续性尤为关键。新形态就业劳动者需要不断更新所掌握的知识技能以适应环境，受教育程度低的劳动者面临着较大的职业风险。劳动者保障案件处理数的权重系数排在第二位，说明多数新形态就业者游离在现有社保体制之外，劳动争议频发而得不到法律法规庇护，权益维护之路艰难。自 2016 年全面实施"营改增"以来，国内增值税波动直接影响企业净利润，成为雇主面临的重要风险点之一。

2. 就业训练中心职业培训补贴、就业训练中心机构个数与接受公共就业服务职业指导人次三项指标的权重分别为 0.0001、0.0003、0.0001，排名垫底。大概率源于就业训练中心并未发挥实质性作用，多数企业倾向于聘请专业讲师进行培训，就业训练中心处境尴尬。随着新形态就业规模不断扩大，该组织不应闲置，可与社区配合，针对新形态就业者进行实用性技术培训。相较于发达国家，我国公共就业服务水平较为落后，以信息化为灵魂的新形态就业在发展中逐步跨越公共就业信息服务，形成就业者与雇主或平台的自主对接，就业者已逐渐失去求助公共就业服务的意愿。

3. 失业保险参与人数、年末领取失业保险金人数两项指标的权重为 0.0005、0.0002，排名靠后，存在异动倾向。一部分新形态就业者曾经是失业或就业困难群体，新形态就业形式的灵活性使得多份职业兼职与创业兼顾成为可能。新形态就业者多次退出进入劳动力市场的概率相对于传统就业者较高，申请失业保险的条件不达标，导致失业保险对该群体的影响力度没有传统就业那么显著。

4. 总体排序结果显示，16 项三级指标权重值差距明显，指标重要性程度分化严重。排名在 11 名之后的指标权重微小，相较之下，排名前 3 的权重值较大。在后续填充指标体系时，可考虑去掉部分权重较低的指标，增补其他维度新指标。

6.2.3　风险等级模糊综合评价

一、确定指标集

将新形态就业风险因素纳入指标集，即因素集。设 $U = \{u_1, u_2, \ldots, u_m\}$ 为所有评价因素组成的指标集合，其中包括 m 个评判指标。新形态就业风险的二级指标比三级指标的涵盖性更强，故选用二级指标进行评价，m=5。

二、确定评语集

所有可能的评判结果组成的集合为评语集。设 $V = \{v_1, v_2, \ldots, v_n\}$ 为所有评语组成的集合，包括 n 个可能的评判结果。将风险指标分为"红色（极重警）、橙色（重警）、黄色（中警）、蓝色（轻警）、绿色（无警）"5 个评价等级，风险程度分别为特别严重、严重、较重、一般、不重。采用等级评分制，参考借鉴专家意见和相关资料，评分区间为[0,5]，如表 6-3 所示。

表 6-3　风险等级分级

风险等级	预警程度	分值
红色	极重警	4-5
橙色	重警	3-4
黄色	中警	2-3
蓝色	轻警	1-2
绿色	无警	0-1

三、构造评价矩阵

邀请专家团对 16 个三级指标进行打分，获得新形态就业风险等级描述性统计表，参见表 6-4。

表 6-4　新形态就业风险等级描述性统计表

指标层	绿色	蓝色	黄色	橙色	红色
就业训练中心职业培训补贴	3	25	41	16	15
就业训练中心培训人数	1	42	43	10	4
就业训练中心机构个数	3	24	38	21	14
接受公共就业服务职业指导人次	49	38	10	5	2
接受公共创业服务职业指导人次	46	38	11	4	1
国内增值税	19	24	29	18	10
固定资产投资价格指数	10	31	29	16	14
失业保险参与人数	6	32	20	19	23

指标层	绿色	蓝色	黄色	橙色	红色
年末领取失业保险金人数	7	35	25	16	17
劳动保障案件处理数	5	34	22	21	18
社会保险基金支出	15	31	23	11	20
职业技能鉴定机构个数	1	7	8	16	68
职业技能鉴定机构年鉴定考核人数	3	9	7	20	61
接受高等教育人数	2	11	10	29	48
工会职业技能培训机构培训人数	5	2	6	24	63
经培训实现的再就业人数	4	8	13	23	52

基于专家打分，计算评价指标 U_{ij} 对评价集 V 隶属度。通过模糊综合评价模型，得到培训风险、公共服务风险、税收风险、社会保障风险、职业发展风险 5 个要素层的评判矩阵 $R_1 \sim R_5$。

$$R_1 = \begin{Bmatrix} 0.03 & 0.25 & 0.41 & 0.16 & 0.15 \\ 0.09 & 0.42 & 0.27 & 0.11 & 0.11 \\ 0.03 & 0.24 & 0.38 & 0.21 & 0.14 \end{Bmatrix}$$

$$R_2 = \begin{Bmatrix} 0.49 & 0.34 & 0.1 & 0.05 & 0.02 \\ 0.46 & 0.38 & 0.11 & 0.04 & 0.01 \end{Bmatrix}$$

$$R_3 = \begin{Bmatrix} 0.19 & 0.24 & 0.29 & 0.18 & 0.1 \\ 0.1 & 0.31 & 0.29 & 0.16 & 0.14 \end{Bmatrix}$$

$$R_4 = \begin{Bmatrix} 0.06 & 0.32 & 0.2 & 0.19 & 0.23 \\ 0.07 & 0.35 & 0.25 & 0.16 & 0.17 \\ 0.05 & 0.34 & 0.22 & 0.21 & 0.18 \\ 0.15 & 0.31 & 0.23 & 0.11 & 0.2 \end{Bmatrix}$$

$$R_5 = \begin{Bmatrix} 0.01 & 0.07 & 0.08 & 0.16 & 0.68 \\ 0.03 & 0.09 & 0.07 & 0.20 & 0.61 \\ 0.02 & 0.11 & 0.1 & 0.29 & 0.48 \\ 0.05 & 0.02 & 0.06 & 0.24 & 0.63 \\ 0.04 & 0.08 & 0.13 & 0.23 & 0.52 \end{Bmatrix}$$

四、模糊综合评判

1. 运用模糊综合评价法，采用 $M(\cdot, +)$ 模型对 5 个要素层的指标评价集进行处理：

$B_1 = W_1 \times R_1 = (0.0484, 0.4013, 0.2078, 0.1121, 0.1095)$

$B_2 = W_2 \times R_2 = (0.4624, 0.3768, 0.1092, 0.0408, 0.0108)$

$B_3 = W_3 \times R_3 = (0.1884, 0.2413, 0.2900, 0.1796, 0.1007)$

$B_4 = W_4 \times R_4 = (0.0773, 0.3317, 0.2226, 0.1824, 0.1860)$

$B_5 = W_5 \times R_5 = (0.0210, 0.1062, 0.0992, 0.2835, 0.4901)$

2. 对新就业形态风险二级评价指标的 5 个要素层评价集进行去模糊计算，得到 $S_1 \sim S_5$ 5 个维度的模糊综合评价分值。

$$S_1 = b_{11} + 2b_{12} + 3b_{13} + 4b_{14} + 5b_{15} = 2.6956$$

$$S_2 = b_{21} + 2b_{22} + 3b_{23} + 4b_{24} + 5b_{25} = 1.7608$$

$$S_3 = b_{31} + 2b_{32} + 3b_{33} + 4b_{34} + 5b_{35} = 2.7631$$

$$S_4 = b_{41} + 2b_{42} + 3b_{43} + 4b_{44} + 5b_{45} = 3.0681$$

$$S_5 = b_{51} + 2b_{52} + 3b_{53} + 4b_{54} + 5b_{55} = 4.1156$$

3. 将新就业形态发展过程中存在的风险划分为"红色（极重警）、橙色（重警）、黄色（中警）、蓝色（轻警）、绿色（无警）" 5 个等级，分别对应 (4.0,5.0]、(3.0,4.0]、(2.0,3.0]、(1.0,2.0]、(0,1.0] 5 个风险等级分值区间。基于评级结果，对风险指标进行评定，结果如表 6-5 所示。

表 6-5　新形态就业风险等级评定

二级指标	综合评分	风险等级
培训风险	2.6956	黄色（中警）
公共服务风险	1.7608	蓝色（轻警）
税收风险	2.7631	黄色（中警）
社会保障风险	3.0681	橙色（重警）
职业发展风险	4.1156	红色（极重警）

6.2.4　风险评判结果解析

风险评估等级结果表明，新形态就业体系中的雇员风险大于雇主风险，预警级别较高，甚至出现了红色极重警。可见，新形态就业者风险尤为突出，风险防范意识与防控措施应及时到位。随着新形态就业发展演化，一些潜在风险会逐步转化为现实风险。关于潜在风险点辨识与评估是后续研究的重点，力争做到防患于未然。

1. 雇员职业发展因素的综合评分为 4.1156，风险等级属于红色（极重警）。我国新形态就业吸纳量大幅提升，平台型企业的商业模式快速迭代更新，引导就业模式革新。雇主及平台的关注点主要集中在灵活雇佣带来的高效率与低成本，对并不经常谋面的雇员职业发展持漠视态度，也无政策强约束将雇员职业生涯管理归入用人方的义务范畴，在很大程度上导致了雇员的易变性职业生涯态度。红灯点亮亦是强信号提醒，用人更要塑造人，方能符合以人为本的人力资源开发守则。针对此项研究结论，基于调研数据，在第 9 章开展易变性职业生涯态度对新形态就业者创新行为的影响研究，探寻降低职业发展风险的组织管理路径。

2. 雇员所面临的社会保障风险综合评分为 3.0681，风险等级属于橙色（重警）。雇员劳动保障与权益缺失已是学界聚焦的热点问题之一，现有社保体系如何设计接口端使新形态就业者顺利接入乃政策完善的难点与挑战所在。鉴于政策时滞，过渡期措施应及时出台，不能使收入相对不稳定的新形态就业者再度陷入屏障缺失、风雨飘摇的境地。本研究第 11 章基于研究结论尝试设计新形态就业保障体系，力图提升现有保障水平，让新形态就业者无忧工作。

3. 培训风险与税收风险亮起黄灯。高技术平台型企业可享受更多税收优惠与政策倾斜，吸纳的就业增多应获得更多奖励才会更有动力。充分发挥特殊人群就业训练中心与公共服务中心等官方就业辅导机构职能，弥补用人单位培训力量不足、专业性不强等缺陷，充分发挥新形态就业的普惠功能。

综上所述，新形态就业较为发达国家关于新就业形态风险的研究成果数量不多，能够直接借鉴的信息与策略也较为稀缺。我国新形态就业发展已走在世界前列，随之伴生的风险问题及防范策略应适时出现在就业管理体系的统筹规划中。在搭建我国新形态就业风险评估体系框架基础上，采用模糊综合评价与熵值法相结合，对我国新形态就业风险等级进行评估预警，点出了当下新形态就业发展过程中的显性突出风险，亟待引起重视与政策关注。该评估结果应伴随就业实践的深入推进而不断更新，风险体系中的评估指标也不是一成不变，应是动态可调。在拟定就业质量提升与劳动者权益保障方略时，应予以综合考虑。

第四篇　多方交互博弈：新形态就业利益相关者博弈

[篇首语]薪酬满意度是劳动者个体对其薪资的总体性评价感知，对行为绩效和组织绩效均具有显著影响，能够增进劳动者的工作幸福感与情感承诺。在新形态就业管理中，就业者薪酬满意度同样占据着举足轻重的地位。然而，目前现有薪酬满意度研究体系未能涉及新形态就业者这一特殊对象，如何提升新形态就业者薪酬满意度尚需进一步深入探讨。首先通过问卷调研的方式获取一手数据，了解当前新形态就业者薪酬满意度现状；其次，采用四方演化博弈模型，开展薪酬利益相关者互动决策过程以及均衡机制研究。在兼顾新形态就业劳动者主观感知的同时，综合考量其他利益相关方的理性选择，结合多方交互博弈思维，全方位精准定位影响新形态就业者薪酬满意度的关键因素，支撑科学性政策建议制定，助力新形态就业稳定健康发展。

第7章 新形态就业者薪酬满意利益相关者博弈与决策

由第5章构建的新形态就业质量评价指标体系可知，收入水平和工资增长两项指标权重排名前两位，说明新形态就业者与传统就业者一样，在就业过程中最为关切的因素之一便是薪酬水平及增长性。为了捕捉我国新形态就业者现状最为真实的一面，在调研问卷（附录四）中设计了薪酬相关题项，分别测试实际薪酬、期望薪酬及薪酬满意影响因素。研究团队从多种渠道收集新形态就业者调研对象，包括新形态就业企业调研、联络公会团体以及线上自主搜寻等。累计正式发放问卷 1050 份，回收有效问卷888 份。调研对象的基本信息如表 7-1 所示。其中，"交通出行服务"行业中的新职业形态不仅包括网约车司机，还涵盖代驾服务等。

表 7-1 调研对象基本信息

属性	类型	样本数	属性	类型	样本数
性别	男	433	行业类型	交通出行服务	236
	女	455		餐饮服务	167
年龄	≤22 岁	135		文体娱乐	130
	23 至 30 岁	274		医疗服务	96
	31 至 40 岁	325		住宿服务	87
	41 至 50 岁	132		教育培训服务	88
	≥51 岁	22		其他	84
婚姻状况	已婚	552	职业类型	网约车司机	218
	未婚	336		外卖员	156
学历	高中及以下	359		网络主播	125
	专科	238		互联网医疗	96
	本科	161		共享住宿	65
	硕士及以上	130		线上教育培训	88

续表

属性	类型	样本数	属性	类型	样本数
	不满 1 年	388	其他		140
从事年限	1 至 3 年	267			
	4 至 7 年	137			
	8 年以上	96			

问卷收集完毕后，对受访者的问卷填答情况进行统计分析，结果如下。

一是新形态就业者实际薪酬明显低于期望薪酬。通过对比新形态就业者实际获取薪酬与期望薪酬的差距（见图 7-1），发现绝大多数新形态就业者并未达到期望的薪酬水平。其中，实际薪酬比期望薪酬低 2500 至 4999 元的人数最多。

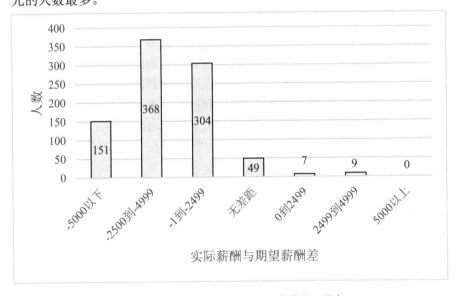

图 7-1 实际薪酬与期望薪酬差（单位：元）

二是大部分新形态就业者薪酬满意度不高。调研显示，新形态就业者薪酬满意率①仅有 9%，79% 的新形态就业者对目前薪酬不太满意，综合实际薪酬与期望薪酬差的统计结果来看，期望薪酬与实际薪酬相差较大是导致满意度低下的重要原因。

三是薪酬基数偏低、薪酬并未体现个人真正价值及薪酬结构不合理是新形态就业者薪酬满意的核心影响因素。此外，超过 1/4 的被调查者认为，

---

① 满意率=（非常满意人数+比较满意人数）/总人数。

薪酬并未体现多劳多得以及上下级差距不合理也是影响薪酬满意的重要原因（见图 7-2）。

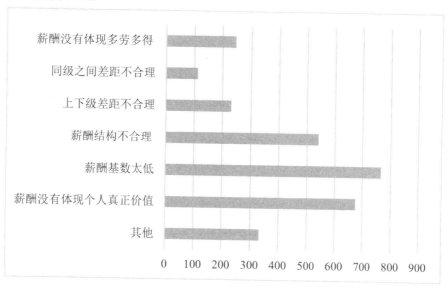

图 7-2　新形态就业者薪酬满意影响因素

四是不同职业类型薪酬满意度存在异质性。由图 7-3 可知，从事网络主播、线上教育培训、互联网医疗的新形态就业者薪酬满意度较高，外卖员和其他类型的新形态就业者薪酬满意度较低。

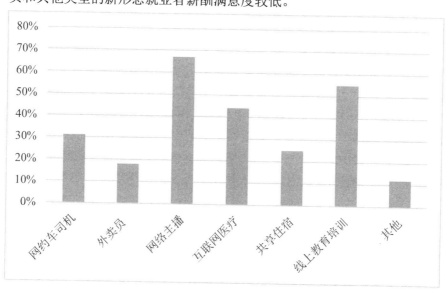

图 7-3　不同类型新形态就业者薪酬满意度

7.1 问题阐述与研究假设

7.1.1 问题引出与研究构想

与传统的追求安逸稳定的就业观念相比，新形态就业者更倾向于从事网络主播、滴滴司机等更加灵活自主的工作，从而逐渐转变成可在自我雇佣和平台雇佣之间灵活切换的兼职创业者。平台型企业"大平台+小前端"体系运转具有灵活多样性，能够便于就业者更好地利用其技能和天赋。大平台可以提供丰富多样的工作类型，通过培训等方式训练就业者技能和开发新能力，从而为其增加晋升机会；小前端走向小微化、个性化，使得具备创新与实践精神的就业者能够充分利用小前端施展才华尝试创新。在数字技术的推动下，新形态就业者所在的劳动力市场的物理形态正从有形市场逐步过渡发展为数字信息织成的网状无形乃至虚拟市场，市场供需双方信息的传递速度更快、匹配更为精准，多渠道获取收入也成为可能。由调研获知的现实情况是，新形态就业者薪酬满意度普遍偏低，不同职业劳动者的薪酬期望值与实际值差距迥异。

薪酬满意是指个体将通过自身的劳动付出而得到的各种回报与其期望值、实际需要及与一般社会标准进行比较后形成的一种心理感知过程，反映出员工对企业当前薪酬状况的一种态度。[1]由文献梳理可知，薪酬满意相关研究大体分为两类。一是薪酬满意前因研究，包括对更高的工作满意度、工作热情、薪酬水平、更低离职率等。毕妍等（2016）基于协方差结构模型，研究认为教师工作过程满意度正向影响教师薪酬结果满意度。[2]李冲等（2016）通过问卷调查获取数据，运用结构方程模型，构建并实证检验了反映薪酬结构、工作满意度和教师工作绩效之间关系的"薪酬—激励—绩效"模型，认为工作满意度在薪酬结构与科研绩效之间存在中介作用。[3]郝玉明（2017）对比公务员与教师的薪酬满意度，认为薪酬水平、对部门收入差距感知以及工作热情是影响公务员薪酬满意度的主要因素。[4]

---

① 陈晶瑛. 制造业员工的薪酬满意度实证研究[J]. 管理世界，2010（1）：179-180.

② 毕妍，蔡永红，蔡劲. 薪酬满意度、组织支持感和教师绩效的关系研究[J]. 教育学报，2016，12（2）：81-88.

③ 李冲，张丽，苏永建. 薪酬结构、工作满意度与高校教师工作绩效关系的实证研究[J]. 复旦教育论坛，2016，14（5）：89-95.

④ 郝玉明. 公务员薪酬满意度水平变动与管理对策[J]. 北京行政学院学报，2017（5）：52-57.

王红芳等（2019）基于资源保存理论和自我决定理论，对民营企业员工薪酬水平影响工作满意度机制进行研究，认为薪酬水平和工作满意度、总体报酬感知之间存在非线性的"倒 U 型"曲线关系。[①]二是薪酬满意后因研究。杨玉梅等（2017）基于 2011 年北京市机关事业单位人员工资收入调整相关调查数据，研究总报酬对事业单位人员工作满意度的影响机制。[②]杜屏和谢瑶（2018）基于公平理论视角，利用调查数据研究验证了教师工资水平、比较薪酬对薪酬满意度的正向影响效应，为改进教师薪酬制度、发挥薪酬激励作用提供参考。[③]唐立和费梅苹（2020）选用"中国社会工作者职业现状调查"数据，实证研究得出工作满意度中的情感支持因子和薪酬激励因子对社会工作者离职倾向具有显著负向影响，其中薪酬激励因子对离职倾向的影响受到性别和年龄的调节。[④]

薪酬满意属于人力资源管理领域较为传统的研究命题，前期研究成果较为丰硕。由文献梳理可知，在研究内容方面，已有研究从多维度、多角度探析了薪酬满意度的前因与后因；研究对象多聚焦传统就业者，新形态就业者鲜有涉及；研究方法运用复合多样，尚未发现运用博弈论进行薪酬利益相关者互动决策过程及机制研究。鉴于此，在预判新形态就业者薪酬满意度不高的情形下，进行问卷调研获取一手数据，加工数据得出薪酬满意度偏低结论印证了预判所想。既然新形态就业者薪酬满意相关研究属于研究盲点，对策建议的科学拟定需站位多方主体，本研究创新性选择利益相关者视角，运用四方演化博弈模型对新形态就业者薪酬满意达成机制进行解析，在兼顾新形态就业者主观感知的同时，融入其他利益相关三方的理性选择，剖析多轮演化博弈过程中达到稳定状态的过程与结果。

7.1.2　演化博弈理论优势分析

演化博弈理论是将生物进化理论中的生物进化与演化思想，迁移运用到传统博弈论中所形成的一种博弈理论。演化博弈是各方博弈主体之间的长期动态调整过程，各方博弈主体通过针对对方策略以及策略变化来对自

① 王红芳，杨俊青，李野. 薪酬水平与工作满意度的曲线机制研究[J]. 经济管理，2019，41（7）：105-120.

② 杨玉梅，李梦薇，熊通成，等. 北京市事业单位人员总报酬对工作满意度的影响——薪酬公平感的中介作用[J]. 北京行政学院学报，2017（1）：76-83.

③ 杜屏，谢瑶. 中小学教师薪酬满意度影响因素实证研究——基于公平理论的视角[J]. 华中师范大学学报（社会科学版），2018，57（2）：168-177.

④ 唐立，费梅苹. 薪酬激励抑或情感支持:社会工作者流失之因探究[J]. 青年研究，2020（2）：59-69；95-96.

身策略进行调整，通过博弈主体之间的有限次或者无限次博弈形成较为稳定的均衡状态。在现实情境中，决策主体一般不能直接选择利于自身的最优选择，相对于经典博弈论严苛的"完全理性人假设"，演化博弈将博弈策略主体假设为有限理性是演化博弈的前提和基础，各博弈方可以根据对方策略以及学习进化而实现自身策略的不断优化和调整。由于个体是有限理性的，在漫长的进化过程中，个体需要根据所知的信息状况来确定自身策略并不断改进，需要不断尝试才能最终达到均衡稳定状态。

演化博弈理论用博弈主体在不同策略选择下的期望收益及其不断调整频度和频率来描述博弈主体在博弈中的适应度，进而研究在不断重复博弈过程中，有限理性个体如何通过自适应学习优化自身策略，从而使得自身利益逐渐实现最大化，各方策略组合形成稳定状态。演化博弈的稳定状态相较于纳什均衡来说，主要指一定条件下群体内各方策略的帕累托最优状态。演化博弈的研究对象主要源于生物学中的群体概念，即以大量同种群的个体所组成的多个群体为研究对象，并以有限理性原则为前提，通过群体之间的学习、模仿和改变等动态演化过程实现个体策略行为的优化。演化博弈目的是通过分析不同情形和条件下的演化趋势和稳定状态来探析多群体的动态演化过程，以及具体何种情形或条件下演化博弈主体之间达到稳定状态。

在经典博弈论理论中，决策参与人都有确定的博弈对手，参与人之间的行动以及决策关系以时间或信息传递为线索或依据。经典博弈理论未将决策的环境信息以及环境信息的可能性变化以及博弈主体之间达到均衡状态的调整变化过程考虑在内。相对于经典博弈理论，演化博弈理论可以选择多个博弈主体或者博弈对手，利用生物进化理论中的动态的以及演化的方法，将影响博弈群体决策的环境因素以及决策主体自身因素纳入到演化模型中，但各博弈主体很少会考虑自身决策和选择对其他博弈主体产生何种影响，即以自身利益最大化为决策目标，在此过程中各方策略会不断动态调整和修正，这与经典博弈理论的动态概念完全不同。演化博弈已广泛应用于多个领域，其中主要包括但不限于信息安全、危机治理、环境治理、公司治理、药品和食品安全治理、金融管理和互联网治理等。

平台型企业、新形态就业者、政府监管部门和媒体均为有限理性，没有固定的博弈对手，所获得的博弈信息有限，很难做出利于自身的最优选择。在大多数情形下，演化博弈理论将时间因素以及就业影响因素纳入到博弈模型中，并通过各博弈群体之间的动态调整来达到博弈均衡，进而利用动态的、整体的以及系统的观点考虑就业未来发展趋势。演化博弈理论弥补了经典博弈理论中静态博弈分析的缺点，与经典博弈理论相比，演化博弈理论的演化稳定策略在预测和分析博弈主体的行为方面更加客观和准确。平台型企业、新形态就业者、政府监管部门和媒体通过相互模仿、相互学习不断修正自身行为以及选择，这种情况适合运用演化博弈理论的演化稳定策略来解析。演化博弈理论具有诸多优势以及对经典博弈理论不足的弥补，其成为信息不对称情形下，研究新形态就业者薪酬满意利益相关者博弈的适宜方法之一。

本研究基于演化博弈理论，以博弈参与者有限理性为前提，依托现实情况进行参数假设，通过剖析利益相关者在薪酬满意博弈中的利益诉求和博弈关系，构建"平台型企业—新形态就业者—政府监管部门—媒体"四方薪酬满意演化博弈模型，利用复制动态方程对薪酬满意利益相关者进行策略均衡分析，最终得到系统在不同参数约束条件下的演化稳定策略。在此基础上，对平台型企业经营策略稳定性、媒体报道策略稳定性、新形态就业者满意策略稳定性、政府部门监管策略稳定性和四方主体混合策略稳定性进行仿真分析，得出促使博弈四方演化至理想稳定状态的充分条件，揭示演化博弈四方决策行为背后的深层次动机，量化新形态就业者薪酬满意的关键影响因素，呈现四方最优决策的实现过程。

7.1.3　研究假设

博弈四方的策略选择为：平台型企业选择正规或是不正规策略，新形态就业者选择接受或是不接受策略，政府监管部门选择监管或是不监管策略，媒体选择如实或不如实报道策略。做出不同选择的主要影响因素有：平台型企业是否正规经营的成本与收益，新形态就业者接受目前薪酬所带来的正面效应，平台不正规经营对新形态就业者造成的损失，就业者薪酬满意下对工作绩效产生激励而获得的收入，政府监管成本，等等。本章利用演化博弈理论对新形态就业薪酬满意问题进行研究。假定平台型企业、新形态就业者、媒体和政府是有限理性，无法预测其他博弈方的准确行动从而无法采取最优策略。平台型企业、媒体、新形态就业者和政府会根据各自过去的收益、成本以及行动策略来不断修正和调整自身行动策略，从而经过有限次或者无限次重复博弈，经过不断的动态模仿、学习以及试错，四方会在最终博弈阶段达到演化稳定均衡，从而获得他们在此均衡策略下的最优收益。

基于以上分析提出如下假设：

假设 1：依据经济学中的有限理性人假设。

假设 2：平台采取正规经营策略概率为 x，不正规经营策略概率为 1-x；政府监管概率为 y，不监管概率为 1-y；媒体如实报道概率为 z，不如实报道概率为 1-z；新形态就业者接受目前薪酬概率为 e，不接受概率为 1-e。

7.2 演化博弈模型构建

7.2.1 模型基本要素解析

演化博弈模型基本要素包括博弈四方、策略集合、行动次序与参数设定。

一、博弈四方

假设四方博弈主体分别为，博弈方 1 为平台型企业，博弈方 2 为政府，博弈方 3 为媒体，博弈方 4 为新形态就业者。新形态就业者、平台型企业、政府与媒体，博弈四方是在不完全理性条件下的博弈分析，即博弈主体都会选择最优决策。

二、策略集合

新形态就业者可以采用两种策略：接受策略和不接受策略。平台型企业分为两种类型：正规运营企业与不正规运营企业。政府可以采用两种策略：监管和不监管策略。媒体可以采用两种策略：如实报道和不如实报道策略。博弈方 1 的策略集合 S 为{正规，不正规}，博弈方 2 的策略集合 R 为{监管，不监管}，博弈方 3 的策略集合 T 为{如实，不如实}，博弈方 4 的策略集合 M 为{接受，不接受}。

三、行动次序与参数设定

该演化博弈模型是以参与人满足不完全理性假设为前提，考虑平台是否正规经营、新形态就业者是否选择接受目前薪酬的行为演化过程，忽略掉新形态就业者与平台的博弈次序，而考虑新形态就业者与平台型企业同时进行策略选择的问题。上一轮博弈结果会对新形态就业者与平台型企业下一轮博弈选择各自行动策略产生影响。本章所使用参数及含义如表 7-2 所示。

表 7-2　相关参数及含义

参数	含义
R_1	企业正规经营收入
R_1'	企业不正规经营收入
C_1	企业正规经营成本
C_1'	企业不正规经营成本
D_1	就业者离职倾向
C_2	政府监管成本
C_3	媒体报道成本
R_4	就业者接受目前薪酬下的收入
C_4	就业者日常支出成本
R_4''	就业者接受目前薪酬对工作绩效产生激励所获得的收入
R_1''	就业者接受目前薪酬对工作绩效产生激励使企业效益多获得的收入
A_1	媒体不实报道对企业所造成的负面影响
A_3	媒体不实报道对自身声誉所造成的损失
A_4	媒体不实报道对新形态就业者所造成的影响
G	企业不正规经营被政府监管所产生的罚款
B_2	新形态就业者对政府监管企业不正规经营行为的支持
B_3	新形态就业者对媒体如实报道行为的支持
B_4	新形态就业者加薪满意度
M_1	薪酬水平满意度对工作绩效的影响

7.2.2　模型构建

平台型企业正规运营和不正规运营的期望收益 V_{x1}，V_{x2} 为：

$$V_{x1} = R_1 - C_1 - D_1 + eR_1'' + zA_1 - A_1 \qquad \text{公式 7-1}$$

$$V_{x2} = R_1' - C_1' - 2zA_1 + A_1 - yG + eR_1'' \qquad \text{公式 7-2}$$

政府监管和不监管的期望收益：

$$V_{y1} = 2yC_2 + yG + yB_2 \qquad \text{公式 7-3}$$

$$V_{y2} = -B_2 + yB_2 \qquad \text{公式 7-4}$$

媒体如实报道和未如实报道的期望收益为：

$$V_{z1} = C_3 + B_3 \qquad\qquad 公式\ 7\text{-}5$$

$$V_{z2} = C_3 - A_3 \qquad\qquad 公式\ 7\text{-}6$$

新形态就业者薪酬接受和不接受的期望收益：

$$V_{e1} = (1-z)(-A_4) + R_4 + R_4'' - C_4 \qquad\qquad 公式\ 7\text{-}7$$

$$V_{e2} = R_4 - C_4 + (1-z)(-A_4) \qquad\qquad 公式\ 7\text{-}8$$

7.3　策略均衡分析

针对平台型企业、政府监管部门、媒体、新形态就业者四方利益相关者，利用复制动态方程对利益相关者进行策略稳定性分析，最终得到复制动态系统在不同参数约束条件下的演化稳定策略，在新形态就业者薪酬满意度提升过程中，厘清各方应如何配合及发挥何种作用，从而达成各方最优决策。

7.3.1　平台型企业经营策略稳定性分析

平台型企业正规运营的复制动态方程：

$$\begin{aligned} F(x) = dx/dt &= x(1-x)(V_{x1} - V_{x2}) \\ &= x(1-x)[R_1 - C_1 - D_1 - R_1' + C_1' + 3zA_1 - 2A_1 + yG] \qquad 公式\ 7\text{-}9 \end{aligned}$$

由复制动态方程稳定性定理知，作为稳定策略的 x 应满足 $F(x) = 0$ 且 $F'(x) < 0$。

（1）若 $y = -(R_1 - C_1 - D_1 - R_1' + C_1' + 3zA_1 - 2A_1)/G$，则 $F(x) = 0$。此时平台任何比例的运营策略都是稳定状态，即策略比例不会随着时间而变化。

（2）若 $y \neq -(R_1 - C_1 - D_1 - R_1' + C_1' + 3zA_1 - 2A_1)/G$，令 $F(x) = 0$，得 $x = 0, x = 1$ 两个准演化稳定点，对 $F(x)$ 求导得：

$$F'(x) = (1-2x)[R_1 - C_1 - D_1 - R_1' + C_1' + 3zA_1 - 2A_1 + yG] \qquad 公式\ 7\text{-}10$$

该函数是 y 的增函数，当 $y < -(R_1 - C_1 - D_1 - R_1' + C_1' + 3zA_1 - 2A_1)/G$，有 $F'(x)|_{x=1} < 0$，$F'(x)|_{x=0} > 0$，$x = 1$ 是稳定策略；而当 $y > -(R_1 - C_1 - D_1 - R_1' + C_1' + 3zA_1 - 2A_1)/G$，有 $F'(x)|_{x=1} > 0$，$F'(x)|_{x=0} < 0$，$x = 0$ 是稳定策略。说明平台型企业（以下简称平台）决策与正规经营纯利、政府罚款及媒体报道

等因素相关，当政府监管比例高于 $-(R_1 - C_1 - D_1 - R_1' + C_1' + 3zA_1 - 2A_1)/G$ 时，平台会选择正规策略，而当这一比例低于 $-(R_1 - C_1 - D_1 - R_1' + C_1' + 3zA_1 - 2A_1)/G$ 时，平台会在下一阶段博弈中倾向于采取不正规经营策略。

7.3.2 政府监管策略稳定性分析

由以上分析可知，政府监管决策复制动态方程为：

$$F(y) = dy/dt = y(1-y)(V_{y1} - V_{y2})$$
$$= y(1-y)(2xB_2 - 2xC_2 + xG - B_2 + C_2 - G) \qquad 公式 7-11$$

（1）若 $2xB_2 - 2xC_2 + xG - B_2 + C_2 - G = 0$，则 $F(y) \equiv 0$，则采取任何策略都是稳定策略。

（2）$x > (B_2 - C_2 + G)/(2B_2 - 2C_2 + G)$，则 $F'(y)|_{y=1} < 0, F'(x)|_{y=0} > 0$，$y = 1$ 是稳定策略。即当平台正规运营的比例大于 $(B_2 - C_2 + G)/(2B_2 - 2C_2 + G)$ 时，政府会采取监管策略；若小于 $(B_2 - C_2 + G)/(2B_2 - 2C_2 + G)$ 时，则 $F'(y)|_{y=0} < 0, F'(x)|_{y=1} > 0$，$y = 0$ 是稳定策略，即当正规经营下的平台数量比例小于 $(B_2 - C_2 + G)/(2B_2 - 2C_2 + G)$ 时，政府会采取不监管策略。

7.3.3 媒体报道策略稳定性分析

媒体报道决策复制动态方程：

$$F(z) = dz/dt = z(1-z)(U_{z1} - U_{z2})$$
$$= z(1-z)(B_3 - C_3 - (1-x)B_4) \qquad 公式 7-12$$

（1）若 $B_3 - C_3 - (1-x)B_4 = 0$，则 $F(z) \equiv 0$，此时采取行动均是稳定策略。

（2）若 $B_3 - C_3 - (1-x)B_4 > 0$，令 $F(z) = 0$，得 $z = 0, z = 1$ 两个准演化稳定点，对 $F(z)$ 求导得：$F'(z) = (1-2z)(B_3 - C_3 - (1-x)B_4)$，$F'(y)|_{z=0} > 0$，$F'(x)|_{z=1} < 0, z = 1$ 是稳定策略；当 $B_3 - C_3 - (1-x)B_4 < 0$，$F'(y)|_{z=1} > 0$，$F'(x)|_{z=0} < 0, z = 0$ 是稳定策略。可见，当新形态就业者对媒体如实报道企业行为的支持减去成本大于平台贿赂媒体的收益时，媒体会采取如实报道策略，反之，则采取不如实报道策略。

7.3.4 新形态就业者接受策略稳定性分析

新形态就业者决策复制动态方程：

$$F(e) = de/dt = e(1-e)(U_{e1} - U_{e2}) = e(1-e)(R_4'' + M_1) \qquad 公式7\text{-}13$$

（1）若 $R_4'' + M_1 = 0$，则 $F(e) \equiv 0$，此时采取任何行动都是稳定策略。

（2）若 $R_4'' + M_1 > 0$，令 $F(e) = 0$，得 $e = 0, e = 1$ 两个准演化稳定点，对 $F(e)$ 求导得：$F'(e) = (1-2z)(R_4'' + M_1)$，$F'(y)|_{e=0} > 0, F'(x)|_{e=1} < 0, e = 1$ 是稳定策略；当 $R_4'' + M_1 < 0$，$F'(y)|_{e=0} < 0, F'(x)|_{e=1} > 0, e = 0$ 是稳定策略。可以看出，新形态就业者接受目前薪酬对工作绩效产生激励所获得的收入 R_4 和对工作绩效的影响 M_1 对其策略影响至关重要。因此平台型企业应对新形态就业者多进行激励且自身正规经营，从而促使新形态就业者长期努力工作。

7.3.5　四方主体策略演化稳定性分析

下面讨论四方共同作用下的演化稳定策略及不同均衡状态，根据弗里德曼（Friedman）提出的方法，演化稳定策略（ESS）可由雅可比矩阵的局部稳定性分析得出，雅可比矩阵如下：

$$J = \begin{pmatrix} \partial F(x)/\partial x & \partial F(x)/\partial y & \partial F(x)/\partial z & \partial F(x)/\partial e \\ \partial F(y)/\partial x & \partial F(y)/\partial y & \partial F(y)/\partial z & \partial F(y)/\partial e \\ \partial F(z)/\partial x & \partial F(z)/\partial y & \partial F(z)/\partial z & \partial F(z)/\partial e \\ \partial F(e)/\partial x & \partial F(e)/\partial y & \partial F(e)/\partial z & \partial F(e)/\partial e \end{pmatrix}$$

根据莱因哈德（Reinhand）的研究结论，在非对称博弈中，若信息不对称条件成立，演化稳定策略为纯策略。需讨论 16 个纯策略均衡点的稳定性，根据李雅普诺夫第一法则，当雅可比矩阵所有特征值均为负时，该均衡点为稳定点。详见表 7-3 和表 7-4。

表 7-3　平台型企业正规经营条件下策略稳定性分析

均衡点	λ_1	λ_2	λ_3	λ_4
（1,0,0,0）	$-(R_1 - C_1 - D_1 - R_1' + C_1' - 2A_1)$	$B_2 - C_2$	$B_3 - C_3$	R_4''
（1,0,1,0）	$-(R_1 - C_1 - D_1 - R_1' + C_1' + 3A_1 - 2A_1)$	$B_2 - C_2$	$-(B_3 - C_3)$	R_4''
（1,1,0,0）	$R_1 - C_1 - D_1 - R_1' + C_1' - 2A_1 + G$	$-(B_2 - C_2)$	$B_3 - C_3$	R_4''
（1,0,0,1）	$-(R_1 - C_1 - D_1 - R_1' + C_1' - 2A_1)$	$B_2 - C_2$	$B_3 - C_3$	$-R_4''$
				续表
均衡点	λ_1	λ_2	λ_3	λ_4

（1,1,0,1）	$-(R_1-C_1-D_1-R_1'+C_1'-2A_1)$	$-(B_2-C_2)$	B_3-C_3	$-R_4''$
（1,1,1,0）	$-(R_1-C_1-D_1-R_1'+C_1'+3A_1-2A_1)$	$-(B_2-C_2)$	$-(B_3-C_3)$	R_4''
（1,0,1,1）	$-(R_1-C_1-D_1-R_1'+C_1'+A_1)$	B_2-C_2	$-(B_3-C_3)$	$-R_4''$
（1,1,1,1）	$-(R_1-C_1-D_1-R_1'+C_1'+A_1)$	$-(B_2-C_2)$	$-(B_3-C_3)$	$-R_4''$

表 7-4　平台型企业不正规经营条件下策略稳定性分析

均衡点	λ_1	λ_2	λ_3	λ_4
（0,0,0,0）	$R_1-C_1-D_1-R_1'+C_1'-2A_1$	$-B_2+C_2-G$	$B_3-C_3-B_4$	R_4''
（0,0,1,0）	$R_1-C_1-D_1-R_1'+C_1'+3A_1-2A_1$	$-B_2+C_2-G$	$-(B_3-C_3-B_4)$	R_4''
（0,1,0,0）	$R_1-C_1-D_1-R_1'+C_1'-2A_1+G$	B_2-C_2+G	$B_3-C_3-B_4$	R_4''
（0,0,0,1）	$R_1-C_1-D_1-R_1'+C_1'-2A_1$	$-B_2+C_2-G$	$B_3-C_3-B_4$	$-R_4''$
（0,1,0,1）	$R_1-C_1-D_1-R_1'+C_1'-2A_1+G$	B_2-C_2+G	$B_3-C_3-B_4$	$-R_4''$
（0,1,1,0）	$R_1-C_1-D_1-R_1'+C_1'+3A_1-2A_1+G$	B_2-C_2+G	$-(B_3-C_3-B_4)$	R_4''
（0,0,1,1）	$R_1-C_1-D_1-R_1'+C_1'+3A_1-2A_1$	$-B_2+C_2-G$	$-(B_3-C_3-B_4)$	$-R_4''$
（0,1,1,1）	$R_1-C_1-D_1-R_1'+C_1'+3A_1-2A_1+G$	B_2-C_2+G	$-(B_3-C_3-B_4)$	$-R_4''$

命题 1：当 $-(R_1-C_1-D_1-R_1'+C_1'+A_1)$，$-(B_2-C_2)$，$-(B_3-C_3)$，$-R_4''$ 皆小于 0 时，（1,1,1,1）是系统渐进稳定点，系统演化稳定策略为（政府监管，平台正规经营，新形态就业者满意，媒体如实报道）。其他稳定点皆不满足 ESS 稳定策略。

证明：对于情形 1，由均衡点（1,1,1,1）特征值表达式得，在情形 1 条件下其特征值 $\lambda_1<0,\lambda_2<0,\lambda_3<0,\lambda_4<0$。所以（1,1,1,1）是系统唯一渐进稳定点。情形 1 渐进稳定点证明同上述过程类似，证毕。

命题 2：当 $-(R_1-C_1-D_1-R_1'+C_1'+A_1)$，$B_2-C_2$，$-(B_3-C_3)$，$-R_4''$ 皆小于 0 时，（1,0,1,1）是系统渐进稳定点，系统演化稳定策略为（政府不监管，平台正规经营，新形态就业者满意，媒体如实报道）。其他稳定点皆不满足 ESS 稳定策略。此点处社会剩余最高。

证明：对于情形 2，由均衡点（1,0,1,1）特征值表达式得，在情形 2 条件下其特征值 $\lambda_1<0,\lambda_2<0,\lambda_3<0,\lambda_4<0$。所以（1,0,1,1）是系统渐进稳定点。情形 2 渐进稳定点证明同上述过程类似，证毕。仿真过程如图 7-4，图 7-

5，图 7-6，图 7-7 所示。

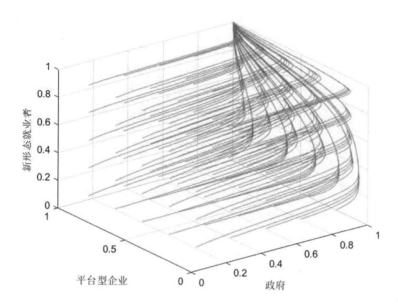

图 7-4　平台型企业、新形态就业者、政府三方决策演化仿真图

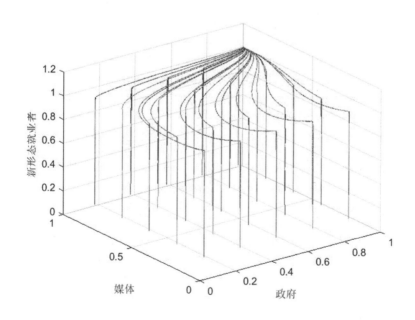

图 7-5　政府、媒体、新形态就业者三方决策演化仿真图

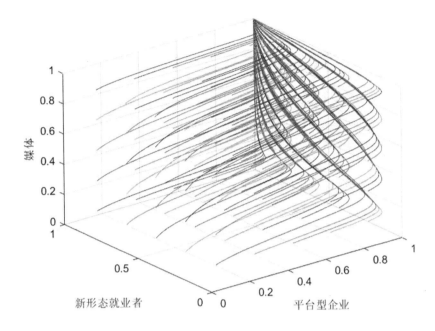

图 7-6　媒体、平台型企业、新形态就业者三方决策演化仿真图

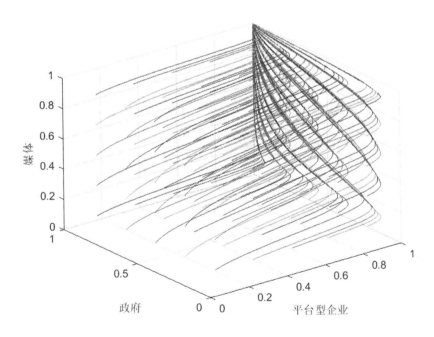

图 7-7　媒体、平台型企业、政府三方决策演化仿真图

综上所述，本章选择新形态就业薪酬满意四方利益相关者决策问题进行描述，并构建演化博弈模型进行策略分析，依次开展平台型企业经营策略稳定性分析、媒体报道策略稳定性分析、新形态就业者接受策略稳定性分析、政府部门监管策略稳定性分析和四方主体策略的演化稳定性分析，三方一组分别进行决策过程仿真验证，得出以下研究结论。

1. 当政府监管概率上升、政府罚款力度增大、媒体如实报道概率上升、媒体报道成本减小、平台经营利润增加时，平台型企业更倾向于选择正规经营，此时媒体更倾向于选择如实报道，新形态就业者更倾向于选择接受目前薪酬，这意味着新形态就业者薪酬满意度提高。政府作为新形态就业市场的主要监管者，监管政策雷厉风行且切实可行是关键，提高政府监管力度与政策支持是使平台经营能够沿着合法轨道运行的双刃剑，"胡萝卜加大棒"事半功倍。此外，宣传主管部门也应加强规范媒体对新形态就业相关报道的真实性与可靠性，对不实报道予以严肃处理，形塑媒体喉舌的社会公德心与责任感。

2. 当平台型企业对就业者激励程度增大或者正规经营概率上升时，新形态就业者薪酬满意度逐渐提高。从新形态就业者策略稳定性分析以及仿真分析可以得出，接受策略对工作绩效产生激励所获得的收入和工作对生活的影响对新形态就业者的策略选择至关重要，两者效用之和与就业者接受目前薪酬的概率呈显著正相关关系，这说明工作所产生的激励收入要同时考虑到工作对生活的影响。因此平台型企业应对新形态就业者多进行物质激励，情感激励依然有效，所以多关心新形态就业者的日常生活，合理安排工作时间，以此引导新形态就业者持长期努力工作态度，帮助其全身心地投入工作，实现就业者和就业平台双赢。

3. 政府选择监管策略的稳定性，不仅与监管成本、对平台型企业不合规经营的惩罚力度相关，还与平台是否合规经营的概率以及新形态就业者薪酬满意程度相关。从仿真结果可以看出，随着平台合规经营概率以及就业者接受目前酬薪概率的提高，政府策略选择由监管逐渐转向不监管策略，有利于节约监管成本，乃新形态就业可持续发展所努力的方向。

第五篇　组织微观管理：
新形态就业融入的人力管理

[**篇首语**]企业是中国经济发展的基石，新形态就业管理既要关注宏观层面的就业质量与风险，也要细致入微探寻微观组织的管理理论创新。究其本质，新形态就业是劳动力市场中劳动需求主体（组织）和劳动供给主体（就业者）在微观层面上与新形式相结合的宏观体现。新的劳动力供需结合方式催生了更富有弹性的"人-企"劳动关系，同时也推动了人力资源管理模式的变革。在新形态就业深刻融入的新经济企业中，传统的组织管理理论应如何实现创新发展，成为新形态就业管理研究所不可忽视的重要问题。由于现有文献在该领域仍存在较大的理论缺口，本研究选取"强制性组织公民行为"和"易变性职业生涯态度"这两种新形态就业融入下的独特现象展开研究，为微观企业提高人力资源管理水平提供参考和借鉴。在第8章，聚焦劳动者"量"的问题，通过探讨强制性公民行为如何引发新形态就业者的离职倾向，为企业"留住人才"提供合理建议。在第9章，关注劳动者"质"的提升，针对易变性职业生涯态度进行研究，探讨易变性职业生涯态度通过工作激情影响员工创新行为的中介作用，并分析知识共享在易变性职业生涯态度与员工创新行为关系间的调节作用。

第8章 强制性组织公民行为之于新形态就业者离职倾向的影响

相较传统就业，新形态就业的就业方式更加灵活弹性，工作内容更加丰富多元，更需要充分调动就业者的主观能动性。新职业需要员工充分发挥主观能动性，满足上级对新形态就业者多重角色的期待，使得员工面临强制性组织公民行为的挑战，从而增加了新形态就业者的角色负荷，加之行业进入门槛和退出门槛相对较低，在一定程度上导致了新形态就业者就业不稳定性和离职倾向突出。鉴于此，本章尝试构建强制性组织公民行为、角色负荷与离职倾向的理论模型，运用调研数据验证变量间关系，辨析新形态就业者离职倾向的主要影响因素，厘清因素之间的复杂关系。

8.1 变量界定

本章研究包含的核心变量为强制性组织公民行为、角色负荷和离职倾向。通过借鉴学者们的前期研究成果，以下对三个变量进行逐一界定。

8.1.1 强制性组织公民行为

随着组织公民行为研究的深入，学者们逐渐意识到组织公民行为的另外一面，即非自愿动机的组织公民行为，维戈达-加多（Vigoda-Gadot，2006）[①]将这种出于非自愿动机的被动型组织公民行为称为强制性组织公民行为。关于强制性组织公民行为的概念，学术界普遍认为，从内在动机来看，强制性组织公民行为不纯粹是利他的和主动的，更多的是迫于上级压力或外界期待。从结果来看，短期内强制性组织公民行为会给组织带来利益，但长期来看，强制性组织公民行为会给个体带来消耗并最终危害组

---

① Vigoda-Gadot, E. Compulsory citizenship behavior: theorizing some dark sides of the good soldier syndrome in organizations[J]. Journal for The Theory of Social Behavior, 2006, 36, (1): 77-93.

织的利益。本研究以维戈达-加多的定义为基础，认为强制性组织公民行为是员工迫于外部压力不得不做出的符合组织期待的角色外行为。

8.1.2 角色负荷

角色负荷起初被学者们定义为一种角色冲突，随着角色负荷研究的发展，角色负荷的概念逐渐倾向于被认为是一种角色压力。角色负荷常被视为一种工作需求，可能来自领导期望、组织激励抑或组织氛围促进。角色负荷增加可以为企业节约成本、增加产出，但又不可避免地给员工带来压力。有学者从时间压力视角，认为角色负荷指员工无法在有限时间内达到所背负的所有角色的要求（王红丽和张筌钧，2016[①]）。也有学者从资源压力视角，认为角色负荷指员工承担的工作要求超过了其所拥有的资源，导致自身资源无法支持所有角色任务的完成（Peterson 等，1995[②]）。本研究认同角色负荷是一种角色压力，认为角色负荷是在面临较多角色任务或较高角色要求时，凭借自身既定资源无法完成角色任务或达到角色要求的压力感知和体验。

8.1.3 离职倾向

离职倾向是反映离职行为的理想近端预测因子。莫布里（Mobley，1977）从行为先后顺序的角度，认为员工产生离职倾向是因为对工作产生不满，继而寻找其他可能性并将其他可能性与现状进行对比后产生的离职想法。[③]后来学者们关于离职倾向的定义基本都围绕莫布里提出的概念，打破行动先后顺序的限制展开。学者们对离职倾向的定义虽各有不同，但中心思想是一致的，即离职倾向是个体考虑某些因素后自主产生的离开岗位或组织的倾向，反映的是员工对组织或工作的消极评价。

---

① 王红丽，张筌钧. 被信任的代价:员工感知上级信任、角色负荷、工作压力与情绪耗竭的影响关系研究[J]. 管理世界，2016（8）：110-125；136；187-188.

② Peterson M. F., Smith P. B., Akande A., et al. Role conflict, ambiguity, and overload: a 21-nation study[J]. Academy of Management Journal, 1995, 38(2): 429-452.

③ Mobley, William H. Intermediate linkages in the relationship between job satisfaction and employee turnover[J]. Journal of Applied Psychology, 1977, 62(2): 237-240.

8.2　研究假设

8.2.1　强制性组织公民行为与离职倾向

伴随新形态就业的蓬勃发展，涌现了大批新形态从业人员，就业领域涵盖交通出行服务、餐饮服务、文体娱乐、医疗、住宿、教育与培训等各行各业，网约车司机、外卖员、网络主播等成为日常生活中随处可见、备受关注的新职业。相比传统就业形态，新形态就业方式更加灵活、就业渠道更加多元、工作时间地点更加弹性化。与此同时，新形态就业也呈现出工作边界模糊、工作职责重叠、工作时间不受控、工作贡献难以衡量等特征，职业乱象和一些不合理的工作行为时有发生。例如传统行业组织中的强制性组织公民行为逐渐在新形态就业领域中受到关注，这成为新形态就业者产生离职倾向甚至离职行为的重要原因。

强制性组织公民行为是伴随组织公民行为研究发展而衍生的概念，是指员工迫于外部压力而不得不做出的符合组织期待的角色外行为（Vigoda-Gadot，2006①），常被视为组织中重要的工作压力源之一。学界从组织公民行为的深层次动机方面出发，将非自发性、非自愿性的组织公民行为抽离出来，逐渐形成并发展出强制性组织公民行为概念。强制性组织公民行为与组织公民行为相互联系又相互区分。一方面，两者都超越了员工本职工作范围，是员工为组织付出的额外努力，有利于实现组织需求。另一方面，组织公民行为强调自发性和主动性，而强制性组织公民行为突出强制性和被动性（彭正龙和赵红丹，2011②）。强制性组织公民行为常常源自压力性、竞争性的组织氛围或领导的辱虐管理倾向，印象管理动机和不利结果回避倾向驱使员工不得不付出额外劳动，表现出强制性组织公民行为（赵红丹和彭正龙，2012③）。由文献回顾不难发现，强制性组织公民行为会消减创新绩效、工作满意度、正面组织公民行为、工作积极性和主动性等积

---

① Vigoda-Gadot, E. Compulsory citizenship behavior: theorizing some dark sides of the good soldier syndrome in organizations[J]. Journal for The Theory of Social Behavior, 2006, 36, (1):77-93.

② 彭正龙，赵红丹. 组织公民行为真的对组织有利吗——中国情境下的强制性公民行为研究[J]. 南开管理评论，2011，（1）：17-27.

③ 赵红丹，彭正龙. 基于扎根理论的强制性公民行为影响因素研究[J]. 管理评论，2012，24（3）：132-139.

极组织结果，加剧工作压力、工作倦怠、离职倾向等消极组织结果。①

波德沙科夫（Podsakoff）等（2007）②在卡瓦诺（Cavanaugh）等（2000）③挑战性压力源和阻碍性压力源概念基础上，提出了挑战性-阻碍性压力源与离职倾向关系模型，该模型认为，阻碍性压力源会加剧员工离职倾向。根据工作要求-资源模型，强制性组织公民行为是一种工作要求，需要员工付出额外的努力，兼顾角色内和本职工作范围外的任务和要求，来满足符合组织期望的角色外行为。若持续消耗的资源不能得到及时补充或员工不能有效平衡资源的利用，员工无法在有限的时间内凭借自身既有资源达到目标，继而导致自我效能感降低甚至阻碍自身职业成长，强制性组织公民行为此时就会被视为阻碍性压力源，消磨工作热情、产生工作倦怠和对消极压力的应激反应，加剧离职倾向。据此，提出如下假设：

H1：强制性组织公民行为正向影响新形态就业者离职倾向。

8.2.2　角色负荷的中介效应

随着新形态就业者离职问题研究的发展，不仅需要考察强制性组织公民行为对离职倾向有何影响，更重要的是需要进一步探讨强制性组织公民行为通过哪些近端因子影响离职倾向及如何影响离职倾向。角色负荷可能是新形态就业者强制性组织公民行为影响其离职倾向的重要中介变量之一。

角色负荷是一种角色压力，是工作中阻碍性压力源的一种（Duxbury等，2008④；Rushing，1965⑤）。当个体对工作角色的期望或针对角色的工作要求超过一定程度，个体就会产生无法完成角色任务的压力体验，即角色负荷。研究表明，角色负荷容易受到组织公民行为的影响（Gurbuz等，2013⑥）。基于资源消耗视角，学者们认为，组织公民行为占用了员工职责

① Vigoda-Gadot, E. Redrawing the boundaries of OCB? An empirical examination of compulsory extra-role behavior in the workplace[J]. Journal of Business and Psychology, 2007, 21(3): 377-405.

② Podsakoff, N. P., J. A. LePine, and M. A. LePine. Differential challenge stressor-hindrance stressor relationships with job attitudes, turnover intentions, turnover, and withdrawal behavior: a meta-analysis[J]. Journal of Applied Psychology, 2007, 92, (2): 438-454.

③ Cavanaugh, M. A., W. R. Boswell, M. V. Roehling, and J. W. Boudreau. An empirical examination of self-reported work stress among US managers[J]. Journal of Applied Psychology, 2000, 85, (1): 65-74.

④ Duxbury L., Lyons S., Higgins C. Too much to do, and not enough time: an examination of role overload – science direct[J]. Handbook of Work-Family Integration, 2008, 125-140.

⑤ Rushing W. A. Organizational stress: studies in role conflict and ambiguilt (Book)[J]. Social Forces, 1965.

⑥ Gurbuz S., Turunc O., Celik M. The impact of perceived organizational support on work-family conflict: does role overload have a mediating role?[J]. Economic & Industrial Democracy, 2013, 34(1): 145-160.

范围内的角色资源，从而增加了角色负荷。据此，有理由推测，具有强迫性、持续性特征的强制性组织公民行为对角色负荷具有显著加强作用。

强制性组织公民行为主要源自工作需求以及上级的期望和意愿（赵红丹和彭正龙，2012①）。一方面，从工作性质与工作需要来看，新形态职业更具灵活性、可塑性、自主性，需要从业人员在工作过程中充分发挥主观能动性。另一方面，从上级角度来看，上级领导往往通过显性的强制方式或者隐晦的表达希望员工展现组织公民行为的期望和意愿，促使员工表现出更多的组织公民行为。在这种情况下，员工会因为害怕拒绝表现出组织公民行为而影响到自身工作资源、绩效评估、人际关系等而被动执行组织公民行为（赵红丹，2014②）。此外，新形态就业的行业准入和退出门槛相对较低，从业人员的流动性和不稳定性较强，加之目前新形态从业领域普遍缺乏职业技能培训，大多数新形态就业者需要依靠自我探索和主观能动性的发挥来夯实职业技巧，应对工作挑战。如果组织公民行为成为新形态就业者工作中一项不得不执行的工作内容，无疑是对新形态从业人员时间、精力等资源的付出提出更加严苛的要求，也会增加员工的工作压力。同时应对多个角色期望和要求，过多地把时间和精力放在职责范围以外的部分，容易造成员工既有角色知觉的改变，使得工作边界更加模糊，这些都将增加新形态就业者的角色负荷。据此，提出如下假设：

H2：强制性组织公民行为正向影响新形态就业者角色负荷。

强制性组织公民行为在一定程度上加重了员工工作负荷。工作要求-资源模型指出，角色负荷属于组织中工作要求的一种。为了完成工作要求，势必消耗个体时间、精力以及其他工作资源，过重的角色负荷意味着更多资源付出，若资源不能得到及时补充，员工也很难将额外资源付诸组织公民行为（Eatough 等，2011③）。研究表明，在强烈期望和要求下表现出组织公民行为，会使员工产生强烈的工作疲劳感（姜荣萍和何亦名，2020④）。而压力、倦怠等情绪性因素是促使员工产生离职倾向甚至离职行为的重要

---

① 赵红丹，彭正龙. 基于扎根理论的强制性公民行为影响因素研究[J]. 管理评论，2012，24（3）：132-139.

② 赵红丹. 员工强制性组织公民行为的多层次形成机制[J]. 心理科学进展，2014，22（8）：1218-1225.

③ Eatough E. M., Chang C. H., Miloslavic S. A., et al. Relationships of role stressors with organizational citizenship behavior: a meta-analysis.[J]. Journal of Applied Psychology, 2011, 96(3): 619-32.

④ 姜荣萍，何亦名. 工作需求-资源模型视角下角色负荷对公民疲劳的影响[J]. 当代经济管理，2020，42（8）：72-79.

原因（马爽等，2015①；王滔和武海栋，2017②）。离职倾向表明员工对当前工作存有不满心理与负面评价，反映了员工想要离开组织的心理倾向。个体在工作中所能承受的压力和所拥有的资源都是有限度的，当角色负荷过高，资源无法支撑过高的角色要求时，出于资源保存动机，此时员工可能会采取防御性策略而削弱工作动机，进而产生脱离工作的倾向（李正东和郭森森，2021③）。新形态就业劳动关系较传统就业相对模糊，从业人员离职的阻力和成本相对较小，更容易在面临过高的角色负荷时萌生离职的想法，也更加容易出现离职行为。据此，提出如下假设：

H3：角色负荷正向影响新形态就业者离职倾向。

可见，一方面，新形态就业灵活、弹性、高可塑性的特征要求新形态就业者充分发挥主观能动性，工作性质期望员工尽可能展现出更多的组织公民行为。另一方面，上级对于新形态就业者角色的期望和要求也可能促使员工被迫表现出更多的组织公民行为。同时新形态职业工作边界模糊化的特征也为这种不甚合理的角色期望提供了可能，而强制性组织公民行为意味着员工职责范围的扩大，员工要同时面临多种角色需求，就业者的角色负荷大大增加。根据工作要求-资源模型，当有限的资源不能在一定的时间和职责范围内满足过重的角色负荷，员工会降低工作动机，以减少资源流失，从而缓解或逃避压力，并伴随工作满意度的降低、公民疲劳与工作倦怠，在心理上对工作产生疏离感，甚至产生离职倾向（张辉和牛振邦，2013④；王忠和张琳，2010⑤；王桢等，2012⑥）。因此结合假设 2 和假设 3，进一步提出如下假设：

H4：角色负荷在强制性组织公民行为和离职倾向的关系中起中介作用。

综上所述，根据"工作要求-资源"模型（JD-R 模型），结合以上理论分析与已有研究成果，本研究提出四项研究假设，并将其整合为一个理论

① 马爽，王晨曦，胡婧，等. 地税基层公务员工作压力与工作满意度、离职倾向的关系：心理资本的调节作用[J]. 中国临床心理学杂志，2015，23（2）：326-329；335.

② 王滔，武海栋. 职业压力对特殊教育教师离职倾向的影响：一个有调节的中介模型[J]. 中国特殊教育，2017（1）：12-18.

③ 李正东，郭森森. 工作压力何以影响员工的离职倾向?自我效能感的视角[J]. 华东理工大学学报（社会科学版），2021，36（2）：69-85.

④ 张辉，牛振邦. 特质乐观和状态乐观对一线服务员工服务绩效的影响——基于"角色压力—倦怠—工作结果"框架[J]. 南开管理评论，2013，16（1）：110-121.

⑤ 王忠，张琳. 个人-组织匹配、工作满意度与员工离职倾向关系的实证研究[J]. 管理学报，2010，7（3）：379-385.

⑥ 王桢，李旭培，罗正学，等. 情绪劳动工作人员心理授权与离职倾向的关系：工作倦怠的中介作用[J]. 心理科学，2012，35（1）：186-190.

模型。其中，假设 1 主要考察强制性组织公民行为对新形态就业者离职倾向直接效应的作用方向与效应大小；假设 2 主要探索强制性组织公民行为对新形态就业者角色负荷的影响；假设 3 主要分析角色负荷的增加是否对新形态就业者离职倾向产生负面作用；假设 4 是对假设 2 与假设 3 的综合考察，进一步分析强制性组织公民行为是否能够通过增加新形态就业者的角色负荷作用于其离职倾向，即探索角色负荷的中介作用。理论模型如图8-1 所示。

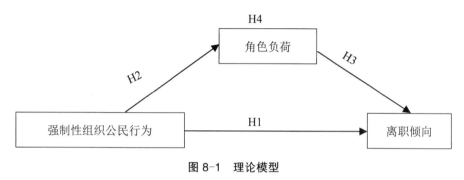

图 8-1　理论模型

8.3　研究设计

8.3.1　研究工具

问卷调研法是实证研究数据收集的常用方法之一，相比其他调研方法，问卷调研法具备凸显直观、匿名保护、方便快捷、填写时间灵活、能够高效收集相关一手数据的优势。结合本研究实际研究需要，运用问卷调研法获取数据用于实证研究。与此同时，为了保证研究的严谨性和科学性，严格遵守问卷设计的各项相关原则，量表筛选标准为在专业研究领域具有较高认可度、较高使用频率、在中国文化情境下具有良好的信度与效度。首先，通过阅读大量国内外文献，筛选出与本课题相关、在中国文化情境下得到有效性验证的各领域权威量表，量表均采用翻译与回译程序（Brislin，1970[①]），保证所有测量题项具有较好的跨文化稳定性和良好的信效度。其次，对个别题项的表述进行调整，保证各变量的测量题项表述准

---

① Brislin, R. W. Back-translation for cross-cultural research[J]. Journal of Cross-Cultural Psychology, 1970, 1(3): 185-216.

确清晰，尽力避免容易引起歧义的词句或模棱两可的表达方式，以使题项更加符合本研究被试情境。再次，为了保证参与调研者问卷填写的便利性，所有题项均采用选择题形式。最后，保证此次问卷调研的匿名性和保密性，说明问卷收集数据的目的仅用于学术研究。本研究问卷均由在职员工填写，除个人基本信息外，量表采用李克特五级量表形式，不同等级依次代表题项所描述的情形与自身实际情况，且符合程度逐渐提高。

本研究调研问卷最终版（附录四）结构为：第一部分为人口统计学变量，旨在收集调查对象的基本信息；第二部分为理论模型变量的测量量表。

一、人口统计学变量

调查问卷包含调查对象性别、年龄、学历状况、婚姻状况、从事新形态就业相关职业年限、所在行业领域、职业类型等基本人口统计信息。已有研究表明，在个体特征层面，离职倾向在一定程度上受到个体性别、年龄、工作时间以及受教育程度的影响（Mobley 等，1978[①]），因此控制变量包括调研对象性别，年龄（22 岁以下、23 至 30 岁、31 至 40 岁、41 至 50 岁、50 岁以上），从事新形态相关职业的工作年限（不满 1 年、1 至 3 年、4 至 7 年、8 年及以上），学历状况（高中/中专及以下、大专、本科、硕士及以上）。在对上述个体特征变量进行控制的基础上，探究核心变量即强制性组织公民行为对新形态就业者离职倾向的影响以及角色负荷的中介效应。

二、强制性组织公民行为

针对强制性组织公民行为的测量，本研究采用维戈达-加多（Vigoda-Gadot，2007[②]）编制的五题项量表。该量表是在强制性组织公民行为研究中相对常用的量表，在中国情境中也得到有效验证，具有良好的适用性。此量表共包含五个题项，典型题目如"迫于上司的压力，我要付出额外努力来满足其工作要求"。

三、离职倾向

针对新形态就业者离职倾向的测量，本研究借鉴法尔（Farh，1998）等开发的离职倾向量表，该量表具有良好的区分性、操作性以及良好的信效度，被普遍运用在国内外关于离职倾向的研究中，大量研究也表明该量表在中国文化情境下依然适用。本研究最终选择该量表作为新形态就业者

① Mobley, William, H., et al. An evaluation of precursors of hospital employee turnover[J]. Journal of Applied Psychology, 1978, 63(4): 408-414.

② Vigoda-Gadot E. Redrawing the boundaries of OCB? An empirical examination of compulsory extra-role behavior in the workplace[J]. Journal of Business and Psychology, 2007, 21(3): 377-405.

离职倾向的测量工具，该量表共包含 4 个测量题项，其中具有代表性的题目包括"在不久的将来我可能会离开公司，另谋他就"。

四、角色负荷

针对角色负荷的测量，本研究借鉴肖布罗克和简宁斯（Schaubroeck & Jennings，1989）[①]开发的单维度角色负荷量表，该单维结构的角色负荷量表被证实具有良好的有效性及信效度，多次被中国学者运用在中国情境的研究中。该量表包含 3 个测量题项，其中典型题目如"上级期待我完成的事情太多了"。

8.3.2　数据来源

依据第 8 章和第 9 章的实际研究需求，研究内容涉及强制性组织公民行为、离职倾向、角色负荷、易变性职业生涯态度、知识共享、工作激情及创新行为等变量。本章将探讨强制性组织公民行为与新形态就业者离职倾向的关系以及角色负荷在其中的介导机制。第 9 章继续探讨易变性职业生涯态度对新形态就业者创新行为的影响以及工作激情的中介效应与知识共享的调节效应。

调研数据采用三阶段样本收集方式，分别在 3 个时间节点发放问卷：第一阶段收集被试者人口统计学变量信息、强制性组织公民行为、易变性职业生涯态度以及知识共享信息，第二阶段收集被试者角色负荷与工作激情变量信息，第三阶段收集被试者离职倾向与创新行为信息。全部调研结束后，删除中途退出调研的流失样本问卷，以及关键题项无应答、连续多个填写规律题项的样本问卷，正式发放问卷 1050 份，最终回收有效问卷 888 份，问卷有效率 85%。

8.4　实证分析

8.4.1　共同方法偏差检验

共同方法偏差又被称为系统性误差，是由多方面原因导致的预测源和效标变量之间的人为共变。这些原因主要包括数据来源相同、调查者和被

---

① Schaubroeck J., Jennings C. Antecedents and consequences of role stress: a covariance structure analysis[J]. Journal of Organizational Behavior, 1989, 10(1): 35-58.

调查者的特征、量表测量条目在不同国家语境中的适应性以及量表中测量
条目本身的个人特征等。共同方法偏差会对研究结果形成混淆和误导，在
研究中需要排除共同方法偏差问题。共同方法偏差的检验有多种统计方法，
本研究采用单因素检验法。单因素检验法通过探索性因子分析进行检验，
方法变异存在的前提条件是大部分变量变异能够被单一公因子或者某一公
因子解释。检验步骤为通过探索性因子分析得出没有进行正交旋转的因子
分析结果。判断存在严重共同方法偏差的理由是，只提取单一公因子或者
某一个公因子的解释比例超过 40%，就可以认定存在共同方法偏差
（Podsakoff 等，2003[①]）。

　　进行共同方法偏差检验。采用主成分分析法，对强制性组织公民行为、
角色负荷、离职倾向 3 个量表共计 12 个题项进行检验，检验结果如表 8-1
所示。在没有正交旋转前，提取出的特征值大于 1 的公因子个数为 3，其
中首个主成分因子能够解释的变异量为 37.949%，低于 40%，说明共同方
法偏差问题在本研究中并不严重。

表 8-1　量表测度题目探索性因子分析结果

成分	初始特征值			提取载荷平方和		
	总计	方差百分比	累积 %	总计	方差百分比	累积 %
1	4.554	37.949	37.949	4.554	37.949	37.949
2	1.907	15.890	53.839	1.907	15.890	53.839
3	1.422	11.853	65.692	1.422	11.853	65.692
4	0.762	6.352	72.044			
5	0.661	5.505	77.549			
6	0.548	4.568	82.117			
7	0.506	4.216	86.333			
8	0.459	3.824	90.158			
9	0.356	2.968	93.126			
10	0.307	2.561	95.687			
11	0.281	2.338	98.025			
12	0.237	1.975	100.000			

---

① Podsakoff, P., S., MacKenzie, J. Lee. and N. Podsakoff. Common method biases in behavioral research: a critical review of the literature and recommended remedies[J]. Journal of Applied Psychology, 2003, 88, (5): 879-903.

8.4.2 信度分析

问卷在设计、收集等过程中，会受到多因素影响，可能会出现实际调查结果与预期调查目标产生偏差的情况，导致潜在变量失去意义。因此需要对问卷进行信度和效度分析，以保证实际调查结果能够真实反映预期目标。

检验数据的可靠性和有效性需要用到信度和效度，因此在正式数据分析前，需要对强制性组织公民行为、角色负荷以及离职倾向三项变量进行信度与效度分析。三个变量已有成熟量表，量表具有较好的信度和效度，由于调研对象不一致，对本研究中的量表进行信度和效度检验也是必要的。888 份问卷数据均采取信度检验。数据整体信度根据 Cronbach's α 系数判断。当 Cronbach's α 值大于 0.7，则表示量表信度良好（Hair 等，1998）。除了信度需要检验，CITC 值也需要进行检验来表明相关性。CITC 值表示的是单个题项与同个量表内其他题项之间的相关性，CITC 值代表相关系数。根据吴明隆等研究，CITC 值需要高于 0.4。若低于 0.4，可结合"题项删除后的 Cronbach's α 值"判断这个题项是否要删除。若大于整体的 Cronbach's α 值，那就应该删除这个题项。对强制性组织公民行为、角色负荷以及新形态就业者离职倾向变量进行检验，以判断各量表的信度。

一、强制性组织公民行为量表信度分析

由表 8-2 可知，强制性组织公民行为的 Cronbach's α 值为 0.799，可见强制性组织公民行为这个变量的内部一致性较好。其中，CITC 值如表所示。可以看出这 5 个条目的 CITC 值在 0.551—0.635 之间，大于最低标准 0.4，测量条目与其他题项总和之间高度相关，因此无需删除题项。综合来看，可以采用此量表进行进一步数据分析。

表 8-2 强制性组织公民行为量表信度分析（N=888）

变量	测量题项	CITC	删除该题项后的 Cronbach's α 值	Cronbach's α
强制性组织公民行为	1	0.578	0.762	0.799
	2	0.539	0.776	
	3	0.635	0.744	
	4	0.611	0.753	
	5	0.551	0.771	

二、角色负荷量表的信度分析

由表 8-3 可知，角色负荷的 Cronbach's α 值为 0.857，高于 0.8，可见角色负荷这个变量的内部一致性较好，信度较佳。CITC 值在 0.709—0.769 之间，CITC 值高于 0.4，说明测量条目与其他题项总和之间高度相关，所以这 3 个题项均不需要删除。综合来看，可以采用此量表进行进一步数据分析。

表 8-3　角色负荷量表信度分析（N=888）

变量	测量题项	CITC	删除该题项后的 Cronbach's α 值	Cronbach's α
角色负荷	1	0.709	0.821	0.857
	2	0.769	0.764	
	3	0.719	0.812	

三、离职倾向量表的信度分析

离职倾向的信度分析结果如表 8-4 所示。离职倾向量表的 Cronbach's α 值为 0.840，在 0.8 以上，可见离职倾向量表的内部一致性较好。4 个测量题项的 CITC 测量值处于 0.570—0.723 之间，大于最低标准 0.4，测量条目与其他题项总和高度相关，无需删除题项。综合来看，可以采用此量表进行进一步数据分析。

表 8-4　离职倾向量表信度分析（N=888）

变量	测量题项	CITC	删除该题项后的 Cronbach's α 值	Cronbach's α
离职倾向	1	0.692	0.789	0.840
	2	0.723	0.778	
	3	0.570	0.841	
	4	0.718	0.777	

8.4.3　效度分析

借助 AMOS 软件对基础数据进行验证性因子分析（CFA），以检验关键潜变量所属测量题项的检验值是否符合标准。正式假设前的效度分析主要分为结构效度、聚敛效度和区分效度三类检验。结构效度以三因子模型为基准模型，进而构建出二因子模型和单因子模型作为对照模型，最后比较判断各模型间的拟合度指标数值，确定基准模型是否符合本研究所需；聚敛效度则通过计算各个潜变量的平均方差萃取量 AVE 和组合信度 CR 来验证；区分效度是在聚敛效度的基础上，通过比较各个潜变量之间的相关性系数绝对值是否均小于所对应的 AVE 的平方根来验证。如若三种效度的检验结果均可接受，说明模型可以进行下一步研究。

表 8-5 展示出关键变量的结构效度检验结果，经比较分析可知，三因子理论模型的适配值 χ^2/DF=2.465，小于临界值 3，适配度理想；GFI=0.936，大于临界值 0.9，适配度良好；AGFI=0.903，大于临界值 0.9，适配结果良好；CFI=0.949，大于临界值 0.9，适配度良好；RMSEA=0.070，小于临界值 0.08，配适度理想。另外，三因子模型的各项拟合度指标数值明显优于两类二因子模型及单因子模型。综合来看，构建出的强制性组织公民行为、角色负荷、离职倾向三者间关系模型的结构效度良好。

表 8-5　结构效度分析结果

	χ^2/DF	GFI	AGFI	CFI	RMSEA
三因子模型（强制性组织公民行为、角色负荷、离职倾向）	2.465	0.936	0.903	0.949	0.070
二因子模型 A（强制性组织公民行为+角色负荷、离职倾向）	7.824	0.762	0.649	0.751	0.152
二因子模型 B（强制性组织公民行为、角色负荷+离职倾向）	7.859	0.782	0.679	0.750	0.152
单因子模型（强制性组织公民行为+角色负荷+离职倾向）	12.605	0.665	0.515	0.569	0.198

由表 8-6 呈现出的聚敛效度各项检验结果可知，强制性组织公民行为、角色负荷和离职倾向三个潜变量对应测量题目的标准化因子载荷均大于 0.6，说明各个潜变量所属题项的因子载荷值都在可接受范围内，测量题项具有很高的代表性；各个潜变量的平均方差萃取量 AVE 接近或高于 0.5，组合信度 CR 均大于 0.8，说明该模型的聚敛效度较为理想。

表 8-6　聚敛效度分析结果

路径			Estimate	AVE	CR
强制性组织公民行为 1	<---	强制性组织公民行为	0.606	0.4482	0.8016
强制性组织公民行为 2	<---	强制性组织公民行为	0.667		
强制性组织公民行为 3	<---	强制性组织公民行为	0.735		

续表

路径			Estimate	AVE	CR
强制性组织公民行为 4	<---	强制性组织公民行为	0.704		
强制性组织公民行为 5	<---	强制性组织公民行为	0.627		
角色负荷 1	<---	角色负荷	0.784	0.6714	0.8595
角色负荷 2	<---	角色负荷	0.865		
角色负荷 3	<---	角色负荷	0.807		
离职倾向 1	<---	离职倾向	0.782	0.5781	0.8446
离职倾向 2	<---	离职倾向	0.802		
离职倾向 3	<---	离职倾向	0.635		
离职倾向 4	<---	离职倾向	0.809		

由表 8-7 可知，强制性组织公民行为、角色负荷、新形态就业者离职倾向三者之间均具有显著的相关性（P<0.01），同时三个潜变量的平均方差萃取量 AVE 的平方根均高于变量间的相关性，说明各潜变量之间具有一定的区分度。因此，本模型变量采用的量表数据的区分效度较为理想。

表 8-7 区分效度分析结果

	强制性组织公民行为	角色负荷	离职倾向
强制性组织公民行为	0.669		
角色负荷	0.359**	0.819	
离职倾向	0.327**	0.433**	0.760

注：**代表 P<0.01；对角线的数值为平均方差萃取量 AVE 的平方根。

8.4.4 相关性分析

借助 SPSS 软件对变量进行 Pearson（皮尔逊）相关性分析，检验变量是否存在显著相关关系。各变量均值、标准差和相关系数见表 8-8 所示。由表可知，关键自变量强制性组织公民行为与离职倾向存在显著正相关关系（ρ=0.327，P<0.01）；强制性组织公民行为与角色负荷在 1%显著性水平上呈正相关关系（ρ=0.359，P<0.01）；同样地，角色负荷显著正向影响离职倾向（ρ=0.433，P<0.01）。因此"强制性组织公民行为""角色负荷""离职倾向"三者存在显著相关关系，初步符合理论假设，可进一步实证检验强制性组织公民行为对新形态就业者离职倾向影响机制的理论模型是否成立。

表 8-8　关键变量的相关性分析结果

	M	SD	年龄	工龄	学历	工作时间	强制性组织公民行为	角色负荷	离职倾向
年龄	0.380	0.485	1						
工龄	2.410	0.614	0.057	1					
学历	3.260	0.555	0.090	-0.102	1				
工作时间	2.020	1.118	0.001	0.345**	-0.176**	1			
强制性组织公民行为	3.360	0.695	0.073	-0.133*	0.019	-0.030	1		
角色负荷	3.416	0.819	0.027	-0.089	0.079	0.100	0.359**	1	
离职倾向	3.288	0.783	-0.009	-0.094	0.065	0.008	0.327**	0.433**	1

注：**$P<0.01$；*$P<0.05$。

8.4.5　假设检验

运用层级回归法，借助 SPSS 19 软件，采用哈耶斯（Hayes，2012）[①] 编写的 SPSS 宏中 Model 4 模型，在控制新形态就业者性别、年龄、从事新形态职业时间以及受教育程度基础上，检验强制性组织公民行为对离职倾向的作用方向及大小，检验角色负荷在强制性组织公民行为与离职倾向关系中的中介效应。

检验结果如表 8-9 和表 8-10 所示。从表 8-9 可以看出，在控制了被试者性别、年龄、从事新形态职业时间以及受教育程度条件下，强制性组织公民行为对新形态就业者离职倾向的预测作用是正向且显著的（$\beta=0.3630$，$t=5.7584$，$p<0.001$）。在此基础上，加入角色负荷这一中介变量，强制性组织公民行为对离职倾向的预测作用依然是正向且显著的（$\beta=0.2214$，$t=3.5027$，$p<0.001$）。因此强制性组织公民行为正向影响新形态就业者离职倾向的假设成立，即假设 1 成立。其次，强制性组织公民行为显著正向影响角色负荷（$\beta=0.4131$，$t=6.4127$，$p<0.001$）。据此，假设 2 成立。同时检验结果表明，角色负荷对离职倾向的直接预测作用也是正向且

---

① Hayes A. F. Process: a versatile computational tool for mediation, moderation, and conditional process modeling[J]. 2012.

显著的（β=0.3428，t=6.3590，p<0.001）。角色负荷正向影响新形态就业者
离职倾向的假设成立，即假设 3 成立。由表 8-10 可以看出，角色负荷中介
效应 95%置信区间的上下限不包含 0，所以本研究的假设 4，即角色负荷
在强制性组织公民行为与离职倾向的关系中起中介作用的假设成立，中介
效应为 0.1416（0.4131*0.3428）。强制性组织公民行为对离职倾向的直接效
应、角色负荷在上述关系中的中介效应，两者 95%置信区间上下限不包含
0，因此强制性组织公民行为不仅能够直接预测新形态就业者离职倾向，并
且能通过增加角色负荷间接作用于离职倾向。理论模型中总效应、强制性
组织公民行为对离职倾向的直接效应、角色负荷在强制性组织公民行为与
离职倾向关系中的中介效应解析，如表 8-10 所示。上述中的直接效应
（0.2214）占总效应（0.3630）的 61%，而角色负荷中介效应（0.1416）占总
效应（0.3630）的 39%。

表 8-9　角色负荷的中介模型检验

结果变量	新形态就业者离职倾向			新形态就业者离职倾向			角色负荷		
预测变量	系数 β	t	p	系数 β	t	p	系数 β	t	p
性别	−0.0551	−0.6520	0.5149	−0.0561	−0.6232	0.5337	−0.0030	−0.0327	0.9740
年龄	−0.0362	−0.5060	0.6132	−0.0759	−0.9991	0.3186	−0.1158	−1.4915	0.1369
工作时间	−0.0046	−0.1149	0.9086	0.0347	0.8314	0.4064	0.1144**	2.6846	0.0077
教育背景	0.0448	0.5968	0.5511	0.0912	1.1465	0.2525	0.1355	1.6666	0.0967
强制性组织公民行为	0.2214***	3.5027	0.0005	0.3630***	5.7584	0.0000	0.4131***	6.4127	0.0000
角色负荷	0.3428***	6.3590	0.0000						
R^2	0.2243			0.1158			0.1562		
F	13.9278***			7.5934***			10.7335***		

注：***p<0.001；**P<0.01。

表 8-10　总效应、直接效应与中介效应分解表

	效应值	Boot 标准误	Boot CI 下限	Boot CI 上限	相对效应值
总效应	0.3630	0.0860	0.1910	0.5330	
直接效应	0.2214	0.0804	0.0711	0.3800	61%
中介效应	0.1416	0.0376	0.0738	0.2218	39%

注：Boot 标准误为通过偏差矫正的百分位 Bootstrap 法估计间接效应标准误差、Boot CI 上下限为 95%置信区间上下限。

由检验结果可知，强制性组织公民行为对新形态就业者离职倾向具有负面影响，并且强制性组织公民行为增加了新形态就业者的角色负荷，间接增强了新形态就业者离职倾向。

8.5　研究结果讨论

新形态就业者群体的相关研究多停留在"吃饱穿暖"阶段，鲜有研究触角伸向该群体的心理与微观行为。本章创新性构建强制性组织公民行为对新形态就业者离职倾向影响的理论模型，以角色负荷为中介变量，讨论其在强制性组织公民行为与离职倾向之间的中介效应和介导路径。运用问卷调研数据进行模型验证，得出新形态就业者群体离职倾向的相关理论和实践启示。

8.5.1　关于主效应的讨论

强制性组织公民行为显著正向影响新形态就业者离职倾向。在中国高权力距离文化、重集体文化情境的特殊背景下，不乏存在利用高压控制管理方式迫使员工付出额外劳动的组织，然而这种高压管理方式未必适合新形态就业人员。这类就业群体拥有多种职业选择，收入弹性大，换岗成本低，但劳动保障相关措施不完备。因此当新形态就业者面对组织高压管理环境所附加的角色外行为要求时，内心会产生抵触心理。与此同时，个体的时间和精力等资源是有限的，资源保存理论指出相较获取资源，人们更加在意失去资源，任何可能导致资源受损的因素都会给个体带来压力，如果资源不能得到及时补充，会加速压力积累。而强制性组织公民行为要求员工在完成本职工作的同时付出额外资源，提供符合组织期待的角色外行为，这无疑提高了工作要求。根据工作要求-资源模型，当员工迫于组织要求实施强制性组织公民行为的频率越快，个体所拥有资源遭受损失的风险也就越大，出于资源保护动机，员工很可能表现出脱离当前环境的心理倾向，加之新形态就业领域进入和退出门槛相对较低，更是加速促成了离职倾向的产生。

强制性组织公民行为导致离职倾向这一实证结果在以往研究中也在不同就业群体中得到验证。宋皓杰和程延园（2021）[1]聚焦新生代员工，借助非线性门槛模型进行多时点调查分析指出，强制性组织公民行为对新生代员工离职倾向高于门槛值时具有显著正向作用。帕克（Park）等（2020）[2]运用日记分析法研究发现，酒店行业员工的情绪劳动压力会显著导致其离职倾向。

实证结果表明，领导期待或组织高压管理影响下的强制性组织公民行为会导致新形态就业者产生离职倾向，这既呼应了前人研究成果，又增添了新形态就业微观管理领域的崭新成果。本章研究聚焦组织层面的鲜活管理实践，提前关注新形态就业者工作压力与心理健康，具有前瞻性、引领性与警示性。

8.5.2　关于角色负荷中介效应的讨论

引入角色负荷这一中介变量，验证了其在强制性组织公民行为与离职倾向之间的介导机制。新形态就业者面临的工作环境具有不确定性，所服务对象需求具有个性化的鲜明特征。职业胜任能力要求使得新形态就业者的实际工作要求往往超出标准工作规范，更容易导致角色负荷。前人的研究成果表明，在不同性质职业中，角色负荷都是导致员工离职倾向的关键诱导因素（Fang & Baba，1993[3]；赵西萍等，2003[4]；Vandenberghe 等，2011[5]；

---

① 宋皓杰，程延园. 强制性组织公民行为与新生代员工离职倾向[J]. 经济管理，2021，43（4）：108-121.

② Park I. J., Kim P. B., Hai S., et al. Relax from job, don't feel stress! The detrimental effects of job stress and buffering effects of coworker trust on burnout and turnover intention[J]. Journal of Hospitality and Tourism Management, 2020, 45(2): 559-568.

③ Fang Y., Baba V. V. Stress and turnover intention[J]. International Journal of Comparative Sociology, 1993, 34(1): 24-38.

④ 赵西萍，刘玲，张长征. 员工离职倾向影响因素的多变量分析[J]. 中国软科学，2003，（3）：71-74.

⑤ Vandenberghe C., Panaccio A., Bentein K., et al. Assessing longitudinal change of and dynamic relationships among role stressors, job attitudes, turnover intention, and well-being in neophyte newcomers[J]. Journal of Organizational Behavior, 2011, 32(4): 652-671.

Ming-Che 等，2015[①]；Kunte 等，2017[②]；陈齐镇，2012[③]；肖林生，2017[④]）。

　　新形态就业者面临的角色负荷不仅来自满足不同角色期望的压力，也来自协调并把控这些角色期望的压力，强制性组织公民行为在新形态就业者角色要求的基础上进一步增加了角色负荷。根据工作要求-资源模型，当新形态就业者迫于外部压力从事高频的强制性组织公民行为时，角色负荷增加，当员工自身既有资源不足以满足多种角色的要求时，角色负荷进一步加剧，进而诱发离职倾向与行为。例如网络主播这一新兴职业的情绪劳动贡献较大，长时间角色扮演及流量变现压力等引致的角色负荷尤为突出，除了过度劳动，主播正经受着情绪耗竭的困扰，职业生理与心理健康问题突出。由此可见，新形态就业管理更具艺术性，组织人力资源管理者应洞悉该群体的职业心理变化，从"心"驭人。

---

　　① Ming-Che, Chao, Rong-Chang, et al. Workplace stress, job satisfaction, job performance, and turnover intention of health care workers in rural Taiwan[J]. Asia-Pacific journal of Public Health / Asia-Pacific Academic Consortium for Public Health, 2015, 27(2): NP1827-36.

　　② Kunte M., Gupta P., Bhattacharya S., et al. Role overload, role self distance, role stagnation as determinants of job satisfaction and turnover intention in banking sector[J]. Indian Journal of Psychological Medicine, 2017, 39.

　　③ 陈齐镇. 企业人力资源从业人员的角色压力与离职倾向关系研究[D]. 南京航空航天大学，2012.

　　④ 肖林生. 独立学院教师工作负荷与离职倾向：工作满意度的中介作用[J]. 高教探索，2017（7）：80-89.

第9章 易变性职业生涯态度之于新形态就业者创新行为的影响

新形态就业者劳动地点与时间相对分散，与传统就业形式相比，雇员与雇主的关系发生了实质性改变，去组织化特征明显，同一劳动者可在不同平台或不同行业实现兼职就业，使得职业种类增加，就业者职业生涯规划更加多元、易变。相对于传统就业者，新形态就业者群体年轻有活力，个性鲜明，追求并尝试多种职业的猎奇心理较强，加之离职倾向更大，职业转换频度加快，已呈现出易变性职业生涯态度，就业者职业生涯规划也已展现出不同于以往的新规律。同事关系多变性加速了员工间隐性知识经验的共享，刺激了创新行为。如何利用易变性职业生涯态度调动新形态就业者创新行为是一个有意义的研究命题，视角独特，本章将通过研究给出答案。

本章旨在通过提供新形态就业者易变性职业生涯态度与工作激情、知识共享、创新行为之间关系的实证证据，拓展对该领域的有限认识，挖掘新形态就业者职业心理与行为关联的内在机制，为管理创新提供实践证据与细化建议。

9.1 变量界定

9.1.1 易变性职业生涯态度

霍尔（Hall，1976）[①]是最早认识并应对个人职业环境潜在变化的学者之一，易变性职业生涯是由个人而不是组织来管理的过程。易变性职业与其说是由组织塑造的，不如说是由个人塑造的，而且可能会不时进行调整，

---

① Hall, D. T. Careers in organizations[M]. Glenview, IL: Scott, Foresman, 1976.

以满足个人需要。根据易变性职业概念（Hall & Mirvis, 1996）[1]，个人必须能够并愿意适应新环境，在自主性、自我导向和主动行为被认为越来越重要的环境中茁壮成长。古布勒（Gubler）等（2014）[2]在霍尔（Hall）的基础上重新评估易变性职业概念，认为其包括四个部分：明确自身需要、动机、能力、价值观和兴趣；拥有既指导又衡量职业生涯成功的个人价值观；既有能力又有动力学习和适应不断变化的环境；有独立和负责自己职业的感觉，明确涉及自我导向的概念（Briscoe 等，2006）[3]。在对易变性职业模型的演绎中，布里斯科（Briscoe）等将其描述为一种价值观驱动的职业管理态度和一种自我导向的职业管理态度。持有易变性职业态度的个人倾向于使用自身价值观（相对于组织价值观）来指导职业发展（价值观驱动）；不持易变性态度的个人在行为职业管理方面更有可能寻求外部指导和帮助，而不是更主动和独立。

9.1.2　创新行为

创新行为是创新理论在个体中的应用，是指个体在日常生活和学习工作过程中积极发挥主观能动性，提出解决问题的新方法、新思路，并采取实际行动实现创新想法。对于创新行为的具体内涵，国内外学者展开了深入研究。阿玛比尔（Amabile，1985）[4]从创新过程出发，指出创新是在解决现实生活问题时，所产生的前人尚未提出的看法、思路和行动方案。洪（Hon，2010）[5]在研究中提出，个人所进行的一系列改变生产流程、工艺、产品和服务的想法就是创新行为。刘云和石金涛（2009）[6]认为，员工创新行为主要包括三个方面，分别是员工产生新思想、引入新措施以及应用新方法，强调可以通过开发全新创意去调节现有过程从而提高员工工作效率。

---

① Hall, D., T. & Mirvis. P. H. The career is dead-long live the career: a relational to careers[J]. San Francisco: Jossey-Bass, 1996, (9): 15-45.

② Gubler, M., Arnold, J. & Coombs, C. Reassessing the protean career concept: empirical findings, conceptual components, and measurement[J]. Journal of Organizational Behavior, 2014, (1): 23-40.

③ Briscoe. J. P, Hall, D. T., & Frautschy DeMuth, R. L. Protean and boundaryless careers: an empirical exploration[J]. Journal of Vocational Behavior, 2006, 69(1): 30-47.

④ Amabile T. M. Motivation and creativity: effects of motivational orientation on creative writers[J]. Journal of Personality and Social Psychology, 1985, 48(2): 393-399.

⑤ Hon A. H. Y. Enhancing employee creativity in the Chinese context: the mediating role of employee self-concordance[J]. International Journal of Hospitality Management, 2010, 30(2): 375-384.

⑥ 刘云，石金涛. 组织创新气氛与激励偏好对员工创新行为的交互效应研究[J]. 管理世界，2009（10）：88-101；114；188.

杨德祥等（2017）①认为，创新行为是员工提出全新思路，去寻求各个方面的资源从而获得支持，去实现自身所提创新想法的应用过程。

虽然学术界对创新行为的具体定义并没有形成统一意见，但定义的内涵基本相同，认为它指员工个体充分运用自身知识和能力，在生活、工作和学习中获得新想法、新创意，并将其具体应用到实践的过程。

9.2 研究假设

在核心概念界定的基础上，借鉴吸收前期研究成果，进行研究假设设定与分析。所构建的理论模型参见图9-1。

9.2.1 易变性职业生涯态度与创新行为

易变性职业生涯态度是指员工依据个人价值观主导，自主探索职业可能性，主动进行职业选择、改变自身职业发展路径的职业态度。持有易变性职业生涯态度的员工多以自我为中心，更加强调对自身职业生涯管理的主导作用②，注重自我价值在工作场所的实现。布里斯科（Briscoe）等（2006）将易变性职业生涯态度划分为价值驱动型易变性职业生涯态度与自我导向型易变性职业生涯态度③，持有易变性职业生涯态度的员工具备持续学习的动力与能力，注重知识储备，可雇佣性较强。

梳理易变性职业生涯态度的相关文献可知，学者们从不同角度研究易变性职业生涯态度。克劳利-亨利和威尔（Crowley-Henry & Weir，2007）④通过对比四位具有跨国从业经历的女性员工发现，具有跨国工作经历的员工持有更高的易变性职业生涯态度。霍尔（Hall，2004）⑤基于学术职业生涯模型，对比不同时期的职业生涯管理契约，发现易变性职业生涯态度接

① 杨德祥，侯艳君，张惠琴. 社会资本对企业员工创新行为的影响——知识共享和信任的中介效应[J]. 科技进步与对策，2017，34（20）：139-146.

② 张印轩，崔琦，何燕珍，等. 新生代员工易变性职业生涯态度对创造力的影响——一个被调节的中介模型[J]. 科技进步与对策，2020，37（16）：128-134.

③ Briscoe, J. P., Hall, D. T. & Frautschy DeMuth, R. L. Protean and boundaryless careers: an empirical exploration[J]. Journal of Vocational Behavior, 2006, 69: 30-47.

④ Crowley-Henry M., Weir D. The international protean career: four women's narratives[J]. Journal of Organizational Change Management, 2007, 20(2): 245-258.

⑤ Hall D. T. The protean career: a quarter-century journey[J]. Journal of Vocational Behavior, 2004, 65(1): 595-618.

近学术的职业生涯。郭文臣（2011）[①]以知识型员工为研究对象，区分易变性职业生涯态度与无边界职业生涯态度，探究易变性职业生涯态度与职业成功之间的关系。符谢红（2013）[②]探究中国企业员工易变性职业生涯路径的演变及动因，解析不同群体易变性职业生涯态度的特异性。

关于易变性职业生涯态度与员工创新行为关系的研究成果相对较少。韩笑（2019）[③]探究新时期员工易变性职业生涯态度与主动行为关系在不同群体间的差异，验证了可雇佣性与工作激情的链式中介作用。张印轩等（2020）[④]聚焦 90 后新生代员工群体，探究成就需要、组织支持感在新生代员工易变性职业生涯态度与创造力间的中介、调节作用。易变性职业生涯态度是提升员工胜任力与适应力的原动力，可以促进员工知识技能多元化发展，有助于激发员工创新行为。以下阐述中，将新形态就业者创新行为简称为创新行为。基于此，提出以下假设：

H1：易变性职业生涯态度与创新行为呈显著正相关关系。

9.2.2　工作激情的中介作用

工作激情意味着个体对工作产生了积极情感，热爱工作，愿意为工作投入更多精力，并具有良好工作状态。张剑等（2014）[⑤]将工作激情划分为三个层次，通过激情的二元模型与激情传染模型等定量探究工作激情的来源与后果，认为和谐的工作激情促进适应性工作行为。蒋昀洁等（2017）[⑥]系统梳理了工作激情的来源与概念，基于跨层整合模型定量分析了本土员工工作激情的起源及工作激情对创造力、幸福感的影响。

关于工作激情的研究已取得丰硕成果，但有关工作激情与易变性职业生涯态度和创新行为关系的研究相对较少。秦伟平等（2016）[⑦]认为，工作激情更注重心理认知，将工作激情引入领导效能与创造力研究，根据自我决定理论探究三者之间的关系，实证结果验证了工作激情的中介作用。苏

① 郭文臣. 知识型员工可就业能力对职业成功的作用机制研究[D]. 大连理工大学, 2011.

② 符谢红. 易变性职业生涯路径研究[D]. 东华大学, 2013.

③ 韩笑. 易变性职业生涯态度与主动行为的关系[D]. 天津师范大学, 2019.

④ 张印轩, 崔琦, 何燕珍, 等. 新生代员工易变性职业生涯态度对创造力的影响——一个被调节的中介模型[J]. 科技进步与对策, 2020, 37（16）：128-134.

⑤ 张剑, 宋亚辉, 叶岚, 等. 工作激情研究：理论及实证[J]. 心理科学进展, 2014（8）：1269-1281.

⑥ 蒋昀洁, 张绿漪, 黄庆, 等. 工作激情研究述评与展望[J]. 外国经济与管理, 2017, 39（8）：85-101.

⑦ 秦伟平, 赵曙明, 周路路, 等. 真我型领导与员工创造力：中介性调节机制[J]. 管理科学学报, 2016, 19（12）：83-94.

勇和雷霆（2018）[①]基于双元领导等理论，探究悖论式领导与创造力的关系，以内蒙古、山东等七个地区的 11 家企业调研数据为研究样本，实证检验了工作激情的中介作用。张军成和凌文辁（2016）[②]通过人-境互动视角，从理论层面解析时间领导对员工助人行为的影响机理，并通过定量研究验证了工作激情的中介作用。许黎明等[③]指出，和谐工作激情在辱虐管理与员工建言行为的关系中具有中介作用，辱虐管理会降低和谐工作激情产生的可能性，进而减少员工的促进型建言行为和抑制型建言行为。蒋昀洁等[④]对广东省一家大型制造企业进行数据调研，认为和谐型激情在核心自我评价和员工创造力之间起中介作用。刘（Liu）等（2011）[⑤]通过调查研究得出结论：工作激情在团队自主支持和团队成员创造力之间起中介作用，和谐工作激情有助于激发成员的工作创造力。张璇和龙立荣（2017）[⑥]研究指出，强迫激情中介了相互投资型雇佣关系和情绪耗竭之间的关系。特雷帕尼尔（Trépanier）等（2014）[⑦]研究结论显示，工作激情在工作要求和职业倦怠之间起中介作用，可有效缓解职工的职业倦怠。据此，提出以下假设：

H2：工作激情在易变性职业生涯态度与创新行为之间起中介作用。

9.2.3 知识共享的调节作用

知识共享是指组织内部员工在进行交流沟通时，将自身所持有的特定知识资源向其他人员进行输出，并对应接收其他员工提供的新知识，然后进行转化、吸收以及更新自身知识体系的过程，这是组织以及员工创新的

---

① 苏勇，雷霆. 悖论式领导对员工创造力的影响：基于工作激情的中介作用[J]. 技术经济，2018，37（9）：10-17.

② 张军成，凌文辁. 时间领导对员工助人行为的影响：工作激情和主动型人格的作用[J]. 心理科学，2016，39（4）：927-933.

③ 许黎明，赵曙明，张敏. 二元工作激情中介作用下的辱虐管理对员工建言行为影响研究[J]. 管理学报，2018，15（10）：988-995.

④ 蒋昀洁，黄庆，张绿漪，等. 自信的员工更有创造力吗——和谐型激情与团队成员交换关系的交互作用[J]. 科技进步与对策，2018，35（8）：149-154.

⑤ Liu, D., Chen, X. P., Yao, X. From autonomy to creativity: a multilevel investigation of the mediating role of harmonious passion[J]. Journal of Applied Psychology, 2011, 96(2): 294-309.

⑥ 张璇，龙立荣. 相互投资型雇佣关系对员工情绪耗竭的影响：强迫激情的中介作用和权力距离导向的调节作用[J]. 预测，2017，36（3）：1-7.

⑦ Trépanier, S. G., Fernet, C., Austin, S., et al. Linking job demands and resources to burnout and work engagement: does passion underlie these differential relationships?[J]. Motivation and Emotion, 2014, 38(3): 353-366.

重要途径。野中（Nonaka）等（1996）[1]率先对知识共享进行研究，并对其做出定义，认为知识可以分为显性知识和隐性知识，知识共享实质上是两类知识在群体之间进行传递和转化。

目前，国内外大量文献表明知识共享与员工的创新行为存在显著正向关系。王娟茹和罗岭（2015）[2]对显性知识共享和隐性知识共享如何影响创新绩效展开研究，结果表明：显性知识共享和隐性知识共享二者都有利于促进员工创新行为，其中隐性知识共享主要通过提高创新质量来促进创新，而显性知识共享则通过提高创新速度来促进创新。董（Dong）等（2017）[3]通过研究发现，团队知识的沟通交流有利于进一步培养整个队伍的创新意识，形成良好创新氛围，对于员工个体来说，知识共享有利于增强工作技能，进而提高创新绩效。阿玛比尔和普拉特（Amabile & Pratt，2016）[4]指出，员工个人在某个领域内所掌握的专业知识是该领域创造力的源泉，由于企业所面临的环境具有波动性，组织面临的复杂问题逐渐增多，需要不同领域的员工各自分享自身所拥有的知识，要想真正提高创造力，其就必须拥有足够的知识储备，能跨领域构建知识体系。张（Zhang）等（2020）[5]认为，个体成员之间的相互交流一方面有利于促进知识流动，帮助掌握其他相关知识，另一方面能够进一步加深对原有知识的理解。在分享知识的过程中，应鼓励员工提出新见解，形成新认知，改善自身原有知识结构，激发创新动力。

在此基础上，知识共享可以帮助那些具有易变性职业生涯态度的员工发挥自身主观能动性，实现价值目标，积极调整自身职业生涯状态。具有易变性职业生涯倾向的员工在意自身成就感和满足感，这个群体提倡由自己主导自己未来的职业规划，并根据未来外部环境的变化采取调整措施，改善自身工作行为，从而进行新知识或技能的积累学习。知识共享更加符合这类员工的需求，通过知识资源的交换学习，他们更能取得职业生涯成

---

① Nonaka, Hirotaka T., Katsuhiro U. A theory of organizational knowledge creation[J]. Organization Science, 1996, 11(7): 14-37.

② 王娟茹，罗岭. 知识共享行为、创新和复杂产品研发绩效[J]. 科研管理，2015，36（6）：37-45.

③ Dong Y., Batrol K. M., Zhang Z. Enhancing employee creativity via individual skill development and team knowledge sharing: influences of dual-focused transformational leadership[J]. Journal of Organizational Behavior, 2017, 38(3): 439-458.

④ Amabile T. M., Pratt M. G. The dynamic componential model of creativity and innovation in organizations: making progress, making meaning[J]. Research in Organizational Behavior, 2016, 36: 157-169.

⑤ Zhang Y., Sun J., Lin C., et al. Linking core self-evaluation to creativity: the roles of knowledge sharing and work meaningfulness[J]. Journal of Business and Psychology, 2020, 35(2): 257-270.

就。在易变性职业生涯与员工创新行为的关系中，这类员工更加期望挑战自我，实现自身成就，所以更明确自身未来的目标以及规划，更能充分发挥主观能动性，通过创新行为来实现工作绩效的提升，给自己带来升迁的机会。知识共享可以帮助员工获得更多专业知识，增强技能，使其更容易实现自身价值，即知识交流越频繁，知识共享力度越大，员工创新活力就越强，创新行为也就越多。据此，提出以下假设：

H3：知识共享正向调节易变性职业生涯态度与创新行为之间的关系。

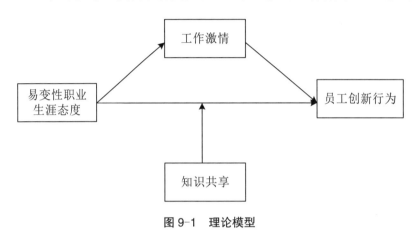

图 9-1　理论模型

9.3　实证分析

9.3.1　研究工具

借鉴国内外已有的成熟量表，编制问卷并收集新形态就业者基本信息以及理论研究相关变量等数据，问卷编制及数据收集过程参见第 8 章。本研究所使用的所有测量题项，均选自各领域成熟且权威的量表，且在中国文化情境下已得到有效性验证。通过回译方式，结合新形态就业者研究背景，多次讨论和修改，尽力避免容易引起歧义的词句或模棱两可的表达方式，形成符合国人思维习惯的中文量表，确保各题项通俗易懂。

一、易变性职业生涯态度

易变性职业生涯态度包括自我导向的易变性职业管理态度和价值观导向的易变性职业态度。关于易变性职业生涯态度的测度，为保证研究的科学性、便利性并提高调研的准确性、有效性，借鉴布里斯科（Briscoe）

等（2006）开发的量表①，并对该量表进行了精简和整合，共设计七个题项，包括"最终我依靠自己来推动我的职业发展""如果公司要求我做与我价值观相悖的事情，我会坚持自己的原则"等。

二、工作激情

借鉴瓦莱兰（Vallerand）等（2003）开发的量表②，从工作的不同部分提取体现工作激情的关键因素，测量员工工作激情。该量表具有良好的区分性、操作性以及信效度，在国内外关于工作激情的研究中应用广泛，大量研究也表明该量表在中国文化情境下依然有效。本研究借鉴该量表，结合新形态就业者职业行为特征，制定新形态就业者工作激情测量量表。

三、知识共享

学者已从不同视角和研究情景，对员工知识共享行为进行研究，关于员工知识共享的测量也有所差异。本研究借鉴了博克（Bock）等（2005）开发的量表③，大部分工作情境下的知识共享测量都由该量表完成，目前已被应用到不同的职业群体研究中，大量研究表明该量表具有良好的信效度。该量表共设计五个题项，包括"我经常和同事分享我的工作报告和文件资料""当同事要求时，我会提供我的人脉关系，告诉他们去哪里或者找谁获取相关知识"等。

四、员工创新行为

借鉴斯科特（Scott）等（1994）开发的量表，结合企业实际情况与员工职业特征，提取影响员工创新行为的关键因素。该量表具有良好的区分性、操作性及信效度，在国内外关于员工创新行为的研究中应用广泛，大量研究也表明该量表在中国文化情境下依然有效。本研究借鉴该量表，结合新形态就业者职业行为特征，制定新形态就业者创新行为测量量表，该量表包括"工作中，我经常会产生一些有创意的点子或想法""为了实现我的构想或者创意，我会想办法争取所需要的资源"等五个题项。

---

① Briscoe J. P., Hall D. T., DeMuth R. L. F. Protean and boundaryless careers: an empirical exploration[J]. Journal of Vocational Behavior. 2006, 69(1): 30-47.

② Vallerand R. J., Houlfort N., Fores J. Passion at work: toward a new conceptualization. in Skarlicki D. S. Gilliland S., Steiner D. (Eds.), Research in social issues in management greenwich[J]. Information Age Publishing Inc. 2003, 3: 175-204.

③ Bock G-W., Zmud R. W., Kim Y-G., et al. Behavioral intention formation in knowledge sharing: examining the roles of extrinsic motivators, social-psychological factors, and organizational climate[J]. Misquarterly, 2005, 29(1): 87-111.

9.3.2 信效度分析

一、信度分析

本研究使用 Cronbach's α 系数检验问卷各变量及总体信度，结果显示 Cronbach's α 系数值均大于 0.6 的临界值（见表 9-1），表明"易变性职业生涯态度""工作激情""知识共享""员工创新行为"各量表及总量表内部一致性较高，可以采用此量表进行进一步的数据分析。

表 9-1　信度分析（N=888）

变量	题项	Cronbach's α 系数
易变性职业生涯态度	7	0.847
工作激情	7	0.664
知识共享	5	0.739
员工创新行为	5	0.803
总量表	24	0.699

二、效度分析

对研究变量"易变性职业生涯态度""工作激情""知识共享""员工创新行为"进行区分效度检验，说明变量间是否具有良好的区分效度。结果表明，四因子模型（易变性职业生涯态度，工作激情，知识共享，员工创新行为）的拟合效果良好，并且优于其他备选模型，具有较好的变量区分效度。

表 9-2　验证性因子分析与共同方法偏差检验

模型	χ^2/df	RMSEA	CFI	TLI	SRMR
单因子模型	5.82	0.194	0.699	0.581	0.174
双因子模型	4.51	0.118	0.779	0.669	0.103
三因子模型	4.10	0.078	0.871	0.696	0.068
四因子模型	1.59	0.042	0.987	0.941	0.054

注：单因子模型为"易变性职业生涯态度+工作激情+知识共享+员工创新行为"；双因子模型为"易变性职业生涯态度+知识共享，工作激情+员工创新行为"；三因子模型为"易变性职业生涯态度+知识共享，知识共享，员工创新行为"；四因子模型为"易变性职业生涯态度，工作激情，知识共享，员工创新行为"。

三、同源偏差检验

为避免共同方法偏差对研究结果造成影响，在程序上通过题项乱序、匿名调查等保护受访者的隐私、降低受访者对测量目的的猜度以及平衡项目的顺序效应控制共同方法偏差。对调查结果进行哈曼（Harman）单因素检验，抽取的单因子方差贡献率为 23.41%，低于 30% 门槛值且不超过总方差（76.84%）的一半，表明所获得数据的同源偏差在可接受范围内。

利用波德沙科夫（Podsakoff）等（2003）建议的非可测潜在共同因子法，进一步对共同方法偏差进行检验，在 CFA 基础上构建包含共同方法偏差潜变量因子的结构方程模型，然后与上述四因子模型进行对比，判断各指标是否优于四因子模型。结果表明，得到包含共同方法偏差潜在变量因子的四因子模型的整体拟合指标为 $\chi^2/df=1.57$，RMSEA=0.040，CFI=0.959，TLI=0.923，SRMR=0.047，且 RMSEA、CFI、TLI、SRMR 变动值不超过 0.03，可认定不存在同源偏差。

9.3.3　相关性分析

欲分析新形态就业者易变性职业生涯态度对创新行为的影响机制，在进行层级回归之前，需要对有关变量进行相关性分析，检验变量是否存在显著相关关系。结果如表 9-3 所示，关键自变量新形态就业者易变性职业生涯态度与创新行为存在显著正相关关系（$\rho=0.711$，P<0.01）；工作激情与创新行为的相关系数通过了 5% 显著性检验，系数为负（$\rho=0.597$，P<0.01）；知识共享与创新行为的相关系数通过了 1% 的显著性检验，系数为负（$\rho=0.773$，P<0.05）。综上，易变性职业生涯态度、工作激情、知识共享、员工创新行为之间存在显著相关性，可进一步通过层级回归检验易变性职业生涯态度对创新行为的影响机制。

表 9-3　变量相关性检验

变量	1	2	3	4	5	6	7	8
1 性别	1							
2 婚姻状况	0.091	1						
3 年龄	0.026	0.116*	1					
4 新形态就业年限	0.003	0.073	0.095	1				
5 教育水平	-0.094*	0.107**	0.305**	0.276***	1			
6 易变性职业生涯态度	0.154	0.099	0.124*	0.198*	0.241*	1		
7 知识共享	0.072	0.102	0.073	0.239*	0.167**	0.465***	1	
8 工作激情	0.049	0.038	0.135*	0.099	0.360***	0.532*	0.178*	1
9 创新行为	0.155**	0.114	0.208**	0.078	0.513***	0.711***	0.773**	0.597***

注：*p<0.05，**p<0.01，***p<0.001。

9.3.4 假设检验

运用层级回归，依据温忠麟等（2004）提出的中介效应检验方法，分别对中介变量工作激情与因变量员工创新行为进行回归分析，验证工作激情在易变性职业生涯态度与创新行为之间的中介作用及知识共享在易变性职业生涯态度与创新行为之间的调节作用，分析结果见表9-4。

表9-4 中介效应层级回归结果

变量		工作激情			员工创新行为			
		模型1	模型2	模型3	模型4	模型5	模型6	模型7
控制变量	性别	0.022*	0.164*	0.040	0.014	0.120	0.037	0.009
	婚姻状况	0.043	0.061	0.137	0.022	0.104	0.243	0.142
	年龄	−0.223**	−0.142*	−0.176**	−0.104*	−0.098	−0.128	−0.085**
	就业年限	−0.064	−0.077	−0.101**	0.089	0.107	−0.099	0.198**
	教育水平	0.202	0.123	0.098	0.160**	0.144**	0.203**	0.179*
自变量	职业生涯易变性		0.401***		0.442***		0.476***	0.459***
中介变量	工作激情					0.396**	0.423***	
调节变量	知识共享							0.507***
交互项	易变性职业生涯态度*知识共享							0.226***
	R^2	0.230	0.257	0.306	0.447	0.413	0.525	0.309
	$\triangle R^2$	0.222	0.231	0.277	0.428	0.389	0.499	0.300
	F	4.393	26.147***	38.553***	45.236***	40.882***	51.730***	30.322***

注：*p<0.05, **p<0.01, ***p<0.001。

（一）工作激情在易变性职业生涯态度与创新行为之间的中介作用得以验证

第一步，检验自变量易变性职业生涯态度对因变量员工创新行为的影响。基准模型（模型4）引入自变量易变性职业生涯态度、控制变量及因变量员工创新行为进行回归分析，将控制变量性别、年龄、就业年限等，放入回归方程第一层，自变量新形态就业者易变性职业生涯态度放入第二层。结果显示，易变性职业生涯态度的估计系数在0.1%的水平下显著为正，即易变性职业生涯态度对员工创新行为具有显著正向影响（β=0.442，P<0.001），H1 得到验证。

第二步，检验易变性职业生涯态度对工作激情的影响。以易变性职业生涯态度为自变量，工作激情为因变量进行回归分析（模型 2）。将控制变量性别、年龄、就业年限等，放入模型第一层，自变量新形态就业者易变性职业生涯态度放入模型第二层。结果显示，易变性职业生涯态度估计系数在 0.1%水平下显著为正，即易变性职业生涯态度对员工工作激情具有显著正向影响（β=0.401，P<0.001）。

第三步，检验工作激情在易变性职业生涯态度与创新行为之间的中介作用。以工作激情、易变性职业生涯态度为自变量，创新行为为因变量进行回归分析（模型 6）。将控制变量放入模型第一层，自变量放入第二层，中介变量放入第三层。结果显示，相较于模型 4，模型拟合优度 R^2 由 0.447 提升到 0.525，调整的拟合优度 ΔR^2 由 0.428 提升到 0.499。易变性职业生涯态度的估计系数由 0.442 上升到 0.476，估计系数仍在 0.1%水平下显著。根据温忠麟等（2004）的研究，自变量对中介变量、中介变量对因变量的回归系数均显著即可验证中介效应存在。此外，模型 6 中，易变性职业生涯态度对创新行为具有显著正向影响（β=0.476，P<0.001），估计系数仍然显著，说明工作激情在易变性职业生涯态度与创新行为之间起到部分中介作用。因此，H2 成立。

（二）知识共享在易变性职业生涯态度与创新行为之间的调节作用得以验证

将自变量易变性职业生涯态度、调节变量员工知识共享以及中心化后的交互项（对交互项进行中心化处理，可消除多重共线性影响）与因变量创新行为引入回归方程（模型 7），易变性职业生涯态度对创新行为存在显著正向影响（β=0.459，P<0.001），中心化后的易变性职业生涯态度与知识共享交互项对创新行为具有显著正向影响（β=0.226，P<0.01），说明知识共享在易变性职业生涯态度与创新行为之间起到调节作用，H3 得到验证。

利用的简单坡度分析程序，将员工知识共享按照高于和低于均值一个标准差分为高低两组，以易变性职业生涯态度为自变量，创新行为为因变量进行分组回归。结果如图 9-2 所示，当员工知识共享取值较高时，易变性职业生涯态度与创新行为关系显著，估计系数为（β=0.589，P<0.001）；当员工知识共享取值较低时，易变性职业生涯态度与创新行为关系显著，估计系数为（β=0.347，P<0.001），高水平知识共享员工的创新行为比低水平知识共享员工创新行为更活跃。即员工知识共享调节易变性职业生涯态

度对创新行为的正向影响，假设 H3 得到验证。

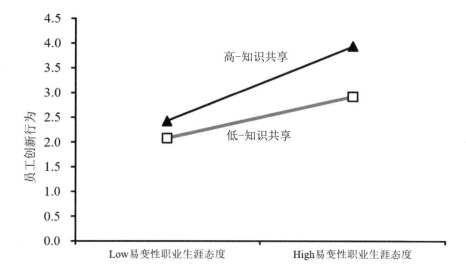

图 9-2 员工知识共享的调节效应

9.3.5 稳健性检验

为了精确考察新形态就业者工作激情的中介效应，针对假设 2 进行 Bootstrapping 和 Sobel 检验，重复抽取次数为 3000，计算变量间的直接效应和间接效应。检验结果见表 9-5，间接效应的偏差校正置信区间为[0.016，0.157]，不包含 0，表明工作激情的中介效应显著。直接效应的偏差校正置信区间为[0.105，0.211]，不包含 0，表明工作激情在易变性职业生涯态度和就业者创新行为之间起到部分中介作用。Sobel 检验的 Z 值为 5.22（P<0.01），进一步证明了 H2 成立。

表 9-5 中介效应检验结果

中介变量	效应	效应值	Boostrapping 检验 95%置信区间		Sobel 检验	
			LLCL	ULCL	Z 值	P 值
工作激情	间接效应	0.087	0.016	0.157	5.22	<0.01
	直接效应	0.158	0.105	0.211		

9.4 研究结果讨论

新形态就业群体的年龄、学历及所从事职业性质决定了该群体是创新弄潮儿。非固定化工作摒弃了更多循规蹈矩的行为,工作内容多变滋养了工作激情。该群体活跃的职业生涯变换过程中也伴随着知识共享与创新尝试。本章首次探究新形态就业者易变性职业生涯态度如何影响创新行为,续接第 8 章,属于新形态就业微观管理创新的再次尝试。以工作激情为中介变量、以知识共享为调节变量,分析易变性职业生涯态度对创新行为影响机制的中介效用与边界条件。

9.4.1 关于主效应的讨论

经验证,新形态就业者易变性职业生涯态度对创新行为具有显著正向影响。相较于传统行业,新形态就业者的职业生涯规划更加多变,目前鲜有基于新形态就业者易变性职业生涯态度的研究。基于此,本研究将研究视角聚焦新形态就业者,验证了新形态就业者易变性职业生涯态度对员工创新行为具有显著正向激发效应。易变性职业生涯态度是个人塑造的自我实现的价值观追求,要求个人具备自主性与学习工作技能的能力,能够适应新的工作环境。一方面,持有易变性职业生涯态度的新形态就业者,具有较高的职业流动性,在不同岗位工作积累知识与工作技能,提升了知识储备,在多元化知识交流融合过程中,促进了自身的创新行为。另一方面,持有易变性职业生涯态度的新形态就业者拥有较为强烈的自我成就需求,更注重自我价值的实现,偏爱创新性活动,从而提升创新行为。易变性职业生涯态度与创新行为之间的关系在以往研究中也得到验证。

本研究证实了新形态就业者群体易变性职业生涯态度对创新行为的促进作用,提供了激发该群体创新的新维度与新路径,在很大程度上降低了对新形态就业者属于低素质劳动者群体的偏见,多动性、易变性使得新形态创新大有可为。

9.4.2 关于工作激情中介作用的讨论

经验证,工作激情在新形态就业者易变性职业生涯态度与创新行为之间起中介作用。易变性职业生涯态度对创新行为具有显著影响,同时易变性职业生涯态度还会通过工作激情对创新行为产生间接影响。工作激情源于个体对工作的喜爱及个体主动认可并内化工作动机的过程。信息化、智能化带来了工作情绪以及工作方式的改变，新形态就业者进一步弱化了对组织的依赖，更多听从自身兴趣爱好，注重自我价值实现，相对于传统就业者，工作更富有激情。根据自我决定理论，创新行为是个体自身价值驱动与外部支持的结果，工作激情不仅降低了个体面对高强度工作的畏惧感，还可以提升个体获得感，从而促进创新行为。持有易变性职业生涯态度的员工为提升自身可雇佣性，更愿意学习新的工作技能，对自身职业生涯规划有更加清晰的认识，工作激情较高，更愿意为工作付出时间与精力，能运用多元化的知识与技能，创新性地解决工作中的难题，改善工作环境。持有易变性职业生涯态度员工的工作环境不确定性相对较高，所服务对象的需求更加复杂多变，这就要求新形态就业者在工作情境中投入更多工作激情，而工作激情是创新行为持续的润滑剂与加油站。

9.4.3 关于知识共享调节作用的讨论

经验证，知识共享在新形态就业者易变性职业生涯态度与创新行为之间起到正向调节作用。新形态就业的灵活性特征使得劳动者在工作与岗位变换过程中拥有更多共享与分享机会。掌握多元复合知识与工作技能的新形态就业者如何通过知识共享行为提升创新能力是新形态就业管理的重要目标之一。易变性职业生涯态度提升组织整体的知识储备，在知识共享过程中提升员工知识存量，从而提升就业者创新行为。此外易变性职业生涯态度使得不同职业背景就业者之间知识共享活跃度提升，促进多元化知识融合，进一步激发创新行为。持有易变性职业生涯态度员工在成就需要与提升可雇佣性的双重内部激励作用下，在工作中主动学习技能与知识，进行知识转化与创新，而员工间的知识共享是个体学习的主要途径。可见，知识共享可以调节易变性职业生涯态度与员工创新行为之间的关系。新形态就业充满着激情与共享，是劳动者塑造与提升自我的操练场。职业生涯自我与组织管理也将随着新形态就业发展而不断演化，新形态就业中微观管理变革还有长路要探索前行。

第六篇　行动指南：新形态就业高质量发展策略与保障

[篇首语] 严谨的理论研究与可靠的实证经验不仅能够帮助政府部门优化社会资源,而且有利于政策制定者选择已被证明行之有效的策略方案,避免重复性资源损耗。本书前五篇针对新形态就业的理论基础与经典模式、国内外现状、宏观调控体系、多方博弈决策以及微观管理创新等内容进行了详实细致的研究，这为新形态就业高质量发展策略与保障机制的制定提供了依据。对焦新形态就业发展引致的社会问题，政府相关部门提出了一系列就业政策，然而现有政策存在何种优势与有待完善之处，还缺乏系统科学的梳理评估。对此，基于现有就业政策的量化分析，针对新形态就业高质量发展策略与保障机制展开研究。具体而言，在第 10 章，从政策工具、政策时间和政策导向维度出发，对我国主要就业政策进行量化分析与现实匹配性评价，梳理现有就业政策短板，定位就业政策优化着力点；在第 11 章，依据研究结论，从新形态就业者技能、社会保障体系构建和失业监测体系等角度出发，为我国实现新形态就业高质量发展提供政策建议。

第10章 就业政策梳理与量化分析

据教育部统计，2021年全国普通高校毕业生数量达到909万人，同比增加35万人，数据不包括往年未就业毕业生数量。2021年应届生春招趋势显示，毕业生的求职道路存在期望过高和雇主太严两大"拦路虎"。我国高校毕业生就业呈现出"三高一低"的特点，即深造比例高、进体制内意愿高、慢就业比例高和创业比例低。具体来看，20%以上的毕业生考研或出国；20%的毕业生希望获得高薪酬和稳定的工作，进入体制内；10%以上的毕业后不工作，即"慢就业"；仅有2%左右的毕业生创业，这一数字远低于主要发达国家水平。近些年，高校毕业生这一高人力资本青年群体面临的就业形势尤为严峻，其他低人力资本劳动者群体的就业境况可想而知。农民工就业与高校毕业生就业被比作就业的经线和纬线，只要织牢经纬线，我国就业形势就能保持基本稳定。因此大力支持与全面推广新形态就业已成为稳就业、保民生的重要抓手之一，为毕业生端稳"饭碗"，精准施力全链条服务。

调研发现，当前我国高校毕业生选择新就业形态的比例呈现逐步上升趋势，主要集中于电商、微商、网络直播、自由职业等职业。在网约车、外卖骑手、共享单车运营等生产性、生活性服务业新就业形态中，也有一定比例的高校毕业生。新形态就业是解决高校毕业生这一高人力资本群体就业的重要途径之一，应鼓励高校毕业生到生产性、生活性服务业及民生急需的医疗、教育、养老等领域就业创业，在一定程度上缓解高校毕业生的就业压力。此外，随着数字经济、人工智能等新技术的飞速发展，我国产业结构不断优化，国民经济逐渐迈向高质量发展阶段，给我国劳动力市场带来巨大影响。简单机械或重复性的工作岗位逐渐消失，给包括高校毕业生在内的广大劳动者带来了巨大的机遇与挑战。分析我国劳动力市场现状可以发现，现如今适应产业转型升级需要的高层次研发人员、高技能工人和创新型复合型人才不足，部分新成长劳动力的实践能力难以跟上市场变化，大龄低技能劳动者就业难题或将持续存在。为此，未来应注重劳动者技能与市场需求的精准对接，加强劳动者职业技能培训，不断提升其就业质量及岗位转换能力。

以上问题归根结底要靠有效施政解决。政策分析是本研究的落脚点，集中体现了理论创新的政策价值。将劳动力市场各类信号纳入宏观经济政策抉择中予以考量，把劳动参与率、失业率等关键指标作为货币与财政政策的先行指标和决策依据，方能实现民生保障与宏观经济稳定的多赢格局。本章通过政策梳理分析，聚焦就业促进政策的精准性与执行质量，提升专项资金使用的就业活化率，助推我国就业创业高质量发展。因此本章基于我国新形态就业的最新分类与发展模式，依据制度经济学由实践到政策的提炼思路与方法，从政策工具视角、政策时间视角、政策导向视角对中华人民共和国成立以来的就业政策进行量化分析，在此基础上开展政策的现实匹配性评价，明晰政策着力点与契合性。

10.1 新形态就业政策梳理汇总

新形态就业既是就业领域的新生儿，也是一匹黑马。新形态就业创造了大量的新就业岗位，在一定程度上缓解了就业压力，有效推动了我国就业结构优化升级，有利于实现更充分更高质量就业的发展目标。我国当下的就业总体战略为就业优先战略，实施就业优先战略需要把促进就业摆在经济社会发展中的优先位置。在新发展阶段，该战略被赋予新的时代内涵：在政策制定阶段，更加注重其促进就业的功能，将促进就业的目标融入经济社会发展的各个领域；在政策执行过程中，重视政策实际促进就业的效果，共同推动就业岗位的创造和就业质量的提升，彰显"以人为本"的发展理念。在相关宏观经济政策制定与实施阶段中体现出的就业优先理念与落实的就业相关内容，意味着就业优先政策的出台及就业优先战略的成型。[①]新形态就业自然也囊括在就业优先总战略中，近年来涌现的新就业形态成为实施就业优先政策的重要抓手，是实现我国就业市场稳定的重要支撑。

在我国新形态就业政策简表（表3-1）基础上，依照文件名称，对我国已出台的新形态就业政策进行梳理（表10-1）；依照政策类型，将国内外典型地区新形态就业政策进行汇总比较（附录五）。研读已有政策机制，分析

---

① 蔡昉. 稳定就业就是稳定经济大局[J]. 中国经济报告，2019（4）：84-13.

存在的问题，查漏补缺，锚定政策发力点，对现有政策进行修偏、细化与补充，有利于进一步完善新形态就业保障机制，为新形态就业发展保驾护航。

表 10-1　我国新形态就业政策一览表

年份	文件名称	主要内容
2015	《国务院关于大力发展电子商务加快培育经济新动力的意见》	鼓励电子商务领域就业创业，将未进行工商登记注册的网络商户从业人员认定为灵活就业人员，享受灵活就业人员扶持政策，其中在网络平台实名注册、稳定经营且信誉良好的网络商户创业者，可享受小额担保贷款及贴息政策。
	《国务院关于积极推进"互联网+"行动的指导意见》	充分发挥互联网的创新驱动作用发展便民服务新业态。发展共享经济，规范发展网约租车，积极推广在线租房等新业态，着力破除准入门槛高、服务规范难、个人征信缺失等瓶颈制约，发展基于互联网的文化媒体和旅游等服务，培育形式多样的新型业态。
	《中共十八届五中全会公报》	实施更加积极的就业政策，完善创业扶持政策，加大对灵活就业新就业形态的支持力度，这是"新就业形态"概念的首次提出。
2016	《2016 年国务院政府工作报告》	加强对灵活就业、新就业形态的扶持。
	交通运输部等七部门《网络预约出租汽车经营服务管理暂行办法》	对平台司机的户口、车辆牌照和车辆要求等资格进行规定。
	《国务院办公厅关于深化改革推进出租汽车行业健康发展指导意见》	给予网约车合法地位，支持网约车平台公司不断创新规范发展，明确平台公司应承担的承运人责任、具备的营运条件和需规范的经营行为。
	人力资源社会保障部等多部委《关于开展东北等困难地区就业援助工作的通知》	提出移动出行专项帮扶活动计划，鼓励网约车平台——滴滴出行以河北、山西、辽宁、吉林、黑龙江等省部分城市为试点，为受煤炭和钢铁工业去产能影响的工人或失业工人提供就业援助。
2017	《2017 年国务院政府工作报告》	完善就业政策加大就业培训力度，加强对灵活就业新就业形态的支持。高校毕业生 795 万人，再创历史新高，要实施好就业促进、创业引领、基层成长等计划，促进多渠道就业创业。

续表

年份	文件名称	主要内容
2017	《国务院关于做好当前和今后一段时期内就业创业工作的意见》	推动平台经济、众包经济、分享经济等创新发展，鼓励创业创新发展的优惠政策面向新兴业态企业开放，支持劳动者通过新兴业态实现多元化就业，完善适应新就业形态特点的用工和社保等制度。
	国家发改委等八部委《关于促进分享经济发展的指导意见》	指出分享经济能够有效地提高社会资源的利用效率，方便人民的生活。强调了"鼓励创新，包容审慎"的分享经济调控原则，该原则意味着，政府鼓励分享经济创新，同时以宽容和审慎的方式监管该领域。
	人力资源社会保障部《人力资源服务业发展行动计划》	实施"互联网+人力资源服务行动"推动人力资源服务各业态与互联网深度融合，支持人力资源服务企业运用互联网技术探索开展跨界服务模式。市场空间扩容与国家政策推动加速灵活用工行业的蓬勃发展。
2018	《2018年国务院政府工作报告》	提出运用"互联网+"发展新就业形态。
	《中华人民共和国电子商务法》	将微商从业者、直播卖货、网红卖货等通过互联网从事销售商品与服务的自然人、法人和非法人组织定义为"电子商务经营者"。进一步明确了B2B电商网站经营者的资质资格要求。
	国家发展改革委等多部门《关于发展数字经济稳定并扩大就业的指导意见》	强调数字经济发展应着眼于增加就业，改善产业结构，加快劳动者技能向数字化技能转化，并要求政府推动劳动法律法规的完善，制定与新业态有关的劳动政策，切实保护劳动者权益。
	《中国工会十七大报告》	推动适应新业态的用工和社保制度，建立健全互联网平台用工等新就业形态劳动标准体系。
2019	国家卫健委《关于开展"互联网+护理服务"试点工作的通知》《"互联网+护理服务"试点工作方案》	确定在北京市、天津市、上海市、江苏省、浙江省、广东省6省市进行"互联网+护理服务"试点。《方案》对平台主体资格、护士资历等作出严格规定。
	《2019年国务院政府工作报告》	坚持包容审慎监管，支持新业态新模式发展，促进平台经济、共享经济健康成长。加快在各行业、各领域推进"互联网+"。

续表

年份	文件名称	主要内容
2019	《降低社会保险费率综合方案》	灵活就业人员参加养老保险的规定：个体工商户和灵活就业人员参加企业职工基本养老保险，可以在本省全口径城镇单位就业人员平均工资的 60%至 300%之间选择适当的缴费基数。
	《国务院办公厅关于促进平台经济规范健康发展的指导意见》	探索适应新业态特点，有利于公平竞争的公正监管办法。本着鼓励创新原则，分领域制定监管规则和标准，在严守安全底线的前提下为新业态发展留足空间，要鼓励发展平台经济新业态，加快培育新的增长点，促进平台经济、共享经济等新模式、新业态向各领域渗透，创造新职业、新工种和新岗位。
	《国务院关于进一步做好稳就业工作的意见》	提出支持灵活就业和新就业形态，支持劳动者通过临时性、非全日制、季节性、弹性工作等灵活多样形式实现就业。启动新就业形态人员职业伤害保障试点，对就业困难人员享受灵活就业社会保险补贴政策期满仍未实现稳定就业的，政策享受期限可延长 1 年，实施期限为 2020 年 1 月 1 日至 12 月 31 日。
2020	《国务院办公厅关于应对新冠肺炎疫情影响强化稳就业举措的实施意见》	支持多渠道灵活就业。合理设定无固定经营场所摊贩管理模式，预留自由市场、摊点群等经营网点。支持劳动者依托平台就业，取消灵活就业人员参加企业职工基本养老保险的省内城乡户籍限制，对就业困难人员、离校 2 年内未就业高校毕业生，灵活就业后缴纳社会保险费的，按规定给予一定的社会保险补贴。
	国家发展改革委中央网信办《关于推进"上云用数赋智"行动，培育新经济发展实施方案》	实施灵活就业激励计划。推动大力发展共享经济、数字贸易、零工经济，支持新零售、在线消费、无接触配送、互联网医疗、线上教育、一站式出行、共享员工、远程办公、"宅经济"等新业态，疏通政策障碍和难点堵点，鼓励发展共享员工等灵活就业新模式。
	国家发改委《培育数字经济新业态，鼓励灵活就业》	开展数字经济新业态培育行动，在卫生健康、教育等领域培育新业态，实施灵活就业激励计划，降低灵活就业门槛，鼓励创新创业。支持互联网企业、共享经济平台，建立各类增值应用开发平台、共享用工平台、灵活就业保障平台。面向各类灵活就业者，提供多样化就业服务和多层次劳动保障。

续表

年份	文件名称	主要内容
2020	人力资源社会保障部《关于开展新就业形态技能提升和就业促进项目试点工作的通知》	将浙江、广东、湖北、山东等7个省15个地区列为全国首批新就业形态技能提升和就业促进项目试点地区。
	《2020年国务院政府工作报告》	我国包括零工在内的灵活就业人员数以亿计，对低收入人员实行社保费自愿缓缴政策，涉及就业的行政事业性收费全部取消。
	人力资源社会保障部 国务院扶贫办《数字平台经济促就业助脱贫行动》	以"平台经济促就业　脱贫增收奔小康"为主题，旨在依托数字平台经济企业，为贫困地区建档立卡贫困劳动力和农民工集中提供一批灵活就业、居家就业、自主创业及务农增收机会。
2021	国务院办公厅《关于服务"六稳""六保"进一步做好"放管服"改革有关工作的意见》	着力推动消除制约新产业新业态发展的隐性壁垒，不断拓宽就业领域和渠道。加强对平台型企业的监管和引导，促进公平有序竞争，推动平台型企业依法依规完善服务协议和交易规则，合理确定收费标准，改进管理服务，支持新就业形态健康发展。完善适应灵活就业人员的社保政策措施，推动放开在就业地参加社会保险的户籍限制，加快推进职业伤害保障试点，扩大工伤保险覆盖面，维护灵活就业人员合法权益。
	国务院《关于落实〈政府工作报告〉重点工作分工的意见》	支持和规范发展新就业形态，加快推进职业伤害保障试点；继续对灵活就业人员给予社保补贴；推动放开在就业地参加社保的户籍限制等。
	人力资源社会保障部、国家发展改革委、交通运输部、应急部、市场监管总局、国家医保局、最高人民法院、全国总工会《关于维护新就业形态劳动者劳动保障权益的指导意见》	指导和督促企业依法合规用工，积极履行用工责任，稳定劳动者队伍；健全最低工资和支付保障制度，推动将不完全符合确立劳动关系情形的新就业形态劳动者纳入制度保障范围；建立适合新就业形态劳动者的职业技能培训模式，保障其平等享有培训的权利；加强工会组织和工作有效覆盖，拓宽维权和服务范围，积极吸纳新就业形态劳动者加入工会等。

年份	文件名称	主要内容
2021	国务院 《"十四五"就业促进规划》	破除各种不合理限制,建立促进多渠道灵活就业机制,支持和规范发展新就业形态。鼓励传统行业跨界融合、业态创新,增加灵活就业和新就业形态就业机会。建立完善适应灵活就业和新就业形态的劳动权益保障制度,引导支持灵活就业人员和新就业形态劳动者参加社会保险,提高灵活就业人员和新就业形态劳动者社会保障水平。规范平台型企业用工,明确平台型企业劳动保护责任。健全职业分类动态调整机制,持续开发新职业,发布新职业标准。
	国务院 《加强新时代老龄工作的意见》	在学校、医院等单位和社区家政服务、公共场所服务管理等行业,探索适合老年人灵活就业的模式。鼓励各地建立老年人才信息库,为有劳动意愿的老年人提供职业介绍、职业技能培训和创新创业指导服务。

通过上述对新形态就业政策梳理可以发现,早在 2015 年国家就明确提出要加大对新形态就业的支持力度。从此我国相关部门从强化新形态就业者的劳动权益保障、加强新形态就业行为监管、健全社会保障权益制度等方面出台了促进新形态就业健康发展的若干措施,为扩大我国就业规模、优化就业结构及提高就业质量奠定了坚实基础。政策规范与保障的初衷是更好地保护新形态就业者,避免其陷入"劳动异化"陷阱,同时制约处于垄断地位的平台对劳动者无节制的"算计"与"奴役"。

10.2　就业政策分析框架设计

10.2.1　政策文本选择

本研究选择中华人民共和国成立以来的主要就业政策为分析对象,包括以"就业"为关键词在"北大法宝"数据库进行精确检索的若干政策,并通过访问政府门户网站及相关部委网站进行补充检索,如国务院门户网站等。为了保证文本选取的准确性与代表性，按照以下三个原则对政策文献进行整理和遴选：一是仅采用中央层级发布的政策文本，即发文机关是全国人大、国务院各部委与直属机构，地方部门发布的政策文本不予选取；二是采用政策文献中与就业相关的政策文本，模糊涉及就业的相关政策文本不予采用；三是选取能集中体现政府态度的政策文本，如法律法规、规划、意见、通知、公告、办法等，批复、复函不计入。整理遴选出政策文本共计 43 份，政策文本列表详见附录三。

10.2.2　分析框架设定

政策文本计量方法是一种量化分析政策文献结构属性的研究方法，该方法将文献计量学、社会学、数学、统计学等学科方法引入到政策分析中，以揭示政策主题、目标与影响、政策主体的合作模式及政策体系的结构与演进。[①]利用政策文本计量方法对政策文本进行解构和分析是公共政策研究的新方向，目前已广泛应用于科技政策、环境政策、产业政策、教育政策以及更加微观领域的研究。在政策体系确定过程中，学者们提出了不同见解，从理论体系[②]、政府引导方式[③]、政策工具[④]、政府干涉强度[⑤]等不同角度构建政策分析体系[⑥]。研究选取政策时间、政策工具和政策导向三个维度，构建三维政策分析体系框架，如图 10-1 所示。

---

① 李江，刘源浩，黄萃，等. 用文献计量研究重塑政策文本数据分析——政策文献计量的起源、迁移与方法创新[J]. 公共管理学报，2015，12（2）：138-144；159.

② 陈振明. 政府工具研究与政府管理方式的改进[J]. 中国行政管理，2004（4）：11-17.

③ S. Linder, B. Guy Peters. The study of public policy instrument[J]. Policy Current, 1992, Vol. 2, No. 2.

④ E. S. Savas. Privatization and public-private partnerships[M]. New York: Chatham House Publishers, 2000, 87-19

⑤ L. M. Salamon. The tools of government: a guide to the new governance[M]. Oxford: Oxford University Press, 2002, 9-13.

⑥ 黄红华. 政策工具理论的兴起及其在中国的发展[J]. 社会科学，2010（4）：13-19；187.

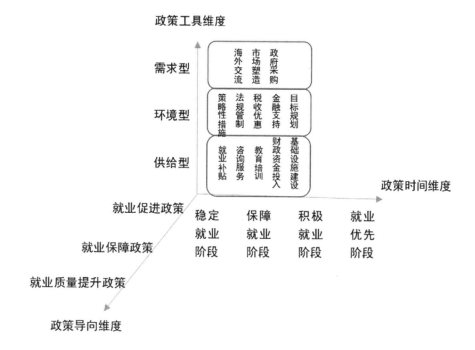

图 10-1　三维分析框架模型

一、政策时间维度

中华人民共和国成立以来，我国就业政策发展经历了四个阶段。（1）1949—1978 年，稳定就业阶段。在中华人民共和国成立初期，国家为了稳定就业、保障居民的基本生活条件进行岗位集中调配。（2）1979—2001 年，保障就业阶段。1978 年，我国城镇待就业人员高达 530 万，待就业率达5.3%。为了缓解严峻的就业形势，逐步开始通过更加灵活与完善的就业政策来应对高压的待业高峰。（3）2002—2011 年，积极就业阶段。党的十六大以来，政府更加重视就业在改革发展中的重要性，提出了积极的就业政策，建立起较为完善的就业政策体系。（4）2012—2020 年，就业优先阶段。"十二五"规划中首次提出了"就业优先战略"。党的十八大提出，应制定完善的就业优先战略和采取积极的就业优先政策。"十三五"规划中明确提出，要坚持就业优先战略。十九大也提出，要坚持就业优先战略和积极就业政策，实现更高质量和更充分就业。"十四五"规划中提到，全面强化就业优先政策，提高劳动者收入，保障劳动者权益。由此可见未来五年，我国会持续把就业问题摆在国民经济发展的优先位置上，促进更高质量就业，增加人民福祉。本研究根据我国就业政策的发展变迁，分四个阶段进行政策量化分析，即稳定就业阶段、保障就业阶段、积极就业阶段和就业优先阶段，探究不同阶段的政策特质，为我国劳动力市场未来的政策制定提供参考借鉴。

二、政策工具维度

政策工具理念源于西方 20 世纪 80 年代，得到了众多学者的关注，随后被广泛应用于政策研究领域。借鉴罗斯韦尔和泽格费尔德（Rothwell & Zegveld）的方法①，将就业政策划分为供给型政策工具、环境型政策工具与需求型政策工具三大类。其中，供给型政策工具是指政府通过对人才、信息、技术、资金等要素的支持，直接增大要素供给推动就业量持续增长；环境型政策工具主要指采用金融、税收、监督管制等政策手段为就业发展提供有利环境，对就业量提升发挥间接促进作用；需求型政策工具是指政府运用采购与开拓市场等措施来减少就业市场的不确定性，积极开拓并稳定新就业市场。不同政策工具的具体名称、释义及作用方式见表 10-2，其直观展现出不同政策工具的结构特征。

表 10-2　政策工具分类与释义

工具类型	工具名称	工具释义
供给型	财政资金投入	相关部门直接对就业参与主体在就业过程中提供资金支持
	基础设施建设	为促进、保障就业发展而提供的工程设施和公共生活服务设施等
	教育培训	为就业相关人员提供的行业素质和思想认识等方面的培训
	咨询服务	为就业人员提供解决问题的建议
	就业补贴	相关部门为补贴就业活动进行的转移支付
环境型	目标规划	基于就业发展需要，对要达成的目标及远景进行总体描述和勾画
	税收优惠	政府机构给予相关企业以及个人税赋上的减免
	法规管制	通过制定一系列法规、制度等规范就业活动，维护就业秩序
	策略性措施	从不同层次、不同角度促进就业，为就业者提供指导意见和建议
	金融支持	在融资等金融工作方面出台的政策

① Roy Rothwell, Walter Zegveld. Reindusdalization and technolog[M]. London: Logman Group Limited, 1985: 83-104.

工具类型	工具名称	工具释义
需求型	政府采购	为了促进就业，使用财政资金依法集中采购的行为
	市场塑造	为了扩大就业而开放市场，增加就业机会的行为
	海外交流	通过与海外国家机构合作来促进就业的行为

三、政策导向维度

就业政策因其内容不同而具有异质性效用，有专门针对就业参与的相关政策，也有提升就业质量及保障就业权益的相关政策。鉴于此，根据就业政策的内容导向，本研究将不同的就业政策划分为三类，即就业促进政策、就业保障政策与就业质量提升政策。按照政策导向维度对就业政策分类，能够明晰不同就业政策的侧重点，有助于分析政策分布的平衡性与合理性。

10.3　就业政策文本量化分析

10.3.1　政策工具维度分析

从表 10-3 统计结果来看，共得到 323 条政策条款。环境型政策工具（60.4%）占比最大，数量为 195 条；其次是供给型政策工具（36.2%），数量为 117 条；最少的是需求型政策工具（3.4%），仅有 11 条。具体来看，在环境型政策工具中，策略性措施占比最大，达到 63.1%，目标规划、金融支持、税收优惠均相对较少，占比分别为 8.2%、9.2%、4.6%；在供给型政策工具中，教育培训与基础设施建设占比最多，分别为 29.1% 和 33.3%，财政资金投入、资讯服务和就业补贴占比较为接近，分别为 9.4%、15.4% 和 12.8%；在需求型政策工具中，市场塑造的占比最高，为 81.8%，而政府采购与海外交流均相对较少，占比均为 9.1%。

表 10-3　就业政策工具分析表

工具类型	工具名称	条文编码	合计	占比 1（%）	占比 2（%）
供给型	财政资金投入	1-6，2-3，2-15，7-12，12-2，14-4，20-10，26-5，28-6，29-5，37-6	11	9.4	

工具类型	工具名称	条文编码	合计	占比1（%）	占比2（%）
供给型	教育培训	1-5，2-11，3-5，4-11，5-12，7-8，8-10，10-3，12-8，13-5，14-2，14-3，15-5，16-5，17-3，18-3，19-7，20-8，20-11，21-4，23-5，25-7，26-6，26-7，28-7，30-5，31-3	34	29.1	36.2
	基础设施建设	2-7，2-9，3-3，4-3，4-7，4-13，5-10，5-14，5-16，7-2，7-5，7-6，7-9，10-4，10-6，10-7，12-7，12-9，12-10，12-11，13-2，13-7，16-1，17-4，20-12，23-4，24-3，25-8，26-4，27-3，28-5，29-4	39	33.3	
	咨询服务	2-12，2-16，2-18，4-15，5-5，5-8，7-13，8-11，11-1，15-6，19-5，19-8，23-8，25-9，26-9，27-2，36-7	18	15.4	
	就业补贴	1-4，2-2，2-13，3-4，3-6，3-8，4-12，8-3，8-8，10-5，13-6，16-6，16-7，32-3，43-7	15	12.8	
环境型	目标规划	2-1，5-1，6-1，9-1，17-1，18-1，20-1，21-1，22-1，23-1，27-1，31-1，33-1，36-1，37-1，42-1	16	8.2	60.4
	金融支持	3-1，3-2，4-1，4-9，7-3，7-10，8-5，12-3，13-3，15-3，16-4，17-2，20-6，28-2，32-7，38-3，39-3	18	9.2	
	税收优惠	2-8，3-7，4-8，7-4，20-2，20-9，27-4，32-6，38-2，	9	4.6	
	法规管制	1-7，2-5，2-17，18-5，20-5，20-7，20-13，20-14，22-2，22-3，22-4，23-7，24-2，26-3，27-5，29-6，30-2，33-2，35-2，36-6，37-3，38-4，38-6，42-2，42-3，42-5	29	14.9	
	策略性措施	1-1，1-2，2-10，2-14，3-9，4-2，4-4，4-5，4-6，4-10，4-14，4-16，5-2，5-3，5-4，5-6，5-7，5-13，5-15，5-17，7-1，7-7，7-11，8-1，8-2，8-4，8-6，8-7，8-9，8-12，9-2…	123	63.1	

续表

工具类型	工具名称	条文编码	合计	占比 1 (%)	占比 2 (%)
需求型	政府采购	2-6	1	9.1	3.4
	市场塑造	1-3, 2-4, 16-2, 16-3, 23-2, 25-3, 29-3, 31-4, 34-3	9	81.8	
	海外交流	12-4	1	9.1	
合计			323	100	100

注：（1）"占比 1"表示工具条目在不同类型政策工具条目中所占比重；"占比 2"表示政策工具条目在总政策工具条目中所占比重。（2）由于政策工具的具体编码数目过多，部分政策工具编码隐藏。

10.3.2　政策导向维度分析

经梳理，在 323 条政策条款中，按照就业政策导向的维度划分，各类就业政策的数量及其占比如表 10-4 所示。其中，就业保障类政策的数量为 177 条，占比高达 54.8%；就业质量提升类政策的数量为 88 条，占总政策的 27.2%；而就业促进类政策的数量最少，占比最小，共包含 58 条，占比为 18%。可以看出，截至目前，我国相关部门仍主要围绕就业保障方面颁布相关的就业政策，着力提升就业保障水平，在就业促进和就业质量提升方面颁布的政策相对较少。

表 10-4　就业政策导向分析表

政策导向类型	数量	占比
就业促进政策	58	18%
就业保障政策	177	54.8%
就业质量提升政策	88	27.2%

10.3.3　时间维度与工具维度组合分析

上述研究分别从政策工具维度和政策导向维度对选取的 323 条就业政策条款进行分类汇总。在此基础上，为探究不同时期内政策工具的发展演变过程，本研究在政策工具维度上引入政策时间维度展开分析，如表 10-5 所示。整体来看，不同政策工具在政策变迁的各个时期呈现出一定的差异性。具体表现为，在稳定就业阶段，环境型政策工具占 90%，供给型政策工具仅占 10%，需求型政策几乎没有。在保障就业阶段，供给型政策工具占 27.5%，增长 17.5 个百分点；环境型政策工具占 70.6%，下降了 19.4 个百分点；需求型政策工具占 1.9%，增长率为 1.9%。在积极就业阶段，供给型政策工具占 34.6%，增长了 7.1%；环境型政策工具占比 61%，下降了 9.6%；需求型政策工具占比 4.4%，增长率为 131.6%。在就业优先阶段，供给型政策工具占比 45.7%，增长率为 32.1%；环境型政策工具占比 50.9%，下降了 10.1 个百分点；需求型政策工具占比 3.4%，下降了 1 个百分点。上述研究可以发现，随着就业政策不断发展演进，供给型政策工具与需求型政策工具所占比重逐步上升，环境型政策工具所占比重呈现出显著下降趋势。

表 10-5　不同时期就业政策工具类型分布

时期	供给型 （条/占比）	环境型 （条/占比）	需求型 （条/占比）
稳定就业阶段	2（10%）	18（90%）	0
保障就业阶段	14（27.5%）	36（70.6%）	1（1.9%）
积极就业阶段	47（34.6%）	83（61%）	6（4.4%）
就业优先阶段	53（45.7%）	59（50.9%）	4（3.4%）

10.3.4　时间维度与导向维度组合分析

上述研究将政策时间维度与政策工具维度相结合，探究了不同时期内我国就业政策工具类型随时间的变化趋势。为展示不同阶段内我国就业政策导向的演变趋势，本部分将政策时间维度与政策导向维度相结合，分析不同时间内政策导向的变化，如表 10-6 所示。在稳定就业阶段，几乎均为就业保障政策，就业促进政策和就业质量提升政策近乎不存在。在保障就业阶段，以就业保障政策居多，占比 58.8%；就业促进政策和就业质量提升政策均有所增长，其占比分别达到 15.7% 和 25.5%。在积极就业阶段，就业保障政策的比重有所下降，下降了 5.9 个百分点；就业促进政策的比重有所提升，上升了 8.6 个百分点；就业质量提升政策的占比降低，下降了 2.7%。在就业优先阶段，就业促进政策占比下降到 14.7%，就业保障政策下降到 47.4%，就业质量提升政策占比有所上升，其政策占比提升到 37.9%。由此可见，随着时间推移，就业政策取向越来越偏向于就业质量提升，而就业保障政策的占比相对下降，就业促进政策呈现波动变化的发展态势，说明就业数量与质量同等重要，不可偏废。

分析不同导向类型的就业政策在各时期所占的比重可以发现，就业促进政策在积极就业阶段所占比重最高，在保障就业阶段和就业优先阶段的占比相对较小，而在稳定就业阶段几乎没有涉及。就业保障政策在稳定就业阶段所占的比重最高，在保障就业阶段、积极就业阶段和就业优先阶段的比例也相对较高，均占总就业政策的50%左右。就业质量提升政策在就业优先阶段所占的比重最高，在保障就业阶段和积极就业阶段所占比重相对较小，在稳定就业阶段也没有涉及。综上，就业政策的导向在不同时期存在一定的差异，未来应根据劳动力市场实际状况，有针对性地制定相应的就业政策，以促进高质量就业，增强人民幸福感和获得感。

表 10-6 不同时期政策导向类型分布

时期	就业促进政策 （条/占比）	就业保障政策 （条/占比）	就业质量提升政策 （条/占比）
稳定就业阶段	0	20（100%）	0
保障就业阶段	8（15.7%）	30（58.8%）	13（25.5%）
积极就业阶段	33（24.3%）	72（52.9%）	31（22.8%）
就业优先阶段	17（14.7%）	55（47.4%）	44（37.9%）

10.3.5 导向维度与工具维度组合分析

将就业政策导向与政策工具两个维度相结合，对我国已颁布的就业政策展开分析，如表 10-7 所示。首先，分别探究就业促进类政策、就业保障类政策和就业质量提升类政策内各政策工具的应用情况。

在就业促进政策中，环境型政策工具所占比重最高，其比例高达63.78%，策略性措施的政策工具数量独占鳌头；供给型政策和需求型政策占比相对较少，分别占比 20.68%和 15.51%。供给型政策中基础设施建设政策工具的数量较多，其他类型的政策工具数量较少。需求型就业政策中，市场塑造政策工具占有绝大比重，而政府采购、海外交流政策工具的占比很小。

在就业保障政策中，环境型政策仍占据最高比重，占总就业保障政策的74.57%；供给型政策占比为24.28%，而需求型政策的占比仅为1.13%。从环境型政策内部构成分析，策略性措施数量最多（81 条），其次为法规管制的政策工具（28 条），其他政策工具的数量接近。从供给型政策内部的各政策工具分析，教育培训、就业补贴的数量相对较多，咨询服务政策工具相对较少。需求型政策内部各政策工具显示，仅市场塑造政策工具占据一定的比重，而政府采购和海外交流的占比均为0。

表 10-7 就业政策导向维度分布

类别	政策工具	就业促进（条/占比）	占比 1（%）	就业保障（条/占比）	占比 1（%）	就业质量提升（条/占比）	占比 1（%）
供给型	财政资金投入	1	1.72	7	3.95	3	3.41
	教育培训	2	3.45	13	7.34	19	21.59
	基础设施建设	6	10.34	8	4.52	25	28.41
	资讯服务	1	1.72	4	2.26	13	14.77
	就业补贴	2	3.45	11	6.21	2	2.27
	合计	12	20.68	43	24.28	62	70.45
	占比 2（%）	10.26	–	36.75	–	52.99	–
环境型	目标规划	5	8.62	10	5.65	1	1.14
	金融支持	6	10.34	7	3.95	5	5.68
	税收优惠	1	1.72	6	3.39	2	2.27
	法规管制	0	0	28	15.82	1	1.14
	策略性措施	25	43.10	81	45.76	17	19.32
	合计	37	63.78	132	74.57	26	29.55
	占比 2（%）	18.97	–	67.69	–	13.33	–
需求型	政府采购	1	1.72	0	0	0	0
	市场塑造	7	12.07	2	1.13	0	0
	海外交流	1	1.72	0	0	0	0
	合计	9	15.51	2	1.13	0	0
	占比 2（%）	81.82	–	18.18	–	0	–

注：（1）"占比 1"表示各类就业导向政策中各政策工具条目所占比重；（2）"占比 2"表示各政策工具中各类就业导向政策所占比重。

在就业质量提升类政策中，供给型政策占据绝大部分，该比例高达70.45%；环境型政策占比29.55%，而需求型政策占比为0。在供给型政策中，基础设施建设、教育培训的政策工具应用数量占比较高，分别为25条和19条，而财政资金投入和就业补贴的政策工具应用数量较少，各政策工具间存在较大差异。在环境型政策中，策略性措施占比高达19.32%，金融支持占比为5.68%，其他形式的政策工具占比相对较低。需求型政策工具几乎没有。

随后，依次比较供给型政策工具、环境型政策工具、需求型政策工具在就业促进政策、就业保障政策和就业质量提升政策间的应用差异，充分了解各政策工具的使用状况，推动实现高质量就业。具体来看，在采用供给型政策工具的就业政策中，52.99%的政策导向为就业质量提升，36.75%的政策导向为就业保障，仅有 10.26%的政策指向就业促进。由此可见，供给型的政策工具更多地被应用于追求就业质量提升的就业政策中。在采用环境型政策工具的就业政策中，67.69%的就业政策导向为就业保障，政策导向为促进就业的比例为 18.97%，而指向就业质量提升的政策仅占 13.33%。因此，环境型的政策工具更多地被应用于追求保障就业的相关政策中。在采用需求型政策工具的就业政策中，81.82%的就业政策导向为促进就业，指向就业保障的政策占比为 18.18%，但没有指向就业质量提高的就业政策。故需求型政策工具主要被应用于促进就业政策中。

10.4　就业政策的现实匹配性分析

10.4.1　政策工具结构有待优化

通过对比政策工具可以发现，各类政策工具的应用频率具有显著差异，环境型政策工具偏多，供给型政策工具相对偏少，需求型政策工具更是少之又少，导致就业政策工具体系结构存在缺陷。特别需要指出，与金融财政相关的政策工具，即财政资金投入、就业补贴、税收优惠、金融支持所占比重相对偏少。从现阶段我国劳动力市场的发展状况来看，资金投入作为就业促进的直接物质激励，在就业政策的持续推进与落实过程中具有至关重要的保障作用。近年来，我国经济体量不断壮大，而就业补助占 GDP 的比重却呈下降趋势，社会保障和就业支出占国内生产总值的比重保持在 10%左右，与大多数发达国家 16%的占比相比，差距较大。此外，环境型政策工具中的策略性措施与法规管制占比较高，1994 年出台的《中华人民共和国劳动法》标志着我国就业管理工作正式走上法制化轨道，自此我国确立了劳动制度，此后相继出台了一系列就业法律法规，使就业法律法规体系日益完善，劳动者合法权益得到保障。我国劳动就业法律不仅重视一般的劳动基准立法，对高龄劳动者、残障职工等特殊劳动者的劳动基准立法也给予高度重视，关注该群体的权益保障问题。需求型政策工具主要集中于市场塑造方面的政策，而政府采购与海外交流等方面的就业政策过少。就业政策工具组合拳不够有力，主要原因是部分不常用的政策工具，政府相关部门不愿也不敢大胆尝试，导致政策选择单一，搭配较为机械，政策实施效果不理想。

10.4.2　政策导向应转向就业质量提升方向

　　我国就业政策总体上经历了"计划化-市场化"的演变过程，就业状态逐步迈向"充分而有质量的就业"。[①]从政策导向结构看，就业保障政策条款较多，就业促进政策与就业质量提升政策相对平均。就业促进政策较为侧重高校毕业生的选拔、培训等，目前我国正在逐步提高全方位公共就业服务覆盖面与水平，多措并举支持高校毕业生等青年群体多渠道就业创业，打通青年就业"最后一公里"。2018 年末，全行业的人力资源服务机构总数为 3.57 万家，从业人员高达 64.14 万人，共为 3669 万家企业提供人力资源服务，帮助 2.28 亿劳动力实现就业与再就业。[②]就业保障政策的比重不断下降，累计下降 52.6%。结合就业市场发展现状分析，我国以市场需求为导向的就业制度已经基本确立，随着数字经济的蓬勃发展，新形态就业所占比重不断提升，而针对新就业形式的保障政策仍属薄弱环节，未来仍需进一步完善就业保障的相关政策措施，为新形态就业保驾护航。就业质量提升政策不断增长，累计增长 37.9%。由此看出，我国政府部门对就业质量的关注度持续加大，对于推动实现高质量就业具有重要意义。采取更加有效的措施稳定现有就业存量，如加大失业救济力度，尽快给予低收入者现金补贴等，防止更多就业质量不高的劳动者下沉为失业群体。可见，就业质量提升政策还需紧密贴合就业环境变化不断调整，切实体察劳动者的迫切需要，保障就业质量稳中有升。

　　综上所述，新形态就业难题最终要依靠有力且有效的政策来解决，政策分析奠定了政策制定的基础与前进方向，展现了理论创新的政策价值，反映出政策实施的实际效益。对就业政策的量化分析有利于总结已有政策的短板，找准未来就业政策的发力点，有效推动就业高质量发展。

　　本章选取中华人民共和国成立以来我国主要就业政策作为研究对象，从政策工具、政策时间、政策导向不同维度进行量化分析，展开对已有就业政策的现实匹配性评价。从不同角度分析我国就业政策，可以发现目前我国就业政策中就业保障政策的占比最高，呈现出对就业质量关注度逐渐提升的发展特点，后续导向结构调整应适度向就业质量提高政策倾斜，切实满足当前市场的高质量就业需求。此外就业政策工具中需求型政策工具不足，关注重点有失偏颇，难以实现在复杂情境下的灵活运用，工具结构仍有待进一步优化。

---

① 李志明. 中国就业政策 70 年：走向充分而有质量的就业[J]. 天津社会科学，2019（3）：57-63.
② 数据来源:《全国人力资源流动管理工作座谈会召开》，http://www.gov.cn/xinwen/2019-05/17/content_5392442.htm。

第11章 新形态就业促进与质量提升对策建议与保障措施

就业是提高人民生活幸福指数不可或缺的重要路径，除了获取收入，满足人们的消费欲望外，更重要的是帮助人们提升自我实现感及人力资本的保值增值。随着我国经济社会发展和社会主要矛盾的变化，党和政府不断探索、实践，完善已有就业政策，补充就业新政策，使得我国就业规模不断扩大，就业结构不断优化，就业质量显著提升，就业制度与保障体系日臻完善。从1949年到2019年，我国城乡就业人员从1.8亿人增加到7.5亿人，扩大了3.2倍，城镇登记失业率从23.6%降低到3.6%，降低了20%，失业率长期维持在低点。但受新冠疫情影响，就业市场出现显著变化。统计数据显示，2020年我国城镇登记失业率增长至4.2%，较2019年上升了0.6个百分点。2021年10月国际劳工组织发布的报告指出，预计2021年全球工作时间将比新冠疫情前（2019年第四季度）下降4.3%，相当于受新冠疫情的影响，全球减少1.25亿个全职工作岗位。我国政府在积极抗击新型冠疫情的同时着力推动"四新经济"（新技术、新产业、新业态、新模式）发展，始终坚持"以人民为中心"，多措并举稳定人民就业、保障民生。

特殊的就业环境使得就业政策分析与痛点提炼正当其时。本章尝试从以劳动关系为依托转向以工作本身为依托，进行就业促进与保障制度改革，通过排列组合，增强就业政策之间的联动性与体系化，为推动新形态就业健康发展，从宏观、中观及微观层面提出可落地对策建议。在此基础上，探索劳动与资本、技术再平衡的社会保障新制度及"监管沙箱"，为传统就业与新形态就业的协同融合发展、倍增就业乘数效应进行新政策储备与集成创新。

11.1 政府层面政策建议

从我国就业市场的发展现状来看,新形态就业发展尚未成熟,且与传统就业迥异,存在从业人员素质有待提升、管理模式落后、社会保障不足等问题。因此需要在原有就业政策体系基础上进行递进与完善,恰当使用就业政策工具,使其满足新形态就业的现实发展需要,推动实现高质量就业。在其他间接涉及就业问题的相关法律和法规中,根据现实需要进行调整,能融合的予以融合,需要变更的及时进行相应变更,不能应用的予以法律解释和说明。未来应根据新形态就业发展的现实需要,创新管理模式,完善相关配套措施,为新形态就业保驾护航,促进新形态就业有序、健康发展。对新形态就业应持审慎包容态度,切忌用老思维管、卡、压,应在管理中突破条条框框,努力创新管理机制,运用5G、大数据、互联网等数字化技术提升管理信息透明度及管理效率,以信用为依据或杠杆进行就业管理机制创新。此外我国新形态就业实践的爆发式发展亟待新的就业管理及保障规制出台并践行磨砺,防止和纠正就业中存在的性别和身份歧视问题,提升就业监管的专业性、统一性和穿透性,保障劳动者就业质量与职业发展,从而使得新形态就业的岗位创造能力更强。

在第6章新形态就业风险评估预警中,通过搭建我国新形态就业风险评估体系框架并对我国新形态就业风险等级进行评估预警,发现雇员职业发展因素风险等级高,雇主及平台漠视雇员的职业发展,在很大程度上导致了雇员的易变性职业生涯态度。基于此,建议政府在学校教育中引导学生树立新型就业观,正确认识新形态就业,消除偏见,同时要引导学生制定合理的职业发展规划。另外在第5章新形态就业风险评估中发现,雇员所面临的社会保障风险较高,建议政府完善新形态就业相关法律法规,加强劳动者权益保障。第6章新形态就业质量评价体系重构也指出雇主对雇员的培训普遍不足,在第10章对就业政策进行量化分析研究后也发现就业质量提升政策仍有待补充完善,建议政府相关部门通过对积极开展职业技能培训的单位与部门给予奖励、向劳动者提供互联网平台以自主学习相关技术等途径加强对新就业形态劳动者的技能培训,提升劳动者素质。在第7章新形态就业者薪酬满意利益相关者博弈与决策的研究中发现,政府对平台型企业的监管与支持对平台型企业的合规经营具有重要影响,建议大力发展高技术生产性服务业,鼓励服务业新就业形态发展,此外要扩大失业率调查统计范围,研发新就业形态的失业监测指标,通过对劳动力市场的监测来判断新就业形态发展状况。基于此，拟提出以下蕴含就业治理新理念的政策设计方案。

一、大力发展高技术生产性服务业，鼓励服务业新就业形态发展

服务业可划分为生产性服务业、消费性服务业和公共基础性服务业。服务业空间集聚趋势显著，不同类别服务业集聚不均衡的趋势突出，使得服务业集聚的经济性效应存在显著的异质性。而新形态就业岗位多密集分布于生产性服务业和消费性服务业，在公共基础性服务业中的就业潜力日益提升。新形态就业与服务业的深度融合对劳动者就业产生深刻影响，成为就业结构深刻变革的重要推动力。

（一）不断促进生产性服务业与农业、制造业的协同发展是避免产业结构"空心化"的关键环节。借助互联网、大数据、人工智能等新型数字技术充分发挥知识外溢效应，提高产品附加值，提升生产性服务业支撑能力与集聚水平，使其成为吸纳就业的蓄水池。应促进服务业细分及专业化分工，加快发展生产性服务业类新形态就业，其一方面能够有效促进居民就业、改善人民生活，另一方面能够在一定程度上引领产业结构优化升级、提升价值链。

（二）加大现代经营方式、管理理念和新技术对传统消费性服务业的改造力度，加快推进"互联网+消费性服务业"发展，聚焦发展智能交通、智能家居等新型服务业发展模式，打造宜居城市和秀美乡村，增大灵活就业"海绵块"的体积与吸水量，以扩大就业规模，推动实现高质量就业。

（三）采用社工制，构建松散型社工队伍，让更多有碎片时间的劳动者参与到公共服务中来。这种方式不仅可以增加一定的就业岗位，推动新形态就业的发展，而且能够提升公共服务水平，增进民生福祉。

二、设计并推行新形态就业精准教育体系，引导学生树立新型就业观

随着新一轮技术革命与新经济的发展，我国劳动力市场面临有效劳动力供给不足、特定产业劳动力供需缺口扩大等结构性矛盾，劳动力市场出现"有人无岗"和"有岗无人"同时存在的矛盾现象。由此可见，我国目前教育体制存在一定的缺陷，导致向就业市场输送的劳动力与现实经济发展需要的劳动力之间产生错位，不利于就业市场的稳步发展。做好就业工作，实现高质量就业是一项涉及面广、融合要素多的复杂工程，是全面做好"六稳""六保"工作的"牛鼻子"，而匹配新形态就业的精准就业教育是实现高质量就业"最后一公里"的关键环节。因此一直以来社会各界对劳动者的教育培训给予高度重视，尤其关注高等院校对学生的就业教育，"精准化"成为部分高校开展就业教育的新指导思想，高校借助互联网平台为学生提供精准化就业指导,针对学生就业疑难问题在线进行一对一解答,倡导并推进精准就业教育,助力毕业生充分就业。但从目前实际情况来看,我国精准就业教育理念尚未普及,缺乏系统、成熟的实施方略,亟待形成一套有关精准就业教育的新思路与新模式以指导实践。

(一)推进高校人才培养模式创新,提升青年群体的数字化素养及综合素质,提高学生就业能力,推进高质量就业。基于高质量就业目标导向,依据新形态就业的需求,高校应及时调整人才培养目标,创新人才培养模式,深化精准就业教育改革,实现人才培养与高质量就业的精准对接。同时,随着数字经济不断壮大,大数据、人工智能等数字技术日新月异。为了适应新时代的发展变化,在日常教学活动中,高校要注意渗透数字经济社会发展的现实,注重培养学生的数字化技能,提升学生的数字化素养。同时支持中小学等在基础教育阶段增设数字化相关课程,鼓励高等院校开展数字化学科体系建设,开设数字经济相关专业,提升学生的数字化素养,加强校企联合实践培育,提高学生应用实践能力,满足新时代就业要求,推动高质量就业。

(二)引导学生适应新形态就业形式,树立新择业观,制定科学、合理的职业发展规划。中小学应对学生开展职业启蒙教育,使学生初步形成职业认知,树立正确的职业观;高等院校要借助互联网平台对学生开展一对一就业指导,引导学生顺应时代发展潮流,积极调整自己的心态,冲破传统的就业观、择业观思想桎梏,树立科学、合理的职业观,提高对新形态就业的认可度。同时引导学生根据就业市场发展现状和自身特点制定符合自身条件的职业发展规划,明晰职业目标,帮助学生清楚地认识到个人目标与现实之间的差距,激励学生提升自身能力及综合素质,以实现未来高质量就业。

三、加强对新就业形态劳动者的技能培训,提升劳动者素质

2021年8月,国务院印发的"十四五"就业促进规划中明确指出,要大规模多层次开展职业技能培训,提升劳动者技能素质。各地区、各相关部门应在该规划的基础上,结合自身发展特点,制定提升劳动者技能的具体措施,尤其要向妇女、青少年就业者、残疾就业者等群体提供岗前培训和技能提升培训,提升其劳动技能,使他们能够通过新形态就业方式解决就业问题,提升就业质量。

(一)设置政府专项资金,用于提升劳动者职业技能。给予积极开展职业技能培训的单位与部门相应的奖励,同时在全国范围内评选出职业技能培训示范地区、示范企业,给予示范企业一定的税收优惠、资金支持,总结其经验做法进行推广。邀请企业负责人分享经验，加快培育高技能人才。同时重点加强对高校毕业生、残疾人、下岗职工等就业人群的职业技能培训。对于高校毕业生，要促进学业教育与职业教育高效衔接，推动该群体实现更充分、更高质量的就业。加强对残疾人、下岗职工、农民工等就业弱势群体的职业技能培训，帮助他们提高自身基础能力及专业素养，提升综合素质，支持弱势群体通过自主创业、灵活就业等新就业形态解决就业问题，促进全体劳动力稳定就业，推动经济持续、健康发展。

（二）政府应给予劳动者借助互联网平台自主学习相关技术，提升自身技能水平的资源和能力。借助现代先进的数字技术，就业者可以根据自身需要和时间安排，有针对性地选择相应的课程，提升自身技能。以工厂车间操作员为例，就业者在空闲时间可以进入学习平台，全景式观看工厂、车间或者生产设备的内部构造，并进行模拟操作，随时随地都有机会模拟实操过程。政府部门可通过构建互联网平台，帮助新形态就业者根据自身兴趣来学习新知识、掌握新技能，全面提高就业者的综合素质。

四、扩大失业率调查统计范围，探寻新就业形态失业监测指标

2021 年 3 月，我国政府工作报告中首次用城镇调查失业率代替城镇登记失业率，与前者相比，后者由统计部门采用抽样调查的方法获得。城镇调查失业率这一指标更符合当下社会发展现实，尤其是能够反映新形态就业对就业的影响。但就目前的统计口径来看，城镇调查失业率的统计单位为省份，仅能反映全国及各省份失业率的真实情况，在城市层面并未展开对城镇失业率的全面调查，各城市缺乏可比较的城镇调查失业率数据作为制定失业政策、就业帮扶政策的科学依据。对此，本研究提出了如下政策建议。

（一）加快推进城镇调查失业率的细化工作，尽可能扩大调查失业率覆盖范围，实现城镇调查失业率统计指标在全国地级城市全覆盖。各地及市政府应根据自身特点，建立调查失业率的队伍，选拔专职工作人员通过科学的抽样调查采集失业率数据，弥补登记失业率的数据缺陷，为精准制定就业政策，实现高质量就业提供准确的信息依据。

（二）根据就业市场的新发展变化，研发新就业形态的失业监测指标。在开展城镇失业率调查统计任务的实际工作中，一方面要做好传统就业岗位的失业率监测，掌握传统行业的就业形势变化，为政策制定提供真实、可靠的数据支撑；另一方面，针对当下蓬勃发展的新形态就业特征，研发新就业形态的失业监测指标，借助大数据平台等新技术，准确把握新形态就业发展态势。针对新形态就业者，可以探索采用间断性失业统计的调查方法，尝试以网上活跃度、流量变动、粉丝数量等独特指标作为失业核定的参考标准，破解新形态就业者的失业监测难题。此外新就业形式具有波动性大等特点，应针对新就业形态创设多元化失业监测指标，加快指标的动态更新频率，力争实现季度乃至月度更新，细密化时序数据链条上的数据信息点。根据调查数据准确预估新形态就业风险，建立新形态就业风险预警体系，在一定程度上能够防范并化解新形态就业市场风险。

五、完善新形态就业相关法律法规，加强劳动者权益保障

随着新形态就业高速发展，越来越多的劳动者加入到这个队伍中，其已发展成为稳定就业的"蓄水池"。然而，由于新形态就业发展尚未成熟，在发展过程中"劳动关系难以界定""用工不规范""社会保障不够完善"等问题逐渐暴露。因此未来亟需基于就业新形态变化现状，完善相关法律法规，从新形态就业者就业保障权益、劳动保障权益、社会保障权益等方面入手，补齐现有法律体系漏洞，促进新形态就业高质量发展。

（一）明确界定新形态就业人员的劳动关系。新形态就业不同于传统就业模式，其组织方式较为松散，工作时间具有较强的灵活性，工作流动性也相对较强，而这导致雇佣劳动关系难以明确。对此，政府要从顶层设计出发，将新形态就业者纳入劳动者分类，明确界定新就业形态劳动者与用人单位产生劳动雇佣关系的标准，重新界定雇佣关系，规范新形态就业形势下的用工行为，为新形态就业者的权益保障提供法律依据。

（二）加强对新就业形态劳动者的权益保护，维护劳动者合法权益。一方面，政府应督促用工企业积极履行对就业者的劳动保护责任，科学合理地规划劳动时间和劳动强度；另一方面，要将新就业形态劳动者纳入社会保险服务体系，使更多劳动者可以平等地享受社会保险权利。政府部门可搭建在线政务系统，与平台型企业加强联系，使平台型企业可通过线上系统帮助劳动者了解社会保障政策和经办服务信息，建立政企协同管理机制，帮助劳动者参加社会保险和推动社保关系转移接续便利化。同时鼓励平台型企业在保障劳动者权益方面主动作为，如对雇用或帮助残疾人、贫困家庭劳动力、零就业家庭成员等就业困难人员实现就业的企业，从政策注入和倡导表彰两方面给予鼓励和支持，加大就业社保的补贴力度，提高对新形态就业者的权益保障。

六、为初老群体提供适宜的新形态就业岗位，积极应对老龄化发展

近年来，我国老年人口规模持续加大，老龄化进程明显加快，相关部门预测，"十四五"时期我国人口将从轻度老龄化迈向中度老龄化。老龄化是社会发展趋势，也是未来一段时间内我国面临的基本国情。同时随着我国人均寿命不断延长，越来越多的低龄老年人"再就业"的愿望强烈，而新就业形态的发展恰恰能够降低老年人"再就业"的门槛，为初老群体提供适合的工作岗位。一方面，老年人阅历丰富，责任心强，且性格稳重，蕴含丰富的劳动力价值，引导老年人再就业有利于充分发挥我国人力资源，在一定程度上能够缓解老龄化对劳动力市场的负面影响；另一方面，有就业能力的老年人再就业有利于实现自身价值，提高幸福感，同时也能减轻家庭及社会负担，促进经济发展，给个人、家庭、社会均能带来相应的正面效应。因此要基于新就业形态蓬勃发展的时代背景，从多方面入手，积极为有劳动能力且有劳动意愿的老年人口提供合适的就业岗位，实现老年人口再就业，以应对我国日益严峻的老龄化问题。

（一）构建老年就业信息服务平台，畅通就业信息双向沟通渠道。我国应构建针对老年人的就业信息服务平台，一方面，帮助老年劳动群体搜集就业市场的招聘信息，并对就业信息加以甄别，及时在平台发布经过筛选的信息，让老年就业人群能够全面、及时地了解就业动态。另一方面，拥有就业需求的老年劳动者也可以在平台发布包括工作经历、掌握的专业技能等信息，方便企业快速了解老年劳动者的相关情况。此外该信息平台还可以向老年就业者提供线上职业培训，提升老年就业者群体职业技能。

（二）为主动雇佣老年劳动者的企业提供税收优惠或现金奖励，鼓励用人单位为老年就业者提供就业岗位。企业也可以针对老年就业者制定弹性工作制度，鼓励更多有劳动能力的老年人加入劳动力群体，尤其是有丰富工作经验的老年劳动者，鼓励他们为企业提供相应的技术指导和决策咨询，发挥才智。最后，要在全社会营造老年人再就业的社会氛围，积极宣传"老有所为"的就业思想，引导有劳动能力的老年人积极就业，发挥余热。

七、拟定并优化供给型、环境型及需求型就业政策工具

（一）供给型就业政策工具。加大针对新形态就业的财政资金投入，建立专项资金，以支持新形态就业企业的创业发展。另外对缺乏相关技能的劳动者，可加大教育培训投入，提升知识技能，使其更好地适应新形态就业的多变需求。此外，加强与新形态就业相关的基础设施建设及就业信息服务，为劳动者的工作找寻及更换提供硬件设备保障与可靠信息支撑。

（二）环境型就业政策工具。制定目标规划，将新形态就业作为未来就业承载的主力军，制定相应的发展战略。通过提供金融支持，支持新形态就业创业项目，降低新创企业成本。给予税收优惠，以减轻企业负担，提高其竞争力。最后，进一步制定和完善法规管制，规范新形态就业市场，保护公平竞争。

（三）需求型就业政策工具。加大政府采购力度，优先选择新形态就业企业的产品和服务，以扶持新形态就业企业的发展，同时制造并引导市场需求向新形态就业方向倾斜。此外，通过海外交流，学习借鉴新形态就业发达国家岗位创造及拓展经验，提高新业态企业竞争力。

11.2　组织与个体层面对策建议

新形态就业的健康发展既需要政府部门制定科学的政策与制度，又需要平台型企业顺应时代需求、完善自身缺陷，同时更离不开新形态就业劳动者的广泛参与。从我国新形态就业的发展现状来看，相关平台型企业和劳动者面临着众多的困难与挑战。在组织层面，劳动者素质参差不齐、工作质量难以得到保证、劳资关系未能明确界定等日益成为企业管理者所需解决的重要难题。在劳动者个体层面，个人合法权益缺乏保障、过度劳动问题频繁发生、技能素质难以适应岗位需求等问题，均是阻碍劳动者参与新形态就业的重要原因。

针对上述现实问题，结合前文研究结论，本研究从微观层面出发，提出以下蕴涵新形态就业治理理念的对策建议，以期为推动平台型企业的可持续发展，增强劳动者的综合素质提供指导。

一、新形态就业平台层面

作为新形态就业"土壤"，平台型企业的发展状况在很大程度上决定了新形态就业的发展前景与前进动力。结合前文对新形态就业融入的组织管理创新研究，针对新形态就业平台型企业提出对策建议。结合第 6 章新形态就业风险评估结果，研究指出雇员在职业发展、社会保障和培训三方面存在风险。同时第 7 章新形态就业者薪酬满意利益相关者博弈与决策的研究结果表明，平台型企业正规经营有利于提高新形态就业者薪酬满意度，建议平台组织：一要建立新形态就业者职业生涯管理体系，提升就业者工作满意度，激发就业者的创造能力；二要自觉合法经营，主动规范用工行为，保障新形态就业者的合法权益；三要扩大职业技能培训，提升就业者就业能力及综合素质。此外，第 6 章研究结果表明，工作所产生的激励收入要同时考虑到对生活的影响，物质激励与情感激励同样重要，第 8 章研究表明强制性组织公民行为对离职倾向产生正向影响且角色负荷在其中起到了中介作用。基于此，建议平台型企业对就业者提供适当的物质激励，引导就业者合理安排工作时间，减少强制性组织公民行为，避免过度劳动与低效劳动。

（一）平台型企业要自觉合法经营，主动规范用工行为，保障新形态就业者合法权益

通过数字化和网络化的手段，平台型企业能够给就业者提供大量灵活性较强的工作岗位，深刻改变了企业的用工方式，同时用工模式由传统的招聘制转变为"按需用工"。该用工方式的转变一方面能够帮助平台型企业降低劳动力成本，另一方面也可为劳动者提供更为灵活的工作岗位，能够有效减少我国现存就业问题。因此平台型企业要正确利用这一发展优势降低成本，提高经营弹性。与此同时，企业也应该坚持合法经营，加强自我监督管理，规范用工行为，履行对新形态就业者权益保障的法律责任。同时平台型企业应努力实现与政府在新形态就业者权益保障方面的协同治理，共同加强对新形态就业者的劳动保护。平台型企业应主动为灵活就业者提供多层次保障，包括主动为新形态就业者购买商业保险、抵制过度的强制性组织公民行为等，推动新形态就业的健康发展。

（二）平台型企业应对就业者提供适当的物质激励，引导就业者合理安排工作时间，避免过度劳动与低效劳动

前文研究结果显示，平台型企业对就业者的激励程度与新形态就业者薪酬满意度呈显著正相关关系。基于此，平台型企业需要为就业者提供物质激励，并设置不同的薪酬等级，使就业者认识到工资等福利待遇存在一定的上升空间，不断激发就业者的工作潜能。此外，也要注重对新形态就业者的情感激励。相关研究呼吁新型雇佣关系，强调情感支持与工具支持均能够激发就业者的工作热情，增强其工作绩效。[1]平台型企业除了尽可能地提高就业者的物质福利以外，还要多关心新形态就业者的情感状态，提高其组织归属感。尽管新的就业形态具有时间和空间上的灵活性，但平台型企业仍可以通过线上培训、员工座谈会等方式提高新形态就业者的使命感、认同感，使新形态就业者主动地将个人利益与企业利益紧密相连，增强企业的凝聚力。通过一对一地与就业者沟通交流，了解就业者的日常生活，让员工感到自己受重视，而这能够在一定程度上降低员工的离职率。

此外，平台型企业、行业协会也要构建新就业形态从业人员的劳动标准，自觉建立就业者休息制度，促进新形态就业健康发展。本研究发现，当就业者工作压力大、角色负荷过重时，新形态就业者的离职倾向会提高，

---

① 郭文臣，李婷婷，田雨. 新型雇佣关系结构模型构建及实证研究[J]. 南开管理评论，2016，19（4）：181-192.

而这对企业发展和就业市场稳定均有不利影响。因此平台型企业、各行业协会要依据各行业的工作特点，制定行业规范，从合理安排工作时间、制定工作规划、关注劳动者心理状态等方面加强对新形态就业者的权益保障。

（三）平台型企业要扩大职业技能培训，提升就业者就业能力及综合素质，助力企业提升生产经营效率

与传统的就业方式相比，新形态就业模式对劳动者的职业技能有了新的要求。随着大数据、人工智能等数字技术的发展，员工的知识技能正加速过时，这要求就业者及时更新知识体系，具备更高的综合素质，尤其是要具备自主学习的能力，以更好地适应当下数字经济蓬勃发展的新形势。企业应重视对就业者职业技能培训，建立完善的职业技能培训制度，将劳动者的职业培训贯穿到就业者职业生涯的全过程。具体而言，可借助互联网平台，通过"线上+线下"相结合的方式，对新形态就业者展开职业技能培训，提升就业者工作技能，以助其更好地适应新形态就业的环境。特别是要加强通用职业技能培训和数字技能培训，提升新形态就业者技能，以满足就业市场需求和社会发展需求。同时可以定期组织新形态职业技能竞赛，"以赛促学"，这不仅有利于助推新形态就业者提高自身专业技能、增强综合素质，而且能够提高其自我价值实现感，推动人力资源的增值。

（四）平台型企业应建立新形态就业者职业生涯管理体系，提升就业者工作满意度，激发创造能力

与传统就业方式相比，新形态就业具有高度的弹性与灵活性，就业者在工作的选择上具有较大的主动性，再加上新形态就业者群体的年龄相对较小，使得其职业生涯态度更加易变。本研究发现，易变性职业生涯能够通过激发就业者工作激情、促进知识共享等途径促进就业者的创新行为。在新形态就业蓬勃发展的当下，就业者非常重视企业给予员工的职业生涯管理，重视自己终身的可雇佣性。因此平台型企业要通过多种方式加强对劳动者的职业生涯管理，构建多元化的员工职业发展路径，以促进新形态就业市场的稳定发展。平台型企业要借助人工智能、虚拟现实技术等新型数字技术为就业者提供体验其他工作岗位的机会，帮助就业者找准自身的优势，明确自己的兴趣所在，认清自身优势与劣势，合理制定职业发展规划。

二、劳动者个体层面

劳动者在社会化大生产中起主导作用，是推动科技进步与经济发展的核心力量。在数字经济时代，如何推动劳动者适应新形态就业的发展趋势，是学术界需要关注的重要话题。基于第6章新形态就业风险评估得出的雇员存在的职业发展和培训等方面的风险以及第9章易变性职业生涯态度对

创新行为的正向影响的结论，建议新形态就业劳动者：一要改变传统就业观念；二要主动提升劳动技能；三要根据自身特点，制定职业发展规划。这些建议旨在加强劳动者自我修炼，使其符合数字经济发展对劳动者的素质要求。

（一）劳动者应与时俱进，改变传统就业观念，适应新形态就业形势

目前，新形态就业发展尚未成熟，社会中不乏对新形态就业的偏见。扭转全社会对新形态就业的观念至关重要，这是新形态就业持续健康发展的基本保证。因此全社会应树立对新形态就业的正确认识，以发展的眼光看待新就业形态的产生。在此过程中，既需要政府积极宣传和引导，为新形态就业提供良好的发展环境，也需要就业者顺应市场发展变化，创新就业管理思维，转变传统"铁饭碗"的就业观念，以发展眼光看待新形态就业，适应就业市场的发展变化。特别是失业和待业人员，更要努力尝试新形态就业模式，解决自身就业问题。全体劳动者都应该充分认识到新形态就业具有的灵活性和多样性，利用这一优势提升就业质量，激发工作潜能，抓住新形态就业给予的发展机会，努力实现并提升自身价值。

（二）就业者应主动提升劳动技能，更好适应新形态就业要求

目前，部分失业者、待业者的专业技能有限，无法适应新形态就业的新要求。与传统就业岗位相比，部分新形态就业岗位对劳动者的要求相对更高，更加看重就业者的综合素质而非单方面的专业技能。例如直播带货，需要就业者具备较高的选品能力、数据分析能力以及产品相关专业知识。同时新形态就业岗位对劳动者的要求往往根据技术水平的发展变化，更新速度较快，这需要就业者保持终身学习的理念，加强自身人力资本建设，通过参加各种培训提高自身专业技能和综合素质，增强自身竞争力，以更好地适应新形态就业岗位的新要求。

（三）就业者要根据自身特点，基于新就业形态，制定职业发展规划

与传统工作方式相比，新形态就业者具备易变性职业生涯态度，这就意味着就业者会根据自身的兴趣，发挥主观能动性，自己选择适合自身发展的职业生涯路径。这就需要就业者首先要为自身的职业生涯规划负责，结合外界评价建议和自身反思，对自己进行准确评估，认识自身的就业优势与不足，并针对自身不足，主动寻求弥补缺点的学习机会。新形态就业具有较高的灵活性特征，劳动者要抓住工作变换过程中分享知识与经验的机会，提高综合能力，激发自身创造力。此外与传统就业方式相比，新形态就业方式进一步弱化了就业者对组织的依赖。新形态就业者更愿意顺从自身的兴趣爱好，注重自我价值的实现，在感兴趣的工作中释放激情。就业者要充分利用这种工作激情，积极面对并顺利解决工作中遇到的难题，学习新的工作技能，进而完善自身职业发展规划，更好地适应当下的新形态就业发展趋势。

11.3　新形态就业特色化保障体系设计

2020 年两会上，习近平总书记提出，"新就业形态"已脱颖而出，我们要顺势而为。习总书记提到的"顺势"指：顺应信息技术革命和数字经济的发展趋势，顺应劳动力市场变化和劳动者就业偏好变化的趋势。随着数字经济快速发展，新形态就业不断扩张，给就业市场带来颠覆性改变。然而，新形态就业发展还远未成熟，存在相关法律法规不健全、保障体系不够完善等问题。这些问题的存在损害了新形态就业者的合法权益，也阻碍了新就业形态的健康发展，其中新形态就业者的劳动保障不足、用人单位管理理念落后、社会保障体系跟不上等问题较为突出。因此要基于新就业形式变化，及时补齐相关法律的短板，分别从市场主体政策、培训政策、工作创造政策、劳动权益保障政策、公共就业服务等方面出发，全面完善就业政策，健全新形态就业特色化保障体系。同时根据新就业形态的发展变化趋势，不断完善相关制度，为新形态就业的稳健发展保驾护航。

无数普通劳动者正在努力适应快速变革的世界，尝试利用人工智能、区块链等新的技术、平台、基础设施和政策机遇，创建新商业模式。一方面，新型商业模式有效扩展了产品和服务市场，提升了个人市场价值；另一方面，新型商业模式创造了大量就业岗位，在促进居民就业方面发挥着重要作用，促进了我国经济快速恢复。尽管新就业形态给经济社会发展带来了诸多益处，但其打破了旧有行业和法律秩序下的利益关系和管理规范，对传统就业群体、管理手段、劳动法律体系、就业服务管理、社会保障政策等方面形成了冲击，目前仍处于发展的初期阶段，尚未成熟，故在劳动者法律保障及社保政策方面存在的短板逐渐显现。长期看新形态就业制度调整的需求与短期内新形态就业相关政策缺位交织，使得新形态就业陷入既需要政策规制，又不能规制错位或太严格从而限制其发展的两难局面。具体问题主要包括：第一，平台型企业不能直面政策的不确定性风险，监管部门的思想认识与监管政策手段滞后于新就业形态的发展，老办法管新问题的问题突出；第二，对平台的公共属性、功能和作用认识不足，简单将平台等同于普通企业加以监管，低估了平台的社会治理价值，不能充分发挥其对就业的创造效益；第三，现行劳动关系、社保体系尚未完全适应新就业形态发展，致使劳动者、平台与政府相关部门在新形态就业保障体系中的角色定位不准确。未来应鼓励政策创新，减少不恰当行政干预。探索建立政府、平台型企业、行业协会及资源提供者和消费者共同参与的多方协同治理机制，加快形成政府与平台型企业的良性互动局面。通过不断培育适应新就业形态的政策气候，优化就业环境补齐短板，健全新形态就业社会保障体系，让拼就业、拼事业者奔跑无忧，大胆拥抱美好未来。

一、构建新形态就业预警机制

准确、及时、动态的调查数据是研究与决策的基础。现有的就业和失业统计主要关注城镇就业，其统计口径与统计指标亟需根据新的就业形势的发展变化改进。例如基础的产业行业从业人员的分类指标，未能对无雇主、灵活就业的工作人员进行准确定义及分类，随着新形态就业的发展，现行的从业人员分类统计指标无法满足现实发展需要，未来需要改进统计指标，为就业市场的决策提供可靠的数据支撑。将新就业形态群体、灵活就业人员纳入就业和失业统计，需要制度上的变革与突破。这项改革不仅对促进我国居民就业、推动新形态就业持续健康发展有重要意义，而且有助于加快推动我国经济结构的转型升级、实现经济高质量发展。

（一）应尽快研究确定新形态就业的职业界定与统计标准，列出新职业工种目录。2020 年 7 月，教育部发出《严格核查 2020 届高校毕业生就业数据的通知》（以下简称《通知》），在配套的就业统计指标中首次加入了"自由职业"，并计入就业率。《通知》拓展了原有"自由职业"的内容，加入了互联网营销工作者、公众号博主与电子竞技工作者。可见，新形态就业统计口径正在不断完善的过程中。政府管理部门可将现有的统计调查方法与平台大数据相结合，也可展开专项调查，尤其加强对工作时长、收入水平差距、满意度、保障水平等关键指标的检测与评估，从而全面而精准地掌握新形态就业的规模、特征与症结。

（二）调查失业率达到 8% 以上的地区应尽快构建并启动失业预警机制，瞄准高风险群体，制定失业风险应急方案。立足地区层面，将底线思维与原则贯彻到底，尝试以地级城市为责任单位，瞄准典型地区与关键群体，建立应对不同类型失业风险的储备政策体系。充分利用就业平台的信息汇聚功能，通过平台数据汇集与分析，帮助解决不确定情形下公共治理的决策难题，让政府管控做出更灵活且适应实际而非"一刀切"的决策方案。

二、构建新形态就业培训体系

新技术革命正在重塑新形态就业所需技能，技能水平成为劳动力市场供需匹配效率提升的关键要素。随着大数据、人工智能等技术的迅速发展，就业市场对劳动力的综合素质提出了新要求、高要求。一方面，现代发展需要高素质人才研发新技术，推动技术革命；另一方面，快速变革的新技术要求劳动力技能与时俱进，紧跟技术创新速度，加快新技术应用速度，反向推动技术创新。因此在劳动力素质测评中，要改革"唯学位论"的评价体系，依据新技术，全方面、多角度地选取评价指标，实现对劳动力素质的综合测评。并以此引导劳动者自觉提升自身综合素质，提高自主学习能力，缓解当下学位教育中学到的知识与技术进步错位的窘境。如何为劳动者提供高质量的新职业技能培训，推动更多劳动者进入新职业是现阶段亟需解决的难题。

（一）就业促进相关部门可尝试将技能作为分析变量，为劳动力市场制度调整提供有效分析工具，精准识别哪些是可能被自动化等新技术进步取代的工作任务，设法与新经济用人单位、职业培训学校联手，通过税收减免等手段，鼓励平台提供从就业机会到就业培训的全方位助力，设计满足新经济发展需要的技能提升与就业促进项目，以训稳岗，线上线下结合，有针对性提升劳动者的适应能力与应变能力。教育部门应更加重视应用物理、工程、数学、数据科学等基础学科的发展，适当扩大招生规模，师资力量配备也应未雨绸缪。

（二）网约配送员、网络营销师、网约出租车司机已经进入国家职业分类体系，后续的职业技能标准正在制定中。有了职业技能标准，便可以此为依据开展公共技能培训。人工智能训练师、全媒体运营师、健康照护师等新职业也有了新培训方式。2020 年 6 月，在人社部的统一部署下，中国就业培训技术指导中心联合阿里钉钉推出了新职业在线学习平台，平台具有在线直播、线上开班等功能，可以更好满足新职业培训市场需求。该平台已经升级到 2.0 版本，为希望从事新职业的劳动者群体提供精准培训，这对于我国培育新型动能人才、服务产业转型升级意义重大。平台已完成首批数字化管理师、人工智能工程技术人员、电子竞技运营师、农业经理人等 13 个新职业在线培训资源上线工作，第二批供应链管理师、网约配送员、人工智能训练师、全媒体运营师、健康照护师等 16 个新职业也正在启动培训资源上线准备工作。新职业在线学习平台体现了国家对劳动力市场新业态、新动能发展的支持、投入程度与国家实力。

（三）职业技能提升是国家产业核心竞争力提升的重要主题，新职业是我国产业转型在就业市场的具体体现。仅依靠培训技术指导平台远远不足，各地区应因地制宜，在经验借鉴的基础上进行培训方式方法创新，培训方向瞄准新职业、新岗位核心且迫切的知识技能需求。政府、行业组织、院校和互联网平台型企业应四力相合，开展多种形式职业教育，共建实训基地，深化产教科融合，实现联合办学认证。

三、完善新形态就业社会保障制度

（一）推进新形态就业者的智能化档案建设，利用大数据建立和共享劳动者诚信档案，开发和利用档案信息进行新形态就业者规范化与数字化管理。全国总工会正在努力促进以行业为基础的新形态就业劳动者建会工作，传统行业划分难以全部包容新涌现职业，建议以职业为道轨，尝试构建新职业工会联盟，增强劳动者与平台之间的社会对话，提高新形态就业者的组织化程度，让分布松散的劳动者拥有归属感。

（二）针对新就业形态的劳动特点，研究制定平台就业的报酬支付、工作时间、休息休假、职业安全以及健康基准等有关劳动标准，如最低工资、每天最长工作时长等，为保护劳动者权益夯实基础。落实放开参加社会保险的户籍限制，充分包容人口的流动性，允许外地和农村户籍的新形态就业人员在工作地参加社会保险，为劳动者提供基本保障。

（三）明确新形态就业体系中存在的业态主体及其异质性，明确其责、权、利及边界，并写入劳动法律法规，建立适合新就业形态的劳动争议处理机制和劳动监察制度。针对劳动者权益保护较好的用人单位或平台予以减税或补贴等奖励，惩戒逃避责任的用人单位或平台，比如由劳动仲裁部门征收一定数量的罚款等。

（四）与企业签订劳动关系的劳动者权益受到侵害时，可以以《劳动法》和《劳动合同法》等相关法律维护其权利，而新形态就业者的劳动救济困难，这是我国劳动法律制度的现实情况。问题的核心逐渐聚集于新就业形态劳动者与平台型企业之间的关系是否属于劳动关系，从新就业形态的特点、经济基础、组织形式等方面看，劳动关系并不是最优的保障劳动救济权的路径，或者这一路径会较大地损害劳动就业权的保障。劳动救济权的保障，可能需要探索创新其他解决方案。

（五）对于业内一直呼吁的职业伤害保险，在设计中应积极考虑平台的市场化解决办法，可考虑在医疗保险和工伤保险两大险种上进行改革试点，比如滴滴出行平台 2017 年推出的"小桔医疗保险"属于商业险。2021 年5 月，美团创始人王兴表示，美团将在政府指导下，为所有外卖骑手购买员工工伤保险，以保证骑手在工作期间的安全。2021 年 8 月，人力资源和社会保障部副部长表示，目前平台型企业通过购买商业保险以解决职工意外伤害的办法存在诸多弊端，不能为就业人员提供有效保障。我国人社部门正在制定平台灵活就业人员职业伤害保障办法，以选取适当的地区开展职业伤害保障试点，尽快提高劳动者的职业伤害保障。政府应鼓励商业保险与灵活就业结合，利用市场力量管控和分散风险。新形态就业者尤为急需的几个商业保险险种为工伤保险、意外险、商业医疗险、商业养老险、对第三者人身和财产损害险等。针对平台型企业因商业保险而增加的成本，政府可予以财政补贴和税收优惠，从而在社会保障基础安全网上，为新形态就业群体提供多层次保障，对原有的社保体系形成有益补充。

四、引导劳动者权益由"无保障"向"弱保障"转变

新形态就业者多是"自带干粮"的从业者，其开展的业务具有"包干"性质，从而导致对平台的从属性减弱，使得就业模式从传统的"强从属"转变为"弱从属"。然而，本质依然为"就业"，新形态就业与传统就业相比，只是"量变"，并非"质变"。从劳动权益保障方面来看，就业灵活性的提高却使得新形态就业呈现"无保障"状态，过度工作、劳动安全难以保障的问题凸显。因此未来应矫正对新形态就业者的保障，从"无保障"逐渐过渡为"弱保障"。"弱保障"相对于传统就业中的"强保障"，其实质是基础劳动保障，即劳动报酬、安全卫生、社会保险、权利救济与工会组织。这五项保障并非全盘照搬"强保障"中的相应内容，而是适度缩减，仅保留托底功能，即定位于托底保障。比如"强保障"中的劳动报酬特别保护，体系全面、内容庞杂，而"弱保障"中的劳动报酬特别保护则应聚焦规制劳动报酬的克扣和拖欠；"强保障"中的强制社会保险，五险齐全、单位部分的费率较高，而"弱保障"中的社会保险则应以工伤保险为主，适当兼顾其他险种，同时大幅降低单位部分的费率；"强保障"中的特殊权利救济渠道（劳动仲裁和劳动监察）的受理范围，广泛包含劳动关系双方权利义务的诸多内容，而"弱保障"则宜限缩为劳动报酬、社会保险、安全卫生等的相应事项。"弱保障"虽然范围窄、力度低，仅具托底保障功能，但在现行法律框架下，依然属于劳动关系前提下劳动法给予劳动者的特殊保护。由于"去劳动关系化"，目前新形态就业中的劳动者即便想要得到"弱保障"也因缺乏严格的法律依据而难以实现。未来要从如下方面入手，使新就业劳动者能够获得基本的权益"弱保障"。

（一）完善相关法律，填补现行就业相关的法律空白，为新形态就业者撑起保护伞，助推就业市场健康发展。要针对新形态就业者劳动报酬、劳动安全等问题，从新就业形态劳动关系界定、劳动者权益保障、劳动者伤害等方面全面完善相关法律，使之适应就业新形势变化，为新形态就业保驾护航。在具体操作过程中，新就业形态中劳动保障问题的化解，可以先进行政策性或地方性试点，再逐步将试点成功的经验上升为法律法规，最终将习近平总书记强调的"法律短板"补齐。

（二）发掘商业保险的优势，积极探索适应新形态就业的保障机制。需要格外注意的是，平台工作模式改变了传统劳动关系和工作基准，如果强制按照劳动关系来套用当前的新就业形态，将导致平台成为拥有百万雇员的超级企业，这不仅会使平台型企业无力支撑成本，也会使新就业形态的灵活性特征消失，致使灵活就业岗位大量缩减。因此要避免劳动法关系泛化，对于无法认定劳动关系的从业人员，可以积极探索新的保障机制，发掘商业保险的优势，下一步可优先探索将职业风险高的快递和外卖配送骑手纳入职业伤害保障试点，推进实现其缴费负担与风险保障的平衡，鼓励平台型企业承担社会责任。

综上所述，本章基于新形态就业发展现状及短板，为推动我国新形态就业持续健康发展、提升新形态就业质量提出了相应的政策建议与保障措施。主要从提升新形态就业者自身技能、健全社会保障体系、建立新形态就业失业监测体系等方面出发，综合个体层面、组织层面及政府各方力量，共同推动新形态就业稳步向前。

值得一提的是，在我国就业结构服务业化征途中，新形态就业大有可为，它为上述顽疾的解决提供了腾挪空间。服务业是经济高质量增长和就业"稳定器"，改善了我国就业生态，发展生产性服务业是经济结构高端化的必由之路。我国已踏上就业结构服务业化之路，该路径有利于新业态的培育和消费方式的升级。新技术革命推动了网约车、远程教育、在线办公、互联网医疗等服务新业态的不断诞生，成为克服传统服务业"成本病"的关键，能够创造更多增量就业机会，显著提升绿色 GDP。我国新形态就业岗位密集分布于生产性服务业和消费性服务业，在公共基础性服务业中的就业份额日益增加，就业乘数效应已显现，在推动经济社会可持续发展过程中，发挥了打通堵点、连接断点的关键作用，能够为多育女性、复员军人、残疾人等就业群体提供数量可观的就业岗位。

参考文献

[1] 张成刚. 就业变革：数字商业与中国新就业形态[M]. 北京：中国工人出版社，2019.

[2] Sun S. N., Nie X. T. Assessment of agent system project risk based on entropy method[C]. International Conference on Management & Service Science. IEEE, 2010.

[3] 冯子健. 基于 BP 神经网络的铁路货运安全风险评价研究[J]. 中国安全科学学报，2018，28（S1）：178-185.

[4] 何勇. 新就业形态下基于势科学视角的大学生就业力提升路径研究[J]. 武汉职业技术学院学报，2020，19（2）：95-98.

[5] 李海舰，李燕. 对经济新形态的认识：微观经济的视角[J]. 中国工业经济，2020（12）：159-177.

[6] Wittel A. Digital labor: the internet as playground and factory[J]. Information Communication & Society, 2014, 17(7): 144-145.

[7] 黄兆信，赵国靖，唐闻捷. 众创时代高校创业教育的转型发展[J]. 教育研究，2015，36（7）：34-39.

[8] Sun L., Mock S. J. Crossing boundaries in information systems research[J]. Journal of Management Information System, 2006, 22(4): 7-11.

[9] Utz J. What is a "gig"? Benefits for unexpected employees[J]. Practical Lawyer, 2016, 62(3), 19-33.

[10] 郭荣丽，郭秀红. 新就业形态视阈下对公共就业服务问题的思考[J]. 商业经济，2017（12）：109-111.

[11] Unece. Task force on the measurement of quality of employment. Measuring quality of employment country pilot reports[P]. United Nations Geneva, 2010.

[12] Rothwell R., Zegveld W. Reindusdalization and technology[M]. London: Logman Group Limited, 1985.

[13] 曹迪，袁杰. 适应大学生创客的小微创业项目孵化运营模式优化研究[J]. 科技创业月刊，2017，30（21）：43-46.

[14] 杨伟国. 从工业化就业到数字化工作：新工作范式转型与政策框架[J]. 行政管理改革，2021（4）：77-83.

[15] Kittur A., Nickerson J. V., Bernstein M. S., et al. The future of crowd work[C]. Conference on Computer Supported Cooperative Work, 2013, 2: 1301-1318.

[16] Connelly C. E., Gallagher D. G. Emerging trends in contingent work research[J]. Journal of Management, 2004, 30(6): 959-983.

[17] Jeppesen L. B., Lakhani K. R. Marginality and problem solving effectiveness in broadcast search[J]. Organization Science, 2013, 21(5): 1016-1033.

[18] Lowe. Digital nomads: employment in the online gig economy[J]. Journal of Culture, Politics and Innovation, 2018, 1, 1-26.

[19] Stefano V. D. The rise of the "just-in-time workforce" on-demand work, crowdwork and labor protection in the "gig-economy"[J]. Social Science Electronic Publishing, 2016, 37(3): 461-471.

[20] Schor J. B., Walker E. T., Lee C. W., et al. On the sharing economy[J]. Contexts, 2015, 14(1): 12-19.

[21] Bonnet F., José B., Figueiredo, Standing G. A family of decent work indexes[J]. International Labour Review, 2010, 142(2): 213-238.

[22] Belk R. Sharing versus pseudo-sharing in web 2.0[J]. The Anthropologist, 2014, 18(1): 7-23.

[23] Howe J. The rise of crowdsourcing[J]. Wired Magazine, 2006, 14, 161-165.

[24] Brabham D. C. Crowdsourcing as a model for problem solving an introduction and cases[J]. Convergence the International Journal of Research into New Media Technologies, 2008, 14(1): 75-90.

[25] Kleemann F., Vob G., Rieder K. Unpaid innovators: the commercial utilization of consumer work through crowdsourcing[J]. Science, Technology and Innovation Studies, 2008, 9(4): 12-17.

[26] Lilien G. L., Morrison P. D., Searls K., et al. Performance assessment of the lead user idea-generation process for new product development[J]. Management Science, 2002, 48(8): 1042-1059.

[27] Mandl I., Curtarelli M. Crowd employment and ICT-based mobile work—new employment forms in Europen[M]. Cham: Springer International Publishing, 2017.

[28] Doan A. H., Ramakrishnan R., Halevy A. Y. Crowdsourcing systems on the word-side web[J]. Communications of the ACM, 2011, 54(4): 86-96.

[29] Postigo H. From pong to planet quake: post-industrial transitions from leisure to work[J]. Information Communication and Society, 2003, 6(4): 593-607.

[30] Irani L. C., Silberman M. S. Stories we tell about labor: turkopticon and the trouble with "design"[C]. Chi Conference on Human Factors in Computing Systems, 2016, 5: 4573-4586.

[31] 张成刚. 就业发展的未来趋势——新就业形态的概念及影响分析[J]. 中国人力资源开发，2016（19）：86-91.

[32] 杜连峰. 新就业形态下和谐劳动关系治理：挑战、框架与变革[J]. 河南社会科学，2022，30（2）：115-124.

[33] 王延川，吴海燕. 数字劳务平台就业者权益保障体系构建[J]. 陕西师范大学学报（哲社版），2022，51（4）：155-166.

[34] 唐镰，郑琪. 新就业形态中的劳动者权益维护与工会工作模式选择[J]. 学术研究，2022，450（5）：82-89；178.

[35] Kim Y., Aldag A. M., Warner M. E. Blocking the progressive city: how state pre-emptions undermine labour rights in the USA[J]. Urban Studies, 2021, 58(6): 1158-1175.

[36] Maggiolino, M. Even employees are undertakings in the labour market, but granting social rights is not antitrust's job[J]. 2022, 10(2): 365-402.

[37] Kinowska H., Sienkiewicz L. J. Influence of algorithmic management practices on workplace well-being-evidence from European organisations[J]. Information Technology & People, 2022, 36(8): 21-42.

[38] GegenhUber T., Ellmer M., Schussler E. Microphones, not megaphones: functional crowdworker voice regimes on digital work platforms[J]. Human Relations, 2021, 74(9): 1473-1503.

[39] Wilson S., Schaub F., Liu F. et al. Analyzing privacy policies at scale: from crowdsourcing to automated annotations[J]. ACM Transactions on the Web, 2019, 13(1): 1-29.

[40] 葛萍. 新就业形态下工会维权探析[J]. 山东工会论坛，2017，23

（6）：1-7.

[41] 朱松岭. 新就业形态：概念、模式与前景[J].中国青年社会科学，2018，37（3）：8-14.

[42] 王娟. 高质量发展背景下的新就业形态：内涵、影响及发展对策[J]. 学术交流，2019（3）：131-141.

[43] 刘小军. 新就业形态发展之我见[J]. 中国人力资源保障，2021（5）：58.

[44] 关博，王哲. 新就业青年权益保障：困局、调适与破题[J]. 中国青年研究，2021（4）：22-28.

[45] Hong J. H., Kim B. C., Park K. S. Optimal risk management for the sharing economy with stranger danger and service quality[J]. European Journal of Operational Research, 2019(3): 1024-1035.

[46] Manyika J., Lund S., Bughin J., et al. Independent work: choice, necessity, and the gig economy[P]. McKinsey Global Institute, 2016.

[47] 胡璨. 创客教育及其对我国高等体育院校创新创业教育的启示[D]. 成都体育学院，2018.

[48] 刘涛. 电子化时代的社会保障：新经济与"去形态化福利"——以德国工业 4.0 为例[J]. 社会政策研究，2018（2）：67-78.

[49] 张宏如，李祺俊，高照军. 新就业形态员工心理资本、目标导向对创业行为倾向的影响[J]. 福建论坛（社会科学版），2019（11）：161-170.

[50] 胡放之，杨金磊. 数字经济对就业的影响研究——基于湖北新就业形态发展现状的调查[J]. 湖北社会科学，2021（1）：80-86.

[51] Glöss, Mareike, Mcgregor M., Brown B. Designing for labour: unber and the on-demand mobile work-force[C]. Chi Conference on Human Factors in Computing Systems, 2016.

[52] Harmon E., Silberman M. Rating working conditions on digital labor platforms[J]. Computer Supported Cooperative Work, 2018, 27: 1275-1324.

[53] Bergvall-Kareborn B., Howcroft D. Amazon Mechanical Turk and the commodification of labour[J]. New Technology Work and Employment, 2014, 29(3): 213-223.

[54] Hamari J., Mimmi S., Ukkonen A. The sharing economy: why people participate in collaborative consumption[J]. Journal of the Association for Information Science and Technology, 2016, 67(9): 2047-2059.

[55] Ettlinger N. The governance of crowdsourcing: rationalities of the

new exploitation[J]. Environment and Planning A, 2016, 48: 2162-2180.

[56] Satter M. Y. Gig economy damages financial wellness, retirement benefits selling[N]. Breaking News, 2017.

[57] 程坤. 公共政策对高质量就业的影响研究[D]. 哈尔滨商业大学, 2017.

[58] Ashford S. J., George E., Blatt R. Old assumptions, new work: the opportunities and challenges of research on nonstandard employment[J]. The Academy of Management Annals, 2007, (1): 65-117.

[59] 张宪民, 严波. 互联网新业态平台型企业就业形态调查及探析[J]. 中国劳动, 2017（8）: 14-19.

[60] Zhao D. M., Liu H. F. Risk assessment of information security based on BP neural network[J]. Computer Engineering & Applications, 2007, 43(1): 139-141.

[61] 胡娜. 当代大学生创业精神培育研究[D]. 山东大学, 2015.

[62] Fox, Spicer, Chosewood, Susi, Dotson. Worker characterization in a gig economy viewed through an Uber centric lens[J]. Southern Law Journal, 2018, 26(2): 297-320.

[63] 韩少杰, 吕一博, 苏敬勤. 企业孵化器孵化动机与治理机制的适配研究[J]. 管理评论, 2019, 31（11）: 289-304.

[64] 魏巍, 杨河清, 王欣. 新就业形态中非典型雇佣关系影响因素及优化[J]. 中国劳动关系学院学报, 2019, 33（1）: 19-31.

[65] Hsieh J. K., Hsieh Y. C. Appealing to Internet-based freelance developers in smartphone application market places[J]. International Journal of Information Management, 2013, 33: 308-317.

[66] Leimeister J. M., Zogaj S., Durward D., et al. Systematisierung und analyse von crowdsourcing-anbietern und crowd-work-projekten[J]. Study Edition Der Hans-Böckler-Stiftung, 2016, 40(2): 279-302.

[67] Kost D., Fieseler C., Wong S. I. Finding meaning in a hopeless place? The construction of meaningfulness in digital microwork[J]. Computers in Human Behavior, 2018(82): 101-110.

[68] Barnes S. A., Green A., De H. Crowdsourcing and work: individual factors and circumstances influencing employability[J]. New Technology, Work and Employment, 2015, 30(1): 16-31.

[69] Chin Y. M., Song J., Stamey J. D. A Bayesian approach to

misclassified binary response: female employment and intimate partner violence in urban India[J]. Applied Economics Letters, 2017, 24(20): 1-4.

[70] George E., Ng C. K. Nonstandard workers: work arrangements and outcomes[J]. Apa Handbook of Industrial & Organizational Psychology, 2011(1): 573-596.

[71] Ryan A., Bret B. Should bobots pay taxes? Tax policy in the age of automation[J]. Harvard Law & Policy Review, 2018(12): 1-31.

[72] 李丽. 经济新常态下稳就业的内涵探析、现实困境与路径选择[J]. 经济问题，2020（11）：18-25.

[73] 孟续铎，吴迪. 平台灵活就业新形态的劳动保障研究[J]. 中国劳动关系学院学报，2021，35（6）：22-32.

[74] Piasna A., Plagnol A. Women's job quality across family life stages: an analysis of female employees across 27 European countries[J]. Social Indicators Research, 2018, 139(3): 1065.

[75] 刘士伟，李丹. 基于大数据分析的大学生创业风险评估算法设计[J]. 现代电子技术，2018，41（19）：125-128；132.

[76] 刘涛. 电子化时代的社会保障：新经济与"去形态化福利"——以德国工业 4.0 为例[J]. 社会政策研究，2018（2）：67-78.

[77] 张旭光. 新业态下灵活就业者权益的保护[J]. 河北企业，2019（12）：151-152.

[78] 黄金曦，钟艺羲. 零工经济时代从业者就业风险分析与应对[J]. 中国商论，2019（9）：240-242.

[79] 柳娟，尤明慧. 新业态背景下灵活就业人员社会保障问题研究[J]. 经济研究导刊，2020（29）：82-84.

[80] 屈小博. 新就业形态迅速发展下的劳动者社会保险问题[J]. 工会博览，2021（10）：29-30.

[81] 袁朝辉. 新就业形态人员社会保险状况研究[J]. 中国劳动关系学院学报，2021，35（1）：75-84.

[82] 关博，朱小玉. 新技术、新经济和新业态劳动者平等参加社会保险的主要制约与建议：基于 320 名"三新"劳动者的典型调研[J]. 中国人力资源开发，2018，35（12）：88-94.

[83] 兰艳，李朝明. 众包的内涵、产生机理及风险研究综述[J]. 科技和产业，2017，17（7）：62-68.

[84] Ye H., Kankanhalli A. Investigating the antecedents of organizational

task crowdsourcing[J]. Information Manage, 2015, 52(1): 98-110.

[85] 庞建刚. 众包社区创新的风险管理机制设计[J]. 中国软科学，2015（2）：183-192.

[86] 王国利，王俊艳. 众包物流平台建设中的服务模式创新研究[J]. 中国商论，2021（1）：23-25.

[87] 王倩. 共享经济用工中的劳动关系认定理论研究综述[J]. 中国劳动关系学院学报，2020，34（2）：76-82.

[88] Minter K. Negotiating labour standards in the gig economy: airtasker and unions new south wales[J]. The Economic and Labour Relations Review, 2017, 28(3): 438-454.

[89] Rosenblat A., Stark L. Algorithmic labor and information asymmetries: a case study of Uber's drivers[J]. International Journal of Communication, 2016, 10: 3758-3784.

[90] 吴清军，李贞. 分享经济下的劳动控制与工作自主性——关于网约车司机工作的混合研究[J]. 社会学研究，2018，33（4）：137-162；244-245.

[91] 魏巍，冯喜良. 零工经济中的工作关系研究与政策优化[J]. 经济与管理研究，2020，41（9）：129-144.

[92] Yang H., Nie G. Risk evaluation of implementation of ERP system: a study based on the BP neural network[P]. Future Information Technology and Management Engineering, 2010.

[93] 韩芳. 网络外卖食品安全监管探析[J]. 经济研究导刊，2019（31）：170-171.

[94] 石晓磊. 大连金州新区大众创业环境建设的现状调查及对策研究[D]. 大连理工大学，2016.

[95] 纪雯雯. 数字经济与未来的工作[J]. 中国劳动关系学院学报，2017，31（6）：37-47.

[96] 葛建华，王亚婷. 共享经济中供需双方的信用风险管理研究——以知识技能共享为例[J]. 北京行政学院学报，2020，2：80-88.

[97] 曹珍. 共享经济下平台型企业人力资源管理的风险与对策[J]. 全国流通经济，2020，4：81-82.

[98] 张成刚. 共享经济平台劳动者就业及劳动关系现状——基于北京市多平台的调查研究[J]. 中国劳动关系学院学报，2018，32（3）：61-70.

[99] 彭琳. 互联网经济下平台型就业风险规制[J]. 现代盐化工，2020，

47（1）：94-95.

[100] Vigoda G. E. Compulsory citizenship behavior: theorizing some dark sides of the good soldier syndrome in organizations[J]. Journal for The Theory of Social Behavior, 2006, 36, (1): 77-93.

[101] Zellars K. L., Tepper B. J., Duffy M. K. Abusive supervision and subordinates' organizational citizenship behavior[J]. Pubmed, 2002, 87(6): 1068-1076.

[102] Eran V. G. Redrawing the boundaries of OCB? An empirical examination of compulsory extra-role behavior in the workplace[J]. Kluwer Academic Publisher-Plenum Publisher, 2007, 21(3): 377-405.

[103] Bamberger P., Meshoulam I. Human resource strategy: formulation, implementation and impact[M]. Thousand Oaks, Calif, London: Sage, 2000.

[104] 赵红丹. 员工强制性组织公民行为的多层次形成机制[J]. 心理科学进展，2014，22（8）：1218-1225.

[105] 彭正龙，赵红丹. 组织公民行为真的对组织有利吗——中国情境下的强制性公民行为研究[J]. 南开管理评论，2011，14（1）：17-27.

[106] 李涛. 强制性公民行为和职业倦怠的关系研究[D]. 山东大学，2015.

[107] 周霞，王亚丹. 强制性公民行为对知识型员工离职倾向的影响研究：一个有调节的中介模型[J]. 科技管理研究，2018，38（5）：159-165.

[108] Cavanaugh M. A., Boswell W. R., Roehling M. V., et al. An empirical examination of self-reported work stress among US managers[J]. Journal of Applied Psychology, 2000, 85, (1): 65-74.

[109] Podsakoff N. P., Lepine J. A. Differential challenge stressor-hindrance stressor relationships with job attitudes, turnover intentions, turnover, and withdrawal behavior:a meta-analysis[J]. Journal of Applied Psychology, 2007, 92, (2): 438-454.

[110] 万华，欧阳友全. 基于辱虐型领导视角的强制性公民行为研究[J]. 企业活力，2011（12）：50-54.

[111] Bolino M. C., Turnley W. H., Gilstrap J. B., et al. Citizenship under pressure: what's a "good soldier" to do?[J]. Journal of Organizational Behavior, 2010, 31(6): 835-855.

[112] 聂文. 新生代员工强制性组织公民行为对离职意向的影响——一个有调节的中介效应模型[J]. 沈阳大学学报（社会科学版），2016，18（1）：

77-82.

[113] He P., Zhou Q. Y., Zhao H. D., et al. Compulsory citizenship behavior and employee creativity: creative self-efficacy as a mediator and negative affect as a moderator.[J]. Frontiers in Psychology, 2020, 11(4): 900-912.

[114] 王雅荣，王晶. 项目员工强制性公民行为与工作倦怠关系研究[J]. 价值工程，2020，39（19）：80-82.

[115] 宋皓杰，程延园. 强制性组织公民行为与新生代员工离职意向[J]. 经济管理，2021，43（4）：108-121.

[116] Kahn R. L., Wolfe D. M., Quinn R. P., et al. Organizational stress: studies in role conflict and ambiguity[M]. New York: Wiley, 1964 .

[117] 徐杉. 高管团队冲突感知对中层经理离职意向的影响[D]. 电子科技大学，2019.

[118] Tang W. G., Vandenberghe C. The reciprocal relationship between affective organizational commitment and role overload: when autonomy need satisfaction meets the individual self-concept[J]. Journal of Occupational and Organizational Psychology, 2020，93(2): 353-380.

[119] Maia L. G., Bastos A. V. B., Solinger O. N. Which factors make the difference for explaining growth in newcomer organizational commitment? A latent growth modeling approach[J]. Journal of Organizational behavior, 2016, 37: 537-557.

[120] 李佳雯. 工作压力对离职意愿的影响研究[J]. 企业改革与管理，2018（16）：71；96.

[121] 王静. 角色负荷对离职意愿的影响机制研究[D]. 中南财经政法大学，2019.

[122] Herrmann A., Hirschi A., Baruch Y. The protean career orientation as predictor of career outcomes:evaluation of incremental validity and mediation effects[J]. Journal of Vocational Behavior, 2015, 88: 205-214.

[123] Waters L., Briscoe J. P., Hall D. T., et al. Protean career attitudes during unemployment and reemployment: a longitudinal perspective[J]. Journal of Vocational Behavior, 2014, 84(3): 405-419.

[124] Jon P. B., Douglas T. Hall, et al. Protean boundaryless careers:an empirical exploration[J]. Journal of Vocational Behavior, 2006, 69: 30-47.

[125] Redondo R., Sparrow P., Hernandez G. The effect of protean careers on talent retention: examining the relationship between protean career

orientation, organizational commitment, job satisfaction and intention to quit for talented workers[J]. The International Journal of Human Resource Management, 2019(8): 1-24.

[126] Zaleska K. J., Menezes L. M. Human resources development practices and their association with employee attitudes: between traditional and new careers[J]. Human Relations, 2007, 60(7): 987-1018.

[127] Briscoe J. P., Hall D. T. The interplay of boundaryless and protean careers: combinations and implications[J]. Journal of Vocational Behavior, 2006, 69(1): 4-18.

[128] Supeli A., Creed P. A. The longitudinal relationship between protean career orientation and job satisfaction, organizational commitment, and intention-to-quit[J]. Journal of Career Development, 2016, 43(1): 66-80.

[129] 郭文臣, 段艳楠. 基于挑战与变革视角的新型职业生涯与人力资源管理实践研究[J]. 管理学报, 2013, 10（12）: 1785-1791.

[130] 张印轩, 崔琦, 何燕珍. 新生代员工易变性职业生涯态度对创造力的影响——一个被调节的中介模型[J]. 科技进步与对策, 2020, 37（16）: 128-134.

[131] Wiernik B. M., Kostal J. W. Protean and boundaryless career orientations: a critical review and meta-analysis.[J]. Journal of Counseling Psychology, 2019, 66(3): 280-307.

[132] Patel P. C., Thorgren S., Wincent J. Leadership, passion and performance: a study of job creation projects during the recession[J]. British Journal of Management, 2015, 26(2): 211-224.

[133] Rosing K., Frese M., Bausch A. Explaining the heterogeneity of the leadership-innovation relationship: ambidextrous leadership[J]. Leadership Quarterly, 2011, 22(5): 956-974.

[134] Alessandri G., Borgogni L., Schaufeli W. B., et al. From positive orientation to job performance:the role of work engagement and self-efficacy beliefs[J]. Journal of Happiness Studies, 2015, 16(3): 767-788.

[135] 秦伟平, 赵曙明. 真我型领导与员工创造力——基于工作激情的中介作用[J]. 软科学, 2015, 29（5）: 82-86.

[136] 苏勇, 雷霆. 悖论式领导对员工创造力的影响: 基于工作激情的中介作用[J]. 技术经济, 2018, 37（9）: 10-17.

[137] Gielnik M. M., Spitzmuller M., Schmitt A., et al. "I put in effort,

therefore I am passionate": investigating the path from effort to passion in entrepreneurship[J]. Academy of Management Journal, 2015, 58(4): 1012-1031.

[138] 汪国银，张文静，陈刚. "我是""我能""我愿"——工作激情对员工创造力的影响路径研究[J]. 中国人力资源开发，2016（22）：28-35.

[139] 蒋昀洁，张绿漪，黄庆. 工作激情研究述评与展望[J]. 外国经济与管理，2017，39（8）：85-101.

[140] Liu D., Gong Y. P., Zhou J., et al. Human resource systems, employee creativity, and firm innovation: the moderating role of firm ownership[J]. Academy of Management Journal, 2017, 60(3): 1164-1188.

[141] 丁红枫，孙连坤. 工作激情影响员工创新的认知路径[J]. 领导科学，2018（20）：36-38.

[142] 杨仕元，卿涛，岳龙华. 从支持感到员工创造力——二元工作激情的联合调节作用[J]. 科技进步与对策，2018，35（4）：108-117.

[143] 张文静，汪国银，刘芳. 工作激情对员工创造力的影响路径研究——一个被调节的中介模型[J]. 宿州学院学报，2018，33（10）：6-11.

[144] 黄庆，张梓暖，蒋春燕. 有激情的员工更能创新吗——认知视角下的调节中介模型[J]. 科技进步与对策，2019，36（12）：137-144.

[145] 郑浩. 情景双元视角下知识搜寻协同对创新绩效的影响——一个有中介的调节模型[J]. 科技进步与对策，2018，35（17）：67-74.

[146] 林琳，陈万明，张晓燕. 手段导向、外部知识搜寻与科技创新绩效[J]. 技术经济与管理研究，2018（5）：3-7.

[147] 袁凌，张燕. 知识型领导对员工创造力的影响——外部知识搜寻的中介作用[J]. 科技管理研究，2018，38（5）：166-172.

[148] 王建军，曹宁，叶明海. 多维知识搜寻、知识重构与企业持续创新——IT 治理的调节作用[J]. 软科学，2020，34（9）：85-89.

[149] 周飞，钟泓琳，林一帆. 外部创新知识搜寻、资源拼凑与双向开放式创新的关系[J]. 科研管理，2020，41（8）：23-30.

[150] 张振刚，沈鹤，余传鹏. 外部知识搜寻及其双元性对科技型中小企业管理创新的影响[J]. 科技进步与对策，2020，37（20）：99-106.

[151] 余传鹏，林春培，张振刚. 专业化知识搜寻、管理创新与企业绩效：认知评价的调节作用[J]. 管理世界，2020，36（1）：146-166；240.

[152] 朱雪春，张伟. 组织忘却、知识搜寻与绿色创新[J]. 科研管理，2021，42（5）：218-224.

[153] 叶江峰，陈珊，郝斌. 互动式/非互动式知识搜寻对企业双元创新

的差异化影响：知识距离的调节效应[J]. 管理评论，2021，5：1-13.

[154] Shrm. Society for Human Resource Management, Alexander[J]. Job Satisfaction Report, 2007, 11(8): 112-117.

[155] Bergmann T. J., Scarpello V. Compensation Decision Making[J]. Southwestern, Mason, 2002, 41(8): 23-30.

[156] Dreher G. F., Ash R. A., Bretz, R. D. Benefit coverage and employee cost: critical factors in explaining compensation satisfaction[J]. Personnel Psychology, 1988, 41(2): 237-254.

[157] Gerhart B., RynesS. L. Compensation: theory, evidence, and strategic implications[J]. Sage, Thousand Oaks, 2003, 5: 1-13.

[158] Williams M. L., McDaniel M. A., Nguyen N. T. A meta-analysis of the antecedents and consequences of pay level satisfaction[J]. Journal of Applied Psychology, 2006, 91: 392-413.

[159] Heneman H. G., Schwab D. P. Pay satisfaction: its multi-dimensional nature and measurement[J]. International Journal of Psychology, 1985, 20: 129-141.

[160] McBride M. Relative-income effects on subjective wellbeing in the cross-section[J]. Journal of Economic Behavior and Organization, 2001, 45: 251-278.

[161] Blau G. Testing the effect of level and importance of pay referents on pay level satisfaction[J]. Human Relations, 1994, 47: 1251-1268.

[162] Brown M. Unequal pay, unequal responses? Pay referents and their implications for pay level satisfaction[J]. Journal of Management Studies, 2001, 38: 879-896.

[163] Berkowitz L. C., Fraser P. Treasure and S. Cochran. Pay, equity, job gratifications and comparisons in pay satisfaction[J]. Journal of Applied Psychology, 1987, 72: 544-551.

[164] Law K. S., Wong C. S. Relative importance of referents on pay satisfaction: a review and test of a new policy-capturing approach[J]. Journal of Occupational and Organizational Psychology, 1998, 71: 47-60.

[165] Kim T. Y., Edwards J. R., Shapiro D. L. Social comparison and distributive justice: east Asia differences[J]. Journal of Business Ethics, 2014, 132: 1-14.

[166] Wills T. A. Downward comparison principle in social psychology[J].

Psychological Bulletin, 1981, 90: 245-271.

[167] Lockwood P., Kunda Z. Superstars and me: predicting the impact of role models on the self[J]. Journal of Personality and Social Psychology, 1997, 73: 91-103.

[168] Pavlova M. K., Lechner C. M., Silbereisen R. K. Social comparison in coping with occupational uncertainty: self-improvement, self-enhancement, and the regional context[J]. Journal of Personality, 2017, 10: 239-251.

[169] Wood J. V. Theory and research concerning social comparisons of personal attributes[J]. Psychological Bulletin, 1989, 106: 231-248.

[170] Dweck C. S. The perils and promises of praise[J]. ASCD, 2007, 65(2): 34-39.

[171] Salovey P., Rodin J. Some antecedents and consequences of social-comparison jealousy[J]. Journal of Personality and Social Psychology, 1984, 47: 780-792.

[172] Shaw J. D. Pay dispersion[J]. Annual Review of Organizational Psychology and Organizational Behavior, 2014, 1: 521-544.

[173] Trevor C. O., Wazeter D. L. A contingent view of reactions to objective pay conditions: interdependence among pay structure characteristics and pay relative to internal and external referents[J]. Journal of Applied Psychology, 2006, 91: 1260-1275.

[174] Card D., Mas A., Moretti E., Saez E. Inequality at work: the effect of peer salaries on job satisfaction[J]. American Economic Review, 2012, 102: 2981-3003.

[175] Caporale G. M., Georgellis Y., Tsitsianis N., Yin Y. P. Income and happiness across Europe: do reference values matter?[J]. Journal of Economic Psychology, 2009, 30: 42-51.

[176] Bartolini S., Bilancini E., Sarracino F. Predicting the trend of well-being in Germany: how much do comparisons, adaptation and sociability matter?[J]. Social Indicators Research, 2013, 114: 69-91.

[177] Festinger L. A theory of social comparison[J]. Human Relations, 1954, 7: 117-140.

[178] De B. A. Status Anxiety[M]. New York, NY: Vintage, 2005.

[179] Ellickson M. C., Logsdon K. Determinants of job satisfaction of municipal government employees[J]. Public Personnel Management, 2002,

31(3): 343-358.

[180] Abdulla J., Djebarni R., Mellahi K. Determinants of job satisfaction in the UAE: a case study of the Dubai police[J]. Personnel Review, 2011, 40(1): 126-146.

[181] Heneman H. G., Judge T. A. Compensation attitudes: a review and recommendatons for future research[J]. 2001, 9(2): 61-103.

[182] Miceli M. P., Lane M. C. Antecedents of pay satisfaction: a review and extension[J]. Research in Personnel and Human Resources Management, 1991, 9: 235-309.

[183] Scarpello V., Dallas. Pay satisfaction and pay fairness: are they the same?[J]. Society for Industrial and Organizational Psychology, 1988, 7: 91-121.

[184] Belk R. You are what you can access: sharing and collaborative consumption online[J]. Journal of Business Research, 2014, 67(8): 1595-1600.

[185] Bardhi F., Giana M. Access-based consumption: the case of car sharing[J]. Journal of Consumer Research, 2012, 39(4): 881-898.

[186] Guttentag D. Trust and reputation in the sharing economy: the role of personal photos in Airbnb[J]. Tourism Management, 2015, 55: 62-73.

[187] Roger R., Cacoz D. The sharing economy: a pathway to sustainability or a nightmarish form of neoliberal capitalism?[J]. Ecological Economics, 2010, 121: 149-159.

[188] Howe J., Doarc H. The sharing economy: why people participate in collaborative consumption[J]. Journal of The Association for Information Science and Technology, 2006, 67(9): 2047-2059.

[189] Boons M., Stam D., Barkema H. G. Feelings of pride and respect as drivers of ongoing member activity on crowdsourcing platforms[J]. Journal of Management Studies, 2014, 52(6): 717-741.

[190] Schemmann B., Herrmann A., Chappin M., et al. Crowdsourcing ideas: involving ordinary users in the ideation phase of new product development[J]. Research Policy, 2016, 45(6): 1145-1154.

[191] Doan A., Ramakrishnan R., Halevy A. Y. Crowdsourcing systems on the world-wide web[J]. Communications of The ACM, 2015, 54(4): 86-96.

[192] 张金英. 低碳经济政策就业效应的理论解析与实证研究[D]. 北京交通大学，2013.

[193] 吴朝安. 社会组织促进劳动力就业的机制研究[D]. 华中师范大

学，2013.

[194] 鲁全. 生产方式、就业形态与社会保险制度创新[J].社会科学，2021（6）：12-19.

[195] Nader M., Tarik A. Linking tolerance to workplace incivility, service innovative, knowledge hiding and job search behavior: the mediating role of employee cynicism[J]. Negotiation and Conflict Management Research, 2018, 11(4): 1437-1449.

[196] Wu R., Lan Y., Cheng X. Empirically examining the individual-level determinants of job searching outcomes: a non-linear analysis under the case of Chile[J]. Journal of Economics, Race and Policy, 2018, 1(1): 3-15.

[197] Zhao N., Chen S. Y, Du Y. H. Emergency local searching approach for job shop scheduling[J]. Chinese Journal of Mechanical Engineering, 2013, 26(5): 918-927.

[198] 肖璐. 新农村建设背景下高校毕业生农村就业行为研究[D]. 江苏大学，2013.

[199] 马成功. 基于 FAHP 和熵权的水利工程社会稳定风险评价研究[D]. 华北水利水电大学，2017.

[200] Dixit P. Job satisfaction as an indicator of the quality of work[J]. Journal of Socio-Economics, 1994, 34(5): 656-673.

[201] Lee P. B. Boundaries in information systems research[J]. Journal of Management Information System, 2007, 22(4): 7-11.

[202] Yan L. Employee demission risk assessment based on AHP and BP neural network[C]. IEEE International Conference on Grey Systems & Intelligent Services. IEEE, 2009.

[203] Parker. Crossing boundaries in information systems research[J]. Journal of Management Information System, 2005, 22(4): 7-11.

[204] Folta. Job quality in micro and small enterprises in Ghana: field research results[R]. SEED Working Paper, 2006.

[205] Botsman R. What's mine is yours: how collaborative consumption is changing the way we live[J]. Rise of Collaborative Consumption, 2012, 81(3): 385-394.

[206] Hyytinen R. Eliminating spammers and ranking annotators for crowdsourced labeling tasks[J]. Journal of Machine Learning Research, 2012, 13(1): 491-518.

[207] Kingsley S. C., Gray M. L. Accounting for market frictions and power asymmetries in online labour markets[J]. Policy & Internet, 2015, 7(4): 383-400.

[208] Howe J. The rise of crowdsourcing[J]. Wired Magazine, 2006, 14, 161-165.

[209] Hienerth C., Hippel E. V., Jensen M. B. User community vs. producer innovation development efficiency: a first empirical study[J]. Research Policy, 2011, 43(1): 190-201.

[210] 孙秀娟. 农民工兼职与全职创业意向：工作安全感与核心自我评价的作用[D]. 苏州大学，2015.

[211] Hobfoll S. E. Conservation of resources: a new attempt at conceptualizing stress[J]. American Psychologist, 1989, 44(3): 513-524.

附录一

序号	资料来源	时间
1	以网络平台为载体的大学生微创业现状与对策研究	2017.03
2	新常态下高校大学生利用移动互联进行微创业的必要性研究	2015.11
3	探究大学生创业实践能力培养模式下微创业环境对创业意愿的影响	2018.06
4	"双创"背景下大学生微创业路径选择及对策研究	2018.03
5	高职院校学生微创业资助体系构建研究	2019.03
6	基于长尾理论的小微创业机会选择研究	2018.09
7	利用创业孵化基地进行微创业的实践探索	2019.04
8	构建高校微创业实践教学平台 提升创业教育质量	2018.11
9	引导社会资本支持科技型小微企业创业研究——以杭州市为例	2017.08
10	浅议广州市小微企业创业环境存在的问题及优化措施	2018.10
11	小微企业创业能力提升诉求下的高校创业教育	2014.10
12	高校区域就业信息共享平台构建研究	2012.11
13	构建高水平高职学校信息资源共享体系	2020.01
14	关于校友资源对促进大学生就业工作的几点思考	2016.06
15	创业资源共享对大学生创业绩效的影响——基于有调节的中介模型	2019.12
16	区域经济发展中的人才资源共享机制探究——以职业教育为例	2013.08
17	数字媒体技术专业的资源共享平台建设研究	2020.01
18	信息技术、资源共享与开放式创新——基于新创科技企业的调查	2018.06
19	共享经济模式下新型就业模式研究	2017.05
20	共享经济平台的新型就业模式分析——以滴滴平台为例	2017.12
21	基于"认知盈余"的碎片式新媒体内容变现研究	2017.06
22	"共享员工",打开企业用工新思路	2020.03
23	关于我国共享经济新就业形态的研究	2019.04
24	共享经济时代的我国在线劳动力市场发展研究	2018.07
25	"双创"背景下艺术类大学生微创业策略研究	2018.10

序号	资料来源	时间
26	大学生创客小微创业的浙江实践——以浙江"特色小镇"为例	2016.04
27	大学生创业扶植另类模式研究——基于江苏省无锡市蓝天微创业协会的案例分析	2013.11
28	大学生网店微店创业的教学改革探讨	2017.02
29	大学生微创业模式分析——以微信代购为例	2016.09
30	大学生网络微创业现状分析与对策研究	2017.01
31	大学生微创业模式的探索与实践	2017.04
32	大学生微创业平台建设思路	2014.10
33	大学生微创业实践教育分析	2016.07
34	大学生微创业素质的发现与培养研究	2014.08
35	大学生微创业项目风险管理研究	2017.11
36	大学生微创业营销对用户购买行为的影响研究——基于 UTAUT 模型	2015.11
37	大学生微店创业存在问题的对策研究	2016.05
38	大众创业万众创新背景下大学生"微创业"实证研究	2016.08
39	大众创业背景下大学生微创业现状与对策研究	2017.10
40	高校设计类大学生微创业团队的建设与发展	2017.12
41	高职院校学生微创业资助体系构建研究	2019.03
42	基于内容分析法的大学生创业模式构建与能力培养——以微创业为视角	2016.09
43	适应大学生创客的小微创业项目孵化运营模式优化研究	2017.11
44	设计学类大学生微创业团队培育与发展研究	2019.01
45	网络直播时代下大学生微创业的机遇和挑战	2017.06
46	新常态下高校大学生利用移动互联进行微创业的必要性研究	2015.10
47	新媒体背景下在校大学生微商创业调查研究	2018.03
48	新媒体视域下打造高校"微"创业实操平台	2018.10
49	以网络平台为载体的大学生微创业现状与对策研究	2017.03
50	在校大学生网络微创业调查与对策研究	2016.02
51	"互联网+"背景下科技型小微企业创业行为关键影响因素研究	2018.06
52	"互联网+"背景下高职学生电商微创业能力培养路径研究	2018.05
53	"互联网+"背景下大学生微创业困境分析与对策研究	2018.03
54	关于在校大学生通过农产品微创业提升创业意识和能力的思考	2019.08
55	新型城镇化背景下农村微创业路径选择	2015.09
56	女性小微创业者面临的挑战——巴基斯坦女性创业者个人工作和生活的协调措施	2018.12

序号	资料来源	时间
57	微创业的政策支持实效性研究	2016.06
58	微创业机会识别评价方法研究	2015.11
59	香港青年在粤港澳大湾区内地城市创业现状、困境与趋势分析	2019.01
60	小微创业环境研究文献综述与展望	2018.09
61	大学生"四位一体"微创业教育模式的构建	2016.11
62	"微创业"嵌入式专业教学模式的探索	2016.01
63	高校百商微创业现状调查及比较分析	2016.12
64	独立学院学生服务于"微企业"创业质量与创新力研究	2018.12
65	高校女大学生创业实践教育的新视角：微创业	2014.04
66	基于高职院校女大学生微创业人才培养模式探究	2018.04
67	民办高校创新创业教育资源优化整合探析	2019.04
68	基于微创业能力培养的高职学生双创实践教学体系研究	2019.08
69	产业集聚视域下小微企业创业园发展现状、问题及对策	2018.03
70	多维评估视角下小微企业创业者创业能力现状分析	2017.10
71	夯实创新驱动战略 优化创业创新机制——珠海斗门中小微创业企业发展情况调研	2017.03
72	杭州"双创示范"：打造小微企业创新创业新天堂	2019.01
73	基于三链融合优化杭州市小微企业创业创新环境的对策研究	2018.03
74	集群情景下小微企业协同创业网络演化关键影响因素研究——基于杭州软件集群情景的解释结构模型	2018.06
75	江西省小微企业创业导向路径与机制研究	2018.12
76	科技型小微企业创业和发展之路探讨——以湖北 c 公司为例	2016.04
77	普惠金融体系下小微企业创业支持研究——基于对邓州小微企业案例的考察	2019.11
78	小微创业企业战略与信息化匹配体系研究	2020.01
79	小微企业创业导向的高职创业教育模式研究	2016.01
80	新常态下小微企业创新创业困境成因及对策	2018.08
81	小微企业创业能力提升诉求下的高校创业教育	2014.10
82	大学生就业信息共享平台的现状与发展趋势	2016.11
83	大学生就业创业信息资源配置与利用研究——基于高校图书馆的思考	2012.04
84	基于资源共享的大学生学习就业交流平台设计与实现	2013.09
85	浅析大学生资源共享平台功能模块设计	2013.06
86	"职职帮"信息平台对大学生就业的重要性	2016.10

序号	资料来源	时间
87	高校数字化教学资源共享的困境分析与化解策略——基于博弈论的视角	2015.01
88	高校就业信息资源共享模式研究	2016.11
89	高职文化素质类精品资源共享课建设策略探索——以《职业发展与就业指导》为例	2016.05
90	面向就业的校企合作模式研究与实践	2014.09
91	社区音乐文化建设与高校音乐教育资源共享的建构策略	2020.01
92	实现高质量就业的高校现代学徒制研究	2016.08
93	校企合作视域下开展高职学生就业指导服务的思考	2015.07
94	信息化促进优质教育资源共享——系统科学的视角	2013.10
95	职业培训数字化资源共享模式研究——以世界银行贷款"数字化培训教学资源共享平台"项目为标本	2016.09
96	共享经济背景下的人力资源管理模式探索——以滴滴出行为例	2016.06
97	共享经济背景下房屋短租平台商业模式分析及发展建议——以小猪短租为例	2020.01
98	共享经济模式下的共享型用工关系研究进展与启示	2018.08
99	共享经济模式下构建河北省新型就业模式对策	2017.07
100	共享经济平台型灵活就业人员的人力资源服务创新研究——某劳务平台型网站调查分析	2017.12
101	共享经济与新兴人力资源管理模式——以 Airbnb 为例	2016.06
102	共享经济与新就业形态的逻辑关系	2019.02
103	"互联网+"共享经济背景下大学生新型就业模式研究	2018.11
104	基于新业态共享经济的企业人力资源管理模式研究	2020.01
105	推动共享经济发展的几点思考——基于对国内外互联网"专车"的调研与反思	2016.02
106	地方政府间信息资源共享的推进机制研究	2020.01
107	区域经济发展中的人才资源共享机制探究——以职业教育为例	2013.08
108	数字媒体技术专业的资源共享平台建设研究	2017.07
109	武汉城市圈社会就业资源共享研究	2012.10
110	移动互联网背景下实现创新型就业模式的可行性调查研究	2014.11
111	Factors motivating women's informal micro-entrepreneurship: experiences from Penang, Malaysia	2012.03
112	On the nature of micro-entrepreneurship: evidence from Argentina	2013.10
113	Micro-entrepreneurship in a hostile environment: evidence from Indonesia	2011.07

序号	资料来源	时间
114	Micro-entrepreneurship in Niger: factors affecting the success of women street food vendors	2012.04
115	Women's empowerment and micro-entrepreneurship in India: constructing a new development paradigm?	2013.12
116	Resource sharing optimization for device-to-device communication underlaying cellular networks	2011.08
117	Mesos: a platform for fine-grained resource sharing in the data center	2014.11
118	Energy-efficient resource sharing for mobile device-to-device multimedia communications	2014.06
119	The impact of memory subsystem resource sharing on datacenter applications	2011.06

附录二

序号	资料来源	时间
1	网络内容产业变现的问题及策略分析	2017.07
2	自媒体内容变现新型盈利模式的功利趋向——以"得到"App为例	2018.01
3	自媒体时代原创内容变现策略——以今日头条为例	2017.07
4	我国网络直播行业现状及主体行为研究	2017.05
5	新兴职业成为大学生就业新方向的可行性研究——以网络主播为例	2019.05
6	网络创业的种类及经济利弊研究	2018.07
7	"网红经济"下网络直播行业的发展探析	2017.04
8	零工经济时代从业者就业风险分析与应对	2019.09
9	饿了么助力无障碍就业：小创新背后的大体面	2019.10
10	中国众包平台用户参与行为影响因素研究	2018.04
11	猪八戒网五大优势助力人才推广	2017.06
12	我国众包平台服务质量发展对策研究	2017.10
13	猪八戒网商业模式发展及转型研究	2019.12
14	众包模式中参与者行为动机研究	2016.03
15	"泛内容"变现：延伸媒体产业链的新路径	2018.04
16	定制剧《将来喜事》的"互联网+"模式——云南广播电视台影视频道内容变产品初探	2017.06
17	社交经济：媒体内容变现和增值的引擎	2017.10
18	传媒院校的网络电台主播培养探索与尝试	2015.11
19	非正规就业群体社会保障问题研究从网络主播群体角度分析	2018.04
20	浅谈新媒体下的新兴文化产业——以网络主播文化为例	2016.11
21	网络文化畸形发展的原因及对策分析——对网络直播低俗化的思考	2017.04
22	网络主播的受众询唤解析	2018.05
23	电子商务模式下劳务信息中介APP平台搭建构想	2010.09
24	共享经济模式下的社会人力资源管理系统	2017.03

序号	资料来源	时间
25	八戒阳光创业孵化平台分析	2019.10
26	企业开放式创新众包模式下的社会大众参与动机	2016.01
27	基于威客模式的众包参与行为影响因素研究	2014.12
28	用户参与大数据众包活动的意愿和影响因素探究	2014.03
29	企业开放式创新众包模式社会大众参与动机研究	2016.01
30	用户参与大数据众包活动的意愿和影响因素探究	2014.03
31	粉丝经济视角下的自媒体内容变现影响因素研究	2019.04
32	从免费共享到付费传播——数字环境下知识变现研究	2018.04
33	关系赋权：互联网逻辑下网红经济的生产机制研究	2017.06
34	付费语音问答平台知识变现模式的选择与优化	2017.05
35	内容型网红经济商业模式及其发展研究	2017.05
36	国内知识付费平台的模式比较研究——以知乎 live 和得到 app 为例	2019.05
37	网络红人 IP 化策略及其价值变现研究	2018.05
38	移动互联网时代下短视频 MCN 模式研究	2019.12
39	移动类网红短视频营销策略研究——以 papi 酱为例	2019.05
40	分享经济时代知识付费平台的商业模式优化研究	2018.05
41	长尾理论视阈的知识分享变现条件分析	2017.11
42	融媒时代 频道发展顺势而为——关于内容整合和商业变现的思考	2019.08
43	"局座召忠"微信公众号"IP 化"的内容生产与商业变现研究	2018.07
44	微信公众号内容生产和内容营销策略研究	2017.11
45	网络草根视频主播传播形态研究	2016.09
46	我国中小企业在线网络直播营销策略研究	2018.11
47	社会安全阀视域下的网络直播功能探析——基于北京网络主播青年群体的实证研究	2018.01
48	网络主播监管中的问题与制度构建	2017.06
49	我国网络直播的内涵特征、类型模式与规范发展	2017.05
50	从"映客直播"看泛娱乐网络直播互动	2017.09
51	网络直播对品牌传播的影响研究	2017.05
52	我国网络直播低俗化现象研究	2017.11
53	作为文化生成空间的网络直播及其亚文化研究	2018.09
54	国内虚拟主播产业链发展现状及趋势研究	2020.06
55	基于外部性理论的娱乐秀场直播内容质量管理	2017.08
56	网络直播平台运营方式及优化策略研究	2017.11
57	非正规就业群体社会保障问题研究——从网络主播群体角度分析	2017.09

序号	资料来源	时间
58	社会安全阀视域下的网络直播功能探析——基于北京网络主播青年群体的实证研究	2018.01
59	社会责任理论视角下网络主播的失范问题及其对策研究	2019.01
60	秀场类网络直播对女大学生价值观的影响研究	2018.11
61	网络主播亚文化对大学生核心价值观影响的实证研究	2018.10
62	网络直播中不正当竞争行为法律规制研究	2019.08
63	直播平台与网络主播的劳动法律关系研究	2019.11
64	谈媒介生态环境中网络主播的媒介素养	2019.06
65	共享经济平台型灵活就业人员的人力资源服务创新研究——基于某劳务平台型网站的调查分析	2017.12
66	网络众包参与者行为的影响因素研究——基于小米网络众包社区的实证研究	2017.01
67	企业开放式创新众包模式下的社会大众参与动机	2016.01
68	众包社区成员创造力绩效影响因素分析及其应用研究	2015.05
69	众包的参与行为影响因素研究——基于共享众包与任务众包的比较分析	2015.11
70	Aiding the detection of fake accounts in large scale social online services	2014.04
71	Out of dedication or constraint? A dual model of post-adoption phenomena and its empirical test in the context of online services	2009.09
72	Improving job search skills: a field experiment on online employment assistance	2020.04
73	From the firm to the network: global value chains and employment relations theory	2013.03
74	Informal employment and gender implications in China: the nature of work and employment relations in the community services sector	2016.11

附录三

序号	政策文本	时间
1	国务院办公厅关于应对新冠肺炎疫情影响强化稳就业举措的实施意见	2020.03
2	国务院关于进一步做好稳就业工作的意见	2019.12
3	国务院关于做好当前和今后一个时期促进就业工作的若干意见	2018.11
4	国务院关于做好当前和今后一段时期就业创业工作的意见	2017.04
5	国务院关于印发"十三五"促进就业规划的通知	2017.01
6	国务院办公厅关于印发进一步做好新形势下就业创业工作重点任务分工方案的通知	2015.06
7	国务院关于进一步做好新形势下就业创业工作的意见	2015.04
8	国务院办公厅关于做好 2014 年全国普通高等学校毕业生就业创业工作的通知	2014.05
9	国务院、中央军委关于批转人力资源社会保障部总参谋部总政治部军人随军家属就业安置办法的通知	2013.10
10	国务院办公厅关于做好 2013 年全国普通高等学校毕业生就业工作的通知	2013.05
11	国务院关于外国人入出境及居留、就业管理工作情况的报告	2012.04
12	国务院关于批转促进就业规划（2011—2015）的通知	2012.01
13	国务院关于进一步做好普通高等学校毕业生就业工作的通知	2011.05
14	国务院关于加强职业培训促进就业的意见	2010.01
15	国务院关于做好当前经济形势下就业工作的通知	2009.02
16	国务院办公厅关于加强普通高等学校毕业生就业工作的通知	2009.01
17	国务院办公厅转发人力资源社会保障部等部门关于促进以创业带动就业工作的指导意见的通知	2008.09
18	国务院关于做好促进就业工作的通知	2008.02
19	国务院办公厅关于切实做好 2007 年普通高等学校毕业生就业工作的通知	2007.04

序号	政策文本	时间
20	残疾人就业条例	2007.02
21	国务院办公厅转发劳动保障部关于做好被征地农民就业培训和社会保障工作指导意见的通知	2006.04
22	国务院办公厅转发全国企业兼并破产和职工再就业工作领导小组关于进一步做好国有企业政策性关闭破产工作意见的通知	2006.01
23	国务院关于进一步加强就业再就业工作的通知	2005.11
24	国务院办公厅关于进一步做好改善农民进城就业环境工作的通知	2004.12
25	国务院办公厅关于进一步做好 2004 年普通高等学校毕业生就业工作通知	2004.04
26	国务院办公厅转发教育部等部门关于进一步做好进城务工就业农民子女义务教育工作意见的通知	2003.09
27	国务院办公厅转发国家税务总局关于贯彻落实国务院办公厅加快推进再就业工作的通知	2003.08
28	国务院办公厅关于做好 2003 年普通高等学校毕业生就业工作的通知	2003.05
29	国务院办公厅关于加快推进再就业工作的通知	2003.05
30	国务院办公厅关于做好农民进城务工就业管理和服务工作的通知	2003.01
31	国务院办公厅转发教育部等部门关于进一步深化普通高等学校毕业生就业制度改革有关问题意见的通知	2002.03
32	国务院、中央军委批转劳动保障部等部门关于进一步做好军队干部随军家属劳动就业和社会保障工作意见的通知	2000.07
33	国务院办公厅转发劳动保障部等部门关于进一步做好残疾人劳动就业工作若干意见的通知	1999.09
34	国务院办公厅转发教育部等部门关于进一步做好 1999 年普通高等学校毕业生就业工作意见的通知	1999.05
35	国务院关于做好 1998 年普通高等学校毕业生就业工作的通知	1998.05
36	国务院办公厅关于做好 1996 年高校毕业生和研究生就业工作的通知	1996.05
37	国务院批转劳动部关于劳动就业工作情况和下一步工作意见报告的通知	1992.06
38	劳动就业服务企业管理规定	1990.11
39	国务院关于做好劳动就业工作的通知	1990.04
40	国务院关于协助军官家属还乡生产劳动就业的通知	1957.11
41	国务院关于中国人民解放军退出现役干部就业的指示	1955.08
42	劳动改造罪犯刑满释放及安置就业暂行处理办法	1954.08
43	政务院关于劳动就业问题的决定	1952.08

附录四

一、基本信息

1. 性别：○ 男　　　　　　○ 女

2. 年龄：○ 22 岁及以下　○ 23 至 30 岁　○ 31 至 40 岁
　　○ 41 至 50 岁　○ 51 岁及以上

3. 婚姻状况：○ 已婚　　　　　　○ 未婚

4. 最高学历：○ 高中/中专及以下　○ 大专　○ 本科
　　○ 硕士及以上

5. 您从事新形态就业相关职业的年限：○ 不满 1 年　○ 1 至 3 年
　　○ 4 至 7 年　○ 8 年以上

6. 您所在的行业领域：○ 交通出行服务　○ 餐饮服务
　　○ 文体娱乐　○ 医疗服务　○ 住宿服务
　　○ 教育与培训服务　○ 其他

7. 您的职业类型：○ 网约车司机　○ 外卖员　○ 网络主播
　　○ 互联网医疗　○ 共享住宿　○ 线上教育培训　○ 其他

8. 您实际的月收入为：○ ≤2000　○ 2000＜月收入≤4000
　　○ 4000＜月收入≤6000　○ 6000＜月收入≤8000
　　○ 8000＜月收入≤10000　○ 10000 以上

9. 您期望的月收入为：○ ≤2000　○ 2000＜月收入≤4000
　　○ 4000＜月收入≤6000　○ 6000＜月收入≤8000
　　○ 8000＜月收入≤10000　○ 10000 以上

10. 以下哪些因素对您的薪酬满意度具有影响：
　　○ 薪酬没有体现个人真正价值　○ 薪酬基数太低
　　○ 薪酬结构不合理　○ 上下级差距不合理
　　○ 同级之间差距不合理　○ 薪酬没有体现多劳多得　○ 其他

二、职业心理与行为

第一部分：强制性公民行为量表	非常 不符合	比较 不符合	不确 定	比较 符合	非常 符合
1. 迫于上司的压力，我要付出额外的努力来满足其工作要求	1	2	3	4	5
2. 我所在的组织内有义务加班的风气	1	2	3	4	5
3. 上司总是期望我在工作上付出更多的努力	1	2	3	4	5
4. 即使不情愿或时间精力不足，我也不得不义务帮助同事	1	2	3	4	5
5. 即使不情愿，我也不得不义务协助上司的工作	1	2	3	4	5
第二部分：离职倾向量表	非常 不符合	比较 不符合	不确 定	比较 符合	非常 符合
1. 我常常想要辞去现在的工作	1	2	3	4	5
2. 在不久的将来我可能会离开公司另谋他就	1	2	3	4	5
3. 我计划在公司做长期的职业发展	1	2	3	4	5
4. 假如我继续待在本单位，我的前景不会好	1	2	3	4	5
第三部分：角色负荷量表	非常 不符合	比较 不符合	不确 定	比较 符合	非常 符合
1. 工作中需要我做的事情太多了	1	2	3	4	5
2. 上级期待我完成的事情太多了	1	2	3	4	5
3. 上级对我的工作表现要求太高了	1	2	3	4	5
第四部分：易变性职业生涯态度量表	非常 不符合	比较 不符合	不确 定	比较 符合	非常 符合
1. 如果公司不能提供发展，我会在外面寻找发展机会	1	2	3	4	5
2. 我对自己的职业生涯负责	1	2	3	4	5
3. 我有一个较为独立的、自我引导的职业生涯	1	2	3	4	5
4. 自由寻找我自己的职业生涯路径是我最重要的价值观之一	1	2	3	4	5
5. 过去在必要时我依靠自己而非其他人寻找新工作	1	2	3	4	5
6. 我以自己的重点而非雇主的重点来引导我自己的职业生涯	1	2	3	4	5
7. 如果公司要求做与我价值观相悖的事情，我会坚持自己的原则	1	2	3	4	5

第五部分：创新行为量表	非常不符合	比较不符合	不确定	比较符合	非常符合
1. 工作中，我经常会产生一些有创意的点子或想法	1	2	3	4	5
2. 我会向同事或领导推销自己的新想法，已获得支持与许可	1	2	3	4	5
3. 为了实现我的构想或者创意，我会想办法争取所需要的资源	1	2	3	4	5
4. 我会积极地制定适当的计划或规划来落实我的创新性构想	1	2	3	4	5
5. 为了实现同事的创新性构想，我经常献计献策	1	2	3	4	5
第六部分：工作激情量表	非常不符合	比较不符合	不确定	比较符合	非常符合
1. 我喜欢我的工作	1	2	3	4	5
2. 我的个人优势在工作中得到了体现	1	2	3	4	5
3. 我无法想象我的生活中没有工作会怎么样	1	2	3	4	5
4. 我的工作与生活中其他活动是和谐的	1	2	3	4	5
5. 我在情感上依赖我的工作	1	2	3	4	5
6. 我的工作对我来说是一种充满激情的事	1	2	3	4	5
7. 我完全被当前的工作所吸引	1	2	3	4	5
第七部分：知识共享量表	非常不符合	比较不符合	不确定	比较符合	非常符合
1. 我经常和同事分享我的工作报告和文件资料	1	2	3	4	5
2. 我经常和同事分享我的学习资料	1	2	3	4	5
3. 我平时总是会与同事共享我的工作经验和专业知识	1	2	3	4	5
4. 当同事要求时，我会提供我的人脉关系，告诉他们去哪里或者找谁获取相关知识	1	2	3	4	5
5. 我平时总是会与同事共享从教育、培训中获得的专业技能	1	2	3	4	5

附录五

国内外典型地区新形态就业政策文本示例

政策类型	政策内容	资料来源
就业机会供给	国内： （1）本着鼓励创新原则，在严守安全底线的前提下为新业态发展留足空间，促进平台经济、共享经济等新模式、新业态向各领域渗透，创造新职业、新工种和新岗位。（中央） （2）鼓励就业困难人员、离校未就业高校毕业生、大龄失业人员、长期失业青年、大龄离土农民等群体通过个体工商户、非全日制就业以及平台就业等形态实现就业。（上海）	（1）《国务院办公厅关于促进平台经济规范健康发展的指导意见》 （2）《上海市人民政府关于做好本市当前和今后一个时期稳就业工作的意见》
	国外： 司机必须开过10年以上出租车且5年内无违章记录才可获得个人出租车经营许可证。政府认为网约车违反市场公平竞争原则，违反《道路交通法》和《道路营业法》，且给乘客带来安全与利益隐患，因此抵制网约车。（日本）	《日本为何禁止"滴滴打车"？》
劳动关系认定	国内： （1）符合确立劳动关系情形的，企业应当依法与劳动者订立劳动合同；不完全符合确立劳动关系情形但企业对劳动者进行劳动管理的，指导企业与劳动者订立书面协议，合理确定企业与劳动者的权利义务。健全最低工资和支付保障制度，推动将不完全符合确立劳动关系情形的新就业形态劳动者纳入制度保障范围。（中央） （2）"平台网约劳动者"享有平等就业和选择职业、取得劳动报酬、享受社会保险、获得劳动安全卫生保护和休息休假等基本劳动权利。（北京）	（1）《关于维护新就业形态劳动者劳动保障权益的指导意见》 （2）北京市《关于促进新就业形态健康发展的若干措施》

政策类型	政策内容	资料来源
	国外： （1）美国将工人分为"雇员"和"独立承包商"，大多数联邦和州劳动法（如最低工资和加班费相关法律）只适用于雇员。联邦新提案建议将更多的独立承包商的身份转变为雇员，以给予更多的权益保障。（美国） （2）英国最高法院裁定，美国 Uber 公司在英国的签约司机应当视同雇工，享有最低工资、休息时间和带薪休假等各项劳动者权益，且裁定内容将会扩展至快递、送货和私人租用平台等工作形式。（英国） （3）德国《劳动法》中创设处于雇员和非雇员间的"类雇员"概念。德国的社会保险制度具有强制性，"类雇员"也是强制保险的对象。（德国）	（1）https://baijiahao.baidu.com/s?id=1746455926193794808&wfr=spider&for=pc （2）Whiteside N. Before the gig economy: UK employment policy and the casual labour question[J]. Industrial Law Journal, 2021 （3）《国际视角下的灵活就业：现状、挑战与保障》
基本权益保障	国内： （1）新修订的《中华人民共和国工会法》为新就业形态劳动者组织和加入工会提供法律依据，明确了工会组织服务新就业形态劳动者、维护其合法权益的职责。（中央） （2）个体工商户和灵活就业人员参加企业职工基本养老保险，可以在本省全口径城镇单位就业人员平均工资的 60% 至 300% 之间选择适当的缴费基数。（中央） （3）深圳市总工会以团体投保方式为深圳网约送餐员、快递员、网约车司机等新就业形态劳动者赠送互助保障计划和专属意外保险。（深圳）	（1）《关于维护新就业形态劳动者劳动保障权益的指导意见》 （2）《降低社会保险费率综合方案》 （3）https://www.workercn.cn/c/2023-03-21/7775883.shtml
	国外： （1）通过工人抗议、德国工会和工人委员会的参与，德国的两家餐饮配送平台由临时工模式转为了永久合同工模式（德国）。法国规定用人单位在使用劳动派遣工人之前，必须与工会组织及劳务派遣工人分别签订劳动协议，以确保劳务派遣工人与正规雇员享有同等的工资与福利待遇（法国）。	（1）https://cj.sina.com.cn/articles/view/1642294753/61e36de10270141jz?finpagefr=p_104_js （2）《国际视角下的灵活就业：现状、挑战与保障》

政策类型	政策内容	资料来源
	（2）日本放宽养老保险、医疗保险、失业保险、工伤保险的劳动时间限制和收入水平限制，以覆盖更多非正规就业人员。（日本） （3）联邦政府推出紧急援助计划，个体经营者、自由职业者和小型企业可以向所在州申请一笔为期三个月的补贴，以度过流动资金紧张时期。同时，联邦劳动局（BA）根据申请发放短时工作津贴、简化并放宽申请条件：前三个月补助金额通常为损失的统一固定工资净额的 60%，如果家中至少有一个子女，补助金额为损失的统一固定工资净额的 67%；第 4-6 个月，短时工作津贴上涨至 70%（有子女的为 77%）；第 7 个月开始为 80%（有子女的为 87%）。（德国）	（3）田思路，贾秀芬. 日本非正式员工的"社会排斥"与权利回归[J]. 日本学刊，2012（6）：123-135；160
其他特色保障	国内： （1）符合补贴条件的新形态就业者可申请初创企业补贴、创业社保补贴、创业场租补贴以及创业带动就业补贴。（深圳） （2）加强与美团、顺丰等数字经济龙头企业以及邮政主管部门的合作，指导企业针对新就业形态从业人员开展各项职业技能培训行动（广州）。支持院校、培训机构、企业建设线上培训平台，采用线上线下相融合的培训方式，组织有技能提升需求的新形态就业人员参加相关技能培训（上海）。 （3）推动在商业楼宇、居民小区等新就业形态劳动者集中居住区、商业区设置临时留驻点，提供必要的休息、停车、充电、饮水、如厕等条件，为新就业形态劳动者提供工作生活便利。（上海） （4）加大法律法规政策宣传，树立履行社会责任的企业典型，提高新就业形态社会认同感和职业自豪感。充分发挥新闻媒体的舆论监督和引导作用，及时发现暴露侵权行为。（北京）	（1）《深圳市新就业形态劳动者申请创业补贴服务指引》 （2）《广州率先开展新就业形态职业技能提升行动：到年底培训 10000 人次以上》 （3）《上海市人力资源和社会保障局等八部门关于维护新就业形态劳动者劳动保障权益的实施意见》 （4）北京市《关于促进新就业形态健康发展的若干措施》

政策类型	政策内容	资料来源
	国外： （1）针对受新冠疫情影响而被停工但又无法领到停工补贴的中小企业劳动者按照休业前工资的80%发放休业援助金和补助金，零工、短工劳动者均在补助范围内。（日本） （2）联邦税务局针对独立合同工出台税收优惠政策：独立合同工只需要自估季度收入，按季度纳税（纳税频率降低）。如此，独立合同工可以合理安排自己的年度工作计划，避免因收入波动过大、缴税不及时而导致罚款。（美国）	（1）《疫情下日本就业保障体系的再构建与挑战》 （2）《国际视角下的灵活就业：现状、挑战与保障》